제5판

로이어스 경제법

변호사 안병한

박영사

제5판 서문

1년여 만에 다시 책의 개정을 서두르게 되었다. 부족한 교재임에도 많은 분들이 이 책을 경제법 학습을 위한 입문서로 선택해주신 덕분이기도 하지만, 제4판의 경우 개정 당시 참고했던 정부의 법 시행령 입법예고 내용이 최종 시점에서 갑작스럽게 변경되어 결국 시행령 조문의 인용에 있어 혼선이 발생하게 된 사정도 제5판 개정을 서두르게 된 중요한 이유이다.

이번 개정에서는 법 시행령 규정의 표시를 모두 정정하였고 소비자법의 내용을 추가 보완하였으며, 2022년 시행된 제11회 변호사시험의 출제 내용을 관련 주제에 모두 포함하여 설명했다. 제5판 개정 과정에서는 그동안 생략되었던 일부 내용에 대해 설명을 추가해보고 싶은 마음이 많았지만 이 책은 어디까지나 참고용 편집서에 불과한 것이어서 수험용 또는 입문서라는 출간 목적과 기능을 고려해 꼭 필요한 범위에서만 수정하고자 하였다. 앞으로도 법 집행 내용의 변화와 변호사시험의 출제 경향을 신속하게 반영하기 위해 꾸준히 보완할 것임을 약속드린다. 이 책을 통해 공정거래법과 소비자법을 공부하고자 하는 분들에게 응원을 보내며, 우리 자유시장경제의 규범을 현장에서 함께 지켜나갈 후배 법조인들의 건승을 기원한다.

그리고 어려운 출판시장 여건 속에서도 이 책의 출판을 위해 항상 애써주시는 박영사의 안종만 회장님과 안상준 대표님께 감사를 드리며, 적극적으로 제5판 개정의 준비를 독려해주신 조성호 이사님, 그리고 항상 꼼꼼한 편집과 멋진 표지 디자인을 새롭게 선물해주시는 직원분들께도 감사의 말씀을 전해드리고 싶다. 마지막으로 은사님께서 항상 일깨워주시는 자유의 가치와 시장경제의 근간을 되새기며 대학 강의실에서 그리고 치열하게 법리를 다투어야 할 법정에서 항시 올바른 가치를 꾸준히 설득하고 전파하고 싶다.

소중한 나의 가족에게 감사를 전하며 …

2022. 7. 29.
테헤란로 로펌사무실에서
변호사/법학박사 안병한

제4판 서문

개정 공정거래법이 2021. 12. 30.부터 시행을 앞두고 있어 교재의 신속한 개정을 요청하는 분들이 계셨다. 변호사시험과 관련하여 개정된 공정거래법은 특히 법 조문의 위치가 전체적으로 바뀌었고, 정보교환 공동행위의 규율이나 재판매가격유지행위 규정이 정비된 부분, 사적 집행의 활성화 차원에서 도입된 금지청구제도와 분쟁조정 신청 대상 확대 등 법 집행 관련 상당한 변화가 있었다고 생각한다. 이번 개정 4판에서는 이와 같은 법률의 개정 내용을 모두 반영하였고, 소비자법의 내용을 추가 보완하였으며, 2021년 제10회 변호사시험의 출제 내용도 관련 주제에 모두 인용했다. 법 개정으로 늘어난 분량과 일부 판례의 추가, 본문 내용의 보완으로 인해 개정 제3판보다 교재의 페이지 수가 늘어난 점에 대해서는 죄송스럽게 생각한다. 수험서의 특성상 요약된 내용만을 전해드려야 하는데, 구체적인 설명을 보완하는 과정에서 다소 장황하게 언급된 내용이 없지 않을 것이기 때문이다. 앞으로도 내용 보완을 위해 지속적인 관심을 기울이겠다는 약속을 드리며 독자들의 건승을 기원한다. 무엇보다 COVID-19으로 잃어버린 소중한 일상이 하루빨리 회복되기를 기원한다. 대학에서 진행되는 원격강의의 경우 많은 장점이 있기는 하나, 온라인 강의 자체가 갖는 휘발성과 집중의 어려움, 매체에 대한 피로도 증가 등 단점 또한 만만치 않다. 강의실에서 학생들과 우리 시장경제의 건전한 모습에 대해 실시간으로 토론하고 고민해볼 수 있는 그런 정상적인 일상의 모습이 하루빨리 돌아왔으면 한다. 그리고 최근의 팬데믹 상황 속에서 정부의 과도한 규제 강화와 시장의 자율성을 제약하는 섣부른 개입의 확산이 갖는 위험성, 정부실패의 교훈에 대해서도 새롭게 같이 고민해야 할 시기에 살고 있다고 생각한다.

어려운 상황 속에서 본 개정판의 출간을 위해 애써주신 박영사의 안종만 회장님과 안상준 대표님께 감사를 드린다. 개정판의 준비과정에서 많은 도움을 주신 조성호 이사님과 편집, 디자인에 도움을 주신 박가온 선생님께도 감사의 말씀을 전하고 싶다. 마지막으로 은사님께서 가르쳐 주신 시장경제의 가치를 항시 마음속에 품고, 꾸준히 공부하며 실무가로서의 책임을 다해야겠다는 다짐을 새롭게 해본다.

곁에서 함께 행복을 만들어 가는 소중한 나의 가족에게 감사를 전하며 …

2021. 7. 20.
테헤란로 로펌사무실에서
변호사/법학박사   안병한

제3판 서문

개정 제3판부터 새로운 출판사 박영사와 인연을 맺게 되었다. 박영사는 은사님이신 정호열 교수님의 『경제법』 교재와 『한국의 시장경제 다시 생각한다』라는 책을 출판하고 있는 곳이다. 이 책의 출판을 준비하는 과정에서 은사님의 도움으로 이렇게 새로운 인연을 맺게 된 것이다. 이 자리를 통해 은사님의 많은 도움의 손길에 다시 한 번 고개 숙여 감사드린다.

제3판의 개정에 대해 말씀드려야겠다. 우선 수험서의 특성상 기출문제 및 모의고사의 출제 경향을 고려하여 요약된 내용을 신속하게 추가할 필요가 있다는 점을 중시했다. 이번 개정 제3판 또한 2019년, 2020년 실시된 변호사시험의 기출문제 내용을 반영하고 법령의 개정에 따른 내용 수정과 소비자법 분야의 서술내용, 경제법 전반의 최신 판례 및 심결례를 추가 보완하였다. 기존 서술부분 중 매끄럽지 못한 내용은 다시 다듬어보았다. 앞으로도 지속적으로 수정 보완할 것을 약속드린다. 직전의 제2판 출간 이후 개인적으로 박사논문 준비를 위해 1년 정도 강의와 집필을 모두 중단한 시기가 있었다. 2019년 저자는 "지식재산권 관련 공정거래법 집행에 관한 법적 연구"라는 논문으로 성균관대학교 법학전문대학원에서 법학 박사학위를 받게 되었다. 박사과정에 입학한 것이 2009년이었으니 꼭 10년 만에 학업을 마칠 수 있었다. 부족함이 많은 제자를 항상 믿음으로 이끌어주시는 스승님의 은혜가 아니었다면 분명 불가능한 일이었을 것이다. 하나의 매듭을 완성하고 이제 전문분야에 대한 연구에 더욱 정진하라는 충고와 격려의 의미라고 생각한다.

최근 제3판의 출판 일정을 묻는 분들이 많았다. 부족한 편집서임에도 불구하고 많은 관심을 가져주셔서 감사를 드린다. 앞으로도 꾸준히 내용 보완을 위해 지속적인 관심을 기울이겠다는 약속을 드리며 독자들의 건승을 삼가 기원한다. 더운 여름, 하계 학위수여식에 오셨던 부모님과 장인어른, 장모님의 많은 격려와 축하의 인사를 잊지 않고 앞으로도 더욱 정진하겠다. 사랑하는 아내 진희, 큰딸 희지, 막내 지훈이에게도 좋은 남편과 아빠로서의 책임을 새롭게 다짐하며 감사의 인사를 전하고자 한다.

마지막으로 이 책의 출판을 허락해주신 박영사의 안종만 회장님과 안상준 대표님께도 감사를 드린다. 또한 기획과정에서 많은 도움을 주신 조성호 이사님과 박가온 선생님께도 감사의 말씀을 전하고 싶다. 박영사의 무궁한 발전을 기원하며 제3판 개정의 인사를 마치고자 한다.

2020. 2. 20.
테헤란로 로펌사무실에서
변호사/법학박사 안병한

제2판 서문

초판이 간행된 지 2년이 다 되어간다. 수험서의 특성상 기민하게 개정작업이 이루어져야 함에도 다소 늦은 감이 없지 않아 이 자리를 통해 죄송스러운 말씀을 먼저 드린다. 이번 개정 제2판에서는 2018년 실시된 변호사시험의 내용을 반영하고 법령의 개정에 따른 내용 수정과 소비자법 부분의 서술내용, 최근의 판례 및 심결례를 중점적으로 보완하였다. 또한 기존 서술부분 중 매끄럽지 못한 내용도 독자들의 가독성을 높이기 위해 다시 서술한 부분도 있다. 새로 내용을 추가한 최신 대법원 판례 중에는 저자가 직접 소송대리했던 사건도 있어 개인적인 감회가 새로웠다. 개정 작업 중 저자를 가장 고민하게 만든 부분은 역시 분량의 적정성의 문제였다. 생략된 부분을 다시 살려 내용을 추가해야 할 것인지를 고민할 때마다 이 책은 완결된 교과서라기보다는 수험용 요약서에 불과하다는 사실을 다시 상기하여 최대한 욕심을 자제했다. 저자가 초판 서문에서도 강조한 바와 같이 공정거래법을 제대로 공부하기 위해서는 이 책과 같은 얄팍한 편집 요약서가 아니라 교수님들의 철학과 깊이 있는 연구의 결과물인 기본서 교재를 반드시 선택해야 하고, 읽고 또 읽어봐야 한다는 점을 수험생들에게 다시 한 번 강조하고 싶다. 저자는 지금도 공정거래법 관련 의견서를 작성할 때 사전처럼 기본서의 해당 내용을 찾아 반복하여 읽는 것을 습관처럼 하고 있다. 풍부한 서론이 담긴 정호열 교수님의 경제법 교과서는 그 논의의 올바른 주소를 찾기 위한 나침반이다. 수험생들도 시험에 자주 출제되는 중요한 사항은 발췌하여서라도 꼭 기본서 교재를 읽어보시기를 바란다. 여기에 욕심을 더 내본다면 경쟁법의 총론에 해당하는 서론 부분의 넓은 시각의 서술내용 위주로 교수님들의 설명을 숙독하며 경쟁법의 의의와 가치, 개입의 한계와 기준에 대해 진지한 고민을 키워보면 어떨까 생각한다.

책의 출판 이후 이 책을 통하여 경제법 시험준비를 했다고 인사 말씀을 해주시는 다양한 실무와 관련된 분들을 만날 수 있었다. 매우 뿌듯하고 기쁜 일이었으나, 부실한 내용의 교재에 대한 죄송스러운 마음도 금할 수 없었다. 앞으로도 꾸준히 내용 보완을 위해 지속적인 관심을 기울이겠다는 약속을 드리며 수험생들의 큰 발전이 있기를 삼가 기원한다.

2018. 1. 15.
테헤란로 로펌사무실에서
안병한 변호사

머리말

'5년차 변호사'시절 매너리즘에 빠지고 있는 스스로를 바로잡기 위해 선택한 것이 공부였다. 고심 끝에 대학원 박사과정에 진학하여 지금의 은사님을 만나 뵙게 되었고, 깊이 있는 강의와 토론의 새로운 경험을 맛보았다. 이 과정에서 건전한 시민사회와 시장경제에 대한 진지한 고민을 새롭게 이어가기 시작한 것 같다. 그 이전 나에게 경제법은 그저 사법시험을 준비하면서 선택과목으로 공부했었던 '추억의 과목'에 불과했거나 변호사로서 소송과 자문에 필요한 정도의 공정위 의결내용과 대법원 판례 정도의 단편적인 공정거래법으로만 여겨졌을 뿐이다. 박사과정에 진학하면서 낮에는 일하고 밤에 수업을 듣는 것이 힘들기도 하였지만, 그 인연이 오늘 이 시간을 만들었음을 생각하면 순간순간의 선택과 인연이란 것이 절대 허투루 넘길 문제가 아니라는 생각을 갖게 한다. 다시 공부를 시작하면서 뵙게 된 소중한 많은 분들과의 인연은 나의 인생 2막 최대의 자산이 되었다. 그분들과의 인연으로 대학과 로스쿨에서 경제법 강의를 시작하게 되었고, 아마도 강의를 하면서 가장 많이 배웠던 사람은 정작 학생들이 아니라 바로 나였던 것 같다. 그동안 중견로펌의 파트너 변호사로서 공정거래법이 운용되고 있는 현장을 생생히 경험할 수 있는 다양한 기회가 있었고, 기업이 필요로 하는 민감한 사안들에 대한 법률자문 과정에서 새로운 선례와 기준을 찾아 고민하기도 했다. 또한 우리 사회에서 크게 이슈가 되었던 다수의 공정거래 관련 사건도 직접 수행할 수 있었다. 배운 지식이 얇고 미천하여 성급한 점이 분명하지만, 강의와 실무 경험을 토대로 여기 이렇게 조심스레 수험용 경제법 요약서를 준비해보았다.

이 책은 사례형 변호사시험을 대비하는 학생들을 대상으로 정리한 단순 수험서이고 강의용 요약서에 불과하다. 즉, 학문적 연구의 성과가 아닌 그저 깊이 없는 단순 편집서에 불과한 이 교재는 시험을 대비하는 수험생들을 위한 참고서에 불과하다. 우선 학생들에게 당부하고자 하는 부분은 공정거래법을 제대로 공부하기 위해서는 교수님들의 철학과 깊이 있는 연구의 결과물인 기본서 교재를 반드시 선택해야 한다는 것이고, 읽고 또 읽어봐야 한다는 점이다. 그럼에도 불구하고 이렇게 수험용 요약서를 준비하게 된 이유는, 짧은 기간에 다양한 과목을 접하며 많은 분량을 공부해야 할 로스쿨 학생들의 현실적 어려움을 고려한 점이 크다. 정작 경제법 과목을 선택하고 싶어도 수험용으로 축약하여 정리된 교재나 초보 입문서가 시중에 많지 않아 상대적으로 다른 선택과목과의 비교열위에 놓인 것이 지금의 경제법이다. 여기에 수험생의 불안한 심정이 작용하여 방대하게만 느껴지는 경제법 과목의 선택 자체를 포기하는 경우가 많다는 하소연을 강의 현장에서 직접 듣게 되었기 때문이다. 이 좋은 과목에 아예 처음부터 '진입'조차 하지 않는 학생들이 많다는 현실이 안타깝기만 했다. 저자가 느끼기에 경제법처럼 산업전반에 걸쳐 정의관념이 생생히 살아 있고, 경제력집중의 억제와 관련된 거시적 접근은 물론 불공정거래행위와 같이 실생활에 밀접하게 관련된 과목도 드물다고 본다. 또한 앞으로 법률가로서 기업에 대한 각종 법률문제에 대한 자문이나 각종 소송 등 다양한 활동을 함에 있어서도 경제법과 관련된 기초지식은 실무에서도 큰 도움을 받을 수 있는 이점도 있다. 아무쪼록 이 책이 경제법 사례형 시험을 준비하고자 하는 분들에게 경제법에 대한 이해와 관심을 조금이나마 더해줄 수 있도록 기여한다면 더 말할 나위 없이 보람을 느낄 것

같다. 앞으로 이 책의 내용들은 향후 축적되는 변호사시험의 출제경향에 맞추어 수험적합성을 높이기 위해 계속 수정 보완할 것을 약속드린다. 아직 출제경향을 일반화하기에는 기출문제의 표본이 너무 적다는 어려운 점이 있고, 함부로 생략하기 부담스러워 이 책에 포함된 장황한 내용도 여전히 있다는 점을 미리 말씀드린다.

무엇보다 은사님에 대한 죄송스러움과 감사의 마음을 적지 않을 수 없다. 미천한 제자에게 항상 격려와 배려를 아끼지 않으시는 정호열 전 공정거래위원장님께 고개 숙여 감사드린다. 그리고 국민대학교와의 경제법 강의의 인연을 허락해주신 이호선 교수님, 단국대학교 대학원 BK21＋ 지식재산과 공정거래법의 단국대학교 법과대학 손승우 교수님께도 감사를 드린다. 책의 교정 작업에 큰 도움이 되어준 처제에게도 감사의 마음을 전하지 않을 수 없다. 마지막으로 이 책을 준비하는 동안 아빠와의 놀이를 참아준 '왕딸' 희지와 '띠순' 지훈이에게 미안한 마음과 사랑을 전하고, 사랑하는 아내 진희에게도 희생과 배려의 지난 시간에 대해 다시 한 번 감사의 마음을 전한다.

2016. 2. 5.
테헤란로 로펌사무실에서
안병한 변호사

- 사례형 문제의 접근 : 출제의도와 관련된 사안의 쟁점파악 Tip

　서술형 문제는 우선 전체적인 내용을 파악한 뒤에 다시 한 번 설문의 세세한 문구 하나 하나를 놓치지 않고 개별 논점을 찾아야 한다. 자칫 성급하게 답안작성을 시작한다면 논점의 중요 부분을 간과하기 쉽고, 설사 뒤늦게 다른 논점을 찾았더라도 이미 서술된 내용에 이어서 순서 없이 작성할 경우 장황한 논리전개로 귀결되어 결코 좋은 인상을 줄 수 없다. 법학은 논리의 학문이고, 사례의 풀이는 논리적 법리전개의 꽃이라 할 수 있다. 더욱 출제자는 매우 치밀한 검토 아래 많은 쟁점을 사례에 포함시켜 수험생에게 논리적 전개를 통해 특정 내용의 올바른 결론을 도출하기를 바라고 있다. 가령 A, B, C, D라는 논점이 있고, 각 단계별 순차적 판단을 필요로 하는 논리적 서술 내용을 요구하는 문제라면, 논점을 찾아 빠지지 않고 쓰는 것만 급급할 것이 아니라 올바른 논리전개와 판단순서까지 신경을 써야 한다. 간혹 모든 쟁점을 답안에 빠짐없이 작성하였음에도 좋지 않은 점수를 받는 경우가 있는데, 말 그대로 논점이 빠지지는 않았어도 오히려 뒤죽박죽 논리전개의 순서에 맞지 않는 서술이 채점과정에서는 더 나쁜 인상을 줄 수 있다. 이와 같은 경우는 상대적으로 잘 정리된 답안과 비교가 될 것이고 절대로 고득점을 바랄 수 없다는 점을 잊지 말아야 한다. 서술형 시험은 쟁점별 배점기준에 따라 채점이 이루어지기는 하나, 전체적인 맥락과 논리의 치밀함에 따른 상대적 비교를 통하여 답안의 우열을 결정하기 때문이다.

　두 번째, 문제에서 묻는 바를 정확히 파악할 필요가 있다. 출제자의 의도와 묻는 바를 정확하게 파악하여 직접 묻고 있는 부분에 대한 분명한 내용을 답하는 것이 매우 중요하다. 가령 "당신이 사는 곳은 어디입니까?"라는 질문에는 당연히 본인의 거주지를 답해야 한다. 질문의 취지부터 정확히 이해한 뒤에, 질문에 정확히 부합하는 답과 근거를 제시하는 것이 중요한 것이고, 평소 이러한 방향으로 답안을 작성하는 연습을 꾸준히 해야 한다. 또한 사안의 쟁점에 관련된 올바른 논리구성에 신경을 써야 하고, 이에 따라 답안을 일목요연하게 작성해야 한다. 그 뒤에 만일 시간적 여유가 있을 때, 관련 내용을 부연 설명하는 정도나 표현상의 기교를 생각하는 것으로 충분하다고 본다. 그런데 서술형 답안을 채점하다 보면 많은 학생들이 동문서답까지는 아닐지라도 위와 같이 '사는 곳'을 묻는 질문에 대해 직접 관련이 없는 본인의 이름, 나이, 취미, 가족관계 등 그야말로 질문과 직접 관련되지 않는 일체의 내용을 너무 장황하게 늘어놓는 식의 답안도 상당수 볼 수 있었다. 이는 평소 본인이 사안의 관련 쟁점과 전체적인 내용에 대해 많은 것을 알고 있다는 것을 채점자에게 자랑삼아 알리고 싶은 마음에서 나오는 과욕이지만, 불필요하고 장황한 답변은 오히려 채점자에게 좋은 인상을 주지 못한다는 점을 명심해야 한다. 또한 동어반복과 같은 수준의 답안을 종종 접하게 되는데, 대표적인 것은 사안의 특정 행위의 부당성을 묻는 문제에 대해 결국 "부당하니까 부당하다", "불공정해서 불공정거래행위이다"라는 정도의 답안을 작성한 경우가 대표적이다. 구체적인 근거를 법조문과 일반 법리에 근거하여 사례의 구체적 사실을 포섭하여 법적 판단의 관점에서 정리해달라는 출제자의 의도를 다시 한 번 분명히 명심할 필요가 있다.

　마지막으로 같은 내용의 서술일지라도 깔끔하게 정돈된 표현을 위해 계속 문장을 다듬고 간결한 서술을 위해 노력해야 한다. 같은 내용이나 개념 정의 한 줄도 간결하고 매끄러운 서술과 표현에서 오는 차이가 분명히 있다. 특히 정확한 용어의 표현과 핵심 키워드가 포함된 깔끔한 서술은 평소 꾸준한 연습을 통해 본인만의 표현으로 다듬어야 하고, 이것이 수험생이 준비해야 할 '내공'이라고 하겠다. 과거 사법시험 시절의 객관식 경제법 시험과는 달리 변호사시험에서의 경제법은 사례 서술형 시험에 해당한다. 이는 본인이 처음부터 끝까지 직접 이야기를 풀어나가야 하는 테스트를 의미한다. 평소 출제 가능한 주제에 대해 모의고사 등의 사례풀이도 참고할 필요가 있고, 중요 내용의 경우는 내용을 정리·축약하면서 공부하는 과정에서, 꾸준히 이와 관련된 개념정의, 학설 및 서술이 필요한 중요 판례에 대한 간략한 요약, 쟁점에 대한 각 비판적 검토 내용 등을 정리해두고 반복해서 써보는 습관을 들여야 한다.

"百聞不如一見"이라 한다면 서술형 시험 준비는 그야말로 "百見不如一筆"이라는 사실을 잊지 말아야 한다. 단순히 책을 읽고 이해하는 것으로 시험 준비를 마쳐서는 안 되고, 동영상 강의나 남이 하는 말을 단순히 듣고 이해하는 것만으로 안심해서는 안 된다. 쉽게 얻은 것은 쉽게 기억에서 사라질 수 있는 '휘발성'을 갖는다. 따라서 중요 논점의 경우에는 반드시 본인이 직접 써봐야 한다. 머릿속에 있다고 믿었던 지식들이 실제로 시험장 책상에 앉아 제한된 시간 내에 긴장감과 함께 답안지에 현출해야 하는 상황에서, 눈으로만 이어졌던 부족한 연습은 매끄럽지 못한 서술의 연속으로 당황만 하게 만들 수 있다.

경제법을 어떻게 정리해야 하는지? 모든 시험 준비가 그렇듯, 점점 더 분량을 줄여가는 공부가 되어야 한다. 특히 시험답안지에 본인이 쓰지 못하는 내용은 결국 무의미하다는 점을 잊지 말고, 공부를 하는 과정에서도 지나친 과욕은 슬럼프로 빠지는 지름길이 될 수 있다. 시험장에서 요긴하게 쓸 수 있는 표현 위주로 개념을 정리하며 책을 정리하되, 깊이 있게 서술하면 좋은 빈출 쟁점이나 핵심적 내용 부분은 간략한 내용이라도 서설 정도에 포함시킬 수 있는 사항들을 미리 정리해 보는 것도 좋을 것이다. 이 책을 통해 경제법을 이해하고 정리하고자 하는 수험생들의 고민을 조금이나마 덜 수만 있다면 좋겠다. 자유롭고 공정한 경쟁이 이루어지는 올바른 시장경제를 고민하는 모든 이들의 건승을 바란다.

차 례

제1편 독점규제 및 공정거래에 관한 법률

CHAPTER 01 총설 - 공정거래법 일반

CHAPTER 02 시장지배적 지위의 남용금지(법 제5조)

CHAPTER 03 기업결합의 통제

CHAPTER 04 부당한 공동행위(카르텔, 담합, cartel, Kartell)

CHAPTER 05 불공정거래행위의 금지

CHAPTER 06 사업자단체의 금지행위 등

제 2 편 소비자보호법

CHAPTER 01 소비자기본법

CHAPTER 02 약관규제법

CHAPTER 03 할부거래법

CHAPTER 04 방문판매법

CHAPTER 05 전자상거래소비자보호법

제1편

독점규제 및 공정거래에 관한 법률

총설-공정거래법 일반

Ⅰ. 시장경제와 공정거래법

1. 헌법 제119조 및 공정거래법 제1조

　사적자치와 자유경쟁에 바탕을 두는 시장경제 체제는 '공권력의 간섭으로부터 자유'라는 자유주의 이념과 자주적 인간에 대한 믿음을 전제로 가동되는 매우 정교한 경제질서다.[1] 대한민국 헌법 제119조는 대한민국의 경제질서는 시장경제질서를 원칙으로 하되 필요한 경우 국가가 경제에 관한 규제와 조정을 할 수 있다는 점을 함께 규정하고 있다. 헌법 제119조 제1항과 제2항의 관계에 관하여는 개인의 자유와 창의가 기본이 되고 공권력의 시장 간섭을 보충적인 것으로 이해하는 해석이 일반적이다.[2] 공정하고 자유로운 경쟁질서를 형성하고 유지하는 것은 국가의 지속적인 과제이며(헌법재판소 2002. 7. 18. 2001헌마605 결정), 이와 같은 취지에서 공정거래법은 제1조에서 "이 법은 ① 사업자의 시장지배적 지위의 남용과 과도한 경제력의 집중을 방지하고, 부당한 공동행위 및 불공정거래행위를 규제하여 ② 공정하고 자유로운 경쟁을 촉진함으로써 ③ 창의적인 기업활동을 조장하고 소비자를 보호함과 아울러 국민경제의 균형 있는 발전을 도모함을 목적으로 한다."고 규정하고 있다.[3]

2. 시장과 공정거래법, 독점금지법, 경쟁법(Competition Law)과 경제법

　시장이란 수요자와 공급자들 사이에서 거래가 이루어지는 추상적 가상의 공간으로 정의할 수 있다. 시장에 대한 기본적인 믿음과 전제는 자유로운 경쟁을 통한 시장의 올바른 작동원리에 따라 가격이 결정되고 거래가 형성될 때 자원이 가장 효율적으로 배분될 수 있다는 것이다. 그리고 이러한 시장경제원리가 정상적으로 작동하여 "공정하고 자유로운 경쟁"이 촉진될 수 있도록 제 역할을 다하기 위해 시장에 대한 예외적 개입과 규제를 규정한 법체계를 경쟁법(Competition Law)이라 정의할 수 있다.

---

[1] 정호열, 『경제법』 전정 제7판, 박영사, 2022, 3쪽.

[2] 시장경제와 헌법 제119조 제1항 및 제2항, "사회적 시장경제론"의 내용적 허무 등에 대한 깊이 있는 이해를 위해 정호열 교수님의 경제법(전정 제7판) 교과서 12쪽 내지 16쪽의 내용을 숙독하시기를 권한다.

[3] "우리 헌법은 전문 및 제119조 이하의 경제에 관한 장에서 균형 있는 국민경제의 성장과 안정, 적정한 소득의 분배, 시장의 지배와 경제력남용의 방지, 경제주체간의 조화를 통한 경제의 민주화, 균형 있는 지역경제의 육성, 중소기업의 보호육성, 소비자보호 등 경제영역에서의 국가목표를 명시적으로 규정함으로써, 우리 헌법의 경제질서는 사유재산제를 바탕으로 하고 자유경쟁을 존중하는 자유시장경제질서를 기본으로 하면서도 이에 수반되는 갖가지 모순을 제거하고 사회복지·사회정의를 실현하기 위하여 국가적 규제와 조정을 용인하는 사회적 시장경제질서로서의 성격을 띠고 있다(헌법재판소 2001. 6. 28. 2001헌마132 결정 등)."

앞서 언급한 바와 같이 시장은 경제학에서 가정한 논의의 전제이자 이론상의 추상적 공간인바, 전통적인 경제학에서 경제주체(가계, 정부, 기업)를 기준으로 개념상 크게 ① 소비자(또는 수요자)와 기업(공급자) 사이의 "거래관계"의 축, ② 기업과 정부(규제감독기관) 사이의 "영업 감독 혹은 행정규제의 축", ③ 기업 상호 간의 "경쟁관계의 축"으로도 나누어 볼 수 있다(시장의 세 축).[4]

이때 "거래기회 또는 거래조건을 둘러싼 기업 사이의 경쟁관계(위의 ③에 해당)를 규율하는 법"을 가장 좁은 의미의 '경쟁법'이라고 정의할 수 있고, 소비자와 기업 사이의 거래관계에서 발생하는 위험에 대하여 국가가 소비자보호 관련 법률을 제정하여 이를 통해 개입하는 영역은 ① 거래관계의 축과 관련된다.

현재 "공정거래법", "독점금지법(또는 독점규제법, 반독점법)", "경쟁법", "경제법"이라는 용어가 다양한 상황에서 혼용되고 있는데, "공정거래법"은 "공정거래위원회"에 대비하여 "독점규제 및 공정거래에 관한 법률"의 약칭으로 널리 사용되는 명칭이고, 그 외 "독점금지법(또는 독점규제법, 반독점법)"이라는 명칭은 미국의 Antitrust 또는 Antitrust Law라는 법체계 및 용어의 번역에서 유래한 것이며,[5] 현재 개방된 사시장의 존속과 그 안에서의 자유롭고 공정한 경쟁을 촉진하는 법체계를 지칭하는 명칭은 널리 경쟁법(Competition Law)이라는 용어가 세계적으로 통용된다. "경제법"은 독일을 중심으로 이루어진 그 개념에 대한 학설사적 논의[6]를 떠나 수험생의 입장에서는 우리나라의 경우 공정거래법+소비자보호법(소비자기본법, 약관규제법, 할부거래법, 방문판매법, 전상법)을 포함한 범위의 과목명을 의미한다고 이해하면 충분하다.

Ⅱ. 공정거래법이 달성하고자 하는 시장

1. 완전경쟁시장의 구현은 현실적으로 불가능

근대 경제학이 전제한 시장은 완전경쟁시장(pure competition market)으로 볼 수 있다. 이는 시장으로의 진입과 탈퇴에 제한이 없고, 시장 참여자들 사이에 경쟁이 공정하게 이루어진다는 점을 당연한 전제로 하는 가상의 개념이었다. 그러나 현실적으로 이는 허구적 가상에 불과하다. 즉, 사실상 현실의 시장에서 완전경쟁시장을 찾기는 어렵다.[7] 따라서 완전경쟁시장을 경쟁정책의 목표로 설정하는 것은 부적절한

---

4 정호열, 『경제법』 전정 제6판, 박영사, 2019, 목차 QRL 포함 내용(시장의 세 축).
5 미국의 독점금지법으로는 Sherman법, Clayton법, 연방거래위원회법이 가장 대표적이며 그 외 대부분의 독점금지 관련 법률들은 이들 3법으로부터 파생되었다. 이들 3법은 상호배타적으로 적용되는 것이 아니라 서로 중첩되어 있다고 해석된다. 특히 미국은 독점금지제도상 '사법심사주의'를 취하고 있기 때문에 경쟁제한행위에 대한 1차적인 판단을 행정기관이 아닌 사법부에서 한다. 미국 독점금지법 운용기관으로는 법무부(DOJ) 반독점국과 연방거래위원회(FTC)가 있으며, 전자는 부당한 공동행위 등 형사적 사건을 주로 다루고, 후자는 기업결합, 표시·광고행위 등 민사적 사건을 주로 다루는데, 형사소추는 법무부 반독점국에서 전담하고 있다.
6 권오승, 『경제법』 제12판, 법문사, 2015, 4쪽 내지 12쪽 참조.
7 완전경쟁시장은 다음과 같은 네 가지 특징을 가진다.
　첫째, 수요자와 공급자의 수가 아주 많기 때문에 개별 수요자나 공급자가 수요량이나 공급량을 변경해도 전혀 시장가격에 영향을 끼칠 수가 없다.
　둘째, 완전경쟁시장에서 거래되는 같은 상품은 질적인 면에서 모두 같아야 한다. 여기서 상품의 동질성은 품질뿐만 아니라 여러 가지 판매 조건도 같다는 것을 의미한다. 이런 조건에서 어느 기업도 시장가격에 결정적인 영향을 끼칠 수 없다.
　셋째, 완전경쟁시장에서는 새로운 기업이 시장으로 들어오는 것과 비능률적인 기업이 시장에서 견디지 못하여 나가는 것 모두가 자유로워야 한다(진입과 탈퇴). 만일 그렇지 않다면 시장 참여자의 수가 한정되어 결과적으로 이러한 기업이 시

방향설정이다.

2. 차선의 목표 – 유효경쟁(workable competition, effective competition)

유효경쟁이란 시장의 여러 현실을 고려하여 차선책으로 설정한 목표이다. 이는 완전경쟁의 비현실성을 고려하여 현실 경쟁정책에서 목표로 삼는 시장의 모습 정도로 이해할 수 있다. 유효경쟁이란 경쟁이 가져올 수 있는 긍정적 기능을 어느 정도 기대할 수 있는 유효한(workable, effective) 경쟁을 확보하는 것에 중점을 둔다. 결국 공정거래법은 원칙적으로 공개된 시장을 확보하고, 그 시장 안에서 상대적으로 자유롭고 공정한 경쟁이 이루어지거나 이루어질 수 있도록 담보하는 것을 정책적 목적으로 하며, 유효경쟁 상태의 확보를 차선의 의미인 '현실적 목표'로 한다고 볼 수 있다. 실제로 미국의 독점금지당국이 독점을 규제해온 과정을 보더라도 수많은 사업자가 난립하여 무제한의 경쟁을 벌이는 완전경쟁을 지향하는 것이 아니라, '중간규모'의 '상당한 수'의 사업자가 경합하는 시장을 만들기 위해 지속인 노력을 이어왔다는 점을 참고해볼 수 있다.[8]

3. 경쟁의 촉진

"Antitrust protects competition itself, not competitors."

공정거래법은 경쟁제한적인 시장에서의 남용행위에 대한 예외적 개입과 규제수단을 의미한다. 경쟁법의 목적은 경쟁의 촉진이며, 이는 현실적 경쟁뿐만 아니라, 잠재적 경쟁까지 보호한다(잠재적 경쟁자의 진입을 어렵게 하는 사업자의 반칙행위도 경쟁을 제한하는 것으로 규제의 대상). 경쟁의 촉진과 보호를 통해 결과적으로 개별 사업자들이 보호를 받게 될 수는 있지만, 이는 경쟁법 운용의 결과로 인한 부수적 효과일 뿐, 경쟁법은 개별 사업자의 보호 자체를 직접적인 목적으로 두지 않는다.

Ⅲ. 공정거래법의 특징

1. 폐해규제주의를 기본으로 한 절충주의

독과점에 대한 입법적 규제방식은 ① 독과점의 형성 또는 유지 및 강화 그 자체를 위법한 것으로 보아 원칙적으로 금지하는 원인금지주의(미국과 일본), ② 독과점의 형성 또는 유지 및 강화 그 자체를 위법한 것으로 보지는 않지만 시장에서 일정한 폐해(남용행위)를 수반하는 경우 예외적으로 이를 규제하는 폐해규제주의, ③ 그리고 금지의 대상과 개별적 행위의 유형에 따라 양자가 혼합된 절충주의로 크게 구분하여 설명하고 있다.[9]

장에 부당한 영향을 줄 수 있게 된다.

넷째, 완전경쟁시장에서는 상품의 가격·품질 등 시장 정보에 대하여 수요자와 공급자가 모두 잘 알고 있어야 한다. 이와 같이 거래 당사자가 완전한 정보를 가진다면 하나의 상품은 오직 하나의 가격으로만 시장에서 거래된다.

그러나 현실적으로 이 조건들을 모두 갖춘 이상적인 시장은 존재하지 않는다.

8 정호열, 『경제법』 전정 제7판, 박영사, 2022, 57쪽.

9 이와 관련하여 원인금지주의와 폐해규제주의에 따른 기존의 형식적 구분과 설명이 무의미하다는 점을 지적하는 견해도

2. 행정규제주의

경쟁제한 행위에 대한 주도적 개입 주체를 기준으로 ① 사건의 인지부터 조사, 의결 및 집행에 이르기까지 법위반 행위의 규제절차에서 행정기관이 1차적 역할을 담당하는 것을 행정규제주의라 한다. EU, 일본(公正取引委員會)과 마찬가지로 우리나라는 공정위 중심의 시정명령과 과징금부과 등의 행정적 규제가 중심을 이루고 있다. 그 외 공정위의 준사법적 판단에 따른 처분(위원회의 의결형식)이 법원 1심 기능을 대체한다는 점,[10] 원칙적으로 공정위의 고발을 소송조건으로 하여 형사절차가 개시되는 전속고발권 제도(법 제129조) 등이 행정규제주의로 볼 수 있는 대표적인 특징이다(다만, 전속고발권 제도는 점차 완화되고 있는 추세이며, 법 제129조 제2항 내지 제4항에서는 중대위반에 대한 공정위의 고발의무 및 검찰총장 등의 고발 요청권 등을 규정하고 있다).

② 이에 대하여 사법부가 경쟁제한행위에 대한 위법성을 1차적으로 판단하는 입법 및 법 집행의 입장을 사법심사주의(사법구제주의)라고 하며, 미국의 경우와 같이 법집행기관인 연방거래위원회(FTC)나 법무부(DOJ) 독점금지국이 셔먼법이나 클레이튼법 위반에 대하여 직접 중지명령을 내리지 않고, 사법부에 대하여 금지명령을 구하는 소를 제기하는 입법례가 여기에 해당한다. 비교법 차원의 편의상 구분 개념 정도로 이해하면 충분하다.

3. 직권규제주의

공정위를 통한 행정적 규제의 경우 법위반행위에 대한 조사 등 절차의 개시와 종료, 위법성의 판단 및 행정처분(무혐의, 경고, 시정권고, 시정명령, 과징금부과 및 고발)은 원칙적으로 공정위의 직권발동에 따른 재량에 속한다(법 제80조 제1항, 제81조 제1항). 물론 누구라도 공정거래법 위반행위를 공정위에 신고할 수는 있지만(법 제80조 제2항), 이는 공정위의 직권발동을 촉구하는 의미를 가질 뿐이다. 공정위는 법위반행위를 인지한 경우 당사자의 신고가 없더라도 직권으로 이를 조사할 수 있으며(법 제80조 제1항), 공정위의 조사가 진행되는 도중에 비록 신고가 취하되거나 당사자 간에 피해구제 등에 관한 합의가 이루어진 경우에도 공정위가 조사를 중지할 필요는 없다.[11] 2005년 마이크로소프트사의 시장지배적 지위

있다(정호열, 『경제법』 전정 제7판, 박영사, 2022, 132쪽 참조). 독과점 그 자체를 원인적으로 모두 금지하는 것은 사실상 불가능할 뿐만 아니라 원인금지의 모델로 지목되는 미국법의 경우도 독점화(monopolizing) 혹은 독점화의 시도(attempt to monopolize)를 금지하는 것에 불과하여(셔먼법 제2조), 독점 그 자체를 부인하는 내용이라 볼 수 없으므로, 원인금지의 입법례도 실재하는 것이 아니라는 이유 등을 설명한다. 독점적 지위는 혁신을 통한 경쟁의 자유로운 결과일 수도 있을 것이며 혁신에 따른 새로운 평면의 시장이 형성될 경우의 최초 사업자 또한 독점적 지위에서 출발하게 된다. 독과점 자체의 원인적 금지는 오히려 경쟁 그 자체를 제한하는 왜곡된 논의가 될 수 있고, 현실적으로 독과점의 원인 자체를 금지한다는 것도 불가능한 것이어서 원인금지주의의 의미에 대한 위와 같은 비판적 견해는 매우 타당한 지적이다.

10 마치 특허심판원의 판정에 대하여 1심을 거치지 않고 고등법원급인 특허법원에 직접 소를 제기하는 것과 유사하게, 공정위의 처분에 대한 불복의 소는 서울고등법원을 전속관할로 정하고 있다[공정거래법 제100조(불복의 소의 전속관할) "제99조(소의 제기)에 따른 불복의 소는 서울고등법원을 전속관할로 한다."]. 입법론으로 공정위 사건 또한 일반 행정사건처럼 1심부터 법원의 판단을 받도록 하자는 논의가 있다.

11 직권규제주의에 대비되는 개념으로 당사자주의를 들 수 있다. 이는 당사자들의 소제기 등을 통해 경쟁제한행위에 대한 규제가 개별 사건의 판단을 통해 이루어지는 제도를 말한다. 사적 집행의 활성화 차원에서 2020. 12. 29. 전부개정된

남용행위에 대한 사건에서 마이크로소프트사는 공정거래위원회의 사건 심의가 종결되기 직전에 신고인 회사 중 하나인 다음커뮤니케이션과 합의하면서 실제로 신고 취하까지 이루어졌지만, 공정거래위원회는 신고 취하에도 불구하고 심의를 계속 진행하여 최종 심결을 내린 바 있다(공정위 2006. 6. 16. 제 2006-027호).

4. 공정거래법의 구성

변호사시험을 준비함에 있어 공정거래법의 주요 규정의 위치를 미리 파악해둘 필요가 있다. 전반적인 법 규정 체계는 대략 다음과 같다.

실체법적 규정	절차법적 규정
제2장 시장지배적지위의 남용금지 - 독과점적 시장구조의 개선 등 - 시장지배적지위의 남용금지 제4장 경제력 집중의 억제	제8장 전담기구 - 공정위의 설치 및 소관사무, 국제협력, 　　 구성, 회의 구분, 전원회의 및 소회의의 관장사항 등 제9장 한국공정거래조정원의 설립 및 분쟁조정
제3장 기업결합의 제한	제10장 조사 등의 절차
제5장 부당한 공동행위(카르텔)의 제한	제11장 과징금의 부과 및 징수 등
제6장 불공정거래행위, 재판매가격유지행위(RPM) 및 　　 특수관계인에 대한 부당한 이익제공의 금지	제13장 적용제외
제7장 사업자단체	제14장 보　칙
제12장 금지청구 및 손해배상	제15장 벌　칙

Ⅳ. 공정거래법상 기본개념 - 일반론

1. 사업자, 사업자단체

가. 사업자

공정거래법은 사업자의 행위에 대해 적용되는 것이 원칙이다. 공정거래법 제2조 제1호는 사업자를 "제조업 서비스업 또는 그 밖의 사업을 하는 자"로 정의하고 있다. 여기에서 ① "사업"이라 함은 타인에게 경제적 이익을 제공하고 그것에 상응하는 반대급부를 받는 행위를 계속적·반복적으로 하는 것을 의미한다. ② 사업을 "한다"는 것은 상법상 상인의 개념과 같이 "자기 명의"인지를 묻는 것이 아니고, 자기의 계산 하에 사업을 경영한다는 의미 정도로 넓게 해석한다. 그 활동이 반드시 영리를 목적으로 할 필요가 없고, 사업자의 의무가 법령에 규정되어 있는지, 목적이 공익성을 띠는지의 여부도 문제되지 않는다.[12] ③ 자연인, 법인, 권리능력 없는 사단이나 조합 등 그 법적 형태도 문제되지 않는다(예: 의료법인,

---

공정거래법은 새롭게 사인의 금지청구제도를 도입하였다. 이와 관련된 논문으로는 송석은, "공정거래법상 사소제도에 관한 연구", 성균관대학교 석사학위논문, 2014. 2.

학교법인, 법무법인, 외국사업자도 모두 포함).

대법원은 "국가나 지방자치단체라도 사경제주체의 하나로서 타인과 거래행위를 하는 경우에는 그 범위 내에서 공정거래법상 사업자에 해당될 수 있다."고 판시, 공정거래법의 목적과 기능에 따라 규제의 필요성을 중시하여 사업자의 개념을 실질적인 관점에서 폭넓게 인정하고 있다(서울시 지하철공사의 거래상 지위남용 관련 민사소송, 대법원 1990. 11. 23. 선고 90다카3659 판결).

나. 사업자단체(법 제2조 제2호)[13]

(1) 정의

공정거래법상 사업자단체라 함은 명칭 및 그 형태가 무엇이든 상관없이 "둘 이상의 사업자가 공동의 이익을 증진할 목적으로 조직한 결합체 또는 그 연합체"를 말한다(법 제2조 제2호). 사업자단체의 경우 단순한 친목도모와 상호부조의 목적 등 공식적으로는 비영리목적을 표방하는 경우가 대부분이다. 공정거래법상 사업자단체 해당 여부를 판단함에 있어서는 단체가 표방하는 '이익'은 널리 경제적 이익 정도의 의미이므로 반드시 직접적인 영리목적만으로 한정되지 않으며, 그 이익이 구성원 전원에 대하여 공동일 필요까지는 없고 일부에 대하여만 이익이 되는 것으로도 족하다. 단체설립의 목적 또한 정관이나 규약 등 형식적 외형에만 국한하지 않고, 실질적인 관점에서 추구하는 내용을 기준으로 판단해야 한다.[14]

(2) 사업자의제(법 제2조 제1호 후문)

"사업자의 이익을 위한 행위를 하는 임원·종업원(계속하여 회사의 업무에 종사하는 사람으로서 임원 외의 사람을 말한다)·대리인 및 그 밖의 자는 사업자단체에 관한 규정의 적용할 때에는 사업자로 본다"(법률상 간주규정). 이 규정의 취지는 현실적으로 회사의 임원, 종업원 등이 개인

---

12 공정위 심결(공정위의결 1987. 3. 25.) "건축사의 업은 그 업무의 내용과 공익의무가 법정되어 있더라도 공정거래법의 적용대상이다."

13 2014년 변시 제3회 설문2 기출. 사업자단체 해당 여부와 사업자단체의 금지행위 위반 여부를 묻는 쟁점이 출제되었다. 사업자단체의 금지행위의 자세한 내용은 이하 제6장 사업자단체의 금지행위 부분 참조.

14 "대한소아과학회 서울특별시지회는 소아과학에 관한 학술연구 및 소아보건의 향상 등을 주목적으로 하여 설립된 단체이나, 동 단체의 회원은 소아과 병·의원을 개원하고 있는 사업자들이 대부분을 차지하고 있고, 수년간에 걸쳐 구성사업자인 소아과 개원의들의 공동의 이익을 도모하는 행위를 사실상 수행하여 왔다는 점 등을 감안할 때 구성사업자들의 공동의 이익을 증진할 목적으로 조직된 결합체로 보아야 할 것이므로 공정거래법 제2조 제4호의 규정에 의한 사업자단체로 인정된다(1992. 5. 12. 공정위의결)." 또한 대구유치원연합회의 사업자단체 금지행위 건에서도 "그 구성원들이 유아교육이라는 공익적 임무를 수행하고 기본적 속성에 비영리적인 점이 있다고 할지라도 입학금 등을 받고 그 대가로 교육에 임하는 기능 및 행위와 관련하여서는 사업자로서의 특성 및 측면이 있다."고 판시하였다(대법원 2007. 4. 27. 선고 2007두3985 판결).
대법원 2008. 2. 14. 선고 2005두1879 판결(공동의 이익의 의미) '공동의 이익'이란 구성사업자의 경제활동상의 이익을 말하고 단지 친목, 종교, 학술, 조사, 연구, 사회활동만을 목적으로 하는 단체는 이에 해당하지 않는다. 또한, 사업자단체에 참가하는 개별 구성사업자는 독립된 사업자이어야 하므로, 개별 사업자가 그 단체에 흡수되어 독자적인 활동을 하지 않는 경우에는 사업자단체라고 할 수 없고, 사업자단체로 되기 위해서는 개별 구성사업자와 구별되는 단체성, 조직성을 갖추어야 한다.

이름으로 임의단체를 구성하거나 사업자단체의 구성원으로 활동하면서 실제로는 사업자의 각종 경쟁제한적인 활동을 하는 경우가 많기 때문에 규제의 실효성을 높이기 위한 것이다. 이 경우 임원 등은 자연인에 불과하기 때문에 원칙적으로 사업자단체에 관한 규정을 직접 적용하기 어렵다는 문제가 발생할 수 있기 때문이다. 이러한 문제를 해결하기 위해 사업자의 이익을 위한 행위를 하는 임원 등을 사업자로 의제(법률의 규정에 의한 간주)하여 사업자단체에 대한 금지규정을 적용할 수 있도록 법적 근거를 명확히 한 것이다.[15]

2. 일정한 거래분야(관련시장, relevant market) – "객·단·지·경"[16]

공정거래법은 공정하고 자유로운 경쟁을 촉진하기 위하여 시장지배적 지위남용행위, 경쟁제한적인 기업결합, 부당한 공동행위(담합 또는 카르텔), 불공정거래행위 등을 규제하고 있다. 그런데 어떤 행위가 경쟁을 제한하는지 여부를 판단한다는 것은 매우 어려운 문제이며, 이를 위해서는 먼저 경쟁관계가 성립될 수 있는 '일정한 거래분야'라고 하는 판단의 범위를 획정해야만 한다. 이를 획정하는 기준이 되는 것이 "관련시장"의 개념이다.[17] 특히 관련시장은 독과점사업자의 규제에 앞서 시장지배적 지위를 인정할 수 있는지 여부 및 구체적 시장지배적 지위 남용행위의 판단(경쟁제한성), 경쟁제한적 기업결합이나 부당한 공동행위에 있어서의 위법성(경쟁제한성)을 판단하는 부분, 최종 공정위의 처분에 앞서 과징금 산정의 기준이 되는 관련매출액[18]의 산정 등에 있어서도 중요한 의미를 갖는다. 이처럼 경쟁법 집행의 여러 분야에서 시장획정은 매우 중요한 문제이다. 특히 일정한 거래분야를 어떻게 획정하느냐에 따라서 그 시장의 독과점의 정도나 시장점유율(market share)이 크게 달라질 수 있거나 경쟁제한성에 대한 판단이 달라질 수 있다. 예를 들면 일정한 거래분야를 넓게 획정할수록 그 시장의 개별 사업자들의 독과점의 정도나 시장점유율은 낮아지고, 반대로 좁게 획정할수록 독과점의 정도는 높아질 수 있다(예: '코카콜라'의 경우 만

---

15 사업자단체에 관한 규정에 있어서만 사업자의제 규정이 적용된다. 그 외 부당한 공동행위, 불공정거래행위 등 다른 규정의 적용에 있어서 임원·종업원·대리인 기타의 자를 사업자로 의제하는 명문규정은 없다. 공정위의 처분은 "침익적 행정행위"에 해당하므로 명문의 근거 없이 처분 또는 침익범위를 함부로 넓힌다면 이는 위법한 처분으로 행정소송의 대상이 될 수 있다. 더욱 공정거래법 위반행위에 대해서는 형사처벌과도 관련되어 있다. 형사처벌의 문제에서는 죄형법정주의와 관련 가벌성의 범위를 명문의 규정 없이 유추해석을 통하여 확장해서는 안 된다(죄형법정주의).
16 거래의 객체별, 단계별 또는 지역별로 경쟁관계가 있거나 경쟁관계가 성립될 수 있는 분야.
17 그동안의 변호사시험 기출문제를 보면 대부분 '관련시장'은 이미 설문에서 정해주고, 답안 작성 시 별도로 논하지 않도록 지시하고 있음이 보통이었다(2016년도 제5회 변시 경제법 제1문 예: "관련 지역시장은 '국내시장', 관련 상품시장은 '자동차 타이어 소매시장'으로 가정한다."). 하지만 위법성 판단 등 구체적인 논거를 제시함에 있어 관련시장의 개념을 기본적으로 이해해야 하고, 상황에 따라 위법성 판단의 근거로 관련시장에서 나타나는 경쟁제한성 등을 간략히 언급해야 하는 경우도 있으므로(경쟁제한성을 판단함에 있어 설문에 나타난 시장의 특수성 등), 이 부분의 기본 개념 정도는 반드시 숙지하기 바란다. 또한 경쟁제한성을 논증함에 있어서는 설문에 나타난 관련시장의 범위를 언급하고, 그 시장의 경쟁 환경의 특수성을 설문에서 찾아 서술해야 한다. 막연한 논증으로 결론을 도출하지 말고, 설문의 구체적인 사실관계를 먼저 확인해야 한다.
18 실무상 공정위의 처분에 대한 불복으로 행정소송이 제기될 경우 공정위의 구체적 시정명령 등의 위법·부당을 이유로 처분 취소를 구하는 것 외에 공정위가 부과한 과징금의 액수에 대한 부분도 다툼의 대상이 되는 것이 보통이다(과징금부과처분). 이 경우 과징금부과처분에서 재량의 현저한 일탈남용이 있었음을 주장하게 되는데, 이 과정에서 관련매출액 산정이 정당한지를 다투는 경우가 실무상 가장 흔하다(부과기준율 적용 관련). 참고로 공정위는 별도로 「과징금부과 세부기준 등에 관한 고시」를 제정하여 과징금부과 및 산정 시 적용하고 있다.

일 '콜라시장'만을 관련시장으로 본다면 국내에서 독보적인 시장점유율을 차지하게 되겠지만, 만일 전체 '탄산음료시장' 또는 더 넓게 '음료시장'으로 관련시장을 지나치게 넓힐 경우 코카콜라가 차지하는 점유율 비중은 매우 낮아질 것임. 이렇듯 만일 관련시장 획정에 혹여 실수라도 있게 되면 이는 궁극적으로 공정거래법이 규제해야 할 독과점사업자를 놓치게 되는 중대한 결과를 초래한다).

공정거래법 제2조 제4호는 "일정한 거래분야"를 거래의 객체별, 단계별 또는 지역별로 경쟁관계가 있거나 경쟁관계가 성립될 수 있는 분야로 규정한다("객단지경").[19] 이에 따라 공정위는 「시장지배적 지위 남용행위 심사기준」, 「기업결합심사기준 및 과징금부과 세부기준 등에 관한 고시」 등 일정한 거래분야를 정하는 세부기준을 마련하고 있다. 위와 같은 심사기준에 따르면 일정한 거래분야는 "특정지역에서 거래되는 특정상품의 가격이 상당기간 어느 정도 의미 있는 수준으로 인상될 경우 해당 상품 또는 지역의 대표적 구매자가 이에 대응하여 다른 상품이나 지역으로 구매를 전환할 수 있는 상품의 집합(상품시장) 또는 지역(지리적 시장), 기타 거래단계나 거래상대방별로 구분되는 시장을 의미하고, 이는 상품의 특성 내지 기능·효용 및 가격의 유사성, 구매자 또는 판매자들의 대체가능성에 대한 인식, 그와 관련한 구매 또는 경영의사 결정행태 및 시간적·경제적·법제적 측면에서 전환의 용이성 등을 종합적으로 고려하여 판단해야 한다."[20]

대법원도 이와 같은 내용에 따라 관련시장을 판단하고 있다(포스코의 시장지배적 지위 남용행위에 대한 건, 대법원 2007. 11. 22. 선고 2002두8626 판결 등).[21]

---

19 조문의 위치를 미리 숙지할 것.
　① 거래객체별 : 거래되는 상품이나 제품의 종류에 따라서 일정한 거래분야를 구분한다(예: 음료시장, 주류시장, 휴대폰시장, 스포츠의류시장, 전기차시장, 휴대폰시장).
　② 거래단계별 : 원료의 생산·공급에서부터 완제품의 판매에 이르는 일련의 과정에서 어느 단계에 속하느냐에 따라 일정한 거래분야를 구분한다. 중간재와 완제품은 거래단계가 달라 원칙적으로 관련시장이 상이하다고 본다(예: 자동차부품공급시장, 자동차완제품생산시장, 자동차판매시장과 같이 각 거래단계별 별도의 시장 획정이 가능하다).
　③ 거래지역별 : 동일제품·동일거래단계일지라도 지역적 구분에 따라 일정한 거래분야를 구분할 수 있다(예: 국내시장을 서울·경기지역, 충청지역, 전남지역, 경남지역, 제주지역 등으로 구분).
20 1992년 미국 법무부(DOJ)와 연방거래위원회(FTC)가 공동으로 발간한 수평적 기업결합지침(1992 Horizontal Merger Guidelines)에 포함된 "SSNIP(Small but Significant and Non−transitory increase in price) Test"를 받아들인 것이다. SSNIP Test는 일정한 시장에서 가상의 가장 작은 독점기업(the smallest hypothetical monopolist)을 가정하여 해당 독점기업이 'SSN'하게 가격을 인상할 때 소비자가 다른 지역 또는 대체 상품으로 이동하지 못하여 독점이윤이 증가한다면 이 범위를 단일시장으로 획정할 수 있다는 CLA(Critical Loss Analysis) 분석기법을 활용한 시장획정과 관련된 이론이다. 대법원은 산업고무용 카본블랙의 가격이 상당한 기간 의미 있는 수준으로 인상될 경우에 구매자는 이에 대응하여 타이어용 카본블랙으로 구매를 전환할 수 있고, 반대로 타이어용 카본블랙의 가격이 인상될 경우에도 구매자는 동일하게 산업고무용 카본블랙으로 구매를 전환할 수 있으므로, 비록 타이어용 카본블랙과 산업고무용 카본블랙 사이에 용도, 수요자, 운송 및 포장방법에 다소 차이가 있다고 하더라도, 타이어용 카본블랙과 산업고무용 카본블랙을 함께 하나의 고무용 카본블랙 시장으로 획정한 바 있다(대법원 2009. 9. 10. 선고 2008두9744 판결). 최근에는 디지털시장으로의 변화와 함께 온라인 플랫폼사업자와 관련된 양면시장 논의 등 시장획정에 대한 다양한 설명이 전개되고 있다.
21 대법원 2007. 11. 22. 선고 2002두8626 전원합의체 판결. "특정 사업자가 시장지배적 지위에 있는지 여부를 판단하기 위해서는 경쟁관계가 문제될 수 있는 일정한 거래 분야에 관하여 거래의 객체인 관련 상품 또는 용역(이하 '상품 등'이라 한다)에 따른 시장(이하 '관련상품시장'이라 한다)과 거래의 지리적 범위인 관련지역에 따른 시장 등을 구체적으로 정하고 그 시장에서 지배가능성이 인정되어야 한다. 관련상품시장은 일반적으로 시장지배적 사업자가 시장지배력을 행사하는 것을 억제하여 줄 경쟁관계에 있는 상품 등의 범위를 말하는 것으로서, 구체적으로는 거래되는 상품 등의 가격

우선 설문에서 주어지는 관련시장의 특성을 반드시 확인해야 한다. 이는 경쟁제한성의 판단 및 사업자의 행위에 대한 평가에서 적극적으로 활용하고 인용할 내용이기 때문이다. 예를 들면, 설문에 주어진 관련시장에서 해당 상품이 해외를 통해서는 수입되지 않는 사정(예: 국내 사업자들 간의 경쟁이 전부임), 막대한 시설투자가 필요하다거나 특정 기술의 확보가 긴요한 산업의 특성(진입장벽이 높다는 의미. 신규 사업자의 진입이 용이하지 않음), 소수의 사업자들이 과점하고 있는 시장점유율(과점시장에서의 담합은 곧 시장 전체의 거래조건을 쉽게 좌우할 정도로 경쟁제한적 효과가 분명함), 원재료 및 제조원가와 관련된 변동 상황, 참여 사업자들의 시장점유율 분포(시장점유율이 높을수록 경쟁제한적 효과가 두드러짐) 등을 유의할 필요가 있는 것이다.

3. 경쟁의 실질적 제한(법 제2조 제5호)

공정거래법은 일정한 거래 분야의 경쟁이 감소하여 특정 사업자 또는 사업자단체의 의사에 따라 어느 정도 자유로이 가격·수량·품질 그 밖의 거래조건 등의 결정에 영향을 미치거나 미칠 우려가 있는 상태를 초래하는 행위를 "경쟁을 실질적으로 제한하는 행위"로 정의하고 있다(법 제2조 제5호).[22]

구체적으로, ① "경쟁의 감소"는 단순히 경쟁의 절대적인 양(사업자 수의 감소)이 감소하는 것만을 의미하는 것이 아니라, 경쟁의 질적 변화를 초래하는 것을 포함하는 의미이다.[23] ② 실질적 경쟁제한행위는 거래조건 등의 결정에 실질적으로 영향을 미치는 경우뿐만 아니라 영향을 미칠 우려가 있는 상태만을 초래하는 행위까지도 포함한다(잠재적 우려, 추상적 위험성으로 충분). ③ 경쟁의 "실질적 제한"이라고 함은 실효성 있는 경쟁의 제한 및 유효경쟁(workable competition)을 기대하기가 어려운 상태를 의미한다.

대법원은 "경쟁을 실질적으로 제한하는지의 여부를 판단하기 위해서는 해당 상품의 특성, 소비자의 제품선택 기준, 해당 행위가 시장 및 사업자들의 경쟁에 미치는 영향, 해당 시장에서의 사업자 수 등 여러 사정을 고려하여 일정한 거래분야에서의 경쟁이 감소하여 가격·수량·품질 기타 거래조건 등의 결정에 영향을 미치거나 미칠 우려가 있는지를 종합적으로 살펴 개별적으로 판단하여야 할 것"이라고 판시하고 있다(대법원 2009. 3. 26. 선고 2008두21058 판결).[24]

이 상당기간 어느 정도 의미 있는 수준으로 인상 또는 인하될 경우 그 상품 등의 대표적 구매자 또는 판매자가 이에 대응하여 구매 또는 판매를 전환할 수 있는 상품 등의 집합을 의미하고, 그 시장의 범위는 거래에 관련된 상품 등의 가격, 기능 및 효용의 유사성, 구매자들의 대체가능성에 대한 인식 및 그와 관련한 구매행태는 물론 판매자들의 대체가능성에 대한 인식 및 그와 관련한 경영의사결정 형태, 사회적·경제적으로 인정되는 업종의 동질성 및 유사성 등을 종합적으로 고려하여 판단하여야 하며, 그 외에도 기술발전의 속도, 그 상품 등의 생산을 위하여 필요한 다른 상품 등 및 그 상품 등을 기초로 생산되는 다른 상품 등에 관한 시장의 상황, 시간적·경제적·법적 측면에서의 대체의 용이성 등도 함께 고려하여야 한다."

[22] 답안을 서술할 때 근거 조문을 정확히 명시하면서 개념을 정의한다면 더욱 깔끔한 인상을 줄 수 있다(법조문 위치 숙지).

[23] 참여 사업자의 수가 양적으로 증가하는데도 불구하고 오히려 경쟁의 질은 악화되는 경우도 얼마든지 있다(예: 카르텔의 유형으로 회사를 설립하여 영업공동카르텔을 형성하는 경우, 새로운 회사를 설립하는 방법으로 경쟁제한적인 기업결합을 하는 경우). 반대로 사업자의 수가 감소하는 경우에도 오히려 경쟁이 촉진되는 경우도 있을 수 있다(예: A사업자의 시장점유율이 60%이고, B, C, D, E의 점유율이 각 10%씩이라고 할 때, B와 C가 결합할 경우 A에 대한 경쟁사업자로서의 견제력이 증가할 수 있어, 기존보다는 경쟁의 질적인 면에서 더욱 촉진될 수도 있다는 의미이다). 즉, 경쟁제한성의 판단은 형식적 외형에만 의할 것이 아니다.

V. 공정거래법의 역외적용과 적용제외

1. 법 제3조 역외적용(extraterritorial application)[25]

국내법에 불과한 공정거래법의 역외적용은 다른 나라의 주권(主權)과 충돌할 여지가 있다. 그러나 국가 간 무역의 증대와 수출경제가 국내경제에 차지하는 비중이 날로 증가함에 따라 외국기업에 의해서도 얼마든지 국내 시장경제질서가 침해될 우려가 있다. 특히 외국사업자의 행위라는 이유만으로 국내시장에서의 경쟁제한 효과가 실제로 발생하고 있음에도 이를 그대로 방치한다면 공정거래법의 실효성마저 약화될 수 있다. 결국 2004년 공정거래법의 개정을 통해 역외적용(국외에서의 행위에 대한 적용)의 근거를 명문화하였는데, 국외에서 이루어진 행위라도 국내시장에 영향을 미치는 경우에는 공정거래법을 적용할 수 있음을 분명히 한 것이다. 이는 EU 및 미국 등 주요 국가의 국제적 역외적용 추세에 발맞춘 것이다. 물론 역외적용의 명문규정이 도입되기 이전에도 공정위는 이미 '흑연전극봉 사건'과 '비타민 국제카르텔사건' 등 일련의 부당한 공동행위(카르텔) 사건에서 적극적으로 역외적용을 시도하였고, 대법원 또한 그 정당성을 확인한 바 있다(대법원 2006. 3. 23. 선고 2003두11124 판결).[26]

대법원은 역외적용의 경우 "문제가 된 국외행위로 인하여 국내시장에 직접적이고 상당하며 합리적으로 예측 가능한 영향을 미치는 경우" 우리나라의 공정거래법을 적용한다는 기준을 판시하고 있다.[27]

그 밖에 이를 위한 절차규정으로 법 제56조(공정거래위원회의 국제협력)와 같은 규정을 통해 외국 정부와의 협정 또는 상호주의에 입각한 외국 정부의 법집행에 대한 절차적 근거규정을 마련하였고, 공정위는 국외에 주소·영업소 또는 사무소를 두고 있는 사업자 또는 사업자단체에 대해서는 국내에 대리인을 지정하도록 하여 그 대리인에게 송달하도록 규정하고, 국내에 대리인을 지정하지 아니한 경우에는 행정절차법에서 정한 바에 따라 송달하도록 하였다(법 제98조 문서의 송달).

---

24 대법원 판시취지에 나타난 구체적인 판단기준은 사례별 위법성에 대한 판단 서술 과정에서 논리구성의 대전제로 적절히 활용하면 좋다. 이를 토대로 설문의 경우 구체적 사실관계를 포섭하는 과정(소전제)을 거친 뒤에 결론을 내려주는 서술이 논리적으로 간단명료하다. 이 판결의 내용을 답안에 모두 쓸 수는 없으니, 상황에 따라 핵심적인 내용만을 발췌하여 언급하면 좋을 것이다.

25 2016년 변시 제5회 기출. "경쟁제한적 합의가 프랑스에서 이루어졌음을 전제로, 이를 주도한 사업자에 대하여 공정거래법을 적용할 수 있는지, 적용할 수 있다면 그 근거는 무엇인지(배점 20점)."

26 법 개정 이전 역외적용의 명문규정이 존재하지 않았던 상황에서 공정위의 처분에 대해 소송에서 역외적용 가능성이 다투어졌던 사건이다. "공정거래법은 사업자의 부당한 공동행위 등을 규제하여 공정하고 자유로운 경쟁을 촉진함으로써 창의적인 기업활동을 조장하고 소비자를 보호함과 아울러 국민경제의 균형 있는 발전을 도모함을 그 목적으로 하고 있고(공정거래법 제1조 참조), 부당한 공동행위의 주체인 사업자를 '제조업, 서비스업, 기타 사업을 행하는 자'로 규정하고 있을 뿐 내국사업자로 한정하고 있지 않는 점, 외국사업자가 외국에서 부당한 공동행위를 함으로 인한 영향이 국내시장에 미치는 경우에도 공정거래법의 목적을 달성하기 위하여 이를 공정거래법의 적용대상으로 삼을 필요성이 있는 점 등을 고려해 보면, 외국사업자가 외국에서 다른 사업자와 공동으로 경쟁을 제한하는 합의를 하였더라도, 그 합의의 대상에 국내시장이 포함되어 있어서 그로 인한 영향이 국내시장에 미쳤다면 그 합의가 국내시장에 영향을 미친 한도 내에서 공정거래법이 적용된다고 할 것이다(대법원 2006. 3. 23. 선고 2003두11124 판결)."

27 전일본공수(ANA) 부당한 공동행위 건, 대법원 2014. 5. 16. 선고 2012두13665 판결.

2. 공정거래법의 적용제외(법 제13장)

가. 법령에 따른 정당한 행위(법 제116조)

공정거래법 제116조는 "이 법은 사업자 또는 사업자단체가 다른 법령에 따라 하는 정당한 행위에 대해서는 적용하지 아니한다."고 규정하고 있다. 주의할 부분은 비록 다른 법령에 따른 행위라도 성급하게 적용제외로 판단할 것이 아니라, 경쟁을 제한해야 할 합리적인 이유가 있는지 여부를 살펴 공정거래법의 적용제외 여부를 신중히 결정해야 한다는 점이다. 법 제116조가 적용제외의 근거를 단순히 법령에 따른 행위라고만 규정하지 않고, 법령에 따라 하는 "정당한 행위"라는 추가 요건을 규정하고 있음은 물론, 공정거래법은 헌법상 시장경제질서를 실현하는 기본법의 의미를 갖는 최후의 보루이기 때문이다.

이와 같은 취지로 대법원은 "다른 법령에서 경쟁제한을 허용하고 있는 모든 경우에 대하여 동법을 적용하지 않는 것이 아니라, 정당한 행위 즉 경쟁제한을 인정해야 할 합리적인 이유가 있는 행위에 대해서만 필요최소한의 범위에서 동법의 적용을 제외해야 할 것"이라고 판시한 바 있다(대한법무사협회의 사업자단체금지행위 건 - 대법원 1997. 5. 16. 선고 96누150 판결, KT 등 시내전화요금담합사건 - 대법원 2009. 6. 23. 선고 2007두19416 판결 등 참조).[28]

나. 무체재산권(지식재산권)의 행사행위(법 제117조)

공정거래법 제117조는 "이 법은 저작권법, 특허법, 실용신안법, 디자인보호법 또는 상표법에 따른 권리의 정당한 행사라고 인정되는 행위에 대해서는 적용하지 아니한다."고 규정하고 있다. 먼저 저작권, 특허권, 실용신안권, 디자인 또는 상표권 등과 같은 무체재산권(지식재산권) 법체계는 창작과 발명 등에 대한 유인으로 독점적 지위를 인정하는 기본정책을 취한다. 이와 같은 배타적 독점력 인정은 표면상 공정거래법과의 긴장과 갈등으로 나타날 수 있지만, 지식재산법 체계와 공정거래법은 궁극적으로 상호 조화를 통해 운용되어야 하고, 공정거래법의 개입은 지식재산권 행사의 남용행위를 규제한다는 의미를 갖는 점에 비추어 양 법체계가 추구하는 바는 큰 흐름에서 서로 같다고 볼 수 있다.[29] 따라서 지식재산권은 새로운 기술 혁신의 유인을 제공하는 한편 관련 시장의 질서를 왜곡하지 않는 범위에서만 정당하게 행사해야 한다(지식재산권의 '정당한 행사'에 한해서 적용제외가 인정될 뿐이다).

이에 따라 공정위는 「지식재산권의 부당한 행사에 대한 심사지침」(개정 2021. 12. 30. 공정거래위원회 예규 제389호)을 통해 남용행위의 구체적 유형을 다음과 같이 예시하고 있다. ① 특허권의 취득,[30]

---

28 '법률 또는 그 법률에 의한 명령에 따라 행하는 정당한 행위'라 함은 해당 사업의 특수성으로 경쟁제한이 합리적이라고 인정되는 사업 또는 인가제 등에 의하여 사업자의 독점적 지위가 보장되는 반면, 공공성의 관점에서 고도의 공적 규제가 필요한 사업 등에 있어서 자유경쟁의 예외를 구체적으로 인정하고 있는 법률 또는 그 법률에 의한 명령의 범위 내에서 행하는 필요·최소한의 행위를 말한다(대법원 1997. 5. 16. 선고 96누150 판결, 대법원 2009. 6. 23. 선고 2007두19416 판결 등).

29 손승우, "지적재산권과 경쟁법의 변증법칙 -미국 IP-경쟁정책의 역사를 중심으로-", 문화, 미디어, 엔터테인먼트법, 중앙대 문화미디어엔터테인먼트연구소, 2009; 안병한, "지적재산권남용에 대한 공정거래법상 규제 활성화에 관한 연구", 월간 법제, 법제처, 2015.

30 예) '주요 영업부분'에 해당하는 특허권의 양도·양수 계약을 체결하거나, 배타적 실시허락 계약 등을 통해 실질적으로 양도·양수 계약과 동일한 효과를 발생시키는 경우에는 경제적 실질의 관점에서 기업결합의 제한 규정을 적용할 수

② 소송을 위한 특허권 행사,[31] ③ 실시허락,[32] ④ 특허풀(patent pool)[33] 및 상호실시허락(cross license),[34] ⑤ 표준기술 관련 특허권(SEP, Standard Essential Patent)의 행사,[35] ⑥ 특허분쟁과정의 합의,[36] ⑦ 특허

있다.

31 남용행위의 예) ① 특허가 기만적으로 취득된 것임을 알면서도 기만적으로 취득한 특허에 근거하여 특허침해소송을 제기하는 행위, ② 특허침해가 성립하지 않는다는 사실(해당 특허가 무효라는 사실 등)을 특허권자가 알면서도 특허침해소송을 제기하는 행위, ③ 특허침해가 성립하지 않는다는 사실이 사회통념상 객관적으로 명백함에도 불구하고 특허침해소송을 제기하는 행위 등.
사례형 대비 : 특허침해소송이 객관적으로 근거가 없음에도 불구하고 단지 소송절차를 이용하여 다른 사업자의 사업활동을 방해할 악의적인 의도로 소송을 제기하는 경우에는 부당한 행위로 판단할 수 있다. 이 경우 서설에서 지식재산권(법문 : 무체재산권) 행사에 대한 적용제외의 의미와 남용행위에 대한 개입 기준 및 가능성을 언급하고, 사안에 포함된 부당한 행위의 구체적 내용을 포섭하여 공정거래법의 일반 법리(각 행위 유형별 위법성 판단)를 기준으로 논리를 전개하면 될 것이다.
32 특허권자의 입장에서 추가적인 실시허락을 위해 발생되는 거래비용이 크지 않음에도 불구하고, 특허 취득 과정에서 이미 지출한 비용을 회수한다는 명목으로 독점력을 남용하여 지나치게 높은 실시료를 부과하는 경우가 많다. 물론 특허권자가 이룩한 기술적 성과에 대해 정당한 보상을 제공하고 새로운 기술혁신을 유도할 필요가 있다는 점에서, 일반적으로 이러한 실시료 부과행위는 원칙적으로 특허권에 의한 정당한 권리 행사로 볼 수 있겠지만, 실시허락의 대가를 부당하게 높게 요구하는 행위는 특허권의 정당한 권리범위를 벗어난 것으로 판단할 수 있다는 의미이다. 또한 부당한 '패키지 실시허락(package licensing)'과 같은 행위는 공정거래법이 금지하는 '끼워팔기(tying)'와 무관하지 않다(거래강제의 측면에서 거래상대방의 선택권 침해).
33 특허풀이란 복수의 특허권자가 각각 보유하는 특허를 취합하여 상호 간에 또는 제3자에게 공동으로 실시하는 협정을 의미한다. 특허풀은 보완적인 기술을 통합적으로 운영함으로써 관련 기술 분야에 대한 탐색비용, 복수의 특허권자에 대한 교섭비용 등을 절감하고, 침해소송에 따른 기술이용의 위험을 감소시켜, 관련 시장의 효율성을 제고하고 기술의 이용을 촉진시키는 친경쟁적 효과를 발생시킬 수는 있다. 그러나 특허풀이 구성 기술, 실시 형태, 운영 방식 등 권리행사 내용에 비추어 특허권의 정당한 행사의 의미를 넘게 된다면, 공정거래법이 규제를 가할 수 있다.
34 상호실시허락이란 복수의 특허권자가 각각 보유하는 특허에 대하여 서로 실시를 허락하는 협정으로, 특히 특허 분쟁과정의 합의 수단으로 이용되는 경우가 많다. 이러한 상호실시허락은 특허풀에 비해 연관된 사업자의 수가 적고, 운영방식 또한 덜 조직적인 특성을 갖는다. 그러나 기술이용의 촉진과 거래비용 절감 등의 친 경쟁적 효과에도 불구하고 사업자 간 공동행위, 제3의 경쟁사업자 배제 가능성 등으로 인해 경쟁을 저해할 우려가 있다는 점에서 특허풀과 상당한 공통점이 있다.
35 표준필수특허(SEP)는 기술 간 호환성을 높여 경제적 효율성을 창출하고, 관련 기술의 이용과 개발을 촉진시킨다는 점에서 산업 정책적으로 그 필요성이 강조된다. 그러나 표준화된 기술은 관련 시장에서 막대한 영향력을 행사할 수 있게 되고, 일단 표준으로 선정된 기술을 다른 기술로 대체하는 것은 상당한 전환비용이 소요되어 이러한 영향력은 장기간 지속될 수 있다. 특히 표준기술이 배타적·독점적 특성을 갖는 특허권으로 보호받는 경우에는 관련 시장에 심각한 경쟁 제한 효과를 초래할 수도 있다. 이러한 문제를 해결하기 위해 많은 표준화 기구들은 표준기술 선정에 앞서 관련된 특허 정보를 미리 공개하도록 하고, 표준기술로 선정될 기술이 특허권으로 보호받는 경우에는 "공정하고, 합리적이며, 비차별적인(FRAND, Fair Reasonable And Non-Discriminatory) 조건으로 실시 허락할 것"을 사전에 '협의'하도록 하고 있다(이른바 FRAND 확약). 이와 같은 특허 정보 공개와 실시조건 협의 절차는 표준필수특허권의 남용을 사전에 방지한다는 측면에서 그 필요성이 강조되며, 해당 절차의 이행 여부는 표준필수특허권 행사의 부당성을 판단할 때 중요한 고려사항이 된다. 특히 표준필수특허권자의 침해금지청구와 관련하여 금지청구가 아무런 제한 없이 이루어진다면 표준필수특허권자가 경쟁사업자를 시장에서 배제하거나 사업활동을 방해하기 위하여 또는 잠재적 실시권자에게 과도한 실시료를 부과하거나 실시허락 시 부당한 조건을 부과하기 위하여 금지청구를 악용하는 '특허억류(patent hold-up)'가 발생할 수 있다. 따라서 FRAND 조건으로 실시 허락할 것을 확약한 표준필수특허권자가 실시허락을 받을 의사가 있는 잠재적 실시권자(willing licensee)에 대하여 침해금지청구를 하는 행위는 특허권의 정당한 권리 범위를 벗어난 것으로서 관련 시장의 경쟁을 제한할 우려가 있는 행위로 판단할 수 있다.
36 특허권자와 이해관계인은 소송 등의 법적 절차 이외에도 당사자 간 합의를 통해 특허의 효력, 특허침해 여부에 대한 분쟁을 해소할 수 있다. 일반적으로 이러한 합의는 소송비용과 기술이용의 위험을 감소시킬 수 있다는 점에서 특허권자의 권리보장을 위한 효율적 분쟁 해결 수단으로 인정될 수 있다. 그러나 특허분쟁과정의 부당한 합의는 무효인 특허

관리전문회사(NPE, Non-Practicing Entity)의 특허권 행사[37] 등 지식재산권의 행사과정에서 나타날 수 있는 남용행위의 유형을 제시하고 있다.

지식재산권 행사와 관련된 사안의 경우는 경쟁제한성을 논함에 있어 반드시 공정거래법 제117조를 선결문제로 언급할 필요가 있다. 이에 따라 설문에 나타난 지식재산권의 행사(예: 실시권 허락 계약 등)가 권리의 정당한 행사로 인정되기 어렵다는 점(권리남용 등)을 먼저 논증하고, 결국 공정거래법 적용이 가능하다는 점을 법 제117조 법문에 근거하여 설명해야 한다.

4차 산업 혁명이라는 패러다임 전환기에서 서로 다르다고 생각했던 영역들이 기술의 혁신에 따라 단기간에 그 진입장벽이 무너지며 새로운 평면으로 융합되는 현상이 빈번하고, 특히 다수의 온라인 디지털 플랫폼의 영향력이 급증하면서 기존의 경쟁법에 대한 보완의 필요성도 높아지고 있다. 특히 양면시장과 관련된 논의나 시장지배력, 시장획정에 대한 논의의 보완 등 다양한 새로운 이슈들이 발생하고 있다. 그 외 빅데이터를 기반으로 한 산업과 데이터독점의 문제, 멀티호밍 이슈, 알고리즘 담합, 표준필수특허, 특허괴물과 저작권괴물의 문제 등 지식재산권의 행사와 관련된 경쟁법상의 문제들이 증가하고 있다.[38]

의 독점력을 지속시키고 경쟁사업자의 신규진입을 방해함으로써 소비자후생을 저해하는 결과를 초래할 수 있다. 따라서 특허무효심판, 특허침해소송 등의 특허분쟁 과정에서 부당하게 시장 진입을 지연하는 것에 합의하는 등의 행위는 특허권의 정당한 권리 범위를 벗어난 것으로 판단할 수 있다. 특히 합의 당사자가 경쟁관계에 있는 경우, 합의의 목적이 관련 시장의 경쟁제한과 관련되는 경우, 특허권이 만료된 이후의 기간까지 관련 사업자의 시장 진입을 지연시키는 경우, 특허와 직접적으로 관련되지 않은 시장에서 관련 사업자의 진입을 지연시키는 경우, 분쟁의 대상이 된 특허가 무효임을 합의 당사자가 인지한 경우 또는 무효임이 객관적으로 명백한 경우 등에는 해당 특허분쟁과정의 합의를 부당한 것으로 판단할 가능성이 크다. 이와 관련된 국내 사례로 '역지불합의(Reverse Payment Agreement, 이른바 RP합의)'를 내용으로 하는 소송사례가 있었다(동아제약과 GSK 사건, 대법원 2014. 2. 27. 선고 2012두24498 판결). '역지불합의'라는 표현을 쓰는 이유는, 일반적인 경우는 특허권자가 특허사용자로부터 로열티 등 대가를 지급받는 것이 보통인데, 이와 달리 역지불합의의 경우는 반대로 특허권자가 특허사용자에게 금전적 보상조치 등 일정한 금전을 지급하는 형태(역지불, Reverse Payment)를 특징으로 하기 때문이다.

[37] 특허관리전문사업자(NPE)는 제3자로부터의 특허권 매입을 통해 강력한 '특허포트폴리오'를 구축하고 이를 기반으로 다른 기업에 대한 실시허락이나 특허소송을 통해 수익을 실현하는 것을 주된 사업방식으로 한다. 이러한 특허관리전문사업자는 개인, 중소기업, 연구기관과 같이 특허권을 행사할 역량이 부족하거나 스스로 특허를 상업화할 의사가 없는 자의 특허를 매입 또는 관리하는 등의 방법으로 이들이 정당한 보상을 받을 수 있도록 함으로써 발명의 유인을 제공하고, 특허를 필요로 하는 자에게 특허권이 이전될 수 있도록 중개인의 역할을 함으로써 특허기술의 거래를 활성화하고 특허권의 자본화, 유동화에 기여할 수는 있다. 그러나 이러한 친 경쟁적 효과에도 불구하고 특허관리전문사업자(NPE)는 제조활동을 하지 않는 관계로 상대방과 특허권의 상호실시허락을 할 필요성이 없고 상대방으로부터 반대소송을 당할 위험도 낮기 때문에 일반적인 특허권자보다 특허권을 남용할 유인이 크다고 볼 수 있다. 부정적인 표현으로 특허괴물(patent troll)로도 불리는 이들의 남용행위는 특히 ① 통상적인 거래관행에 비추어 볼 때 현저히 불합리한 수준의 실시료를 부과하는 행위, ② 제3자로부터 취득한 특허권에 대해 통상적인 거래관행에 비추어 볼 때 불합리한 수준의 실시료를 부과하면서 종전 특허권자에게 적용되던 FRAND 조건의 적용을 부인하는 행위, ③ 컨소시엄을 통해 특허관리전문사업자를 설립한 복수의 사업자들과 함께 컨소시엄에 참여하지 않은 사업자들에게 특허의 실시허락을 부당하게 거절하거나 차별적인 조건으로 실시계약을 체결하기로 합의하는 행위, ④ 상대방이 특허관리전문사업자의 특허권 행사에 대응하는 데 필요한 중요한 정보를 은폐 또는 누락하거나 오인을 유발하는 등의 기만적인 방법을 사용하여 특허소송을 제기하거나 특허침해 경고장을 발송하는 등의 행위 등은 특허권의 정당한 권리범위를 벗어난 것으로서 관련 시장의 경쟁을 제한할 우려가 있는 행위로 판단할 수 있다.

[38] 안병한, "지식재산권 관련 공정거래법 집행에 관한 법적 연구", 성균관대학교 박사학위논문, 2019; 안병한, "지식재산권의 부당한 행사에 대한 심사지침의 문제점과 개선방안", 경쟁저널 211호, 2022. 5.

다. 일정한 조합의 행위(법 제118조)

소규모의 사업자 또는 소비자의 상호부조를 목적으로 하여 설립된 일정한 조합(조합의 연합체를 포함)의 행위에 대하여는 공정거래법이 적용되지 않는다(법 제118조). 여기서의 조합이란 상호부조의 목적 외에도 임의로 설립되고, 조합원이 임의로 가입 또는 탈퇴할 수 있어야 하고, 각 조합원이 평등한 의결권을 가지며 조합원에 대하여 이익배분을 할 때에는 그 한도가 정관에 정해져 있어야 한다는 요건을 모두 만족해야 한다(법 제118조 1호 내지 4호).[39]

일정한 조합의 행위를 적용제외로 인정하는 취지는 시장에 있어서 소규모사업자 또는 소비자의 열악한 지위를 강화하여 궁극적으로는 소비자후생을 증진하려는 데에 있으므로, 만일 그 행위가 불공정거래행위이거나 또는 부당하게 경쟁을 제한하여 가격을 인상하게 되는 경우에는 다시 기본원칙으로 돌아가 동법의 적용이 제외되지 않는다(법 제118조 단서).

VI. 공정거래법상의 제재수단

1. 행정적 제재[40]

가. 시정조치

공정위는 공정거래법에 위반하는 행위가 있을 때에는 해당 사업자에 대하여 시정을 위하여 필요한 조치를 명할 수 있다(법 제7조, 제14조, 제37조, 제42조, 제49조, 제52조). 시정조치의 목적은 현재의 법위반행위를 중단시키고, 향후 유사행위의 재발을 방지·억지하며, 왜곡된 경쟁질서의 회복 및 공정하고 자유로운 경쟁을 촉진시키는 데에 있다.[41] 특히 시정명령과 관련하여 대법원(대법원 2009. 5. 28. 선고 2008두549 판결)은 "시정명령은 속성상 다소간 포괄성·추상성을 띨 수밖에 없다 하더라도, 해당 금지명령은 법 위반행위가 일어나지 않도록 금지되어야 하는 내용이 무엇인지 알 수 있게 명확하고 구체적이어야 하며, 당해 위반행위의 내용과 정도에 비례하여야 한다."고 판시하였다. 시정조치는 사업자에 대한 침익적 성질을 갖는 행정처분으로 명확한 법적 근거가 필요하다.

공정위의 시정조치에 대해서는 그 처분의 통지를 받은 날부터 30일 이내에 그 사유를 갖추어 공정위

---

39 "사업자조합이 구 독점규제 및 공정거래에 관한 법률 제118조(판결 당시 법 제60조)에 정한 법 적용제외 조합에 해당하기 위해서는 소규모의 사업자들만으로 구성되어야 하고 소규모 사업자 이외의 자가 가입되어 있어서는 안 되며, 법에서 정한 소규모 사업자는 대기업과 대등하게 교섭할 수 있게 하기 위하여 단결할 필요성이 있는 규모의 사업자라야 한다(대법원 2009. 7. 9. 선고 2007두22078 판결)."

40 2015년 변시 제4회 기출 - "특정 사업자의 행위가 불공정거래행위에 해당한다면 공정위가 그 사업자에 대하여 어떤 행정처분을 할 수 있는지를 설명하라."는 문제가 출제된 바 있다(배점 10점). 설사 직접 이 부분을 묻는 문제가 출제되지 않더라도, 상황에 따라 결론 부분에서 특정 위법행위에 대한 공정위의 제재조치를 간략히 한 줄 정도 추가로 언급해주며 매끄럽게 마무리하는 것도 좋다. 2019년 변시 제8회 기출 - "갑의 행위가 시지남에 해당된다고 가정할 경우 공정위가 갑에 대하여 할 수 있는 행정처분에 대하여 설명하시오.", 2022년 변시 제11회 기출 - "설문의 행위가 부당한 공동행위에 해당한다고 가정할 경우 공정거래위원회가 공정거래법상 할 수 있는 행정처분에 대하여 설명하시오(배점 20점)."

41 "과거의 위반행위에 대한 중지는 물론이고 가까운 장래에 반복될 우려가 있는 동일한 유형의 행위의 반복금지까지 명할 수 있다(대법원 2003. 2. 20. 선고 2001두5347 전원합의체 판결)."

에 이의신청을 할 수 있다. 이 경우 공정위는 이의신청에 대하여 60일 이내에 재결을 하여야 한다(법 제 96조). 공정위는 시정조치를 부과받은 자가 이의신청을 제기한 경우로서 그 시정조치의 이행 또는 절차의 속행으로 발생할 수 있는 회복하기 어려운 손해를 예방하기 위하여 필요하다고 인정할 때에는 당사자의 신청이나 직권으로 그 시정조치의 이행 또는 절차의 속행에 대한 정지(집행정지)를 결정할 수 있다. 공정위는 집행정지의 결정을 한 후에 집행정지의 사유가 없어진 경우에는 당사자의 신청이나 직권으로 집행정지의 결정을 취소할 수 있다.

처분에 대하여 법원에 처분취소소송을 제기하고자 할 때에는 처분의 통지를 받은 날 또는 이의신청에 대한 재결서의 정본을 송달받은 날부터 30일 이내에 이를 제기하여야 한다(불변기간). 처분취소소송은 서울고등법원을 전속관할로 한다(법 제99조, 제100조).

나. 과징금

공정위는 공정거래법상 절차규정 위반에 대해서 행정상 과태료를 부과하는 것 외에 별도로 법위반행위에 대하여 과징금을 부과할 수 있다. 과징금은 시정조치이행을 확보하기 위한 보조수단으로 부과하는 것이 아니라 독자적인 제재의 수단에 해당한다.

공정거래법상 과징금의 의미는 ① 부당이득 환수의 의미와 ② 행정제재적 성격을 모두 가진 제재수단이다.[42] 부당한 공동행위의 경우를 예로 든다면, 카르텔 참여 사업자들의 부당한 경제적 이익의 발생 유무와 관계없이 법위반행위 그 자체에 대한 제재로 과징금을 부과할 수 있다. 다만, 과징금의 부과액수는 해당 법위반행위의 구체적 태양 등에 기하여 판단되는 그 위법성의 정도나 기타 사정으로 조사에의 협조 여부, 종전의 위반횟수뿐만 아니라, 위반행위로 인한 이득액의 규모와도 상호 균형을 이룰 것이 요구되고, 이러한 균형을 상실할 경우에는 비례의 원칙에 위배되어 재량권의 일탈·남용에 해당할 수 있다는 것이 대법원의 판례이다(대법원 2008. 8. 11. 선고 2007두4919 판결 등).[43] 공정위는 과징금 부과 기준으

---

[42] "부당내부거래에 대한 과징금은 그 취지와 기능, 부과의 주체와 절차 등을 종합할 때 부당내부거래 억지라는 행정목적을 실현하기 위하여 그 위반행위에 대하여 제재를 가하는 행정상의 제재금으로서의 기본적 성격에 부당이득환수적 요소도 부가되어 있는 것이라 할 것이고, 이를 두고 헌법 제13조 제1항에서 금지하는 국가형벌권 행사로서의 '처벌'에 해당한다고는 할 수 없으므로, 공정거래법에서 형사처벌과 아울러 과징금의 병과를 예정하고 있더라도 이중처벌금지원칙에 위반된다고 볼 수 없으며, 이 과징금 부과처분에 대하여 공정력과 집행력을 인정한다고 하여 이를 확정판결 전의 형벌집행과 같은 것으로 보아 무죄추정의 원칙에 위반된다고도 할 수 없다. 과징금의 부과 여부 및 그 액수의 결정권자인 위원회는 합의제 행정기관으로서 그 구성에 있어 일정한 정도의 독립성이 보장되어 있고, 과징금 부과절차에서는 통지, 의견진술의 기회 부여 등을 통하여 당사자의 절차적 참여권을 인정하고 있으며, 행정소송을 통한 사법적 사후심사가 보장되어 있으므로, 이러한 점들을 종합적으로 고려할 때 과징금 부과 절차에 있어 적법절차원칙에 위반되거나 사법권을 법원에 둔 권력분립의 원칙에 위반된다 볼 수 없다(헌법재판소 2003. 7. 24. 2001헌가25 결정)."
"과징금은 기본적으로 행정상 제재금의 성격에 부당이득환수적 성격이 가미되어 있다(삼성카드 외 3사의 중고차 할부금리 공동 인하행위 건, 서울고등법원 2002. 6. 27. 선고 2001누2579 판결)."

[43] 법 제102조(과징금 부과) ① 공정거래위원회는 제8조, 제38조, 제43조, 제50조 및 제53조에 따라 과징금을 부과하는 경우 다음 각 호의 사항을 고려하여야 한다.
1. 위반행위의 내용 및 정도
2. 위반행위의 기간 및 횟수
3. 위반행위로 인해 취득한 이익의 규모 등

로 「과징금부과 세부기준 등에 관한 고시」를 제정하여 운용하고 있다.[44] 사업자가 과징금 부과처분을 받게 된 경우 실무상 과징금 납부기한의 연기 또는 분할납부를 별도로 신청하는 경우가 많다(법 제103조).

다. 동의의결(법 제89조 등[45])

동의의결제도(동의명령제도)는 공정거래법위반 혐의가 있는 행위에 대하여 경쟁당국인 공정위와 위반사업자가 협의를 거쳐, 위반행위의 시정 및 소비자피해보상 등을 위한 방안을 확정하여 시행하고, 그 대신 법에 의한 시정조치 등 행정적 제재조치를 취하지 않는 제도이다. 2011년 12월 법 개정으로 도입된 것으로 한미자유무역협정(韓美 FTA)에서 합의된 바에 따라 이행법안으로 도입되었다.[46] 이에 따라 법위반의 혐의가 있는 사업자가 시정방안을 공정위에 제출하여 동의의결을 신청하면, 공정위는 심의를 거쳐 관련 심의절차를 중단하고 사업자가 제시한 시정방안과 같은 취지의 의결을 내릴 수 있다. 공정위는 동의의결에 따른 이행계획의 이행 여부 점검 등 동의의결의 이행관리에 관한 업무를 대통령령으로 정하는 바에 따라 조정원 또는 「소비자기본법」 제33조에 따른 한국소비자원에 위탁할 수 있다(법 제90조 제7항).

동의의결제도를 통하여 ① 기업은 시정조치를 받지 않고 신속하게 사건을 해결할 수 있어 시간과 비용을 절감할 수 있고,[47] 공정위의 법위반 판정이 이루어질 경우 이에 따른 언론보도 등 기업이미지 실추를 방지함과 동시에 관련 소송비용 등을 절감할 수 있다. ② 한편, 공정거래법상 기존의 시정조치 형식으로는 불가능했던 소비자피해의 실질적 구제가 가능하다(공정위의 시정조치에는 가격인하, 소비자피해배상 등이 포함되지 않으나, 사업자가 자발적으로 제안하는 동의의결에는 이러한 조치도 포함 가능). ③ 법집행의 효율화 등 공익적 측면에서도 공정위가 법위반사실에 대한 위법성을 평가하기 위해 조사와 평가·분석, 의결에 이르는 복잡한 위법성 판단 과정을 단축함으로써 막대한 행정비용을 절감하고, 이를 통해 확보할 수 있는 여력을 다른 중대한 사건에 투입함으로써 선택과 집중을 통한 규제의 효율성 증대 효과를 기대할 수 있다. 주의할 점은 공정거래법상 부당한 공동행위 및 법위반의 정도가 중대·명백하여 경쟁질서를 현저히 해친다고 인정되는 행위 등은 동의의결의 대상에서 제외된다는 점과(법 제89조 제1항 단서),[48] 공정위의 동의의결이 이루어지더라도 그 법률상 의미는 해당 행위가 공정거래법에 위반된다고 인정한 것으로 취급되지 않는다는 점이다.[49] 동의의결절차는 법 제90조, 동의의결의 취소에 대하여는 법 제

---

44 과징금 고시는 "공정위의 내부의 사무처리준칙을 규정한 것으로, 대외적으로 국민이나 법원을 기속하는 효력이 없고, 당해 처분의 적법 여부는 관계 법령의 규정 내용과 취지에 따라 판단되어야 한다(대법원 2007. 9. 20. 선고 2007두6946 판결 등)."

45 법조문의 위치를 미리 파악해둔다. 법 제89조 동의의결, 제90조 동의의결의 절차, 제91조 동의의결의 취소.

46 동의의결제도는 미국의 동의명령(consent order), EU경쟁법상의 동의의결(commitment decision), 독일의 의무부담부 확약처분(Verpflichtungszusagen), 일본의 동의심결제도와 같이 경쟁법상 일반화된 제도이다.

47 2021년 변시 제10회 기출. "공정위의 조사를 받던 중 문제가 되는 행위를 자발적으로 시정할 수 있는 방안을 제시하여 사건을 신속하게 종결하기 위해 취할 수 있는 공정거래법상의 절차는 무엇인지 설명하시오(배점 15점)."

48 1. 해당 행위가 제40조 제1항에 따른 위반행위인 경우(부당한 공동행위)
   2. 제129조 제2항에 따른 고발요건에 해당하는 경우(고발의무)
   3. 동의의결이 있기 전에 신청인이 신청을 취소하는 경우

49 법 제89조 제4항 "공정거래위원회의 동의의결은 해당 행위가 이 법에 위반된다고 인정한 것을 의미하지 아니하며, 누

91조, 이행강제금의 부과[50] 등에 대하여는 법 제92조에서 각 규정하고 있다.[51]

2014년 공정위는 네이버가 국내 인터넷 검색시장에서 시장지배적 지위를 가지고 있다고 판단하고 네이버와 그 자회사인 네이버비즈니스플랫폼(NBP)의 특정 행위에 대해 시장지배적 지위남용 또는 불공정 거래행위로 문제를 삼게 되었는데, 이 사건에서 네이버와 NBP는 공정위에 대하여 법 제89조(당시 법 제51조의2)에 따른 동의의결을 신청하였고, 공정위는 신청인들의 시정방안을 받아들이는 동의의결 결정을 하였다(2014. 5. 8. 공정거래위원회 전원회의 의결 제2014-103호).

2. 형사적 제재

시장지배적 지위남용, 경제력집중억제, 부당한 공동행위나 불공정거래행위 등 경쟁제한행위에 대해서 공정거래법은 형사처벌 조항을 두고 있다(이러한 의미에서 공정거래법은 실질적 의미의 형법의 성격을 갖는다). 이와 같은 형사적 제재와 관련하여 공정거래법 위반행위 중 대부분은 공정위의 고발을 공소제기의 요건으로 하고 있다.[52] 다만, 지속적인 법 개정을 통해 공정위의 전속고발권의 범위를 점차 축소하는 경향을 보이고 있으며, 2020. 12. 29. 개정을 통해 형벌 부과 필요성이 낮고 그동안 형벌 부과 사례가 미약한 유형에 대해 대폭적으로 형벌을 축소하였다(기업결합, 거래거절, 차별취급, 경쟁사업자배제, 구속조건부 거래, 재판매가격유지행위의 형벌 규정 삭제). 형벌 조항이 아니더라도 과징금 등 행정적 제재로 충분하다는 고려에 따른 것이다.

법 제129조 제2항은 "공정거래위원회는 제124조 및 제125조의 죄 중 그 위반의 정도가 객관적으로 명백하고 중대하여 경쟁질서를 현저히 해친다고 인정하는 경우에는 검찰총장에게 고발하여야 한다."는 공정위의 고발의무를, 제3항은 "검찰총장은 제2항에 따른 고발요건에 해당하는 사실이 있음을 공정거래위원회에 통보하여 고발을 요청할 수 있다."는 내용의 검찰총장의 고발요청권을, 제4항은 "공정거래위원회가 제2항에 따른 고발요건에 해당하지 아니한다고 결정하더라도 감사원장, 중소벤처기업부장관, 조달청장은 사회적 파급효과, 국가재정에 끼친 영향, 중소기업에 미친 피해 정도 등 다른 사정을 이유로 공정거래위원회에 고발을 요청할 수 있다."는 내용으로 고발요청의 주체를 확대하였고(2013. 7. 16. 법 개정으로 신설), 제5항에서는 "공정거래위원회는 제3항 또는 제4항에 따른 고발요청이 있는 때에는 검찰총장에게

구든지 신청인이 동의의결을 받은 사실을 들어 해당 행위가 이 법에 위반된다고 주장할 수 없다."

50 공정거래위원회는 애플코리아(유)가 정당한 이유 없이 동의의결 사항을 불이행한 사실을 들어 2022. 2. 21.자로 별도의 의결을 거쳐 이행강제금을 부과한 바 있다(2021서감2577).

51 동의의결제도는 소논점으로 얼마든지 출제 가능한 부분이므로, 조문의 위치와 내용 등을 미리 숙지할 필요가 있다 (2021년 변시 제10회 기출).

52 법 제129조(고발) 제1항 "제124조 및 제125조의 죄는 공정거래위원회의 고발이 있어야 공소를 제기할 수 있다." 이를 전속고발권이라 한다. 공정위의 전속고발권은 '경제검찰'로 불리던 공정위의 위상을 대변하였으나, 고발권에 대한 견제 필요성 문제와 함께 검찰의 공소권 행사범위 확대 의지 등과 관련, 국가기관 사이에 미묘한 온도차를 보이는 매우 민감한 사안이다. 경쟁제한성과 같은 전문적 판단에 있어 여전히 공정위의 1차적 판단에 대한 존중이 필요하지만, 마치 형사소송법상 검찰의 기소독점주의에 대한 견제장치와 비슷한 관점에서 입법적 변화가 이어지고 있다. 수험생의 입장에서는 ① 전속고발권의 의의, ② 법 제129조 제2항 내지 제5항의 전속고발권에 대한 통제(검찰총장, 감사원장, 중소벤처기업부장관, 조달청장의 고발요청권), ③ 전속고발권의 존치에 관한 입법 개선의 문제 등을 중심으로 내용을 정리해두면 좋다.

고발하여야 한다."는 내용의 고발의무[53]를, 제6항에서는 "공정거래위원회는 공소가 제기된 후에는 고발을 취소할 수 없다."는 내용을 규정하고 있다.

공정위는 세부 내용으로 「독점규제 및 공정거래에 관한 법률 등의 위반행위의 고발에 관한 공정거래위원회의 지침(공정위 예규)」을 별도로 제정하여 운영하고 있다(재량행위의 내부 준칙).

3. 민사적 제재[54]

가. 손해배상책임

사업자 또는 사업자단체는 공정거래법 위반행위로 인하여 피해를 입은 자가 있는 경우에는 해당 피해자에 대하여 손해배상의 책임을 진다. 다만, 사업자 또는 사업자단체가 고의 또는 과실이 없음을 입증한 경우에는 그러하지 아니하다(법 제109조 제1항).

공정거래법상 손해배상책임의 법적 성격은 민법상 불법행위책임과 동일한 것으로 해석한다(다만, 법 제109조 제1항 단서에 따라 고의·과실에 대한 입증책임이 사업자 또는 사업자단체에게 전환되어 있다). 피해자는 공정위의 시정조치를 거치지 않고도 법원에 곧바로 손해배상을 청구할 수 있으며,[55] 손해배상청구의 소가 제기된 때에는 법원은 필요한 경우 공정위에 대하여 해당 사건의 기록(사건관계인, 참고인 또는 감정인에 대한 심문조서, 속기록 및 그 밖에 재판상 증거가 되는 일체의 것을 포함한다)의 송부를 요구할 수 있다(법 제110조).

손해의 범위에 관한 입증은 일반 손해배상청구소송과 마찬가지로 원칙적으로 원고에게 요건사실에 대한 입증책임이 있으나, 공정거래법 위반 사건의 경우 손해액의 입증에 어려움이 많은 경우가 보통이다. 따라서 공정거래법은 "이 법의 규정을 위반한 행위로 인하여 손해가 발생된 것은 인정되나, 그 손해액을 입증하기 위하여 필요한 사실을 입증하는 것이 해당 사실의 성질상 매우 곤란한 경우에 법원은 변론 전체의 취지와 증거조사의 결과에 기초하여 상당한 손해액을 인정할 수 있다."는 손해액의 인정과 관련된 별도의 특별규정을 두고 있다(법 제115조).[56]

---

[53] 고발요청권의 실효성을 확보하고자 하는 취지의 규정이지만, 법리면에서 비합리적이고 사소한 사안을 전문적 심사없이 성급하게 형사사건화할 여지가 적지 않다는 우려가 있다. 특히 공정위가 전원회의를 열어 불기소를 의결한 후에도 중기부장관 등이 고발을 요청하는 것은 법집행의 절차적 안정을 크게 훼손할 우려가 있다는 비판이다(정호열, 『경제법』 전정 제7판, 2022, 154쪽 참조). 공정거래법 집행에 있어서 행정규제주의(공정위) 취지를 존중할 필요가 있고, 경쟁제한성 유무 등에 대한 공정위의 전문적 판단을 우선할 필요가 크다. 그리고 형사처벌의 과도한 확장을 방지한다는 취지에서도 이에 대한 우려의 목소리를 경청할 필요가 있다.

[54] 미국에서는 클레이튼법 제4조의 손해배상제도가 동법 위반행위를 제재하는 중요한 역할을 담당하고 있다고 평가된다. 미국에서는 독점금지법 위반에 대한 구제의 대부분이 사인의 제소에 의해 이루어지고 있는데, 그 대부분을 손해배상청구가 차지한다.

[55] 과거에는 손해배상청구의 경우 공정위의 시정조치 확정 후에서야 비로소 재판상 주장할 수 있다는 법 규정이 있었고 (이른바 "시정조치 전치주의"), 공정위의 시정조치를 거치지 않은 상태에서 민법상 일반불법행위(제750조)에 따른 손해배상청구가 가능한지 여부에 대하여도 이를 부정하는 것이 다수설이었다. 그러나 이와 같은 원칙은 결과적으로 피해자의 소권(訴權)을 지나치게 제한한다는 측면이 있었고, 사소(私訴, private litigation)의 활성화 차원에서 2014. 12. 31. 입법적 개선을 통해 시정조치 전치주의를 폐지하여 손해배상청구가 활성화된 것이다. 이와 별도로 2020. 12. 29. 법 개정을 통하여 사인의 금지청구권 제도(법 제108조 신설)를 도입하였는데, 이 또한 사소의 활성화 차원의 입법적 개선이다.

[56] 공정거래법 위반에 대한 민사상 손해배상 부분은 상황에 따라 결론 부분에 간략히 언급하는 정도가 일반적일 것이다.

2018년 공정거래법의 일부개정을 통하여 제한적으로 부당한 공동행위(법 제40조) 및 금지되는 보복조치를 한 사업자(법 제48조)·사업자단체의 행위 중 부당한 공동행위(법 제51조 제1항 제1호)에 대하여 3배 이내 배상제도[57]를 도입하여 피해자의 실질적 구제에 기여하려는 조치를 추가하였다.[58] 다만, 사업자 또는 사업자단체가 고의 또는 과실이 없음을 입증한 경우에는 손해배상의 책임을 지지 아니하고, 사업자가 제44조 제1항 각 호의 어느 하나에 해당하는 경우(자진신고자 등에 대한 감면) 그 배상액은 해당 사업자가 제40조(부당한 공동행위의 금지)를 위반하여 손해를 입은 자에게 발생한 손해를 초과해서는 아니 된다(법 제109조 제2항 단서).

법원은 3배의 범위에서 배상액을 정할 때에는 다음 각 호의 사항을 고려하여야 한다.

1. 고의 또는 손해 발생의 우려를 인식한 정도
2. 위반행위로 인한 피해 규모
3. 위법행위로 인하여 사업자 또는 사업자단체가 취득한 경제적 이익
4. 위반행위에 따른 벌금 및 과징금
5. 위반행위의 기간·횟수 등
6. 사업자의 재산상태
7. 사업자 또는 사업자단체의 피해구제 노력의 정도

법 제44조 제1항 각 호의 어느 하나에 해당하는 사업자(부당한 공동행위의 사실을 자진신고한 자 또는 증거제공 등의 방법으로 공정거래위원회의 조사 및 심의·의결에 협조한 자)가 위에 따른 배상책임을 지는 경우에는 다른 사업자와 공동으로 제40조(부당한 공동행위)를 위반하여 손해를 입은 자에게 발생한 손해를 초과하지 아니하는 범위에서 「민법」 제760조에 따른 공동불법행위자의 책임을 진다(법 제109조 제4항 부진정연대채무).

나. 금지청구(법 제108조)

법 제45조 제1항(제9호 부당지원행위를 제외) 불공정거래행위 및 제51조 제1항 제4호 사업자단체의

물론 낮은 배점의 소논점으로도 얼마든지 출제될 수 있다(2020년 변시 제9회).

[57] 이른바 '징벌적 손해배상제도'의 운영에 있어서는 과잉금지원칙 또는 비례의 원칙과 관련하여 신중한 접근이 필요하다. 우리 공정거래법은 이미 공정거래법 위반행위에 대하여 따로 형사처벌 조항을 두고 있어 "징벌"의 관점에서는 실질적으로 중복 또는 과잉의 결과를 초래할 수 있으며, 손해배상제도 일반의 원칙과 비교할 때에도 다른 불법행위의 경우와 형평의 원칙에 반할 소지도 존재한다. 나아가 민사소송에서 '징벌적' 의미와 관련된 증거조사의 방법은 형사재판의 경우에 준하여 엄격한 증명을 요하지 않는다는 점에 비추어도, 법집행의 형평과 법적안정성 측면에서도 여러 법적 문제를 발생케 한다. 미국에서 발전된 징벌적 손해배상제도가 대중에게 어필하는 감성적 호소력이 상당하기에 이를 정치권이 과도하게 입법화하는 잘못된 경향도 그 원인 중 하나이다. 기업에게 부과되는 지나친 제한과 부담의 가중은 결국 시장의 경직성을 가져오고 혁신 저해, 궁극적으로 소비자들에게로의 비용전가라는 악순환을 피할 수 없다. 또한 남소의 우려와 언론을 통한 과도한 기업 죽이기의 수단으로도 악용될 위험도 크다. 제도 자체의 긍정적 기능이 있더라도 이는 매우 신중한 기준에 따라 운용되어야 한다. 시장의 정교한 메커니즘이 섣부른 감성적 정치구호에 의해 왜곡될 위험이 크다는 점을 항상 명심해야 한다.

[58] 2020년 변시 제9회 기출 - 경쟁사업자들이 가격을 10% 인상하기로 합의한 부동한 공동행위에 대하여 이로 인해 발생하는 손해를 보전받기 위해 소비자가 공정거래법상 이용할 수 있는 제도와 그 특징에 대해 설명하는 문제.

금지행위[제45조 제1항(제9호는 제외한다)에 따른 불공정거래행위에 관한 부분으로 한정한다]를 위반한 행위로 피해를 입거나 피해를 입을 우려가 있는 자는 그 위반행위를 하거나 할 우려가 있는 사업자 또는 사업자단체에 자신에 대한 침해행위의 금지 또는 예방을 법원에 청구할 수 있다. 금지청구의 소를 제기하는 경우에는 「민사소송법」에 따라 관할권을 갖는 지방법원 외에 해당 지방법원 소재지를 관할하는 고등법원이 있는 곳의 지방법원에도 제기할 수 있다. 법원은 금지청구의 소가 제기된 경우에 그로 인한 피고의 이익을 보호하기 위하여 필요하다고 인정하면 피고의 신청이나 직권으로 원고에게 상당한 담보의 제공을 명할 수 있다(남소의 방지). 사적집행의 강화를 위한 직접적인 금지청구 제도를 도입한 것으로 공정위를 거치지 않고 직접 해당 침해의 금지 또는 예방을 직접 청구할 수 있게 되어 기존 공정위를 중심으로 한 권리구제와 병행하여 공정거래법의 집행을 보완하는 의미를 갖는다(당사자주의 성격의 제도 보완).

시장지배적 지위의 남용금지 (법 제5조)[59]

공정거래법 제5조는 시지사업자의 일련의 지위남용행위를 금지하고 있다. 공정거래법상 시장지배적 지위의 남용행위에 해당하기 위해서는 ① 해당 사업자가 법 제2조 제3호가 정의하고 있는 '시지사업자'에 해당하여야 하고, ② 시지사업자의 행위가 법 제5조 제1항 각 호가 규정하고 있는 남용행위 중 하나에 해당하여야 하며, ③ 해당 행위의 '부당성'이 인정되어야 한다. 사례형 서술에 있어서도 위와 같은 논리적 전개순서를 유의해야 하고, 위법성 판단의 경우는 사례에 나타난 구체적인 사실관계에 따라 법리적 근거에 입각하여 서술하는 것이 필요하다. 시지남은 반드시 출제된다고 생각하고 미리 대비해야 할 중요 쟁점이다. 그만큼 대부분의 수험생들이 어려움 없이 내용을 잘 쓸 수 있는 범위이므로, 변별력을 높이기 위해서는 더욱 많은 연습과 노력이 필요한 주제라 하겠다. 자주 출제되는 유형의 문제이기 때문에 미리 시지남에 대한 본인만의 서술방법을 정리해두고 세부적인 서술의 기본 틀과 내용까지 준비해야 한다. 이와 관련된 법리, 법 규정 등을 미리 숙지해야 함은 물론이지만, 시행령 규정을 그대로 원용할 수 있는 서술 내용도 상당하므로 관련 법조문의 위치 정도는 만일을 대비하여 미리 파악해두는 것이 좋다(법 제5조 및 법 시행령 제9조 등). 특히, 시장지배적 지위에 있는지(시장획정의 문제는 논란의 여지가 많기 때문에 시험관리 치원에서 직접 출제하기에는 어려움이 있다. 따라서 설문에는 대부분 이미 관련시장을 미리 정의해줄 것이고 개별 사업자들의 시장점유율을 확인할 수 있는 명확한 수치 또한 나타날 것이다. 따라서 수험생들은 시지사업자인지 여부를 판단하는 문제에 있어서 대부분 법 제6조 추정규정을 적용하여 설문에 나타난 시장점유율을 근거로 시지사업자를 추정하는 방식으로 자연스럽게 넘어가는 논리전개 구조를 생각해야 한다), 만일 설문에 나타난 특정 사업자가 시지사업자라면 그의 구체적인 행위사실이 어떤 근거에 따라 공정거래법상 금지된다고 판단할 수 있는지(부당성)를 묻는 문제가 대부분이고, 이 부분 근거에 대한 법리전개는 설문에 녹아있는 행위사실과 관련 서술(부당성 유무 판단에 활용)을 얼마나 매끄럽게

---

59 시장지배적 지위 남용금지는 그동안 변시에서 자주 출제되었던 중요 논점이다(변시 제1회, 제4회, 제10회). 대부분 설문에 나타난 사실관계를 토대로 지위남용행위의 구체적인 유형과 위법성을 묻는 문제가 출제되었다. 시장지배적 지위의 경우 먼저 시장지배적 지위를 인정할 수 있는지의 판단이 선행되어야 하는데, 이 경우 관련시장의 획정 등의 어려운 논의가 시작되어야 한다. 그러나 변시에서는 대부분 '관련시장'의 문제를 설문에서 이미 정해주고 있고, 수험생이 별도로 관련시장 문제를 논하지 말 것을 전제하고 있는 경우가 많다. 따라서 대부분 시장지배적사업자의 추정규정(법 제6조)을 통해 시장지배적사업자로 포섭한 후, 사안의 구체적 행위태양을 근거로 개별 금지규정의 적용 가능성을 판단하는 논리를 전개하는 사례가 전형적인 문제 유형이다. 수험생들은 시장지배적 지위남용행위의 구체적 행위유형들을 서로 구별할 수 있도록 잘 숙지해야 한다(다양한 행위유형별로 반복하여 사례출제 가능). 이하에서는 편의상 시장지배적 지위 남용행위를 '시지남'으로 시장지배적 사업자를 '시지사업자'로 약칭한다.

특정 금지유형으로 포섭하여 논리를 전개하는지에 따라 고득점인지 여부가 차별화될 것이다. 구체적 행위 유형은 시행령 제9조에도 이미 어느 정도 상세히 규정되어 있다는 점도 참고할 수 있는데, 답안 작성 시 주의할 점은 성급하게 행위유형을 속단하여 서술하지 말고(행위유형은 설문에서 주어진 사실관계를 통해 거꾸로 특정유형으로 결론을 끌어내기에는 애매한 경우가 많다. 또한 행위 유형을 잘못 판단할 경우에는 배점기준에 따라 감점을 피할 수 없다), 시행령 제9조의 세부적 내용을 기준으로 다시 한 번 점검, 확인하고 신중하게 서술하는 것이 좋다. 마지막으로, 답안을 작성함에 있어서 일반규정 성격을 갖는 소비자이익침해행위(법 제5조 제1항 제5호 후단)로는 함부로 성급하게 넘어가지 말아야 하고, 행위의 의미와 위법성의 판단을 설명하는 과정에서 단순한 동어반복 수준의 서술을 반복해서는 안 된다.

Ⅰ. 시지사업자

1. 시지사업자의 의의

법 제2조 제3호는 시지사업자의 개념을 "일정한 거래분야[60]의 공급자나 수요자[61]로서 단독으로 또는 다른 사업자와 함께 상품이나 용역의 가격·수량·품질 기타의 거래조건을 결정·유지 또는 변경할 수 있는 시장지위를 가진 사업자"라고 정의하고, 일정한 사업자가 시장지배적 사업자에 해당하는지 여부를 판단하기 위해서는 시장점유율, 진입장벽의 존재 및 정도, 경쟁사업자의 상대적 규모 등을 종합적으로 고려한다는 점을 규정하고 있다.[62]

그런데 위 기준을 적용하여 시지사업자인지 여부를 판단하기 위해서는 그 전제로서 우선 관련 상품시장 및 지역시장이 획정되어야 한다. 즉, 문제가 된 사업자가 시지사업자인지 여부를 판단하기 위해서는 우선, 관련 상품시장과 지역시장을 획정하고, 그 관련시장에서 해당 사업자가 차지하는 시장점유율을 산정하며, 나아가 진입장벽의 정도나 경쟁사업자의 규모 등의 요소를 종합적으로 고려하여 시지사업자인지 여부를 판단하여야 한다. 그러나 실제로 시지사업자인지 여부를 판단하는 것은 매우 어렵기 때문에 공정거래법은 제6조에서 일정한 요건을 충족하는 경우 시지사업자로 추정할 수 있는 근거규정을 마련하고 있는 것이다(법률상 추정규정).[63] 대법원은 "시장지배적 사업자인지 여부를 판단함에 있어서는 시장점유율, 진입장벽의 존재 및 정도, 경쟁사업자의 상대적 규모 등을 종합적으로 고려하여 판단하여야 하고, 특정 사업자가 시장지배적지위에 있는지 여부를 판단하기 위해서는 경쟁관계가 문제될 수 있는 일정한 거래 분야

---

60 관련시장을 의미한다. "객단지경".

61 시지사업자의 규제와 관련하여 종전에는 공급자로서의 측면에서 지배력을 갖는 사업자에 관심이 집중되었는데, 공정거래법의 개정(7차 개정)에 의하여 수요자(구매) 측면의 시지사업자도 규제의 대상임을 분명히 하였다. 대형 백화점이나 SSM, 대규모 편의점업체 등과 같이 대형 유통업체들도 구매력에 있어서의 독점적 지위(수요독점)를 남용할 수 있다. 다만, 수요독점의 경우에 있어서의 경쟁제한성을 어떻게 판단할 것인지에 대해서는 견해의 차이가 있다.

62 경쟁사업자의 상대적 규모가 작을수록, 경쟁사업자 간의 공동행위의 가능성이 클수록, 유사품 및 인접시장이 적게 존재할수록, 시장봉쇄력이 클수록 해당 사업자의 시장지배력은 더 크다고 볼 수 있다.

63 물론 추정규정에 불과하기 때문에, 만일 사업자가 시장지배력 유무를 다투고자 한다면 스스로 시장지배력이 없다는 점을 적극적으로 입증할 수는 있다(입증책임의 전환에 불과). 그러나 실무상 시장지배적 지위 자체를 다투는 예는 찾아보기 어렵다.

에 관하여 거래의 객체인 관련 상품에 따른 시장과 거래의 지리적 범위인 관련 지역에 따른 시장 등을 구체적으로 정하고 그 시장에서 지배가능성이 인정되어야 한다."고 판시하고 있다(포스코의 시장지배적 지위 남용행위 건, 대법원 2007. 11. 22. 선고 2002두8626 판결).

2. 시지사업자 추정규정(법 제6조)[64]

법 제6조(시장지배적사업자의 추정)
일정한 거래분야에서 시장점유율이 다음 각 호의 어느 하나에 해당하는 사업자(일정한 거래분야에서 연간 매출액 또는 구매액이 40억 원 미만인 사업자는 제외한다)는 시장지배적사업자로 추정한다.
 1. 하나의 사업자의 시장점유율이 100분의 50 이상
 2. 셋 이하의 사업자의 시장점유율의 합계가 100분의 75 이상. 이 경우 시장점유율이 100분의 10 미만인 사업자는 제외한다.
법 시행령 제11조 제3항
법 제6조에 따라 시장지배적사업자를 추정하는 경우에는 해당 사업자와 그 계열회사를 하나의 사업자로 본다.

사례형 대비 시지사업자 추정사례

사례 1 : A시장에서 a, b, c, d가 각 55%, 10%, 5%, 3%인 경우 : a만 50% 이상이고 3개 이하 점유율 합계가 75% 미만 : a만이 시지사업자로 추정

사례 2 : A시장에서 a, b, c, d가 각 45%, 25%, 9%, 4%인 경우 : a, b, c 점유율 합계가 79%이므로, a, b, c 모두 시지사업자가 되지만 c의 경우 점유율 10% 미만(9%)이기 때문에 결국 a, b만 시지사업자로 추정

사례 3 : A시장에서 a, b, c, d, e가 각 30%, 25%, 19%, 15%, 5%이고 d, e가 계열회사 관계인 경우 : 시행령 제11조 제3항에 따라 계열회사 관계(d, e)는 하나의 사업자로 본다. 즉, 이 경우는 각 30%, 25%, 19%, 20%(d+e)로 취급하여, 상위 3개 회사 75% 이상인 a, b, (d, e)가 시지사업자로 추정(d+e로 인해 c는 상위 3개 회사에서 빠지게 된다)

사례 4 : A시장에서 a, b, c, d가 각 40%, 3%, 30%, 2%이고, a, b가 계열회사인 경우 : a, b, c가 시지사업자로 추정(d는 10% 미만으로 제외, b는 10% 미만이지만, a+b로 취급한다)

---

64 2012년 변시 제1회, 2019년 변시 제8회 기출. 전형적인 시지남 출제유형이다. 설문에 나타난 특정 사업자가 시지사업자에 해당하는지를 묻는 문제였다(배점 15점). 이 경우 시지사업자의 의의와 시지사업자의 추정규정을 기초로 법령의 규정을 제시하여 설문에 나타난 사실관계(시장점유율 등)를 포섭하여 판단하게 된다. 2021년 변시 10회 - 갑의 점유율이 45%, 을의 점유율은 30%(갑과 을의 합계 75%)인 상황에서, 나머지 경쟁사들의 경우 구체적인 점유율이 특정되지는 않았지만, 모두 각 5% 미만의 점유율을 가지고 있었다. 이 경우 갑이 시장지배적 사업자에 해당하는지를 묻는 문제였다.

Ⅱ. 시지남과 불공정거래행위의 관계

1. 서설

공정거래법상 시지남(법 제5조)과 불공정거래행위(법 제45조)는 일부 행위유형에서 서로 경합문제가 발생할 수 있다. 즉, 시지사업자가 거래거절이나 차별취급 등을 행할 경우에는 하나의 행위가 시지남과 불공정거래행위로도 중복 평가가 가능하다는 기본적 의문에 따라 양 규정의 경합문제와 적용순서를 어떻게 정해야 하는지의 해석론에서 약간의 입장 차이가 있다.

2. 학설의 대립

가. 일반법특별법관계설

시지사업자에 대한 규제는 불공정거래행위규제에 대한 특별규제에 해당한다고 설명하는 입장이다(시지남 규정이 특별법적 지위를 갖는다는 견해이다). 따라서 이 학설의 경우 양자가 경합할 때에는 특별법의 지위에 있는 시지남 규정만 적용되어야 한다고 해석한다.[65]

나. 선택적적용설

행위유형상의 일부 경합은 있지만, 연혁적으로 양자는 별도로 발전해왔으며, 행위의 속성상 이를 특별법과 일반법관계로만 단순화할 수 없고(완전히 일치하는 것이 아님), 시장지배적 지위의 남용행위가 모두 불공정거래행위의 속성을 지닌다고도 보기 어렵다.

결국 양자의 관계를 배타적으로 파악할 것이 아니라, 법집행자(공정위)는 양 규정 중 어느 하나를 선택해서 적용할 수 있다고 보아야 한다(경합 적용도 긍정). 독일 불공정경쟁방지법(UWG) 제1조의 일반조항과 개별규정의 관계 또한 통상적인 일반법, 특별법의 관계처럼 배타적으로 운용되는 것이 아니라 양자가 경합적으로 적용되고 있다는 점도 비교법상 참고할 수 있다.[66]

다. 학설의 검토

시지남의 모든 행위유형이 본질적으로 모두 불공정거래행위와 경합된다고 보기 어렵다는 점에 비추어 시지남과 불공정거래행위의 관계를 일반법특별법관계로만 단순화하기에는 어려운 점이 있고, 공정거래법이 행정규제주의를 원칙으로 취하고 있다는 점에 비추어보면 공정위의 1차적 선택 기회를 폭넓게 허용하는 해석이 행정규제주의의 입법태도와 부합한다고 볼 수 있다. 결국 시지사업자에 대하여도 불공정거래행위 규정을 선택하여 적용할 수 있다고 보는 선택적 적용설이 타당하다(공정위의 실무입장[67]).

---

65 권오승, 『경제법』제12판, 310쪽의 내용 중 불공정거래행위의 법체계상 지위 ― 시장지배적 지위 남용행위와의 관계 부분 참조, 이기수·유진희, 『경제법』제7판, 204쪽.

66 정호열, 『경제법』전정 제7판, 169쪽; 이호영, 『독점규제법』제3판, 49쪽 참조.

67 Microsoft 사건(MS사가 PC 윈도우 운영체제에 윈도우미디어플레이어와 메신저 프로그램을 각각 결합하여 판매한 행위와 PC 서버 운영체제에 윈도우 미디어 서버 프로그램을 결합하여 판매한 행위)에서 공정위는 MS사의 결합판매행위에

3. 판례의 입장

'포스코 판결'에서 대법원은 양자의 규범목적상의 차이를 근거로 부당성 판단기준을 구분함으로써 서로 별개·독립의 금지행위라는 점을 분명히 하였다. 즉, 대법원은 "법 제5조 제3호의 시장지배적 사업자의 거래거절행위와 법 제45조 제1항 제1호의 불공정거래행위로서의 거래거절행위는 그 규제 목적 및 범위를 달리하고 있으므로 전자의 부당성의 의미는 후자의 부당성과는 별도로 독자적으로 평가·해석해야 한다."고 하면서, "불공정거래행위로서의 거래거절행위는 그 행위의 주체에 제한이 없으며, 당해 거래거절행위의 공정거래저해성 여부에 주목하여 시장에 미치는 영향을 고려하지 아니하고 거래상대방인 특정 사업자가 당해 거래거절행위로 인하여 불이익을 입었는지 여부에 따라 그 부당성의 유무를 평가해야 함에 반하여, 시장지배적 사업자의 지위남용행위로서의 거래거절의 부당성은 '독과점적 시장에서의 경쟁촉진'이라는 입법목적에 맞추어 해석하여야 할 것이므로, 시장지배적 사업자가 개별 거래의 상대방인 특정 사업자에 대한 부당한 의도나 목적을 가지고 거래거절을 한 모든 경우 또는 그 거래거절로 인하여 특정 사업자가 사업활동에 곤란을 겪게 되었다거나 곤란을 겪게 될 우려가 발생하였다는 것과 같이 특정 사업자가 불이익을 입게 되었다는 사정만으로는 그 부당성을 인정하기에 부족하고, 그중에서도 특히 시장에서의 독점을 유지·강화할 의도나 목적, 즉 시장에서의 자유로운 경쟁을 제한함으로써 인위적으로 시장질서에 영향을 가하려는 의도나 목적을 갖고, 객관적으로도 그러한 경쟁제한의 효과가 생길 만한 우려가 있는 행위로 평가될 수 있는 행위로서의 성질을 갖는 거래거절행위를 하였을 때에 그 부당성이 인정될 수 있다"고 판시하였다(대법원 2007. 11. 22. 선고 2002두8626 판결). 이와 같은 판시취지는 시지남 규정을 반드시 불공정거래행위의 특별법 지위로 보지 않는 것을 전제한다.

이후에도 대법원은 '현대모비스의 경쟁사업자배제행위 및 배타조건부거래행위에 대한 건'에서 공정거래법 제5조 제1항 제5호 전단의 경쟁사업자배제행위(시지남)와 법 제45조 제1항 제5호 전단의 배타조건부거래행위(불공정거래행위)의 경합적용을 인정하였다(대법원 2014. 4. 10. 선고 2012두6308 판결).

Ⅲ. 시장지배적 지위 남용행위 – "가출사시경소"

1. 일반론

시지남은 부당한 공동행위(카르텔, 담합)와는 달리 사업자의 남용적 단독행위(single firm conduct)의 성질을 갖는다. 법 제5조 제1항 각 호는 ① 가격의 부당한 결정·유지 또는 변경(제1호), ② 부당한 출고

대하여 시지남 중 부당한 사업활동방해 및 현저한 소비자이익저해행위를 인정하면서 동시에 불공정거래행위인 거래강제 중에서 끼워팔기를 중첩적으로 적용한 바 있다(2006. 2. 24. 공정위 의결 제2006-42호). 일반법 특별법의 관계로 이해할 경우 중첩 적용은 설명이 불가능하다. 참고로 공정위의 위와 같은 처분에 대하여 MS측은 서울고등법원에 취소소송을 제기하였다. 그러나 서울고법의 판결을 목전에 두었던 2007. 10. 10. MS사는 소를 전부 취하하였고, 2007. 10. 17. 공정위가 소취하에 대하여 동의하면서 사건이 종결되었다(이에 따라 중요한 판단 선례가 나올 수 있었음에도 이 사건 처분에 대한 서울고등법원의 본안 판결은 선고되지 못했다). 2015년 돌비(dolby)의 표준필수특허와 관련된 실시권 설정 계약 건에 대하여도 공정거래위원회는 시지남으로 접근하지 않고 불공정거래행위(거래상 지위남용) 위반 여부만을 판단하였다(공정위 의결 2015. 8. 3. 2014서감2354). 일반법특별법관계설에 의한다면 돌비사건에서 공정위는 시지남(특별규정)을 우선 적용했어야 할 것이다.

조절(제2호), ③ 부당한 사업활동 방해(제3호), ④ 부당한 시장진입 방해(제4호), ⑤ 부당한 경쟁사업자 배제(제5호 전단), ⑥ 현저한 소비자이익의 부당한 저해(제5호 후단) 등 6가지 남용행위의 유형을 열거하고 있다. 이를 기본으로 남용행위의 유형 및 기준을 대통령령으로 정하도록 규정하고 있으므로(법 제5조 제2항), 남용행위의 세부 유형 또는 기준은 결국 법 시행령 제9조(남용행위의 유형 또는 기준)를 중심으로 내용 정리하면 충분하고, 실무상으로는 「시장지배적지위 남용행위 심사기준」(공정위 고시)을 함께 고려함이 일반적이다(법 시행령 제9조 제6항에 따라 시행령에서 규정한 행위의 세부유형 및 기준에 관하여 필요한 사항은 공정거래위원회가 고시하도록 정하고 있다).

시지남이 출제될 경우, 설문에서 문제가 된 개별 사업자의 행위가 시지남에 해당되기 위해서는 먼저 해당 사업자가 시지사업자에 해당해야 한다는 점을 언급하고 법이 규정한 위 금지유형 중 어느 하나에 해당해야 할 뿐만 아니라 '부당성'이 인정되어야 하는데, 그동안 변시 사례형 기출문제의 경향을 보면, 설문에 나타난 사업자의 행위가 시지남의 어떤 유형에 해당하는지와 위법성(부당성)이 인정될 수 있는지 여부 등을 중요 쟁점으로 하여 출제되고 있다. 위 행위 유형 중 ①, ②, ⑥은 강학상 이른바 '착취적 남용(margin squeeze)'으로 분류되는 행위로서 시장지배적 사업자가 독점적 이윤을 획득하기 위해 거래상대방이나 소비자의 이익을 직접 침해하는 행위 유형이고, 나머지 ③, ④, ⑤는 이른바 '방해 또는 배제적 남용'으로 분류되는 행위로서 경쟁사업자를 배제하는 효과를 초래하는 행위 유형이다. 따라서 문제가 된 행위가 위 6가지 행위 유형 중 어느 것에 해당할 수 있는지를 먼저 판단하되, 전자의 유형에 해당하는 경우에는 설문에 나타난 사실관계를 토대로 주로 거래상대방이나 소비자에게 미치는 후생침해 등의 부정적 영향과 부당한 독점적 이윤취득을 중심으로, 후자의 유형에 해당하는 경우에는 경쟁사업자들과의 공정한 경쟁이 저해되는 등 경쟁제한적 효과(봉쇄효과 등)에 초점을 맞추어 시장에서의 경쟁이 유명무실화되었다는 결과를 설문에 나타난 사실관계와 함께 포섭하여 부당성을 평가·서술하는 것이 좋다. '부당성'의 결론은 막연한 설명으로 동어반복을 해서는 안 되고 반드시 설문에 나타난 구체적인 사실관계에 근거하여야 함을 유의해야 한다.[68]

2. 시지남 행위유형 – "가출사시경소"

가. 가격의 부당한 결정·유지·변경행위(법 제5조 제1항 제1호)[69]

정당한 이유 없이 상품의 가격이나 용역의 대가를 수급의 변동이나 공급에 필요한 비용(같은 종류 또는 유사한 업종의 통상적인 수준의 것에 한정한다)의 변동에 비하여 현저하게 상승시키거나 근소하게 하락시키는 경우(법 시행령 제9조 제1항). 공정위는 시지사업자가 상품 또는 용역의 가격을 부당하게 결정·유지 또는 변경하였다고 볼만한 상당한 이유가 있을 때에는 관계행정기관의 장이나 물가조사업무를 수행하는 공공기관에 대하여 상품 또는 용역의 가격에 관한 조사를 의뢰할 수 있다(법 시행령 제10조 가격조

---

68 "부당하므로 부당하다"는 설명 정도로 논리의 오류에 빠지지 말아야 한다.
69 2012년 변시 제1회 기출. 설문에 나타난 시지사업자가 제품의 판매가격을 30% 인상한 행위를 가격남용행위로 포섭하는 문제였다(배점 20점). 사안의 경우 제품공급에 필요한 비용 상승요인이 10%에 불과함에도 시지사업자가 정당한 이유 없이 제품의 가격을 현저하게 인상시킨 경우였다.

사의뢰).

- 「수급의 변동」 또는 「공급에 필요한 비용의 변동」은 설문에 대부분 관련 서술로 숨어 있다. 이를 찾아 사안에 적용, 포섭할 수 있는 능력을 키워야 한다. 해당 품목의 가격에 영향을 미칠 수 있는 수급요인의 변동, 가격결정과 상관관계가 있는 재료비, 노무비, 제조경비, 판매비와 일반관리비 등의 변동수준을 확인하여 이를 기준으로 가격변동이 현저한지 여부(시지사업자의 초과가격 설정 – excessive pricing)를 끌어내면 된다.

심결사례

- 제과 3사(해태, 롯데, 크라운)가 제품의 가격은 그대로 둔 채 제품의 용량을 줄여 판매한 행위(1992. 1. 공정위의결 제92–1~3호)
- 15개 카드사가 현금서비스 수수료율, 할부수수료율 및 연체이자율을 인상한 후 자금조달금리, 연체율 및 대손율이 상당기간 하락하였음에도 불구하고 시장지배적 지위를 남용하여 더 높거나 거의 같은 수준에서 유지한 행위(2001. 3. 28. 공정위의결 제2001–40호)[70]

나. 부당한 출고조절행위(법 제5조 제1항 제2호)

① 정당한 이유 없이 최근의 추세에 비추어 상품 또는 용역의 공급량을 현저히 감소시키는 경우(법 시행령 제9조 제2항 제1호)
  - 최근의 추세는 상당기간 동안의 공급량을 기준으로 판단하고, 비용의 변동요인(수급변동원인, 제조과정의 필요비 등)을 함께 고려한다.
② 정당한 이유 없이 유통단계에서 공급부족이 있음에도 불구하고 상품 또는 용역의 공급량을 감소시키는 경우(법 시행령 제9조 제2항 제2호)
  - "유통단계에서 공급부족이 있다"는 취지는 주로 성수기에 최종 소비자가 소비하기 전의 각 유통과정에서 품귀현상이 있다는 등의 사정이 설문에 나타날 것임(공정위의 시지남 심사기준 동일).

판례

- "판매조절 여부는 일일 판매량이 평상시에 비해 급격히 감소하였던 기간을 선정, 다른 날과의 대비를 통하여 그 기간 동안 판매량을 조절하는 행위가 있었는지를 보고 나아가 그와 같은 판매량의 감소가 있는 기간을 전후한 무렵에 존재했던 사정을 종합하여 판단한다." : 대두유제품의 판매를 감소시킨 반면 재고량을 증가시켜 출고량을 인위적으로 조절한 행위에 대하여 부당성을 인정(대법원 2000. 2. 5. 선고 99두10964 판결, "신동방 사건")

---

70 'BC카드의 시장지배적 지위 남용행위 건'이다. 공정위의 이와 같은 판단에 대하여 서울고등법원과 대법원은 BC카드와 이를 구성하는 구성사업자의 특성에 비추어 회원은행들 전체를 하나의 사업자로 볼 수 없다면서 시장지배적 지위 자체를 부정하였다(대법원 2005. 12. 9. 선고 2003두6283 판결). 이에 대하여는 경쟁법상 '독점의 공유' 또는 '공동의 시장지배력(collective dominance)'과 관련된 논쟁이 존재한다. 수험서의 특성상 이 부분에 대한 자세한 설명을 생략한다.

- 이에 반하여 "제일제당 사건"의 경우 대법원은 공정위의 판단과는 달리, 당시 외환위기 발생 직후에 시지사업자인 제일제당이 대두유의 출고를 다소 감소시킨 사례에서 현저성과 부당성을 부인한 사례도 있다. 출고조절행위의 부당성은 사업자의 경영사정에 비추어 조절행위가 통상적인 수준을 현저히 벗어나 가격의 인상 등에 중대한 영향을 미치거나 수급차질을 초래할 우려가 있는지에 따라 판단해야 한다는 판시 취지로, 이 사건의 경우 원료의 재고가 부족한 상황, 수급전망이 불투명한 상황에서 가수요에 대응하기 위한 합리적인 기업행위인지 여부와 같이 정당한 사유 부분에서 다툼이 있었고, 실제로 출고조절기간 동안 원고(피심인 사업자)가 대폭적인 적자를 기록한 사실을 주장 입증한 부분도 특이점이 있었다(대법원 2002. 5. 24. 선고 2000두9991 판결).

- 출고조절 여부를 판단하기 위해서는 대상 회사의 일정기간 동안의 출고량과 재고량만으로 판단하는 것은 부당하며, 관련 회사 창고 전부의 출고량과 재고량을 기준으로 판단해야 한다(서울고등법원 1999. 10. 7. 선고 99누13 판결; 남양유업의 출고조절행위 건. 직영대리점이나 판매회사의 재고량을 포함한 관련 회사 창고 전부를 고려하도록 판시).

다. 다른 사업자[71]의 사업활동에 대한 부당한 방해행위(법 제5조 제1항 제3호)

직접 또는 간접적[72]으로 다음 각 호의 1에 해당하는 행위를 함으로써 다른 사업자의 사업활동을 어렵게 하는 경우[73](법 시행령 제9조 제3항)

① 원재료 구매방해 : 정당한 이유 없이 다른 사업자의 생산활동에 필요한 원재료 구매를 방해하는 행위(법 시행령 제9조 제3항 제1호)

 - 설문에서 원재료 구매를 필요량 이상으로 현저히 증가시키거나, 원재료 공급자로 하여금 해당 원재료를 다른 사업자에게 공급하지 못하도록 강제 또는 유인하는 행위 유형 등으로 나타날 가능성 있음.

② 필수적인 인력 채용 : 정상적인 관행에 비추어 과도한 경제상의 이익을 제공하거나 제공할 것을 약속하면서 다른 사업자의 사업활동에 필수적인 인력을 채용하는 행위(법 시행령 제9조 제3항 제2호)

 - '필수적 인력'과 관련하여 설문에는 주로 특정 업체에서 장기간 근속한 기술인력, 많은 비용을 투입하여 특별히 양성한 기술인력, 특별한 대우를 받은 기술인력, 중요 산업정보를 소지하고 있어 이를 유출할 가능성이 있는 기술인력 등이 나타날 수 있음.

③ 필수요소 제한 : 정당한 이유 없이 다른 사업자의 상품 또는 용역의 생산·공급·판매에 필수적인 요소의 사용 또는 접근을 거절·중단하거나 제한하는 행위(법 시행령 제9조 제3항 제3호)[74] - 이

---

71 사업활동방해의 대상이 되는 "다른 사업자"는 반드시 경쟁사업자에 국한되지 않으며, 거래상대방인 사업자도 포함된다(현대자동차의 시장지배적지위 남용행위 건, 대법원 2010. 3. 25. 선고 2008두7465 판결). 자동차판매시장에서 현대자동차와 거래관계에 있는 현대차 판매대리점은 '다른 사업자'에 해당한다.

72 특수관계인 또는 다른 자로 하여금 해당 행위를 하도록 하는 것을 말한다.

73 다른 사업자의 생산 및 판매활동을 종합적으로 고려하되, 사업활동이 어려워질 '우려'가 있는 경우도 포함된다.

74 "일반적으로 필수설비는 그 시설을 이용할 수 없으면 경쟁상대가 고객에게 서비스를 제공할 수 없는 시설을 말하는 것으로서, 경쟁상대의 활동에 불가결한 시설을 시장지배적 기업이 전유하고 있고, 그것과 동등한 시설을 신설하는 것이

른바 "필수설비이론(essential facilities doctrine)" 관련

- 해당 요소를 사용하지 않고서는 상품이나 용역의 생산·공급 또는 판매가 사실상 불가능하여 일정한 거래분야에 참여할 수 없거나, 그 거래분야에서 피할 수 없는 중대한 경쟁 열위상태가 지속될 것
- 특정 사업자가 해당요소를 독점적으로 소유 또는 통제하고 있을 것
- 해당 요소를 사용하거나 이에 접근하려는 자가 해당 요소를 재생산하거나 다른 요소로 대체하는 것이 사실상·법률상 또는 경제적으로 불가능할 것
- 이 경우 「거절·중단·제한하는 행위」라 함은 주로 다음과 같은 경우를 포함하여 실질적으로 거절·중단·제한하거나 이와 동일한 결과를 발생시키는 행위를 말한다.
  ⓐ 필수요소에의 접근이 사실상 또는 경제적으로 불가능할 정도의 부당한 가격이나 조건을 제시하는 경우(겉으로는 필수요소의 사용을 허락하는 것처럼 행동하지만, 허락조건의 수준에 비추어 실질적으로 접근 자체를 어렵게 하는 것에 불과한 경우)
  ⓑ 필수요소를 사용하고 있는 기존 사용자에 비해 현저하게 차별적인 가격이나 배타조건, 끼워팔기 등 불공정한 조건을 제시하여 실질적으로 거절·중단·제한하거나 이와 동일한 결과를 발생시키는 행위[75]
④ 기타 사업활동 방해 : 이외에 다음과 같은 행위로서 다른 사업자의 사업활동을 어렵게 하는 행위 (법 시행령 제9조 제3항 제4호)
- 거래거절 : 부당하게 특정사업자에 대하여 거래를 거절하거나 거래하는 상품 또는 용역의 수량이나 내용을 현저히 제한하는 행위[76]
- 차별적 취급 : 거래상대방에게 정상적인 거래관행에 비추어 타당성이 없는 조건을 제시하거나 가격 또는 거래조건을 부당하게 차별하는 행위
- 불이익강제 : 부당하게 거래상대방에게 불이익이 되는 거래 또는 행위를 강제하는 행위[77]

사실상 불가능하거나 경제적 타당성이 없어 그러한 시설에의 접근을 거절하는 경우 경쟁상대의 사업수행이 사실상 불가능하거나 현저한 장애를 초래하게 되는 설비를 말한다고 할 것…" (한국여신전문금융업협회 및 7개 신용카드회사들의 사업활동방해 공동행위 건, 서울고등법원 2003. 4. 17. 선고 2001누5851 판결) 이 사건에서 법원은 신용카드사업에 있어서 '신용카드공동이용망'은 필수설비적 성격을 가지고 있다고 인정한 바 있다.

[75] 표준필수특허(SEP)의 경우도 이와 같은 부작용을 방지하기 위해 국제표준화기구 등에서 사전에 'FRAND 확약' 등을 체결하는 것이다.

[76] "시장지배적 사업자의 거래거절행위란 부당하게 특정사업자에 대한 거래거절로 그 사업자의 사업활동을 어렵게 하는 행위를 말한다(포스코의 시장지배적지위 남용행위 건, 대법원 2007. 11. 22. 선고 2002두8626 판결)". 2019년 변시 제8회 제2문 시지사업자에 해당하는 갑이 10년 동안 갑으로부터 원자재를 구매해왔던 A에 대하여 정당한 이유 없이 상품공급을 중단함(갑은 A가 속한 시장에 새로 진출하기 위해 상품공급을 중단하였다).

[77] ① 티브로드 강서방송과 지에스디 방송이 통합하며 각각 운영하던 채널번호를 조정하는 과정에서 기존 채널사용업체보다 선호채널의 사용료를 더 높게 제시한 대형홈쇼핑업체에게 해당 번호를 지정하고 기존 업체에 대하여 방송 송출을 고의로 중단하거나 계약기간 중에 송출채널을 일방적으로 변경한 행위에 대해 대법원은 판결문에서 "시장지배적 사업자의 지위남용행위로서의 불이익 강제행위는 시장지배적 사업자가 부당하게 거래상대방에게 불이익이 되는 거래 또는 행위를 강제함으로써 그 사업자의 사업활동을 어렵게 하는 행위라 할 것이다(티브로드강서방송의 시장지배적 지위 남용행위 건, 대법원 2008. 12. 11. 선고 2007두25183 판결)."라는 일반론을 언급하였다(이 사건은 시장지배력의 전이를 인정할 수 있는지의 쟁점 등 다양한 논의가 포함되어 있으나, 수험서의 특성상 자세한 설명을 생략한다).

- 대여자금 회수 : 거래상대방에게 사업자금을 대여한 후 정당한 이유 없이 대여자금을 일시에 회수하는 행위
- 절차이행 방해 : 다른 사업자의 계속적인 사업활동에 필요한 소정의 절차(관계기관 또는 단체의 허가, 추천 등)의 이행을 부당한 방법으로 어렵게 하는 행위
- 사법적·행정적 절차이용 방해 : 지식재산권과 관련된 특허침해소송, 특허무효심판, 기타 사법적·행정적 절차를 부당하게 이용하여 다른 사업자의 사업활동을 어렵게 하는 행위

심결사례

- 포스코가 열연코일시장에서의 시장지배적 사업자로서 냉연강판시장에서 자신과 경쟁관계에 있는 현대하이스코에 대하여 냉연강판생산의 필수적인 열연코일의 공급을 부당하게 거절한 행위(2001. 4. 12. 공정위의결 제2001-068호[78])
- 영일케미컬(주)가 자기가 독점수입 판매하는 농약(Methyl Bromide)을 공급함에 있어 이를 필수적 원료로 사용하는 수입식물방제업에 신규 진입한 사업자의 공급요청을 이미 다른 사업자와 거래하고 있다는 등의 이유로 부당하게 거절한 행위[2001. 1. 11. 공정위의결(약) 제2001-22호]

라. 새로운 경쟁사업자[79]의 시장진입 방해행위(법 제5조 제1항 제4호)

① 유통사업자와의 배타적 거래계약 : 정당한 이유 없이 거래하는 유통사업자와 배타적 거래계약을 체결하는 행위(법 시행령 제9조 제4항 제1호)
- 유통사업자라 함은 최종 소비자가 아닌 거래상대방을 말한다.[80]
- 「배타적 거래계약」이라 함은 유통사업자로 하여금 자기 또는 자기가 지정하는 사업자의 상품이나 용역만을 취급하고 다른 사업자의 상품이나 용역은 취급하지 않을 것을 전제로 상품이나 용역을 공급하는 것을 말한다.

② 계속적인 사업활동에 필요한 권리 매입 : 정당한 이유 없이 기존사업자의 계속적인 사업활동에 필요한 권리 등을 매입하는 행위(법 시행령 제9조 제4항 제2호)

---

② SK 멜론 사건 – 원고는 멜론 사이트의 음악파일과 SKT용 MP3폰에 자체 개발한 DRM을 탑재한 후 멜론사이트에서 구매한 음악파일만 재생할 수 있도록 하고, 다른 사이트에서 구매한 음악은 멜론 회원에 가입한 후 converting을 거쳐야만 재생이 가능하도록 시스템을 구축하였다. 이러한 행위에 대해 사업활동방해 중 불이익강제 및 소비자이익침해 행위를 적용하여 공정위가 시정조치 및 과징금을 부과하였으나, 법원은 DRM의 경우 음악저작권을 보호하고 파일의 무단복제를 방지하기 위해 필요성을 인정할 수 있고, 사업자의 수익과 저작권자의 보호, 불법다운로드 방지를 위해 정당한 이유를 인정하며, 부당성을 부정하였다. 또한 소비자들이 얻게 되는 converting과정 등의 불편은 부득이한 것으로 현저한 이익의 침해로까지는 인정되지 않는다는 점, DRM의 특성과 필요성 및 개발경위에 비추어 원고의 경쟁제한 의도나 목적이 있음을 추단하기도 어렵다는 점 등을 언급하였다.

78 이에 대한 최종 대법원 판결이 앞서 언급한 "포스코판결"이다.
79 일정한 거래분야에 신규로 진입하려고 하는 사업자 및 신규로 진입하였으나 아직 판매를 개시하고 있지 아니한 사업자를 말한다.
80 공정위 시지남 심사기준.

- 「계속적인 사업활동에 필요한 권리」는 특허권·상표권 등의 지적재산권, 행정관청 또는 사업자단체의 면허권 등 인·허가, 기타 해당 거래분야에서 관행적으로 인정되는 모든 권리를 포함한다.

③ 필수적인 요소 제한(신규사업자에 대한 시장진입 방해 측면) : 정당한 이유 없이 새로운 경쟁사업자의 상품 또는 용역의 생산·공급·판매에 필수적인 요소의 사용 또는 접근을 거절하거나 제한하는 행위(법 시행령 제9조 제4항 제3호).

④ 기타 신규진입 방해 : 이외에 다음과 같은 행위로서 새로운 경쟁사업자의 신규진입을 어렵게 하는 행위(법 시행령 제9조 제4항 제4호)

- 정당한 이유 없이 신규진입 사업자와 거래하거나 거래하고자 하는 사업자에 대하여 상품의 판매 또는 구매를 거절하거나 감축하는 행위
- 경쟁사업자의 신규진입에 필요한 소정의 절차(관계기관 또는 단체의 허가, 추천 등)의 이행을 부당한 방법으로 어렵게 하는 행위
- 해당 상품의 생산에 필수적인 원재료(부품, 부자재 포함)의 수급을 부당하게 조절함으로써 경쟁사업자의 신규진입을 어렵게 하는 행위
- 지식재산권과 관련된 특허침해소송, 특허무효심판 기타 사법적·행정적 절차를 부당하게 이용하여 경쟁사업자의 신규진입을 어렵게 하는 행위

마. 경쟁사업자를 배제하기 위한 부당한 거래행위(법 제5조 제1항 제5호 전단)[81]

① 부당염매[82] : 부당하게 상품 또는 용역을 통상거래가격에 비하여 낮은 대가로 공급하거나 높은 대가로 구입하여 경쟁사업자를 배제시킬 우려가 있는 경우(법 시행령 제9조 제5항 제1호)

- 「낮은 대가의 공급 또는 높은 대가의 구입」여부를 판단함에 있어서는 통상거래가격과의 차이의 정도, 공급 또는 구입의 수량 및 기간, 해당 품목의 특성 및 수급상황 등을 종합적으로 고려한다.
- 「경쟁사업자를 배제시킬 우려가 있는 경우」를 판단함에 있어서는 해당 행위의 목적, 유사품 및 인접시장의 존재 여부, 해당 사업자 및 경쟁사업자의 시장지위 및 자금력 등을 종합적으로 고려한다.

② 배타조건부거래 : 부당하게 거래상대방이 경쟁사업자와 거래하지 아니할 것을 조건으로 그 거래상대방과 거래하는 경우(법 시행령 제9조 제5항 제2호)[83]

---

81 2015년 변시 제5회, 2021년 변시 제10회 기출.
82 이른바 "약탈적 가격설정(predatory pricing)"의 문제. 부당염매는 초과가격과 같이 모두 가격남용행위의 일종으로 평가할 수 있지만, 초과가격은 소비자에 대한 착취남용행위로 법 제5조 제1항 제1호에 의하여 규율되고, 부당염매는 경쟁사업자배제의 배제남용행위로 법 제5조 제1항 제5호에 의하여 규율되고 있다. 부당염매의 경우 단기적으로는 소비자의 지출을 감소시켜 편익이 발생하는 듯 보이지만, 장기적으로는 부당한 방법에 의한 경쟁사업자배제를 통해 시장구조가 악화되고 경쟁의 질이 저하된다는 문제점이 있다(경쟁의 왜곡으로 인하여 발생하는 소비자 후생 침해 존재).
83 ① 인터파크의 시장지배적지위 남용행위 건(대법원 2011. 6. 10. 선고 2008두16322 판결) : 대법원은 인터넷쇼핑몰에서 자신의 쇼핑몰에 입점한 업체에게 경쟁사업자가 운영하는 오픈마켓에서의 판매가격인상, 거래중단을 요청하고, 그렇게 하지 않은 경우 메인화면에 노출된 상품을 빼버리겠다고 위협한 행위를 시지남(배타조건부 거래행위)으로 인정한

- 이 경우 경쟁사업자의 대체거래선 확보의 용이성, 해당 거래의 목적·기간·대상자 및 해당 업종의 유통관행 등을 종합적으로 고려한다.[84]

바. 기타 소비자이익의 현저한 저해행위[85]

현저한 소비자이익의 저해(법 제5조 제1항 제5호 후단)의 성립요건에 관하여 대법원은 "부당하게 소비자의 이익을 '현저히 저해할 우려가 있는 행위'가 성립하기 위해서는 ① 시장지배적 사업자의 소비자이익을 저해할 우려가 있는 행위의 존재, ② 소비자이익 저해 정도의 현저성, ③ 그 행위의 부당성 등 3가지가 증명되어야 하고, 그러한 요건에 대한 증명책임은 시정명령 등 처분의 적법성을 주장하는 공정거래위원회에게 있다."고 하면서, 이때 "소비자의 이익을 '현저히' 저해할 우려가 있는지 여부는 당해 상품이나 용역의 특성, 이익이 저해되는 소비자의 범위, 유사 시장에 있는 다른 사업자의 거래조건, 거래조건 등의 변경을 전후한 시장지배적 사업자의 비용 변동 정도, 당해 상품 또는 용역의 가격 등과 경제적 가치와의 차이 등 여러 사정을 종합적으로 고려하여 구체적·개별적으로 판단하여야 한다."고 판시하였다(씨제이헬로비전의 시장지배적 지위 남용행위 건, 대법원 2010. 2. 11. 선고 2008두16407 판결).

3. 시지남의 위법성 판단(부당성)[86]

시지남의 성립요건인 부당성에 관해서는, 특히 2007년 11월 선고된 '포스코판결'의 법리적 타당성 여부 평가를 중심으로 학계의 논란이 존재한다. 그런데 사례형 시험을 준비하는 수험생의 입장에서 과연 어디까지 내용을 정리해야 하는 것인지 고민이 될 수 있다. 따라서 다음과 같은 정도를 제안한다. 우선, 이 부분은 시지남의 위법성 부분의 내용을 시험에서 쓸 수 있는 수준과 필요한 범위 내에서만 현명하게 잘 정리를 해둘 필요가 있다. 그리고 그 내용은 현재의 대법원 판례에서 나타난 위법성 인정을 위한 요건을 그대로 받아들여서 정리할 수밖에 없을 것이다.

'포스코판결'에서 대법원은 "부당성이 인정되기 위해서는 첫째, 시장에서의 독점을 유지·강화할 의도

바 있다.

② 농협사건(대법원 2009. 7. 9. 선고 2007두22078 판결) : 농협중앙회가 비료제조사들에 대해 화학비료를 개별 시판할 경우 자신과의 구매계약을 해지할 수 있도록 약정한 행위에 대하여 대법원은 시지사업자의 요건 및 부당성 요건을 모두 인정하여 공정거래법 제5조 제1항 제5호 배타조건부거래행위에 해당한다고 판시하였다.

84 배타조건부 거래행위가 부당한지 여부를 구체적으로 판단할 때에는 그 행위에 사용된 수단의 내용과 조건, 배타조건을 준수하지 않고 구매를 전환할 경우에 구매자가 입게 될 불이익이나 그가 잃게 될 기회비용의 내용과 정도, 행위자의 시장에서의 지위, 배타조건부 거래행위의 대상이 되는 상대방의 수와 시장점유율, 배타조건부 거래행위의 실시 기간 및 대상이 되는 상품 또는 용역의 특성, 배타조건부 거래행위의 의도 및 목적과 아울러 소비자 선택권이 제한되는 정도, 관련 거래의 내용, 거래 당시의 상황 등 제반사정을 종합적으로 고려하여야 한다(퀄컴 인코포레이티드 외 2의 시장지배적지위 남용행위 등에 대한 건, 대법원 2019. 1. 31. 선고 2013두14726 판결).

85 일반규정의 성격이므로, 먼저 다른 행위유형에 해당하는지 여부를 살펴야 한다. 법 시행령에서도 아직 이 부분에 대한 행위유형을 구체화한 바는 없고, 실무상으로도 이 규정만을 단독으로 직접 적용하기는 어렵다고 본다. 참고로 대법원은 "공정거래법 제5조 제1항 제5호 후단의 '소비자의 이익을 현저히 저해할 우려가 있는 행위'는 명확성의 원칙에 반하지 않는다고 판단하였다(티브로드 강서방송의 시장지배적 지위 남용행위 건, 대법원 2010. 5. 27. 선고 2009두1983 판결)."

86 2021년 변시 제10회 기출. "설문에 나타난 시지사업자의 행위가 부당한지를 판단해보시오(배점 20점)."

나 목적이 인정되어야 하고, 둘째, 문제가 된 행위가 경쟁제한의 효과가 생길 만한 우려가 있는 행위이어야 하는데, 우선 상품의 가격상승, 산출량 감소, 혁신의 저해, 유력한 경쟁사업자의 수의 감소, 다양성의 감소 등과 같은 경쟁제한의 효과가 실제로 나타났음이 입증된 경우에는 그러한 의도나 목적이 '사실상 추정'되지만, 그렇지 않은 경우에는 당해 행위를 둘러싼 제반 상황을 모두 고려하여 위 두 가지 요건이 충족되었는지 여부를 판단하여야 한다."고 판시하였다.[87] 이 사건은 시지남의 유형 중 사업활동방해(법 제5조 제1항 제3호)에 관한 것이었지만, 그 후 대법원의 판례들은 위 포스코판결의 취지에 따라 다른 유형의 남용행위에 대해서도 사실상 위 판결에서 설시한 동일한 기준을 적용하고 있다. 다만, 판례는 구체적인 행위 유형에 따라서 다소 차별적인 기준을 제시하기도 한다. 예컨대, 배타조건부거래(법 제5조 제5호 전단)의 경우에는 통상 그러한 행위 자체에 경쟁을 제한하려는 목적이 포함되어 있다고 볼 수 있는 경우가 많다고 지적한 바 있고(대법원 2009. 7. 9. 선고 2007두22078 판결), 현저한 소비자이익의 저해(법 제5조 제5호 후단)의 경우에는 착취적 남용에 속하므로 '경쟁제한적 효과' 대신 '독점적 이익의 과도한 실현'에 대한 의도나 목적 및 소비자 이익의 현저한 저해가 입증되어야 한다는 내용으로 판시한 바 있다(대법원 2010. 5. 26. 선고 2009두1983 판결).

Ⅳ. 위반행위의 사법상 효력

1. 의의

현행 공정거래법은 시지남의 사법상 효력과 관련하여 아무런 명문 규정을 두고 있지 않다.

---

[87] 핵심 판시부분은 다음과 같다. "시장지배적 사업자가 개별 거래의 상대방인 특정 사업자에 대한 부당한 의도나 목적을 가지고 거래거절을 한 모든 경우 또는 그 거래거절로 인하여 특정 사업자가 사업활동에 곤란을 겪게 되었다거나 곤란을 겪게 될 우려가 발생하였다는 것과 같이 특정 사업자가 불이익을 입게 되었다는 사정만으로는 그 부당성을 인정하기에 부족하고, 그중에서도 특히 시장에서의 독점을 유지·강화할 의도나 목적, 즉 시장에서의 자유로운 경쟁을 제한함으로써 인위적으로 시장질서에 영향을 가하려는 의도나 목적을 갖고(주관적 요소), 객관적으로도 그러한 경쟁제한의 효과가 생길 만한 우려가 있는 행위로 평가될 수 있는 행위로서의 성질을 갖는 거래거절행위를 하였을 때에 그 부당성이 인정될 수 있다 할 것이다(객관적 요소). … 중략 … 원심이 들고 있는 (하이스코의 사업상 어려움에 관한) 사정들은 모두 원고의 이 사건 거래거절행위에 의하여 하이스코가 입게 된 구체적인 불이익에 불과한 것들로서 현실적으로 경쟁제한의 결과가 나타났다고 인정할 만한 사정에 이르지 못할 뿐만 아니라, 오히려 원심에 제출된 증거들에 의하면, 원고의 이 사건 거래거절행위에도 불구하고 하이스코는 일본으로부터 열연코일을 자신의 수요에 맞추어 수입하여 냉연강판을 생산·판매하여 왔고, 냉연강판공장이 완공되어 정상조업이 개시된 2001년 이후부터는 지속적으로 순이익을 올리는 등 냉연강판 생산·판매사업자로서 정상적인 사업활동을 영위하여 왔던 사실을 알 수 있으며, 또한 원고의 이 사건 거래거절행위 이후 국내에서 냉연강판의 생산량이 줄었다거나 가격이 상승하는 등 경쟁이 제한되었다고 볼 만한 자료도 나타나 있지 않으므로, 경쟁저해의 결과를 초래하였다는 원심의 판단을 수긍하기 어렵다."는 내용이다.
다만, 위 판결의 내용 중 '부당성' 인정을 위한 요건으로 대법원이 별도로 '주관적 요소'를 언급하는 부분에 대하여는 유력한 비판의 견해가 있다(우리 공정거래법상 공정거래저해성을 중심으로 한 위법성 판단에 있어서는 '해당 행위의 효과를 기준으로 판단함이 원칙이다. 즉, 사업자의 의도나 거래상대방의 주관적 예측은 공정거래저해성을 입증하기 위한 정황증거로서의 의미를 가질 뿐인데, 시지남에서 유독 주관적 요소를 중시하여 위법성 여부의 결론을 달리하는 것은 불합리하다는 비판이다. 특히 공정거래법 제5조 법문 어디에도 경쟁제한의 의도나 목적은 언급된 바가 없고, 독일이나 EU에서도 경쟁제한의 의도나 목적을 시지남의 성립을 위한 독립요건으로 다루고 있지 않다는 점, 미국 판례가 셔먼법 제2조의 독점화사건에서 독점을 만들거나 유지하려고 하는 의도를 별개의 요건으로 삼는 것을, 법계가 다른 우리 공정거래법 제5조의 해석에서 그대로 따를 것은 아니라는 비판이다. 자세한 내용은 정호열, 『경제법』 전정 제7판, 180쪽 참조).

2. 학설

가. 무효설

해당 법위반행위의 사법상 효과를 부정하지 않는다면 당사자 간 위반행위의 이행이 강제되므로 공정거래법의 입법취지를 무의미하게 하는 결과를 초래한다는 점을 근거로 시지남의 사법상 효력을 무효로 보아야 한다는 입장이다.

나. 원칙적 유효설

공정거래법의 목적을 달성하기 위해서는 공정위의 시정조치 제도로 충분하며, 위반행위와 관련된 법률행위를 일률적으로 무효로 한다면 사법관계에 혼란을 초래하게 된다는 점을 근거로 한다.

다. 상대적 무효설

법위반행위가 확인된 경우 만일 이행청구 전이라면 채권관계는 무효이며, 이행청구에 대해서 당사자는 공정거래법위반을 이유로 한 무효를 항변으로서 주장할 수 있다. 다만, 사법관계의 혼란을 방지하기 위해 해당 법위반행위를 토대로 새로운 법률관계가 형성·발전된 후(즉, 해당행위의 이행 후)에는 위반행위의 무효를 이유로 새로운 법률관계를 부정할 수 없다.

라. 개별적 해결설

법위반 행위마다 이익(법 목적달성, 사법상 법률관계 혼란방지)을 비교형량하여 개별적으로 판단·해결해야 한다.

3. 학설의 검토

사법상 무효 여부는 민사 법리에 따라 별도로 판단하면 충분하다. 이 문제를 추상적·획일적으로 판단할 것이 아니라 구체적 분쟁에 있어서 개별적으로 해결되어야 한다는 개별적 해결설이 타당하다. 그 이유는 공정거래법 위반행위가 별도로 불법행위를 구성하는 경우도 있을 수 있고, 그 평가는 다양할 수 있기 때문에 선량한 풍속 기타 사회질서에 반하는 등의 무효사유로 무조건 단순화하는 것은 무리이기 때문이다. 이미 사법상 법률행위의 무효와 취소의 요건과 기준은 민사 법리도 확립된 상태이며, 법원도 이러한 취지에서 개별적으로 효력을 판단하고 있다(서울고등법원 1995. 1. 12. 선고 94라186 판결[88]).

---

[88] 부당한 공동행위 이외의 공정거래법 위반행위에 대한 무효화를 인정한 사례이다.

기업결합의 통제

대표적인 기업결합의 방법인 합병만을 생각해 볼 때, 상법상 회사는 어느 종류의 회사와도 자유로이 합병할 수 있는 것이 원칙이다.[89] 이에 따라 회사는 주주총회의 특별결의 등 상법이 정하는 절차를 거쳐 합병을 할 수 있다. 그러나 경쟁법적 관점에서는 회사의 합병을 단순한 상법규정에 따른 채권자 및 주주 보호의 관점으로만 바라보지 않는다. 즉, 기업들의 완전한 자유영역으로 인정할 수는 없다는 것이다. 또한 부당한 공동행위와 같이 사업자의 개별적 합의에 근거한 카르텔을 금지하는 취지[90]를 함께 고려한다면, 경쟁사업자가 합병이라는 절차를 거쳐 영구불변으로 완전한 '화학적 결합'을 꾀할 수도 있기 때문이다(기업결합을 영속적인 담합으로 칭하기도 한다). 또한 과점시장에서 이루어지는 기업의 흡수·합병은 시장점유율의 급격한 변화를 보일 수 있다[공정위는 2020년 12월 요기요(DH)－배달의민족(우아한형제들)의 기업결합을 조건부승인하면서 경쟁제한성이 크다는 이유로 사실상 불허한 바 있다]. 이러한 취지에서 공정거래법 제9조 제1항은 누구든지 경쟁을 실질적으로 제한하는 일정한 형식의 기업결합을 금지하고 있으며, 제9조 제3항은 일정한 경우 경쟁을 실질적으로 제한하는 것으로 추정하는 내용의 규정도 두고 있다.[91] 나아가 법 제11조는 일정한 요건의 기업결합을 공정위에 신고하도록 하는 절차적 규제조항을 두고 있다. 공정거래법상 기업결합의 규제에 관한 사례형 문제는 기업결합에 해당하는 설문을 통해 문제가 되는 기업결합의 구체적 내용에 비추어 실질적 경쟁제한성을 인정할 수 있는지를 묻는 형식의 출제를 예상할 수 있다. 이 경우 법 제9조 제3항의 추정규정을 활용하는 경우를 대비해야 한다. 따라서 수험생의 입장에서는 실질적 경쟁제한성 여부를 판단하는 기본적 능력을 길러야 하고, 논리적 전개와 근거에 대해 충분한 대비가 되어 있어야 할 것이다. 또한 실질적 경쟁제한성이 인정되는 기업결합이라고 할지라도 공정거래법상 예외적 허용사유에 해당되는지 여부, 기업결합신고대상과 관련된 문제도 소논점으로 출제 가능할 것이다. 기업결합과 관련된 세부 규제는 비교적 복잡한 내용으로 규정되어 있다. 복잡한 세부 내용은 법전의 위치와 내용을 미리 파악하여 눈에 익혀두고 이를 기준으로 그대로 원용하면 된다. 따라서 큰 흐름에서 내용을 정리하기를 권장한다.

---

89 상법 제174조(회사의 합병) 제1항 "회사는 합병을 할 수 있다." － 합병자유의 원칙(상법의 원칙)
90 카르텔도 기업들 사이의 느슨한 결합체로서 넓은 의미의 '기업연합'으로 평가한다.
91 2015년도 변시 제4회 기출.

Ⅰ. 기업결합의 개념 및 유형

1. 의의

기업결합(merger)이란 법적으로 독립한 다수의 기업이 자본적, 인적, 조직적 결부(combination)를 통하여 단일한 경제적 지배하에 놓이게 되는 과정 또는 그 결과를 가리키며, 무엇보다 해당 기업결합으로 인하여 당사회사 중 일방의 경제적 독립성이 상실되는지 여부가 중요하다.[92]

구 분	기업결합	부당한 공동행위(카르텔)
공통점	2 이상의 회사의 공동행위의 성격이 있음, 경쟁의 제한 및 상실	
차이점	1 이상 회사의 경제적 독립성 상실이 특징(상대적 비교 개념으로 이해)	2 이상의 회사 모두 독립성을 유지함
	시장구조의 직접적인 변화를 초래	개별적 시장행동 요소의 일시적 조정의 성격이 강함(기업결합과 비교하여 볼 때)
	경쟁촉진 및 효율성 증대 또는 경쟁제한 효과가 복합적으로 나타날 수 있음	주로 경쟁제한 그 자체가 목적이지만 효율성 증대효과도 일부 기대할 수 있음. 이에 따라 예외적 사전인가제도가 존재함
	위법성 판단이 매우 곤란	상대적으로 기업결합보다 위법성 판단이 용이하다고 평가
	일정한 거래분야의 확정이 반드시 필요	일정한 거래분야의 확정이 반드시 필요한 것은 아님

2. 기업결합 유형

공정거래법은 기업결합의 법적 수단으로 ① 주식취득, ② 임원겸임, ③ 합병, ④ 영업양수, ⑤ 새로운 회사설립에의 참여라는 5가지를 열거하고 있으나,[93] 강학상으로는 기업결합이 시장에 미치는 효과를 기준으로 ① 수평결합(horizontal merger),[94] ② 수직결합(vertical merger),[95] ③ 혼합결합(conglomerate

---

[92] 서울고등법원 2004. 10. 27. 선고 2003누2252 판결(무학의 대선주조에 대한 경쟁제한적 기업결합행위 건) "경쟁제한적 기업결합행위를 금지하는 것은 기업결합 당사 회사들이 더 이상 서로 경쟁하지 않게 됨에 따라 결합된 회사가 시장지배력을 획득 또는 강화하여 결합회사가 단독으로 또는 다른 회사와 공조하여 가격인상 등을 통한 초과이윤을 추구하게 되고 그 결과 소비자 피해와 경제적 효율성의 저하가 초래되는 것을 방지함에 있다 할 것…"

[93] 법 제9조 제1항.
  1. 다른 회사의 주식의 취득 또는 소유
  2. 임원 또는 종업원에 의한 다른 회사의 임원 지위의 겸임(이하 "임원겸임"이라 한다)
  3. 다른 회사와의 합병
  4. 다른 회사의 영업의 전부 또는 주요부분의 양수·임차 또는 경영의 수임이나 다른 회사의 영업용 고정자산의 전부 또는 주요 부분의 양수(이하 "영업양수"라 한다)
  5. 새로운 회사설립에의 참여. 다만, 다음 각 목의 하나에 해당하는 경우는 제외한다.
    가. 특수관계인(대통령령이 정하는 자는 제외한다)외의 자는 참여하지 아니하는 경우
    나. 「상법」 제530조의2(회사의 분할·분할합병) 제1항에 따른 분할에 의한 회사설립에 참여하는 경우

[94] 관련 시장에서 경쟁사업자 사이의 결합을 의미한다. 수평결합은 해당 시장에서의 사업자 수를 줄이고 합병으로 존속하는 회사의 점유율의 변화는 물론 시장구조를 직접 악화시킬 수 있다(경쟁제한 효과가 가장 직접적으로 나타난다).

merger)[96]으로 구분한다(공정위 기업결합 심사기준 역시 이와 같은 기업결합의 유형에 따라 경쟁제한성 판단기준을 별도로 구분하여 제시하고 있다).

II. 기업결합의 신고(절차적 규제)

1. 신고의무자

공정거래법 제11조는 일정한 범위의 기업결합을 행하는 자에 대하여 공정위에 신고할 의무를 부과하고 있다(절차적 규제). 즉, 자산총액 또는 매출액(계열회사의 자산총액 또는 매출액을 합산함) 규모가 3천억 원 이상인 회사(기업결합신고대상회사) 또는 그 특수관계인이 신고의무자이다. 신고의무자가 2 이상인 경우에는 공동으로 신고하여야 한다. 다만, 공정위가 신고의무자가 소속된 기업집단에 속하는 회사 중 하나의 회사의 신청을 받아 대통령령으로 정하는 바에 따라 해당 회사를 기업결합신고 대리인으로 지정하는 경우에는 그 대리인이 신고할 수 있다(법 제11조 제11항).

2. 신고의 대상 및 신고내용

기업결합신고대상회사 또는 그 특수관계인이 자산총액 또는 매출액이 대통령령에 정하는 기준(시행령 제18조 제2항 자산총액 또는 매출액이 300억 원)에 해당하는 다른 회사(상대회사)에 대하여,
① 다른 회사의 발행주식총수(상법상 의결권 없는 주식 제외)의 20%(상장법인의 경우에는 15%) 이상을 소유하게 되는 경우(20% 미만의 소유상태에서 20% 이상의 소유상태로 되는 경우),
② 위 ①에 따른 비율 이상으로 다른 회사의 발행주식을 소유한 자가 해당 회사의 주식을 추가로 취득하여 최다출자자가 되는 경우,
③ 임원겸임을 하는 경우(계열회사의 임원을 겸임하는 경우는 제외한다),
④ 다른 회사와 합병하거나 영업의 전부나 주요부분을 양수하거나 또는 경영을 수임하거나 다른 회사의 영업용 고정자산의 전부 또는 주요부분을 양수(영업양수)하는 경우,
⑤ 새로운 회사 설립에 참여하여 그 회사의 최다출자자가 되는 경우에는 공정위에 신고하여야 한다(법 제11조 제1항).
이와 별도로 법 개정을 통하여 추가된 내용은, 피취득회사 매출액(또는 자산총액)이 신고기준(300억

예) 현대자동차와 기아자동차의 합병, 홈플러스와 이마트의 합병, 대한항공과 아시아나의 합병 등.
[95] 서로 다른 거래단계에 속하는 사업자 사이의 결합을 말한다. 이는 수직적 거래제한의 속성을 갖는다. 특정한 거래분야에서의 경쟁을 직접적으로 제약하는 것은 아닐지라도 경쟁사업자의 다른 거래단계에 대한 접근성을 봉쇄하거나 제약할 수 있다(시장봉쇄의 경쟁제한 효과). 예) 제조업자와 유통업자의 결합, 원재료 의존관계에 있는 사업자 사이의 결합 등.
[96] 관련 시장의 경쟁사업자도 아니고 수직적 관계에 놓인 기업들 사이의 결합에도 해당하지 않는 형태의 기업결합이다.
예) 자동차제조업자가 식품제조업체를 인수하는 경우. 공정위 심결례 중에는 하이트(맥주)와 진로(소주)의 기업결합 건에 대해 실질적 경쟁제한성을 인정하고 출고가 인상률의 제한 등의 행태적 규제조치를 취한 사례가 있다(2006. 1. 24. 공정위의결 2006-9호). 소주와 맥주의 경우 유통 도매상은 소주와 맥주를 모두 취급하므로 시장의 특성에 따라 경쟁제한성 판단이 필요했으며, 여담으로 소주와 맥주를 섞어 마시는 술 문화를 고려할 때 소주와 맥주가 국내에서는 함께 거래되는 보완재로 인식될 수 있다는 논의도 이어진 바 있다.

원)에 미달하더라도, 거래금액(인수가액)이 큰 경우(법 시행령 제19조 제1항에 따라 6천억 원을 기준)에도 신고의무를 부과하여, 기업결합으로 인한 경쟁제한의 폐해 발생 우려를 사전에 차단하도록 하였다(매출액 또는 자산총액 기준으로는 소규모이어서 기존의 규제로는 심사대상에서 제외되는 경우에도 대기업이 성장가능성이 큰 기업을 인수하는 등 향후 경쟁제한성이 있는 기업결합을 하는 경우를 규제하기 위한 개정 내용에 해당한다). 법 시행(2021. 12. 30.) 이후 기업결합 신고의 기산일이 시작되는 경우부터 적용된다(부칙 제2조).

이와 같은 기업결합의 신고는 해당 기업결합일[97]로부터 30일 이내에 하도록 규정하고 있다(법 제11조 제6항). 즉, 기업결합의 신고는 원칙적으로 사후신고주의를 취하고 있다. 그러나 예외적으로 기업결합의 당사회사에 대규모회사(자산총액 또는 매출액의 규모가 2조 원 이상인 회사)가 포함되어 있고, 주식취득, 합병이나 영업양수 또는 새로 설립되는 회사에 참여하여 최다출자자가 되는 방법으로 기업결합을 하는 경우에는 사전신고의무가 부과되어 각각 합병계약을 체결한 날 등 대통령령이 정하는 날부터 기업결합일 전까지의 기간 내에 이를 신고하여야 한다(예외적 사전신고 법 제11조 제6항 단서).

신고를 받은 공정위는 신고일부터 30일(필요하다고 인정할 경우에는 그 기간의 만료일 다음 날부터 계산하여 90일까지 연장할 수 있다) 내에 기업결합의 위법성 여부를 심사하고 그 결과를 신고자에게 통지하여야 하는데(법 제11조 제7항), 사전신고의 경우에 신고자는 공정위의 심사결과를 통지받기 전까지 각각 주식소유, 합병등기, 영업양수계약의 이행행위 또는 주식인수행위를 하여서는 아니 된다(사전신고 시 기업결합실행행위의 제한 법 제11조 제8항).

Ⅲ. 기업결합의 경쟁제한성 판단[98]

기업결합의 경쟁제한성은 취득회사 등과 피취득회사 간의 관계를 고려하여 수평형 기업결합, 수직형 기업결합, 혼합형 기업결합 등 유형별로 구분하여 판단한다.[99]

1. 지배관계의 형성

기업결합의 당사회사 간 지배관계는 해당 행위 자체로 지배관계가 형성되는 합병 또는 영업양수의 경우에는 크게 문제가 되지 않지만, 주식취득이나 소유, 임원겸임 및 회사신설의 경우에는 별도로 일정한 요건이 충족되어야만 인정된다. 공정위의 기업결합 심사기준에 따르면 다음과 같은 사항을 고려하여 지배관계 형성 여부를 판단하도록 정하고 있다.

---

97 기업결합일의 의미 : 해당 주권을 교부받은 날(주식양수의 경우), 회사의 주주총회 또는 사원총회에서 임원의 선임이 의결된 날(임원겸임의 경우), 대금의 지불을 완료한 날(영업양수의 경우), 합병등기일(합병의 경우)을 기업결합일로 본다.
98 기업결합 규제는 시지남과 같이 이미 발생한 남용행위의 경쟁제한효과를 심사하는 것이 아니라 미래에 발생할 경쟁제한효과를 예측하여 이루어진다는 특성을 지닌다.
99 출제가능성은 낮다고 예상해 볼 수 있다. 기업결합의 내용을 공부하면서 실무와 관련된 내용을 참고하기 바란다.

가. 주식의 취득 또는 소유(이하 "주식소유"라 한다)의 경우

(1) 취득회사 등의 주식소유비율이 50/100 이상인 경우에는 지배관계가 형성된다. 취득회사 등의 주식소유비율이 50/100 미만인 경우에는 다음 사항을 종합적으로 고려하여 취득회사 등이 피취득회사의 경영전반에 실질적인 영향력을 행사할 수 있는 경우 지배관계가 형성된다.

① 각 주주의 주식소유비율, 주식분산도, 주주 상호 간의 관계
② 피취득회사가 그 주요 원자재의 대부분을 취득회사 등으로부터 공급받고 있는지 여부
③ 취득회사 등과 피취득회사 간의 임원겸임관계
④ 취득회사 등과 피취득회사 간의 거래관계, 자금관계, 제휴관계 등의 유무

(2) 취득회사 등에 의해 단독으로 지배관계가 형성되지는 않지만, 다른 자(피취득회사의 주식을 공동으로 취득하려는 자 또는 기존 주주)와 공동으로 피취득회사의 경영전반에 실질적인 영향력을 행사할 수 있는 경우에도 지배관계가 형성된 것으로 본다. 이 경우 다음과 같은 사항 등을 종합적으로 고려하여 판단한다.

① 주식 또는 의결권의 보유비율
② 임원의 지명권 보유 여부
③ 예산, 사업계획, 투자계획 및 기타 주요 의사결정에 대한 거부권 보유 여부
④ 의결권의 공동행사 약정 존재 여부
⑤ 사업수행에 필요한 주요 행정권한 보유 여부

나. 임원겸임의 경우

(1) 다음 사항을 종합적으로 고려하여 취득회사 등이 피취득회사의 경영전반에 실질적인 영향력을 행사할 수 있는 경우 지배관계가 형성되는 것으로 본다.

① 취득회사 등의 임직원으로서 피취득회사의 임원지위를 겸임하고 있는 자(이하 "겸임자"라 한다)의 수가 피취득회사의 임원총수의 3분의 1 이상인 경우
② 겸임자가 피취득회사의 대표이사 등 회사의 경영전반에 실질적인 영향력을 행사할 수 있는 지위를 겸임하는 경우

(2) 이외에도 주식소유에 대한 지배관계 판단기준이 적용 가능한 경우에는 이를 준용한다.

다. 새로운 회사설립에의 참여의 경우

(1) 새로운 회사 설립에의 참여의 경우 참여회사 중 2 이상 회사의 신설회사에 대한 지배관계가 형성되어야 한다.

(2) 기업결합 당사회사와 신설회사 간의 지배관계 형성 여부는 주식소유에 대한 지배관계 판

단기준을 준용한다.

2. 일정한 거래분야의 획정

경쟁제한성을 판단하기 위해서는 논리적 전제로 경쟁이 이루어지는 관련시장을 먼저 살펴야 한다. 즉, 기업결합의 경쟁제한성 여부를 판단하기 위해서는 그 전제로서 일정한 거래분야(관련시장, relevant market)를 획정해야 하는데,[100] 공정거래법 제2조 제4호는 "거래의 객체별·단계별 또는 지역별로 경쟁관계에 있거나 경쟁관계가 성립될 수 있는 분야"를 일정한 거래분야로 정의하고 있고("객단지경"), 공정위는 별도로 기업결합 심사기준(고시)을 제정하여 관련시장의 획정방법을 구체화하고 있다.

공정위 기업결합심사기준에서 정하고 있는 바에 따르면, 일정한 거래분야는 경쟁관계가 성립될 수 있는 거래분야를 말하며, 다음과 같은 내용으로 거래대상, 거래지역 등에 따라 구분될 수 있다.

가. 거래대상(상품시장)

(1) 일정한 거래분야는 거래되는 특정상품의 가격이 상당기간 어느 정도 의미 있는 수준으로 인상될 경우 동 상품의 구매자 상당수가 이에 대응하여 구매를 전환할 수 있는 상품의 집합을 말한다.

(2) 특정상품이 동일한 거래분야에 속하는지 여부는 다음 사항을 고려하여 판단한다.

① 상품의 기능 및 효용의 유사성

② 상품의 가격의 유사성

③ 구매자들의 대체가능성에 대한 인식 및 그와 관련한 구매 행태

④ 판매자들의 대체가능성에 대한 인식 및 그와 관련한 경영의사결정 행태

⑤ 통계법 제17조(통계자료의 분류) 제1항의 규정에 의하여 통계청장이 고시하는 한국표준산업분류

⑥ 거래단계(제조, 도매, 소매 등)

⑦ 거래상대방

---

[100] 독점규제 및 공정거래에 관한 법률 제9조에 규정된 기업결합의 제한에 해당하는지 여부를 판단하기 위해서는 그 경쟁관계가 문제될 수 있는 일정한 거래분야에 관하여 거래의 객체인 관련 상품에 따른 시장 등을 획정하는 것이 선행되어야 한다. 여기서 '관련 상품에 따른 시장'은 일반적으로 서로 경쟁관계에 있는 상품들의 범위를 말하는 것으로, 구체적으로는 거래되는 상품의 가격이 상당 기간 어느 정도 의미 있는 수준으로 인상될 경우 그 상품의 대표적 구매자가 이에 대응하여 구매를 전환할 수 있는 상품의 집합을 의미하고, 그 시장의 범위는 거래에 관련된 상품의 가격, 기능 및 효용의 유사성, 구매자들의 대체가능성에 대한 인식 및 그와 관련한 구매행태는 물론, 판매자들의 대체가능성에 대한 인식 및 그와 관련한 경영의사의 결정 행태, 사회적·경제적으로 인정되는 업종의 동질성 및 유사성 등을 종합적으로 고려하여 판단하여야 하며, 그 밖에도 기술발전의 속도, 그 상품의 생산을 위하여 필요한 다른 상품 및 그 상품을 기초로 생산되는 다른 상품에 관한 시장의 상황, 시간적·경제적·법적 측면에서의 대체의 용이성 등도 함께 고려하여야 한다(삼익악기의 영창악기에 대한 경쟁제한적 기업결합행위 건, 대법원 2008. 5. 29. 선고 2006두6659 판결).

나. 거래지역(지역시장)

(1) 일정한 거래분야는 다른 모든 지역에서의 해당 상품의 가격은 일정하나 특정지역에서만 상당기간 어느 정도 의미 있는 가격인상이 이루어질 경우 해당 지역의 구매자 상당수가 이에 대응하여 구매를 전환할 수 있는 지역전체를 말한다.

(2) 특정지역이 동일한 거래분야에 속하는지 여부는 다음 사항을 고려하여 판단한다.

① 상품의 특성(상품의 부패성, 변질성, 파손성 등) 및 판매자의 사업능력(생산능력, 판매망의 범위 등)

② 구매자의 구매지역 전환가능성에 대한 인식 및 그와 관련한 구매자들의 구매지역 전환 행태

③ 판매자의 구매지역 전환가능성에 대한 인식 및 그와 관련한 경영의사결정 행태

④ 시간적, 경제적, 법제적 측면에서의 구매지역 전환의 용이성

위와 같은 공정위 기업결합 심사기준은 일정한 거래분야를 거래대상(상품시장) 및 거래지역 (지역시장)에 따라 구분하여 획정하고 있는데, 이는 이른바 "SSNIP(Small but Significant and Non-transitory Increase in Price) Test"에 의한 상품수요의 가격탄력성 등을 기준으로 한 심사를 의미한다.

3. 기업결합 유형별 경쟁제한성의 판단 및 경쟁제한성 추정규정(법 제9조 제3항)[101]

공정거래법 제9조 제3항은 기업결합의 경쟁제한성 판단과 관련하여 ① 해당 기업결합에 참여하는 당사회사들의 점유율의 합계가 법률상 시장지배적 사업자의 추정요건에 해당하고, 시장점유율의 합계가 해당 거래분야에서 제1위이며, 제2위인 회사(당사 회사를 제외한 회사 중 제1위인 회사를 말한다)와의 시장점유율의 격차가 그 시장점유율 합계의 25% 이상인 경우(이 요건을 모두 충족해야 함),[102] ② 대규모 회사가 행하는 기업결합으로서 중소기업기본법에 따른 중소기업의 시장점유율이 3분의 2 이상인 거래분야에서의 기업결합으로 해당 기업결합에 따라 5% 이상의 시장점유율을 갖게 되는 경우에는 경쟁제한성이 추정된다고 규정하고 있다(법률상 추정 - 입증책임의 전환).

또한 공정위의 기업결합 심사기준에 따르면, 다음과 같은 내용으로 경쟁제한성을 판단하도록 하고 있다.

---

101 2015년 변시 제4회 기출 - 주식인수 방법의 기업결합을 제시한 후, 설문에 나타난 기업결합이 공정거래법상 경쟁을 실질적으로 제한하는 기업결합으로 추정되는지를 묻는 문제가 출제되었다(배점 10점).

102 변시 제4회 기출문제를 기준으로 예시하면, 사업자 A, B, C, D의 시장점유율이 각 40%, 30%, 20%, 10%에 해당할 경우, 만일 A+D의 합병이 이루어진다면 ① A+D 시장점유율 합계는 50%로 공정거래법 제6조에 의거, 시지사업자 추정요건에 해당하고, ② 시장점유율의 합계가 50%로 국내 컴퓨터공급시장에서 1위의 사업자이며, ③ 시장점유율 2위인 B와의 차이가 그 시장점유율의 25% 이상[A의 시장점유율 40%, B의 점유율 30%, D는 10%로, A+D의 점유율 합계 50%를 기준으로 B와의 점유율 차이는 20%이고, 이는 그 시장점유율의 합계(40%+10%=50%)의 25%에 해당하는 12.5% 이상임]에 해당하므로, 결국 이 경우는 공정거래법 제9조 제3항 제1호의 요건을 모두 충족하고 있다. 따라서 위와 같은 경우 A와 D의 기업결합은 경쟁제한적 기업결합으로 추정된다고 볼 수 있다는 의미이다.

가. 시장의 집중상황

(1) 시장집중도

기업결합 후 일정한 거래분야에서의 시장집중도 및 그 변화 정도가 다음의 어느 하나에 해당하는 경우에는 경쟁을 실질적으로 제한하지 않는 것으로 추정되며, 그렇지 않은 경우에는 경쟁이 실질적으로 제한될 가능성이 있다. 다만 시장집중도 분석은 기업결합이 경쟁에 미치는 영향을 분석하는 출발점으로서의 의미를 가지며, 경쟁이 실질적으로 제한되는지 여부는 시장의 집중상황 등을 종합적으로 고려하여야 한다.

① 수평형 기업결합으로서 다음의 어느 하나에 해당하는 경우(다만, 당사회사의 시장점유율 등이 법 제9조 제3항의 요건에 해당하는 경우에는 이를 적용하지 아니한다)

- 허핀달-허쉬만지수(일정한 거래분야에서 각 경쟁사업자의 시장점유율의 제곱의 합을 말한다. 보통 'HHI 지수'라고 한다)가 1,200에 미달하는 경우
- HHI가 1,200 이상이고 2,500 미만이면서 HHI 증가분이 250 미만인 경우
- HHI가 2,500 이상이고 HHI 증가분이 150 미만인 경우

② 수직형 또는 혼합형 기업결합으로서 다음의 어느 하나에 해당하는 경우

- 당사회사가 관여하고 있는 일정한 거래분야에서 HHI가 2,500 미만이고 당사회사의 시장점유율이 25/100 미만인 경우
- 일정한 거래분야에서 당사회사가 각각 4위 이하 사업자인 경우

(2) 시장집중도의 변화추이

시장집중도를 평가함에 있어서는 최근 수년간의 시장집중도의 변화추이를 고려한다. 최근 수년간 시장집중도가 현저히 상승하는 경향이 있는 경우에 시장점유율이 상위인 사업자가 행하는 기업결합은 경쟁을 실질적으로 제한할 가능성이 높아질 수 있다. 이 경우 신기술 개발, 특허권 등 향후 시장의 경쟁관계에 변화를 초래할 요인이 있는지 여부를 고려한다.

나. 수평형 기업결합

수평형 기업결합이 경쟁을 실질적으로 제한하는지 여부에 대해서는 기업결합 전후의 시장집중상황, 단독효과, 협조효과, 해외경쟁의 도입수준 및 국제적 경쟁상황, 신규진입의 가능성, 유사품 및 인접시장의 존재여부 등을 종합적으로 고려한다.

(1) 단독효과

① 기업결합 후 당사회사가 단독으로 가격인상 등 경쟁제한행위를 하더라도 경쟁사업자가 당사회사 제품을 대체할 수 있는 제품을 적시에 충분히 공급하기 곤란한 등의 사정이 있는 경우에는 해당 기업결합이 경쟁을 실질적으로 제한할 수 있다.

② 단독효과는 다음과 같은 사항을 종합적으로 고려하여 판단한다.

- 결합당사회사의 시장점유율 합계, 결합으로 인한 시장점유율 증가폭 및 경쟁사업자와의 점유율 격차
- 결합당사회사가 공급하는 제품 간 수요대체가능성의 정도 및 동 제품 구매자들의 타 경쟁사업자 제품으로의 구매 전환가능성
- 경쟁사업자의 결합당사회사와의 생산능력 격차 및 매출증대의 용이성
③ 위 판단기준의 적용에 있어서는 시장의 특성도 함께 감안하여야 한다. 예컨대, 차별적 상품시장에 있어서는 결합 당사회사 간 직접경쟁의 정도를 측정하는 것이 보다 중요하고 그에 따라 시장점유율보다는 결합당사회사 제품 간 유사성, 구매전환 비율 등을 보다 중요하게 고려한다.

(2) 협조효과

기업결합에 따른 경쟁자의 감소 등으로 인하여 사업자 간의 가격수량거래조건 등에 관한 협조 (공동행위 뿐만 아니라 경쟁사업자 간 거래조건 등의 경쟁유인을 구조적으로 약화시켜 가격인상 등이 유도되는 경우를 포함한다)가 이루어지기 쉽거나 그 협조의 이행 여부에 대한 감시 및 위반자에 대한 제재가 가능한 경우에는 경쟁을 실질적으로 제한할 가능성이 높아질 수 있다. 사업자 간의 협조가 용이해지는지의 여부는 다음과 같은 사항을 고려하여 판단한다.

① 경쟁사업자 간 협조의 용이성
- 시장상황, 시장거래, 개별사업자 등에 관한 주요 정보가 경쟁사업자 간에 쉽게 공유될 수 있는지 여부
- 관련시장 내 상품 간 동질성이 높은지 여부
- 가격책정이나 마케팅의 방식 또는 그 결과가 경쟁사업자 간에 쉽게 노출될 수 있는지 여부
- 관련시장 또는 유사시장에서 과거 협조가 이루어진 사실이 있는지 여부
- 경쟁사업자, 구매자 또는 거래방식의 특성상 경쟁사업자 간 합의 내지는 협조가 쉽게 달성될 수 있는지 여부
② 이행감시 및 위반자 제재의 용이성
- 공급자와 수요자 간 거래의 결과가 경쟁사업자 간에 쉽고 정확하게 공유될 수 있는지 여부
- 공급자에 대하여 구매력을 보유한 수요자가 존재하는지 여부
- 결합당사회사를 포함해 협조에 참여할 가능성이 있는 사업자들이 상당한 초과생산능력을 보유하고 있는지 여부 등
③ 결합상대회사가 결합 이전에 상당한 초과생산능력을 가지고 경쟁사업자들 간 협조를 억제하는 등의 경쟁적 행태를 보여온 사업자인 경우에도 결합 후 협조로 인해 경쟁이 실질적으로 제한될 가능성이 높아질 수 있다.

(3) 구매력 증대에 따른 효과

해당 기업결합으로 인해 결합 당사회사가 원재료 시장과 같은 상부시장에서 구매자로서의 지배력이 형성 또는 강화될 경우 구매물량 축소 등을 통하여 경쟁이 실질적으로 제한될 수 있는지를 고려한다.

다. 수직형 기업결합

수직형 기업결합이 경쟁을 실질적으로 제한하는지 여부에 대해서는 시장의 봉쇄효과, 협조효과 등을 종합적으로 고려하여 심사한다.

(1) 시장의 봉쇄효과

수직형 기업결합을 통해 당사회사가 경쟁관계에 있는 사업자의 구매선 또는 판매선을 봉쇄하거나 다른 사업자의 진입을 봉쇄할 수 있는 경우에는 경쟁을 실질적으로 제한할 수 있다. 시장의 봉쇄 여부는 다음 사항들을 고려하여 판단한다.

① 원재료 공급회사(취득회사인 경우 특수관계인 등을 포함한다)의 시장점유율 또는 원재료 구매회사(취득회사인 경우 특수관계인 등을 포함한다)의 구매액이 해당시장의 국내 총 공급액에서 차지하는 비율

② 원재료 구매회사(취득회사인 경우 특수관계인 등을 포함한다)의 시장점유율

③ 기업결합의 목적

④ 수출입을 포함하여 경쟁사업자가 대체적인 공급선판매선을 확보할 가능성

⑤ 경쟁사업자의 수직계열화 정도

⑥ 해당 시장의 성장전망 및 당사회사의 설비증설 등 사업계획

⑦ 사업자 간 공동행위에 의한 경쟁사업자의 배제가능성

⑧ 해당 기업결합에 관련된 상품과 원재료의존관계에 있는 상품시장 또는 최종산출물 시장의 상황 및 그 시장에 미치는 영향

⑨ 수직형 기업결합이 대기업 간에 이루어지거나 연속된 단계에 걸쳐 광범위하게 이루어져 시장진입을 위한 필요최소자금규모가 현저히 증대하는 등 다른 사업자가 해당 시장에 진입하는 것이 어려울 정도로 진입장벽이 증대하는지 여부

(2) 협조효과

수직형 기업결합의 결과로 경쟁사업자 간의 협조 가능성이 증가하는 경우에는 경쟁을 실질적으로 제한할 수 있다. 경쟁사업자 간의 협조 가능성 증가 여부는 다음 사항들을 고려하여 판단한다.

① 결합 이후 가격정보 등 경쟁사업자의 사업활동에 관한 정보입수가 용이해지는지 여부

② 결합당사회사 중 원재료구매회사가 원재료공급회사들로 하여금 협조를 하지 못하게 하는 유력한 구매회사였는지 여부

③ 과거 해당 거래분야에서 협조가 이루어진 사실이 있었는지 여부 등

라. 혼합형 기업결합

혼합형 기업결합이 경쟁을 실질적으로 제한하는지 여부는 잠재적 경쟁의 저해효과, 경쟁사업자 배제효과, 진입장벽 증대효과 등을 종합적으로 고려하여 심사한다.

(1) 잠재적 경쟁의 저해

혼합형 기업결합이 일정한 거래분야에서 잠재적 경쟁을 감소시키는 경우에는 경쟁을 실질적으로 제한할 수 있다. 잠재적 경쟁의 감소 여부는 다음 사항들을 고려하여 판단한다.

① 상대방 회사가 속해 있는 일정한 거래분야에 진입하려면 특별히 유리한 조건을 갖출 필요가 있는지 여부

② 당사회사 중 하나가 상대방 회사가 속해 있는 일정한 거래분야에 대해 다음 요건의 하나에 해당하는 잠재적 경쟁자인지 여부

- 생산기술, 유통경로, 구매계층 등이 유사한 상품을 생산하는 등의 이유로 해당 결합이 아니었더라면 경쟁제한 효과가 적은 다른 방법으로 해당 거래분야에 진입하였을 것으로 판단될 것

- 해당 거래분야에 진입할 가능성이 있는 당사회사의 존재로 인하여 해당 거래분야의 사업자들이 시장지배력을 행사하지 않고 있다고 판단될 것

- 일정한 거래분야에서 결합당사회사의 시장점유율 및 시장집중도 수준

- 당사회사 이외에 다른 유력한 잠재적 진입자가 존재하는지 여부

(2) 경쟁사업자의 배제

해당 기업결합으로 당사회사의 자금력, 원재료 조달능력, 기술력, 판매력 등 종합적 사업능력이 현저히 증대되어 해당상품의 가격과 품질외의 요인으로 경쟁사업자를 배제할 수 있을 정도가 되는 경우에는 경쟁을 실질적으로 제한할 수 있다.

(3) 진입장벽의 증대

해당 기업결합으로 시장진입을 위한 필요최소자금규모가 현저히 증가하는 등 다른 잠재적 경쟁사업자가 시장에 새로 진입하는 것이 어려울 정도로 진입장벽이 증대하는 경우에는 경쟁을 실질적으로 제한할 수 있다.

4. 경쟁제한적 기업결합의 예외적 허용[103]

공정거래법 제9조 제2항은 경쟁제한적 기업결합에 해당하는 경우라고 할지라도 ① 해당 기업결합 외의 방법으로는 달성하기 어려운 효율성 증대효과(merger-specific efficiency)가 경쟁제한의 폐해보다 큰 경우, 또는 ② 상당한 기간 동안 대차대조표상의 자본총계가 납입자본금보다 작은 상태에 있는 등 회

---

[103] 대표적 사례로는 ① 현대자동차의 기아자동차 기업결합행위(1999. 3.), ② SK텔레콤의 신세기이동통신 기업결합행위 (2000. 4.) 등이 있다.

생이 불가한 회사와의 기업결합으로서 기업결합을 하지 아니하는 경우 회사의 생산설비 등이 해당 시장에서 계속 활용되기 어려울 뿐만 아니라 해당 기업결합보다 경쟁제한성이 적은 다른 기업결합이 이루어지기 어려운 경우에는 예외적으로 그러한 기업결합을 허용하고 있다(법 시행령 제16조). 이때 예외 요건의 충족 여부에 대한 입증책임은 해당 사업자에게 있다.[104]

Ⅳ. 위법한 기업결합에 대한 시정조치 및 이행강제금

공정위는 공정거래법을 위반한 기업결합의 당사회사 및 그 특수관계인에 대하여 해당 행위의 중지 또는 기타 법위반상태를 시정하기 위하여 필요한 시정조치뿐만 아니라 해당 기업결합의 방법에 따라 주식의 전부 또는 일부의 처분, 임원의 사임, 영업의 양도 또는 기업결합에 따른 경쟁제한의 폐해를 방지할 수 있는 영업방식 또는 영업범위의 제한을 명할 수 있다(법 제14조 제1항).[105] 회사의 합병 또는 회사신설의 방식으로 위법한 기업결합이 이루어진 경우나 사전신고를 한 후 대기기간 중 기업결합 이행행위를 한 경우에 공정위는 해당 회사의 합병 또는 설립무효의 소를 제기할 수 있다(법 제14조 제2항). 그 밖에도 기업결합에 대한 공정위의 시정조치의 실효성을 확보하기 위하여 시정조치를 받은 후 그 기간 내에 이행하지 아니하는 자에 대하여 기업결합 방식에 따라서 1일당 기업결합 관련 주식의 장부가액과 인수하는 채무의 합계액(주식취득이나 회사신설 또는 합병의 경우)이나 영업 양수금액(영업양수의 경우)의 1만분의 3을 초과하지 않는 범위에서(임원겸임의 경우에는 1일당 200만 원의 범위 이내에서) 이행강제금을 부과할 수 있다(법 제16조 이행강제금). 아울러 공정위로부터 법 제14조 제1항에 따른 주식처분명령을 받은 자는 그 명령을 받은 날로부터 해당 주식에 대하여 의결권을 행사할 수 없도록 하고 있다(법 제15조 시정조치의 이행확보).

V. 위반행위의 사법상 효력

1. 학설의 대립

가. 무효설

법률에 반하는 기업결합은 사법상 무효로 평가해야 한다는 입장이다. 경제질서는 민법 제103조 소정

---

104 2015년 변시 제4회 기출. 설문에 나타난 기업결합이 경쟁제한적이라고 가정할 때, 공정거래법상 예외적으로 허용할 수 있는 기업결합에 해당하는지를 묻는 문제였다(배점 10점). 경쟁제한적 기업결합금지의 예외 인정요건을 일반론(대전제)으로 설정하고, 설문에 나타난 사실을 토대로 결론을 이끌어내는 문제유형이다.

105 그동안 공정위는 문제가 된 기업결합의 경쟁제한성을 인정하는 경우 해당 기업결합을 금지하거나 이미 취득한 주식이나 자산의 전부를 매각하도록 하는 시정조치를 의결하였다. 이외에도 취득한 주식이나 자산의 일부의 양도, 경쟁사업자에 대한 거래거절이나 차별적 취급의 금지를 포함한 경쟁제한적 행위의 금지, 일정 기간 동안 가격인상의 제한 및 시장점유율의 제한(공정위 의결 제2000−76호 SK텔레콤의 기업결합제한규정 위반행위에 대한 건), 특정 대역의 주파수에 대한 공동사용의 허용(공정위 의결 제2008−105호 SK텔레콤의 기업결합제한규정 위반행위에 대한 건)과 같은 다양한 시정조치를 명한 바 있다(공정거래법에서 규정하는 '경쟁제한의 폐해를 방지할 수 있는 영업방식 또는 영업범위의 제한'의 의미).

의 사회질서의 중요한 구성부분이라고 할 수 있으므로 공정거래법 위반행위는 민법 제103조에 반하는 것이라는 논리이다.

나. 유효설

사법상 당연무효로 취급한다면 거래의 안전을 해칠 수 있다는 점, 사법상 효력 유무의 평가는 별도의 기준에 따라야 한다는 점을 근거로 한다.

2. 검토

현행 공정거래법은 이에 대한 명문의 규정이 없다. 그런데 합병 또는 설립무효의 소 제기(법 제14조 제2항)의 규정 등을 감안할 때 유효설의 입장으로 해석하는 것이 타당하다.

부당한 공동행위
(카르텔, 담합, cartel, Kartell)[106]

공정거래법 제40조 제1항은 "사업자는 계약·협정·결의 기타 어떠한 방법으로도 다른 사업자와 공동으로 부당하게 경쟁을 제한하는 다음 각 호의 어느 하나에 해당하는 행위를 할 것을 합의(이하 "부당한 공동행위"라 한다)하거나 다른 사업자로 하여금 이를 행하도록 하여서는 아니 된다."고 규정하고 있다. 구체적인 행위유형은 다음과 같다.

① 가격을 결정·유지 또는 변경하는 행위(제1호)

② 상품 또는 용역의 거래조건이나, 그 대금 또는 대가의 지급조건을 정하는 행위(제2호)

③ 상품의 생산·출고·수송 또는 거래의 제한이나 용역의 거래를 제한하는 행위(제3호)

④ 거래지역 또는 거래상대방을 제한하는 행위(제4호)

⑤ 생산 또는 용역의 거래를 위한 설비의 신설 또는 증설이나 장비의 도입을 방해하거나 제한하는 행위(제5호)

⑥ 상품 또는 용역의 생산·거래 시에 그 상품 또는 용역의 종류·규격을 제한하는 행위(제6호)

⑦ 영업의 주요 부문을 공동으로 수행·관리하거나 수행·관리하기 위한 회사 등을 설립하는 행위(제7호)

⑧ 입찰 또는 경매에 있어 낙찰자, 경락자(競落者), 입찰가격, 낙찰가격 또는 경락가격, 그 밖에 대통령령으로 정하는 사항을 결정하는 행위(제8호)

⑨ 그 밖의 행위로서 다른 사업자(그 행위를 한 사업자를 포함한다)의 사업활동 또는 사업내용을 방해·제한하거나 가격, 생산량, 그 밖에 대통령령으로 정하는 정보를 주고받음으로써 일정한 거래분야에서 경쟁을 실질적으로 제한하는 행위(제9호)를 규정하고 있다.

공정거래법상 부당한 공동행위의 금지에 관한 사례형 문제는 둘 이상의 사업자가 경쟁을 제한할 우려가 있는 내용의 합의(명시적·묵시적 또는 상호 양해 등 다양한 경우를 제시할 것임)를 한 경우, 이 행위가 공정거래법상 금지되는 부당한 공동행위 중 어떤 행위 유형에 해당하는지, 부당한 공동행위의 위법성을 인정할 수 있는지 여부를 묻는 형식으로 출제될 것이다. 그리고 공동행위의 사업자들 사이의 합의의 존재를 분명히 입증하지 못할 경우 설문에 나타난 구체적인 사실관계에 비추어 법 제40조 제5항에 따라 합의의 존재를 추정할 수 있는지를 묻는 문제는 이미 변시 제1회에서부터 출제된 바 있다. 그 외에도 추정의 복멸(예를 들면 행정청의 행정지도 등이 존재하는 경우 이를 이유로 합의의 추정이 복멸되는지 여부 등 다양한 관점에서 출제 가능), 이른바 '인식 있는 병행행위론(의식적 동조행위, 의식적 병행행위)'과

---

[106] 변시 제1회(2012년), 제2회(2013년), 제3회(2014년), 제5회(2016년), 제7회(2018년), 제11회(2022년) 기출. 부당한 공동행위는 반드시 출제된다고 생각하고 철저히 대비해두어야 한다.

관련된 문제도 변시 제1회에서 출제되었다. 그리고 설문에 나타난 부당한 공동행위에 사업자단체가 관여한 경우 법 제51조의 사업자단체의 금지행위와 관련된 논점 또한 출제된 바 있다. 기타 소논점으로 자신신고자 등에 대한 감면제도(leniency)나 부당한 공동행위에 대한 과징금을 산정하거나 처분시효의 기산점을 결정하기 위한 전제로서 공동행위의 개수나 종기를 판단하는 문제, 또는 부당한 공동행위를 이유로 손해배상청구 가능성에 관한 쟁점을 묻는 문제 역시 출제될 수 있으므로, 이와 관련된 법리와 대표적인 대법원 판례의 내용들을 미리 숙지해둘 필요가 있다. 정보교환공동행위가 2020. 12. 29. 법 개정으로 새롭게 추가되었으므로, 해당 내용도 잘 정리해야 한다.

Ⅰ. 부당한 공동행위의 순기능과 역기능

1. 카르텔의 순기능

가. 파멸적 경쟁회피

동업자 간 경쟁과열로 초래될 수 있는 원가 이하 수준의 파멸적 가격경쟁(ruinous competition, cut-throat)의 회피가 가능하다. 기업들의 파멸적 경쟁에 따른 비용은 사실상 소비자에게 전가될 위험도 있다.

나. 기업도산 방지 및 불황의 극복

산업합리화를 위한 카르텔과 같이 일정한 경우 기업도산과 대량실업을 방지할 수 있다. 이는 카르텔로 인한 효율성 증대효과로 고려된다.

다. 공동 연구개발

사업자 간 공동 출연으로 기술개발, 품질개선을 위한 공동의 연구개발이 가능하다. 특히 중소기업의 경우 연구개발 투자 손실의 위험을 적절히 관리할 수 있는 방안이 될 수 있다.

라. 품질저하 방지

적정수준의 가격 안정화로 사업자 간 과도한 가격경쟁으로 인한 제품의 품질저하를 방지할 수 있다.

마. 방어카르텔(Abwehkartell)

중소사업자들의 카르텔을 통해 독점 또는 상대적 우월적 지위에 있는 사업자에 대한 교섭력을 강화할 수 있다.

2. 카르텔의 역기능(반경쟁적 효과)

가. 가격인상

카르텔은 주로 경쟁사업자 간의 경쟁제한적 합의를 기초로 시장기능 특히 가격기능에 대해 인위적인 변경을 초래하기 때문에 대부분의 경우 가격인상을 유발한다. 카르텔을 바탕으로 독점적 가격을 형성할 수 있는 힘을 얻게 되며, 인위적인 가격 상승과 유지를 특징으로 한다.

나. 소비자후생 감소

카르텔 참가사업자들은 가격, 품질, 서비스 등에서 경쟁위협을 받지 않아 해당 산업분야의 전체적 효율성이 감소되고 품질이나 서비스 개선, 원가절감의 노력이 감소되어 결국 소비자후생이 감소하게 된다(능률경쟁 소멸).

다. 시장구조악화

카르텔 참가사업자들은 자체 결속을 통하여 잠재적 경쟁자의 신규진입을 방해하고 기존사업자를 축출할 수 있다(자체 결속을 유지 강화하여 잠재적 경쟁자의 시장진입을 차단함).

라. 퇴출되어야 할 한계기업의 기형적 존속 문제(시장의 비효율)

비효율적 기업이 퇴출되어야 하는 것은 당연한 시장원리임에도 불구하고 카르텔을 통해 한계기업이 시장에 계속 존속하게 된다면 결국 사회 전체적인 손실로 귀결된다.

Ⅱ. 부당한 공동행위의 성립요건 – "사합부"

공정거래법상 부당한 공동행위가 성립하기 위해서는 먼저 ① 2 이상의 독립된 별개의 사업자가 가담하여야 하고(사업자의 복수성), ② 이들 사이에 법 제40조 제1항 각 호에 열거된 유형 중 하나의 행위를 할 것을 '합의'하거나(합의의 존재) 다른 사업자가 이를 행하도록 하여야 하며,[107] ③ 그 합의가 부당하게 경쟁을 제한하여야 한다(부당한 경쟁제한성).

---

[107] "구 독점규제 및 공정거래에 관한 법률(2004. 12. 31. 법률 제7315호로 개정되고 2007. 8. 3. 법률 제8631호로 개정되기 전의 것)은 다른 사업자로 하여금 부당한 공동행위를 행하도록 한 사업자에 대해서도 같은 법을 적용할 근거를 마련하기 위하여 제19조 제1항 후단(현재 법 제40조 제1항 후단)으로 '다른 사업자로 하여금 부당한 공동행위를 행하도록 하여서는 아니 된다.'라는 규정을 신설하였는바, 위 법률조항의 입법 취지 및 개정경위, 관련 법률조항의 체계, 이 조항이 시정명령과 과징금 납부명령 등 침익적 행정행위의 근거가 되므로 가능한 한 이를 엄격하게 해석할 필요가 있는 점 등에 비추어 보면, 다른 사업자로 하여금 부당한 공동행위를 행하도록 하는 행위는 다른 사업자로 하여금 부당한 공동행위를 하도록 교사하는 행위 또는 이에 준하는 행위를 의미하고, 단순히 방조하는 행위는 여기에 포함되지 않는다[주파수공용통신장치(TRS) 구매입찰관련 4개 사업자의 부당한 공동행위 건, 대법원 2009. 5. 14. 선고 2009두1556 판결]." 즉, 공동행위의 규제대상에는 공동행위의 합의에 직접 관여하는 행위와 교사는 포함되지만, 방조는 제외된다(방조까지 포함할 경우 그 범위가 지나치게 모호하고 넓어진다).

1. 사업자의 복수성

부당한 공동행위가 성립하기 위해서는 반드시 2 이상의 사업자가 공동행위에 참여해야 한다. 사업자의 복수성과 관련하여 일반적으로 공동행위의 당사자들은 경쟁사업자임이 보통이지만 직접적인 경쟁관계가 없는 수직적 공동행위도 얼마든지 가능하다고 본다(긍정설과 부정설의 대립은 있음).[108]

2. 합의의 존재

부당한 공동행위의 성립요건인 합의는 2 이상의 사업자 간에 경쟁을 제한하는 행위를 하기로 하는 '의사의 합치(meeting of the minds)'를 의미한다. 여기서 의사의 합치는 넓은 의미에서의 합의를 말하는 것으로서 반드시 계약법상 청약과 승낙의 합치에만 국한하지 않으며, 법률적으로 유효한 계약인지를 묻지 않는다. 위와 같은 합의는 명시적인 경우뿐만 아니라 암묵적인 합의까지 포함한다(당사자들 사이에 일정한 내용에 대하여 의사가 일치되었다는 상호인식이나 이해 또는 암묵적 요해, 즉 묵시적 합의까지 포함[109]). 예컨대, 부당한 공동행위가 이루어지고 있는 영업을 양수한 사업자가 기존의 합의 사실을 알면서도 이를 받아들여 양도인과 동일하게 기존 합의를 실행하는 행위를 하였으며, 기존의 합의 가담자들도 양수인의 영업을 기존 합의에서 배제하는 등의 특별한 사정이 없이 종전과 마찬가지로 양수인과 함께 합의를 실행하는 행위를 계속하였다면, 양수인에게도 기존 합의 가담자들 사이의 부당한 공동행위에 가담하여 그들 사이에서 종전과 같은 부당한 공동행위를 유지·계속한다는 묵시적 의사의 합치가 있다고 본다(대법원 2013. 11. 28. 선고 2012두17773 판결). 이러한 합의만으로 부당한 공동행위는 완전히 성립하며 실제 실행행위까지 나아갈 필요는 없다(카르텔의 핵심은 '합의'에 있다).[110]

공정거래법 제40조 제1항도 합의의 방법으로서 "계약·협정·결의 또는 그 밖의 어떠한 방법으로도" 합의가 성립될 수 있다고 규정하고 있으며, 판례 역시 일관되게 합의의 의미를 폭넓게 해석하고 있다.[111]

---

108 "부당한 공동행위가 성립하기 위해 반드시 공동행위 참여자들 사이에 수평적 경쟁관계가 있어야 한다고 볼 수 없다(GSK 및 동아제약의 부당한 공동행위 건, 서울고등법원 2012. 10. 11. 선고 2012누3028 판결)."
　"잠재적 경쟁관계에 있는 경우에도 부당한 공동행위가 성립될 수 있다(대법원 2014. 2. 27. 선고 2012두24498 판결).
109 2020년 법 개정을 통해서 정보교환 공동행위를 추가하였는데, 가격, 생산량, 그 밖에 대통령령으로 정하는 정보(1. 상품 또는 용역의 원가, 2. 출고량, 재고량 또는 판매량, 3. 상품·용역의 거래조건 또는 대금·대가의 지급조건)를 주고받는 행위를 카르텔의 행위 유형으로 명시하였다. 정보교환행위 자체를 카르텔의 한 유형으로 별도 명시한 것에 의미가 있다(카르텔 규제의 실효성 강화 차원의 특칙). 이와 같은 규정의 추가로 카르텔의 본질(합의)에 변화가 있는 것은 아니다.
110 "부당한 공동행위는 합의함으로써 성립하고, 합의에 따른 행위를 현실적으로 하였을 것을 요하는 것은 아니다(포스틸 등 4개 강관제조업체의 운송비 공동결정행위 건, 대법원 2001. 5. 8. 선고 2000두10212 판결)."
　다만, 실무상으로는 실행행위가 언제 종료하였는지의 문제가 중요할 수는 있다. 이는 부당한 공동행위의 종료시점과 관련되는데, 이는 적용법령의 기준 시, 처분시효의 기산점, 관련매출액의 범위 판단에 있어 차이를 보일 수 있기 때문이다. 수험서의 특성상 이와 관련된 논의는 생략한다.
111 대법원 1999. 2. 23. 선고 98두15849 판결(국제종합토건사건) "① 공정거래법 제40조 제1항의 부당한 공동행위는 사업자가 다른 사업자와 공동으로 일정한 거래분야에서 경쟁을 실질적으로 제한하는 같은 항 각 호의 1에 해당하는 행위를 할 것을 합의함으로써 성립하는 것이므로, 합의에 따른 행위를 현실적으로 하였을 것을 요하는 것이 아니다. ② 어느 한 쪽의 사업자가 당초부터 합의에 따를 의사도 없이 진의 아닌 의사표시에 의하여 합의한 경우라고 하더라도 다

또한 합의의 내용이나 구성원에 약간의 변동이 있을지라도, 사업자들이 경쟁을 제한할 목적으로 공동하여 향후 계속적으로 가격의 결정, 유지 및 변경행위 등을 하기로 하면서 이에 따라 그 실행과정에서 수차례 회합을 가지고 합의를 계속하여온 경우 구체적 내용, 구성원에 일부 변경이 있더라도 일련의 합의는 전체적으로 하나의 부당한 공동행위로 본다(흑연전극봉 사건, 대법원 2006. 3. 24. 선고 2004두11275 판결; 인천지역 27개 래미콘사의 공동행위 건, 서울고등법원 2019. 1. 10. 선고 2018누49514 판결). 합의의 상호구속력 유무는 부당한 공동행위의 성립에 있어 고려할 필요가 없으며, 가담사업자들이 계획에 따라 시차를 두고 가격을 올리거나 인상률에 있어 의도적 차등을 두는 경우와 같이 합의를 시행하는 시점이나 준수의 정도에 있어 서로 차이가 있더라도 부당한 공동행위의 성립에 지장이 없다. 합의의 입증책임은 공정위에게 있음이 원칙이다.[112] 다만, 입증의 곤란을 해소하기 위하여 현행 공정거래법 제40조 제5항은 일정한 경우 합의를 추정하는 규정을 두고 있다(합의의 추정은 이하 별도의 항에서 자세히 설명한다).

사례형 대비 예시

甲, 乙 및 다른 10개 건설회사 입찰 담당자들이 사전에 모여 공공건물 신축공사입찰에서 乙이 낙찰되도록 하기 위해 乙은 100억 원 미만의 금액으로 입찰하고, 乙을 제외한 다른 회사들은 모두 100억 원의 가격에 입찰하기로 약속(합의)하였다. 甲회사 입찰 담당자는 다른 사업자들과 합의를 하는 과정에서 내심으로는 100억 원보다 낮은 80억 원으로 입찰하여 낙찰을 받을 의사를 가졌으나 겉으로는 위와 같이 합의하였다. 그 후 합의와 달리 甲은 실제 80억 원으로 입찰하여 낙찰을 받았다. 이와 같이 甲이 '진의 아닌 의사표시'로 합의를 한 후 실제 입찰에서 이 합의를 실행하지 않았다고 해도 이러한 사정은 부당한 공동행위의 성립에 방해가 되지 아니한다(국제종합토건사건, 대법원 1999. 2. 23. 선고 98두15849 판결 등). 설령 비진의 의사표시의 사업자에게 자신은 합의를 이행할 의사가 없었다고 하더라도 적어도 관련된 상대방의 적극적 경쟁행위를 저지할 방편으로 합의를 할 의사는 존재하였고 그 경우에는 경쟁제한성이 인정되기 때문이다.

른 쪽 사업자는 당해 사업자가 합의에 따를 것으로 신뢰하고 당해 사업자는 다른 사업자가 합의를 위와 같이 신뢰하고 행동할 것이라는 점을 이용함으로써 경쟁을 제한하는 행위가 되는 것은 마찬가지이므로 공정거래법 제40조 제1항 소정의 부당한 공동행위의 성립에 방해가 되지 않는다(2014년 변시 제3회 기출). ③ 공정거래법 제40조 제1항 소정의 합의는 어떠한 거래분야나 특정한 입찰에 참여하는 모든 사업자들 사이에서 이루어질 필요는 없고 일부의 사업자들 사이에서만 이루어진 경우에도 그것이 경쟁을 제한하는 행위로 평가되는 한 부당한 공동행위가 성립한다."

112 독점규제 및 공정거래에 관한 법률 제40조 제1항이 금지하는 '부당한 공동행위'는 '부당하게 경쟁을 제한하는 행위에 대한 합의'로서 명시적 합의뿐 아니라 묵시적인 합의도 포함되는 것이지만, 이는 둘 이상 사업자 사이의 의사의 연락이 있을 것을 본질로 하므로 단지 위 규정 각 호에 열거된 '부당한 공동행위'가 있었던 것과 일치하는 외형이 존재한다고 하여 당연히 합의가 있었다고 인정할 수는 없고 사업자 간 의사연결의 상호성을 인정할 만한 사정에 대한 증명이 있어야 한다. 그리고 그에 대한 증명책임은 그러한 합의를 이유로 시정조치 등을 명하는 공정위에게 있다(9개 소주회사의 부당한 공동행위 건, 대법원 2014. 2. 13. 선고 2011두16049 판결; 대법원 2013. 11. 28. 선고 2012두17421 판결 등 참조).

3. 부당한 경쟁제한성[113]

공정거래법은 모든 공동행위를 금지하는 것이 아니라 그중에서도 특히 부당한 공동행위, 즉 부당하게 경쟁을 제한하는 공동행위만을 금지하고 있다.[114] 부당한 경쟁제한성의 의미는 그 공동행위의 내용이나 성격에 따라 서로 다르게 나타날 수 있기 때문에, 공동행위의 위법성 심사는 크게 경성카르텔(hard core cartel)과 연성카르텔(soft core cartel)로 구분하여 접근하고 있다.

이에 따라 경쟁사업자 간 직접적인 가격제한, 생산량제한, 시장분할, 입찰담합 등과 같은 합의는 그 성격상 경쟁제한적 효과를 발생시키는 것이 명백한 경성카르텔로 구분하고 있으며, 특별한 사정이 없는 한 그 행위 자체만으로 경쟁제한성을 인정할 수 있다고 본다(공정위 실무 – 공동행위심사기준). 이와 달리 공동생산, 공동연구·개발, 공동마케팅, 공동구매, 정보교환 등의 공동행위는 경쟁제한효과뿐만 아니라 동시에 효율성 증대의 효과도 함께 나타날 수 있다(연성카르텔). 이 경우 공동행위를 통하여 발생하는 경쟁제한효과와 효율성 증대효과를 비교형량하게 된다. 수험생의 경우 답안을 작성함에 있어서 먼저 부당한 공동행위의 유형을 분류하여 부당성을 판단의 방향을 정하되, 연성카르텔로 볼 수 있는 경우라면 특히 효율성 증대효과와의 비교형량을 구체적으로 언급해야만 하고, 공동행위 참여 사업자들의 시장지배력[115]이나 시장점유율의 규모, 신규사업자 진입의 용이성(진입장벽의 수준), 수입을 통한 해외경쟁 도입 가능성 등 설문에 나타난 시장의 특성을 최대한 반영하여 부당한 경쟁제한성 여부의 결론을 내리는 것이 안전하다.

효율성 증대효과와의 비교형량에 있어서는 특히 다른 정당한 수단(자체적인 경영합리화 등)을 통해서도 얼마든지 유사한 수준의 효율성 증대효과를 기대할 수 있는 경우라면, 반드시 경쟁제한적 공동행위가 이루어져야 할 필요성이 낮다는 의미로 접근하여 결론적으로 부당한 경쟁제한성을 인정할 수 있다는 정도의 논리전개를 하면 될 것이다.[116]

---

113 부당한 공동행위의 경우 '경쟁제한성'과 '부당성'은 모두 법문에 규정된 것으로, 경쟁제한성과 부당성이 별개의 요건인지의 여부(양자의 관계)에 대한 논의가 존재한다. 대법원 판례는 경쟁제한성과 부당성은 별개이되, 가격결정행위 등에 대한 합의에 관하여는 경쟁제한성이 인정될 경우 원칙적으로 부당하다는 입장이어서 실제로 이 논의가 큰 실익이 있는 것은 아니라고 본다. 수험생의 입장에서 이 부분에 대한 깊은 논의까지 답안에 기재할 것은 아니기 때문에, '부당한 경쟁제한성'이라는 제목으로 함께 쟁점을 간단히 정리하되, 대법원 판례의 내용을 간략히 소개하는 정도가 안전할 것이다.

114 과거 공정거래법 제19조 제1항은 공동행위의 위법성 요건으로서 '일정한 거래분야에서 경쟁을 실질적으로 제한할 것'을 따로 규정하고 있었으나, 1999년 개정을 통하여 '부당하게 경쟁을 제한하는'의 문구로 변경되었다.

115 부당한 공동행위에 참여한 사업자들의 시장점유율 합계가 높은 경우 경쟁제한성이 인정될 여지가 높다. 국내 철근공급시장에서 100%의 시장점유율을 가지는 경우 경쟁제한성을 인정한 사례로 대법원 2003. 5. 27. 선고 2002두4648 판결이 있다("원고들 등이 당시 국내 철근공급시장에서 100%의 시장점유율을 가지므로 원고들 등의 위와 같은 철근 판매가격 인상행위는 그 시장에서의 가격 결정에 절대적인 영향을 미칠 수 있는 점…"). 설문상 부당한 공동행위의 당사자들의 각 시장점유율이 나타난다면, 이들의 합의가 부당한 경쟁제한성을 갖는다는 점을 설명하는 과정에서 점유율의 합계를 고려하여 언급하고, 이들이 시장에 미치게 되는 영향이 중대하다는 점을 언급해주는 것이 좋다(예: 과점 시장에서의 부당한 공동행위).

116 실무상 공동행위의 위법성 평가는 그리 간단한 문제가 아니다. 공정위는 별도로 공동행위심사기준(2021. 12. 28. 예규 제390호)을 마련하여 운용 중이고, 정보교환공동행위에 대하여는 사업자 간 정보교환이 개입된 부당한 공동행위 심사 지침(2021. 12. 28. 제정)을 마련하고 있다. 변시 사례형 시험을 대비함에 있어 부당한 경쟁제한성은 우선 설문에 나타난 구체적인 사실을 통해 경쟁제한 효과와 공동행위를 통해 달성할 수 있는 효율성 증대효과를 서로 비교분석하고,

대법원은 부당한 공동행위의 경쟁제한성의 판단에 대하여 "당해 상품의 특성, 소비자의 제품선택 기준, 당해 행위가 시장 및 사업자들의 경쟁에 미치는 영향 등 여러 사정을 고려하여 당해 행위로 인하여 일정한 거래분야에서의 경쟁이 감소하여 특정 사업자 또는 사업자단체의 의사에 따라 어느 정도 자유로이 가격·수량·품질 기타 거래조건 등의 결정에 영향을 미치거나 미칠 우려가 있는지를 개별적으로 판단하여야 한다."고 판시하였고, 그 근간은 이후의 판결에도 유지되고 있다(동서식품과 한국네슬레의 커피가격인상 공동행위 건, 대법원 2002. 3. 15. 선고 99두6514 판결[117] 및 제일모직 등 교복 3사의 교복가격 공동결정행위에 대한 사건인 대법원 2006. 11. 9. 선고 2004두14564 판결 등). 나아가 대법원은 대표적인 경성카르텔에 해당하는 가격고정의 합의가 문제된 사건들에서 "사업자들의 공동 가격결정 행위로 인하여 일정한 거래분야의 경쟁이 감소하여 사업자들의 의사에 따라 어느 정도 자유로이 가격결정에 영향을 미치거나 미칠 우려가 있는 상태가 초래된 이상, 이로 인하여 경쟁이 제한되는 정도에 비하여 법 제40조 제2항 각 호(공동행위 인가)에 정해진 목적 등에 이바지하는 효과가 상당히 커서 소비자를 보호함과 아울러 국민경제의 균형 있는 발전을 도모한다는 법의 궁극적인 목적에 실질적으로 반하지 않는다고 인정되는 예외적인 경우에 해당하지 않는 한 (원칙적으로) 부당하다."고 판시한 바 있다(대법원 2008. 12. 24. 선고 2007두19584 판결).

III. 합의의 추정 및 추정의 복멸, 인식 있는 병행행위

1. 합의의 추정(법 제40조 제5항)[118]

공정거래법 제40조 제5항은 부당한 공동행위에 관한 추정규정을 두고 있다.[119] 즉, 법 규정은 ① 둘 이상의 사업자가 제1항 각 호의 어느 하나에 해당하는 행위를 하고(행위의 일치), ② 해당 거래분야 또는 상품·용역의 특성, 해당 행위의 경제적 이유 및 파급효과, 사업자 간 접촉의 횟수·양태 등 제반사정에 비추어 그 행위를 그 사업자들이 공동으로 한 것으로 볼 수 있는 '상당한 개연성'이 있을 경우, 또는 제1항 각 호의 행위(제9호의 행위 중 정보를 주고받음으로써 일정한 거래분야에서 경쟁을 실질적으로 제한하는 행위를 제외한다)[120]에 필요한 정보를 주고받은 때에는 합의가 추정된다고 규정한다. 이 의미는,

---

비교형량의 결과에 따라 결론을 내려주는 정도의 논리전개라면 충분하다고 본다(법원은 부당한 경쟁제한성 여부를 판단함에 있어서 해당 행위가 가지는 경쟁촉진적 효과까지 고려하여 이를 경쟁제한적 효과와 비교형량하고, 후자가 전자보다 큰 경우 경쟁제한성을 인정하고 있다).

117 당시 국내 커피 제조·판매시장을 양분하고 있는 두 사업자가 시장점유율 증대를 위하여 경쟁적으로 자사 커피제품 판매가격을 인상한 경우였다. 법원은 경쟁사보다 값이 싸면 제품이 잘 팔리지 않았던 당시 국내 커피시장의 특이한 상황 등을 고려하여 결과적으로 '경쟁제한성'이 결여되었다고 판단하였다.

118 2012년 변시 제1회 기출. 행위의 외형상 일치와 경쟁제한성의 인정, 추정을 복멸시킬 수 있는 사유의 부존재 등을 중심으로 논리를 전개해야 하는 출제유형이었다(배점 35점).

119 부당한 공동행위 추정규정은 1986년부터 도입되었다. 은밀하게 이루어지는 사업자들의 합의에 대한 입증곤란을 해소하고 규제의 실효성을 높이기 위한 것이다.

120 법 개정을 통하여 정보교환 행위를 새로운 담합유형으로 추가하는 규정을 신설하면서 기존의 합의추정 규정과의 중복 규제 및 정보교환행위에 대한 합의의 추정 내용 추가에 따른 해석상의 충돌을 방지하기 위하여 법 제40조 제5항 제2호에서 정하는 합의 추정 요건에서 사업자 간 '정보교환을 통해 실질적으로 경쟁을 제한하는 행위'는 그 자체로 공동행위의 유형으로 접근하면 될 것이므로, 이를 제외하도록 규정하였다.

둘 이상의 사업자의 행위가 마치 공동으로 행한 것처럼 외형상 일치하고, 의사연락의 증거 또는 회합, 연락 등의 증거나 경제적 증거 등 합의가 존재하였을 것으로 추단되는 상당한 개연성을 보여주는 간접증거나 정황증거가 존재한다면 동 규정에 따라 부당한 공동행위의 합의를 한 것으로 추정할 수 있다는 것이다(법률상 추정규정 – 입증책임의 전환). 이 규정의 취지에 대하여 대법원은 "공정거래위원회가 공정거래법 제40조 제1항에서 정하고 있는 부당한 공동행위의 성립을 입증하기 위해서는 무엇보다도 당해 행위가 사업자들의 명시적·묵시적 합의하에 이루어진 것이라는 점을 입증하여야 하는데, 은밀하게 행하여지는 부당한 공동행위의 속성상 그러한 합의를 입증한다는 것이 그리 쉬운 일이 아니므로, 공정거래위원회로 하여금 '사업자들의 합의'를 입증하는 것에 갈음하여 '둘 이상의 사업자가 법 제40조 제1항 각 호의 하나에 해당하는 행위를 하고 있다.'는 사실(이하 '행위의 외형상 일치'라 한다)과 그것이 '일정한 거래 분야에서 경쟁을 실질적으로 제한하는 행위'라는 사실(이하 '경쟁제한성'이라 한다)의 두 가지 간접사실만을 입증하도록 함으로써, 부당한 공동행위에 대한 규제의 실효성을 확보하고자 함에 있다고 할 것인바, 같은 법 제40조 제5항에 기하여 '사업자들의 합의'를 추정하기 위해서는 '행위의 외형상 일치'와 '경쟁제한성'의 입증만으로써 족한 것이지, 이에 추가하여 사업자들의 합의 내지 암묵적인 양해를 추정케 할 정황사실이 입증되어야만 하는 것은 아니다."라고 판시한 바 있다(동서식품과 한국네슬레의 가격인상 공동행위 건, 대법원 2002. 3. 15. 선고 99두6514 판결).[121]

사례형 대비 예시(다음과 같은 경우 추정의 정황이 될 수 있다)

① 직·간접적인 의사연락이나 정보교환(제9호의 행위 중 정보를 주고받음으로써 일정한 거래분야에서 경쟁을 실질적으로 제한하는 행위를 제외한다) 등의 증거가 있는 경우

 – 해당 사업자 간 사업활동과 관련된 비망록 기입내용이 일치하는 경우(이 경우 상품 또는 용역의 원가, 출고량, 재고량 또는 판매량, 상품·용역의 거래조건 또는 대금·대가의 지급조건과 관련된 정보의 교환 내용은 추정의 정황이라는 의미를 넘어 법 제40조 제9호에서 정하는 명문 규정에 따라 정보교환 공동행위 규정으로 직접 접근해야 한다)

 – 모임을 갖거나 연락 등을 하고 그 이후 행동이 통일된 경우

 – 특정기업이 가격인상 또는 산출량 감축 의도를 밝히고 다른 경쟁기업들의 반응을 주시한 후 그 반응에 따라 가격인상 또는 산출량 감축을 단행한 경우

② 공동으로 수행되어야만 해당 사업자들의 이익에 기여할 수 있고 개별적으로 수행되었다면 해당 사업자 각각의 이익에 반하리라고 인정되는 경우

 – 원가상승 요인도 없고 공급과잉 또는 수요가 감소되고 있음에도 불구하고 가격을 동일하게 인상하

---

121 같은 취지 – 대법원 2003. 12. 12. 선고 2001두5552 판결 "공정거래위원회가 독점규제및공정거래에관한법률 제40조 제5항에 따라 '2 이상의 사업자가 법 제40조 제1항 각 호의 1에 해당하는 행위를 하고 있다.'는 사실과 그것이 '일정한 거래분야에서 경쟁을 실질적으로 제한하는 행위'라는 사실의 두 가지 간접사실을 입증하면, 반증이 없는 한, 이에 추가하여 사업자들의 합의를 추정케 할 정황사실을 입증할 필요 없이, 그 사업자들이 그러한 공동행위를 할 것을 합의한 것으로 추정된다."

는 경우

- 재고가 누적되어 있음에도 불구하고 가격이 동시에 인상된 경우

③ 해당 사업자들의 행위의 일치를 시장상황의 결과로 설명할 수 없는 경우

- 수요공급조건의 변동, 원재료 공급원의 차이, 공급자와 수요자의 지리적 위치 등의 차이에도 불구하고 가격이 동일하고 경직되어 있는 경우

- 원재료 구입가격, 제조과정, 임금인상률, 어음할인금리 등이 달라 제조원가가 각각 다른데도 가격변동 폭이 동일한 경우

- 시장상황에 비추어 보아 공동행위가 없이는 단기간에 높은 가격이 형성될 수 없는 경우

④ 해당 산업구조상 합의가 없이는 행위의 일치가 어려운 경우

- 제품차별화가 상당히 이루어진 경우에도 개별 사업자들의 가격이 일치하는 경우

- 거래의 빈도가 낮은 시장, 수요자가 전문지식을 갖춘 시장 등 공급자의 행위 일치가 어려운 여건에서 행위의 일치가 이루어진 경우

2. 추정의 복멸

법 제40조 제5항에 따라 합의의 존재가 추정된 경우에도 합의의 부존재를 주장하는 사업자측이 반대사실 또는 합의의 부존재를 나타내는 정황증거 등을 제시할 경우 추정이 다시 번복될 수 있다(推定의 覆滅).[122] 이와 관련하여 대법원은 합의의 추정을 복멸시킬 수 있는 사정을 판단함에 있어서 "독점규제 및 공정거래에 관한 법률 제40조 제5항에 따라 부당한 공동행위의 합의추정을 받는 사업자들로서는 외부적으로 드러난 동일 또는 유사한 행위가 실제로는 아무런 합의 없이 각자의 경영판단에 따라 독자적으로 이루어졌음에도 마침 우연한 일치를 보게 되는 등 부당한 공동행위의 합의가 없었다는 사실을 입증하거나, 또는 외부적으로 드러난 동일 또는 유사한 행위가 합의에 따른 공동행위가 아니라는 점을 수긍할 수 있는 정황을 입증하여 그 추정을 복멸시킬 수 있다고 할 것이고, 한편 부당한 공동행위의 합의의 추정을 복멸시킬 수 있는 사정을 판단함에 있어서는, 해당 상품 거래분야 시장의 특성과 현황, 상품의 속성과 태양, 유통구조, 가격결정 구조, 시장가격에 영향을 미치는 제반 내외부적 영향, 각 개별업체가 동종 거래분야 시장에서 차지하고 있는 지위, 가격의 변화가 개별사업자의 영업이익, 시장점유율 등에 미치는 영향, 사업자의 개별적 사업여건에 비추어 본 경영판단의 정당성, 사업자 상호 간의 회합 등 직접적 의사교환의 실태, 협의가 없었더라도 우연의 일치가 이루어질 수도 있는 개연성의 정도, 가격모방의 경험과 법위반 전력, 당시의 경제 정책적 배경 등을 종합적으로 고려하여 거래 통념에 따라 합리적으로 판단하여야 한다."고 판시하였다(제주도 지역의 휘발유 판매시장의 100%를 점유하고 있는 삼화석유 등 3개 사업자들의 가격담합사건, 대법원 2003. 12. 12. 선고 2001두5552 판결 등).

합의의 추정을 복멸시킬 수 있는 사유를 예시하면, ① 외부적으로 드러난 동일 유사한 행위가 실제로

---

122 물론 사업자가 합의추정을 복멸하는 일은 현실적으로 쉽지 않고, 실제 추정이 복멸된 예도 많지 않다.

는 아무런 명시적, 묵시적 합의 없이 각자의 경영판단에 따라 독자적으로 이루어졌다는 '분명한 정황증거'가 존재하는 경우(단순 우연한 일치에 불과), ② 둘 이상의 사업자에게 공통적으로 관련된 외부적 요인(예컨대, 원가인상 요인 등)이 각자의 판단에 따라 비슷한 정도의 영향을 미침으로써 동일·유사한 시기에 동일·유사한 행동을 할 수밖에 없었던 경우(그러나 원가인상 등의 외부적 요인이 각 사업자에게 미치는 영향은 차이가 있을 수 있으므로 이는 실질적인 관점에서 판단해야 한다. 만일 원가상승 요인이 존재한다는 기회를 핑계로 동일·유사한 행동을 할 것이라는 암묵적 이해가 이루어지고 이에 따라 동일·유사한 공동행위로 나아간 경우는 다시 원칙으로 돌아가 부당한 공동행위 해당 여부를 심사하여 규제할 수 있을 것이다), ③ 특히 소수의 사업자가 시장을 점하고 있는 과점시장의 경우 가격선도업체가 독자적인 판단에 따라 가격결정을 하면 후발업체가 이에 동조하여 일방적으로 선도업체의 가격을 단순히 모방하는 경우가 많은데, 만일 선도업체가 종전의 관행 등 시장현황에 비추어 가격선도를 할 경우 후발업체들이 여기에 동조할 것이라고 예견하고 가격선도를 하였다고 보이는 경우는 다른 특별한 사정 유무를 추가로 살펴볼 필요가 있고,[123] 후발업체들 상호 간의 명시, 묵시의 합의나 요해에 따라 선도업체의 가격을 모방한 경우라면 그 후발업체들 상호 간의 공동행위만이 문제로 될 것이며, 이때 후발업체 상호 간의 공동행위는 그들의 시장점유율 등 가격결정 영향력을 기초로 한 실질적 경쟁제한성 유무에 따라 판단하여야 한다.

3. 인식 있는 병행행위(conscious parallelism)[124·125]

인식 있는 병행행위(의식적 동조행위) 이론은 과점시장의 규제와 관련하여 미국에서 개진된 특별한 이론이다[Interstate Circuit v. U.S., 306 U.S. 208(1939)]. 원래의 뜻은 사업자들 사이에 명시적이든 암묵적이든 의사의 연락이 존재하지 않는 경우에도 이를 카르텔로 금지하자는 것이지만, 이를 그대로 적용하는 것은 각국 카르텔법이 요구하는 기본적 요건인 합의의 존재를 무시하는 결과가 된다. 이에 따라 현재에는 인식 있는 병행행위 그 자체만으로는 독점금지법 위반을 구성하지 않고, 여기에 합의를 추단시키는 정황증거(plus factor)[126]가 필요하다는 것으로 해석하고 있다.[127] 우리나라의 경우도 법 제40조 제1

---

123 과점적 시장구조 하에서 시장점유율이 높은 선발 업체가 독자적인 판단에 따라 가격을 결정한 뒤 후발업체가 일방적으로 이를 모방하여 가격을 결정하는 경우에는, 선발업체가 종전의 관행 등 시장의 현황에 비추어 가격을 결정하면 후발업체들이 이에 동조하여 가격을 결정할 것으로 예견하고 가격 결정을 하였다는 등의 특별한 사정이 없는 한, 법 제40조 제5항에 따른 공동행위의 합의 추정은 번복된다(대법원 2002. 5. 28. 선고 2000두1386 판결).
124 권오승 교수님은 "의식적 병행행위"로 표현한다.
125 2012년 변시 제1회 기출. 회합에 참가하지 않은 사업자가 다른 사업자들의 가격인상행위를 지켜본 상태에서 자신도 일정한 비율로 뒤늦게 가격인상을 한 경우의 사례였다. 일반론(대전제)으로 인식 있는 병행행위론의 이론전개와 함께 합의의 존재를 추단할 수 있는 정황증거의 부존재 등을 언급하면서 부당한 공동행위의 '합의'의 성립을 인정할 수 없다는 정도의 논리전개가 필요한 문제였다(배점 10점).
126 추가적인 요소에는 다음과 같은 것들이 있다(권오승, 『경제법』 제12판, 275쪽).
　① 공동행위를 할 합리적인 동기나 이유가 있는 경우
　② 공동행위가 아니면 취하지 않았을 자신의 이익에 배치되는 행동이 있는 경우
　③ 시장현상이 공동행위의 결과라고 설명하는 것 이외에는 달리 합리적으로 설명할 수 있는 방법이 없는 경우
　④ 과거에 독점금지법을 위반한 전례가 있는 경우

항의 문언에 비추어 사업자들 사이의 합의가 존재하지 않는 경우인 단순한 인식 있는 병행행위만으로 부당한 공동행위를 즉시 인정하기는 어렵다고 본다. 법원은 상호의존성이 강한 과점시장에서 경쟁사업자의 영업정책을 예측하거나 경쟁사업자의 영업정책을 주어진 상황으로 보고 이에 대응하여 독자적으로 자신의 행위를 결정한 결과 우연히 외형상 일치가 일어나는 이른바 인식 있는 병행행위에 대해서는 부당한 공동행위의 성립을 부정할 수 있다는 취지로 판단하고 있으며(서울고등법원 2012. 3. 21. 선고 2011누 18719 판결[128]), 일부 대법원 판결의 경우는 전형적인 인식 있는 병행행위와 관련된 사안에 대해 이를 합의의 추정과 복멸의 관점으로 접근하여 판단한 사안도 있다.[129]

Ⅳ. 자진신고자 등의 감면제도(leniency제도)[130]

1. 의의

부당한 공동행위의 합의에 대한 법적 책임과 비난의 수위가 높아지면서 기업들의 담합의 수법은 점점 더 교묘해지고, 공정위가 이에 대한 증거를 모두 찾아내 법위반행위를 확인하는 것은 더더욱 어렵다. 전

---

⑤ 혐의를 받고 있는 당사자들 사이에 회의나 직접적인 교신이 존재하는 경우
⑥ 피고가 공동행위를 조장하는 행위를 한 경우
⑦ 산업의 특성이 경쟁의 회피를 어렵게 하는지의 여부
⑧ 시장의 성과가 합의의 추정을 가능하게 하는 경우(시장점유율 장기간 지속, 사업자 상당한 수익을 얻고 있으며, 산업전반에 걸쳐 초경쟁적인 이윤이 존재하는 경우 등)
127 정호열, 『경제법』 전정 제7판, 328쪽 참조.
128 서울우유, 남양유업 등 12개 업체의 우유 및 발효유 가격인상 공동행위 건, 다만, 이 사안의 경우 서울고등법원은 "원고 등은 시유와 발효유를 제조·판매하는 사업자로서 그 원재료인 원유의 가격 인상을 전후로 가진 ○○회 모임에서 먼저 원유가격 인상에 따른 시유와 발효유가격 인상 여부 및 그 시기와 정도를 논의하여 시유시장과 발효유시장에서 각 시장점유율 1위의 선도업체인 ○○우유와 원고가 먼저 시유 또는 발효유가격을 인상하면 이에 따라 후발업체도 비슷하게 가격을 인상한다는 것에 의견을 같이하고 이에 따라 회원사의 기업 비밀로서 핵심적 경쟁요소인 가격 인상시기와 정도 등에 관한 구체적인 정보를 ○○○를 통해 교환하여 서로 간에 공유함으로써 시유와 발효유가격을 함께 인상하기로 하는 이 사건 담합을 하고 이에 따라 시유와 발효유가격을 인상하였다. 따라서 원고의 시유와 발효유가격 인상이 경쟁사의 그것과 우연히 일치하였다거나 원고의 단순한 의식적 병행행위의 결과에 불과하다고 볼 수 없다."는 취지로 부당한 공동행위를 인정하였다(대법원 상고포기로 확정됨). 현재의 개정법으로는 새로운 행위유형으로 추가된 정보교환 공동행위로도 직접 의율 가능한 사실관계에 해당한다.
129 "과점적 시장구조 하에서 시장점유율이 높은 선발업체가 독자적인 판단에 따라 가격을 결정한 뒤 후발업체가 일방적으로 이를 모방하여 가격을 결정하는 경우에는, 선발업체가 종전의 관행 등 시장의 현황에 비추어 가격을 결정하면 후발업체들이 이에 동조하여 가격을 결정할 것으로 예견하고 가격 결정을 하였다는 등의 <u>특별한 사정</u>이 없는 한, 법 제40조 제5항에 따른 공동행위의 합의 추정은 번복된다. 다만, 이때 후발업체들이 서로간의 명시적이거나 묵시적인 합의 또는 양해에 따라 선발 업체의 가격을 모방한 경우에는 그 후발업체들 상호간의 공동행위가 문제되나, 후발업체들 상호간의 공동행위 성립 여부는 그들의 시장점유율 등 가격결정 영향력 등에 따라 별도로 판단되어야 한다(대법원 2002. 5. 28. 선고 2000두1386 판결)." 이는 과점시장에서 인식 있는 병행행위가 나타날 경우에는 원칙적으로 법 제40조 제5항에 따른 합의의 추정을 통해 접근하되, "특별한 사정"을 입증할 수 있는 경우 그 합의의 추정을 복멸한다는 논리구조로 이해할 수 있다.
130 소논점으로 출제 가능한 내용이다. 사례에서 자진신고자와 조사협조자가 출현할 수 있고, 현행 법령에 따라 과징금 등의 감면이 가능한지를 묻는 출제유형을 생각해볼 수 있다. 2018년 변시 제7회 기출(조사협조자에 대한 과징금 감면 가능성).

통적인 정의 관념에는 다소 반하는 점이 없지 않으나, 실용적 측면과 함께 보다 큰 법익보호를 위해 공정거래법은 자진신고자 등의 감면제도를 인정하고 있다. 이는 부당한 공동행위 참여자들의 상시적인 밀착된 관계를 사전에 약화시킨다는 의미에서 카르텔 참여자들이 누군가가 '배신'을 할 수 있다는 일상적인 의심을 통해 카르텔 형성 자체에 신중을 기하도록 할 수 있다는 점에서는 일부 사전적 일반예방효과 또한 기대할 수 있는 제도라고 평가된다.[131]

2. 공정거래법 제44조 및 법 시행령 제51조

공정거래법 제44조는 ① 부당한 공동행위의 사실을 자진 신고한 자(신고자) 또는 ② 증거제공 등의 방법으로 공정위의 조사 및 심의·의결에 협조한 자(조사 및 심의·의결에 협조한 자)에 대하여 시정조치 또는 과징금을 감경 또는 면제할 수 있고 법 제129조에 따른 고발을 면제할 수 있다고 규정하고, 구체적으로 감경 또는 면제되는 자의 범위와 감경 또는 면제의 기준 및 정도 등과 자진신고자 또는 공정위 조사 및 심의·의결에 협조한 자의 신원, 제보내용 등 자진신고나 제보와 관련된 정보 및 자료의 제공·누설금지에 관한 세부 사항은 대통령령으로 정하도록 하고 있다. 이에 따라 법 시행령 제51조 제1항은 시정조치 등의 감면 여부를 결정하는 기준을 아래와 같이 규정하고 있다.

공정위가 조사를 시작하기 전에 자진신고한 자가 ① 부당한 공동행위임을 입증하는 데 필요한 증거를 단독으로 제공한 최초의 자일 것(다만, 공동행위에 참여한 둘 이상의 사업자가 공동으로 증거를 제공하는 경우에도 이들이 실질적 지배관계에 있는 계열회사이거나 회사의 분할 또는 영업양도의 당사회사로서 공정위가 정하는 요건에 해당하면 단독으로 제공한 것으로 본다), ② 공정위가 부당한 공동행위에 대한 정보를 입수하지 못하였거나 부당한 공동행위임을 입증하는 데 필요한 증거를 충분히 확보하지 못한 상태에서 자진신고하였을 것, ③ 부당한 공동행위와 관련된 사실을 모두 진술하고, 관련 자료를 제출하는 등 조사가 끝날 때까지 성실하게 협조하였을 것,[132] ④ 그 부당한 공동행위를 중단하였을 것[133]이라는 네 가지 요건 전부를 충족시키는 경우에는 과징금 및 시정조치를 면제한다(법 시행령 제51조 제1항 제1호).

---

131 자진신고자 또는 조사협조자 감면제도는 부당한 공동행위의 참여 사업자가 자발적으로 조사에 협조하여 입증자료를 제공한 데에 대하여 혜택을 부여하는 것일 뿐만 아니라, 사업자들 간의 신뢰를 약화시켜 부당한 공동행위를 중지 또는 예방하고자 하는 데 제도적 취지가 있다(대법원 2010. 1. 14. 선고 2009두15043 판결).

132 "조사가 끝날 때까지"라 함은 "위원회 심의가 끝날 때까지"를 의미하며, "성실하게 협조"하였는지 여부는 다음 각 호의 사유를 종합적으로 고려하여 판단한다.
  1. 자진신고자 등이 알고 있는 해당 공동행위와 관련된 사실을 지체 없이 모두 진술하였는지 여부
  2. 해당 공동행위와 관련하여 자진신고자 등이 보유하고 있거나 수집할 수 있는 모든 자료를 신속하게 제출하였는지 여부
  3. 사실 확인에 필요한 위원회의 요구에 신속하게 답변하고 협조하였는지 여부
  4. 임직원(가능하다면 전직 임직원 포함)이 위원회와의 면담, 조사 등에서 지속적이고 진실하게 협조할 수 있도록 최선을 다하였는지 여부
  5. 공동행위와 관련된 증거와 정보를 파기, 조작, 훼손, 은폐하였는지 여부
  6. 심사보고서가 통보되기 전에 위원회의 동의 없이 제3자에게 행위사실 및 감면신청 사실을 누설하였는지 여부

133 "그 부당한 공동행위를 중단"하였는지 여부는 그 합의에 기한 실행행위가 종료하였는지 여부에 따라 판단하되, 합의 탈퇴의 의사표시로 부당한 공동행위를 중단한 것으로 볼 수 있다. 다만, 입찰담합의 경우 해당 입찰이 종료되면 실행행위가 종료된 것으로 볼 수 있다.

또한 공정위가 조사를 시작한 후에 조사에 협조한 자로서, ① 공정위가 부당한 공동행위에 대한 정보를 입수하지 못하였거나 부당한 공동행위임을 입증하는 데 필요한 증거를 충분히 확보하지 못한 상태에서 조사에 협조하고, ② 위 자진신고자로서의 면제요건 제1호 가목, 다목, 라목(위 ①, ③, ④ 요건)에 해당하는 경우에는 과징금을 면제하고, 시정조치를 감경하거나 면제한다(법 시행령 제51조 제1항 제2호).

그 밖에도 공정위가 조사를 시작하기 전에 자진신고하거나 공정위가 조사를 시작한 후에 조사에 협조한 자로서 ① 부당한 공동행위임을 입증하는 데 필요한 증거를 단독으로 제공한 두 번째의 자(이 경우 만일 부당한 공동행위에 참여한 사업자가 2개이고, 그중 한 사업자인 경우는 제외됨 : 법 시행령 제51조 제1항 3호 가목)이고(다만, 공동행위에 참여한 둘 이상의 사업자가 공동으로 증거를 제공하는 경우에도 이들이 실질적 지배관계에 있는 계열회사이거나 회사의 분할 또는 영업양도의 당사회사로서 공정거래위원회가 정하는 요건에 해당하면 단독으로 제공한 것으로 본다), ② 위 자진신고자로서의 면제요건 제1호 다목, 라목(위 ③, ④ 요건)에 해당하는 경우에는 과징금의 50%를 감경하고, 시정조치를 감경할 수 있다(법 시행령 제51조 제1항 제3호).

또한 부당한 공동행위로 과징금 부과 또는 시정조치의 대상이 된 자가 그 부당한 공동행위 외에 그 자가 관련되어 있는 다른 부당한 공동행위에 대하여 제1호 각 목 또는 제2호 각 목의 요건을 충족하는 경우에는 그 부당한 공동행위에 대하여 다시 과징금을 감경 또는 면제하고, 시정조치를 감경할 수 있다(법 시행령 제51조 제1항 제4호).[134]

마지막으로 위와 같은 감경요건에 해당하는 경우라 할지라도 다른 사업자에게 그 의사에 반하여 부당한 공동행위에 참여하도록 강요하거나 이를 중단하지 못하도록 강요한 사실이 있는 경우 또는 일정 기간 동안 반복적으로 법 제40조 제1항을 위반하여 부당한 공동행위를 한 경우에는 시정조치와 과징금의 감면을 하지 아니한다(법 시행령 제51조 제2항).[135]

V. 공동행위의 기간(시기 및 종기) 및 개수

1. 의의

공동행위의 종기는 과징금 산정을 위한 전제인 위반기간의 종기가 될 뿐만 아니라 시정조치나 과징금 납부명령 등을 내릴 수 있는 처분시효기간의 기산점이 되고, 법령의 개정이 있는 경우에는 경과규정에 따라 적용법령의 판단기준이 되기도 한다.

---

134 Amnesty Plus 제도에 해당한다.
135 '다른 사업자에게 그 의사에 반하여 해당 부당한 공동행위에 참여하도록 강요하거나 이를 중단하지 못하도록 강요한 사실이 있는 경우'에 해당하는지 여부는 다음 각 호의 사유를 종합적으로 고려하여 판단한다(「부당한 공동행위 자진신고자 등에 대한 시정조치등 감면제도 운영고시」 제6조의2).
   1. 다른 사업자에게 그 의사에 반하여 당해 부당한 공동행위에 참여하도록 하기 위하여 또는 이를 중단하지 못하도록 하기 위하여 폭행 또는 협박 등을 가하였는지 여부
   2. 다른 사업자에게 그 의사에 반하여 당해 부당한 공동행위에 참여하도록 하기 위하여 또는 이를 중단하지 못하도록 하기 위하여 당해 시장에서 정상적인 사업활동이 곤란할 정도의 압력 또는 제재 등을 가하였는지 여부

2. 부당한 공동행위의 개수

둘 이상의 합의가 상당한 기간에 걸쳐 불연속적으로 이루어진 경우에 이들 합의 전체를 하나의 부당한 공동행위로 볼 것인지 아니면 각각의 합의를 별개의 부당한 공동행위로 볼 것인지에 따라서 해당 공동행위의 종기가 좌우될 수 있다. 즉, 둘 이상의 합의가 불연속적으로 이어진 경우 이들 전체를 하나의 합의로 본다면 수개의 합의 중 가장 늦게까지 지속된 실행행위가 종료한 시점을 기준으로 공정거래법 제80조 제4항의 처분시효기산점(해당 위반행위의 종료일)을 산정하게 될 것이고, 그렇지 않다면 각 합의의 실행행위별로 나누어 각 종료된 시점에 따라 개별적으로 판단하게 될 것이다.[136] 사업자들이 일정한 기간에 걸쳐 수차례의 합의를 하는 경우 부당한 공동행위의 수는 그 개별적인 합의들의 기본원칙을 담거나 토대가 되는 기본합의가 있었는지의 여부 또는 그 개별합의들이 사실상 동일한 목적을 위해 단절됨 없이 계속 실행되어 왔는지의 여부 등을 종합적으로 살펴서 판단한다.

이와 관련하여 대법원은 "사업자들이 반드시 부당한 공동행위의 기본적 원칙에 관한 합의를 하고 이를 실행하는 과정에서 수차례의 합의를 해야 하는 것은 아니며, 기본적 원칙에 관한 합의 없이 장기간에 걸쳐 여러 차례의 합의를 해온 경우에도 그 각 합의가 단일한 의사에 기하여 동일한 목적을 수행하기 위한 것으로서 단절됨이 없이 계속 실행되어 왔다면, 각 합의의 구체적인 내용이나 구성원 등에 일부 변경이 있었다고 할지라도, 특별한 사정이 없는 한 그와 같은 일련의 합의는 전체적으로 1개의 부당한 공동행위로 봄이 상당하다"고 판시하였다(대법원 2009. 1. 30. 선고 2008두16179 판결[137] 등).

3. 부당한 공동행위의 기간

가. 부당한 공동행위의 개시일

(1) 법 제40조 제1항을 적용하는 경우, 참가사업자 전부에 대하여 법 제40조 제1항 각 호의

---

136 이 경우 그 합의가 장기간 이어져 왔을 경우 개별적으로 합의를 분리하게 된다면, 분리된 합의 중 시간적으로 빠른 합의의 경우는 이미 처분시효가 도과하여 공정위가 시정조치 및 과징금 부과 등을 할 수 없는 상황에 이를 수도 있다(이러한 취지에서 실무상 장기간 이루어진 공동행위의 경우 원고 소송대리인들이 공정위의 처분대상인 합의의 단절 및 분리를 주장하여 처분시효가 도과된 합의 부분이 있음을 주장하기도 한다). 그 외에 경과규정이 존재하는 경우에도 실무상 공동행위의 개수가 다투어지는 경우가 많다.

137 금호석유화학 등의 합성고무 가격인상 공동행위 건, 이 사안의 개요는 다음과 같다. ① 금호석유화학과 현대석유화학(이하 '금호'와 '현대'로 약칭)은 1999년 이후 합성고무의 공급과잉이 심화되어 수익성이 악화되자 적정 가격을 유지하고, 출혈경쟁을 지양하여 최대한 가격인상을 확보하기 위하여 2000. 3.~2003. 3.까지 4차례 합의에 의하여 합성고무의 가격을 인상하였다. ② 금호와 현대는 한국타이어에 대한 판매가격이 나머지 타이어 제조업체에 대한 판매가격에 영향을 미친다는 점을 고려하여 주로 한국타이어에 대한 판매가격 결정 과정에 중점을 두고 합의하였다. ③ 금호와 현대는 먼저 원재료 가격상승에 따른 합성고무 가격의 인상의 필요성과 그동안의 판매가격 변화, 한국타이어의 합성고무 담당자가 가격인상 여부에 대해 그동안 보인 반응 등 관련 정보를 서로 공유한 후, 반드시 확보해야 할 인상률의 하한 또는 목표 인상가격을 결정하는 방식으로 합의하였다. ④ 금호와 현대는 이처럼 한국타이어에 대한 판매가격을 합의한 후 합의한 가격수준보다 높거나 비슷한 수준으로 각 타이어 제조업체에 동일·유사한 시기에 가격인상요청 공문을 보냈고, 이후 한국타이어와의 협상진행 중에 자신들이 합의한 가격수준을 확보하기 어려울 것 같으면 중간에 목표가격을 수정 합의하여 다시 가격인상요청 공문을 보내는 등 협상진행 과정을 서로 공유하면서 가격인상을 진행하였다.

어느 하나에 해당하는 행위를 할 것을 합의한 날을 위반행위의 개시일로 본다.

(2) 합의일을 특정하기 어려운 경우에는 사업자별로 실행개시일을 위반행위의 개시일로 본다.

나. 부당한 공동행위의 종료일

부당한 공동행위의 종료일은 과징금산정을 위한 전제로서 위반기간의 종기가 될 뿐만 아니라 시정조치 및 과징금부과처분을 할 수 있는 처분시효기간의 기산점이 되고, 행위기간 중 법령의 개정이 있는 경우 경과규정상 적용법령의 판단기준이 되는 경우가 많다. 공정거래법상 부당한 공동행위의 종료일은 원칙적으로 그 합의에 기한 실행행위가 종료한 날을 의미한다.[138] 구체적으로 어떠한 사정이 존재하는 경우에 이미 실행된 공동행위가 종료되었다고 볼 수 있는가와 관련하여 대법원은 "부당한 공동행위에 해당하는 합의가 실행된 경우에 ① 합의에 참가한 일부 사업자가 부당한 공동행위를 종료하기 위해서는 다른 사업자에 대하여 합의에서 탈퇴하였음을 알리는 명시적 내지 묵시적인 의사표시를 하고 독자적인 판단에 따라 담합이 없었더라면 존재하였을 가격 수준으로 인하하는 등 합의에 반하는 행위를 하여야 하고, ② 합의에 참가한 사업자 전부에 대하여 부당한 공동행위가 종료되었다고 하기 위해서는 합의에 참가한 사업자들이 명시적으로 합의를 파기하고 각 사업자가 각자의 독자적인 판단에 따라 담합이 없었더라면 존재하였을 가격 수준으로 인하하는 등 합의에 반하는 행위를 하거나 또는 합의에 참가한 사업자들 사이에 반복적인 가격경쟁을 통하여 담합이 사실상 파기되었다고 볼 수 있을만한 행위가 일정 기간 계속되는 등 합의가 사실상 파기되었다고 볼 수 있을만한 사정이 있어야 한다."고 판시하였다(대법원 2008. 10. 23. 선고 2007두12774 판결[139] 등).[140]

참고로 공정위의 부당한 공동행위 심사기준에 따르면 다음 각 호의 어느 하나에 해당하는 사유가 발생한 경우에는 합의에 기한 실행행위가 종료한 것으로 볼 수 있다.

(1) 합의에 정해진 조건이나 기한이 있는 경우로서 그 조건이 충족되거나 기한이 종료한 경우

(2) 공동행위의 구성사업자가 합의 탈퇴의사를 명시적 내지 묵시적으로 표시하고 실제 그 합의에 반하는 행위를 한 경우. 다만, 합의에 반하는 행위를 하는 것이 현저히 곤란한 객관적이고 구체적인 사유가 인정되는 경우에는 합의 탈퇴의 의사표시로 부당한 공동행위가 종료한 것으로 볼 수 있다.

---

138 실행행위가 있었던 부당한 공동행위의 종기는 합의에 기한 실행행위가 종료한 날을 의미한다(대법원 2006. 3. 24. 선고 2004두11275 판결).

139 LG화학 등 국내에서 50%가성소다(광범위하게 사용되는 기초화학 제품으로, 제지, 섬유, 비누, 금속, 식품, 전기전자 등 산업분야 및 환경관련 약품으로도 사용됨)를 제조·판매하는 사업자들이 3차례의 가격인상시마다 합의를 통하여 가격인상수준, 인상시기 및 각 사의 생산능력에 따른 수출 분담량을 공동으로 결정하고 그대로 실행한 사건이다. LG화학 등의 이와 같은 행위는 수요·공급의 원칙, 각 사별로 수립된 독자적인 영업과 판매전략 등에 의하여 결정되어야 할 50%가성소다 국내가격을 공동으로 결정함으로써 공정하고 자유로운 경쟁을 부당하게 제한하는 공동행위에 해당한다고 판단하였다.

140 부당한 공동행위와 관련하여, 일부 사업자의 합의파기와 관련된 논점을 물어볼 수 있다. 대법원 판례의 내용과 이하에서 설명하는 예를 숙지해두면 좋을 것이다.

– 합의 탈퇴의 의사표시를 하였으나, 가격인하 등 합의에 반하는 행위를 할 수 있었음에도 불구하고 하지 않은 경우에는 합의 탈퇴의 의사표시만으로 공동행위가 종료한 것으로 볼 수 없다.

– 합의에 참가한 각 사업자가 각자의 독자적인 판단에 따라 담합이 없었더라면 존재하였을 가격 수준으로 인하하는 경우 그 독자적인 가격 결정일을 합의에 기한 실행행위가 종료한 날로 본다.

– 합의에 참가한 사업자들 사이에 반복적인 가격 경쟁이 있는 등 담합이 사실상 파기되었다고 인정할 수 있을 만한 행위가 일정 기간 계속되는 경우 그 행위가 발생한 날이 속한 달의 전월의 마지막 날에 합의에 기한 실행행위가 종료한 것으로 본다.

(3) 공동행위가 공정위의 심의일까지 지속되는 경우에는 그 심의일에 그 공동행위가 종료된 것으로 본다.

VI. 부당한 공동행위의 세부 유형 – "가거공시설상회입정기"

공정거래법 제40조 제1항 각 호의 행위는 다음과 같다.

1. 가격을 결정·유지 또는 변경하는 행위(법 제40조 제1항 제1호) – 가격공동행위(price fixing)[141]

가. '가격'이란 사업자가 거래의 상대방에게 상품 또는 용역을 제공하고 반대급부로 받는 일체의 경제적 대가를 의미하며, 권고가격, 기준가격, 표준가격, 수수료, 임대료, 이자 등 명칭 여하를 불문한다.

나. 가격을 '결정·유지 또는 변경'하는 행위에는 가격을 인상하는 행위뿐만 아니라 가격을 인하하거나 현행가격을 유지하는 행위, 최고가격이나 최저가격범위를 설정하는 행위도 포함된다.

다. 인상률, 할인율, 할증률, 이윤율 등과 같이 가격에 영향을 미치는 요소를 결정·유지·변경하는 행위, 일률적인 원가계산 방법을 따르도록 함으로써 실질적으로 가격을 결정·유지·변경하는 행위 등과 같이 가격에 영향을 미치는 행위도 포함된다.

– 석도강판의 운송을 사업자가 담당하여 판매할 경우에 판매되는 석도강판의 가격은 판매가격과 운송비를

---

141 2013년 변시 제2회 기출(도매가격의 합의), 2014년 변시 제3회 기출(자전거판매가격을 최소 10% 이상 인상하기로 합의). 설문에 나타난 사업자들의 행위가 어떤 유형의 부당한 공동행위에 해당하는지를 묻는 문제가 출제되었다(배점 30점). 이 경우 부당한 공동행위의 성립요건 등의 일반론을 시작으로, 부당한 경쟁제한성의 판단과 사안의 경우 어떤 행위유형에 해당하는지를 구체적인 근거와 함께 설명해야 한다. 이와 같은 유형의 출제에 대비하여 각 행위유형의 의미와 예시를 정확히 숙지하기 바란다.

합한 인도가격이라고 보아야 할 것이고, 따라서 이러한 운송비에 대한 합의는 석도강판의 가격을 사업자들의 의도대로 결정하는 행위에 해당(포스틸, 동부제강 등의 가격공동행위 건, 대법원 2001. 5. 8. 선고 2000두7872 판결)

- 피심인들이 케이블TV의 설치비, 시청료 등의 가격을 동일하게 결정·유지하기로 합의한 행위(한국케이블TV 및 티씨엔대구방송의 부당한 공동행위 건, 2002. 12. 24. 공정위의결 제2002-370호)

- 7개 신용카드사들이 신용카드가맹점 수수료율을 공동으로 결정한 행위(2000. 1. 14. 공정위의결 제2000-11호)

- 17개 은행들이 공공기관이 요구하는 제 증명서에 대한 발급수수료를 부과할 것을 공동으로 합의한 행위[2002. 12. 3. 공정위의결(약) 제2002-189호]

- 니폰카본 등 6개 외국사업자가 대한민국 시장에 흑연전극봉을 판매함에 있어 공동으로 흑연전극봉의 판매가격을 결정(2002. 4. 4. 공정위의결 제2002-77호)[142]

2. 상품 또는 용역의 거래조건이나, 그 대금 또는 대가의 지급조건을 정하는 행위(법 제40조 제1항 제2호) - 거래조건 공동행위

가. '거래조건'이란 상품 또는 용역의 품질, 거래의 장소, 거래의 방법, 운송조건 등과 같이 상품 또는 용역의 거래와 관련된 조건을 의미한다.

나. '대금 또는 대가의 지급 조건'이란 지급수단, 지급방법, 지급기간 등과 같이 대금 또는 대가의 지급과 관련된 조건을 의미한다.

심결사례 등

- 국민카드, BC카드 등 5개 신용카드회사가 할부구매 최저금액의 인상(단가 5만 원 이상→단가 20만 원 이상), 할부기간의 단축(최장 36개월→24개월), 수수료율 인상(연11.5%→13.5%) 등을 공동으로 합의한 행위(1988. 12. 21. 공정위의결 제88-34호)[143]

- 광주지역 40개 주유소가 유류를 판매하면서 일정금액 이상의 주유를 한 이용고객에게 제공했던 무료세차를 유료화하되, 1,000원씩을 받기로 합의한 행위(1997. 5. 23. 공정위의결 제97-139호)

- 롯데리아, 맥도널드, KFC 등 4개 패스트푸드사업자들이 탄산음료 리필서비스 중단을 공동으로 결정하여 실행한 행위(2003. 1. 13. 공정위의결 제2003-20호)

- 삼성화재, 현대해상, 동부화재 등 10개 손해보험회사가 보험가입자에게 무료로 제공하던 긴급견인 등 5개 주요 긴급출동서비스를 폐지하고 유료화하기로 합의한 행위(2002. 10. 4. 공정위의결 제2002-209호, 대법원 2006. 11. 23. 선고 2004두8323 판결 - "무료 긴급출동 서비스는 구 공정거래법 제19조 제

---

142 공정거래법상 역외적용의 명문규정이 도입되기 이전, 판례상 역외적용을 인정한 사례이기도 하다.
143 다만, 합의내용 중 수수료율 인상 부분은 제40조 제1항 제1호 "가격협정"이 적용되었다. 수수료는 카드회사에게는 서비스판매가격으로 볼 수 있기 때문이다.

1항 제2호 소정의 '거래조건'에 해당한다.")

– 세제 제조업자가 판촉물이나 샘플의 제공을 공동으로 금지한 사례(대법원 2009. 6. 25. 선고 2008두17035 판결)

– 페트병 소주 경품제공 기준 및 지역행사 지원 등 거래조건에 관한 합의를 통해 서로의 사업활동을 제한하기로 한 경우, 이러한 합의는 비가격경쟁이 치열한 소주시장에서 원고들 각자가 거래상대방과 사이에서 교섭의 대상으로 삼아야 할 거래조건이나 각자의 고유 사업활동 영역에 속하는 사항에 관하여 허용되는 최대한도를 정함으로써 그 범위에서 경쟁제한적 효과가 있음이 명백하고, 원고들의 주장과 같은 비용절감 효과가 소비자 후생 증진으로 이어진다고 하기도 어렵다는 등의 이유로 합의의 부당성을 인정한 사례(대법원 2014. 2. 13. 선고 2011두16049 판결)

3. 상품의 생산·출고·수송 또는 거래의 제한이나 용역의 거래를 제한하는 행위(법 제40조 제1항 제3호) – 공급제한 공동행위

가. 상품 또는 용역의 거래에서 생산량, 판매량, 출고량, 거래량, 수송량 등을 일정한 수준 또는 비율로 제한하거나 사업자별로 할당하는 행위가 포함된다.

나. 가동률, 가동시간, 원료구입 여부 또는 비율 등을 제한함으로써 실질적으로 생산·출고·수송을 제한하는 행위도 포함된다.

심결사례 등

– 녹십자수의약품(주) 등 5개사가 2차에 걸친 회의를 갖고 10개 전염병 예방약을 대한수의사회 및 산하 지부에서 출자 설립한 한수약품(주)을 통해서만 공급기로 합의한 행위(1988. 8. 12. 공정위의결 제88-30호)

– 여천지역 7개 LP가스 판매업자가 LP가스를 공동으로 판매하고 그 이익금은 일정비율로 분배하기로 합의한 행위(1997. 5. 13. 공정위의결 제97-66호)

– 바스프(BASF), 솔베이(Solvay) 등 6개 외국사업자가 1989. 9. ~ 1999. 2. 기간 동안 대한민국에 비타민 A, E, B5, D3, Beta Carotene을 판매함에 있어 공동으로 판매가격의 인상·유지 및 판매량 할당을 합의한 행위(2003. 4. 29. 공정위의결 제2003-098호, 서울고등법원 2004. 11. 24. 선고 2003누9000 판결)[144]

– 하림, 마니커, 체리부로 등 닭고기 도계육 사업자들이 수급조절을 위하여 일정 수량의 비축을 합의한 사례(서울고등법원 2008. 7. 24. 선고 2006누26563 판결)

---

144 외국사업자들에 대한 역외적용 사례이기도 하다.

4. 거래지역 또는 거래상대방을 제한하는 행위(법 제40조 제1항 제4호) – 시장분할 공동행위 (market division)[145]

가. 사업자별로 거래지역을 정하는 행위, 특정 지역에서는 거래하지 않도록 하거나 특정 지역에서만 거래하도록 하는 행위 등과 같이 거래지역을 제한하는 행위가 포함된다.

나. 사업자별로 거래상대방을 정하는 행위, 특정사업자와는 거래하지 않도록 하거나 특정사업자와만 거래하도록 하는 행위 등과 같이 거래상대방을 제한하는 행위가 포함된다.

심결사례 등

– 11개 손해보험회사가 공동으로 영업용자동차계약은 당초 계약사가 2년간 계속 계약하는 것을 원칙으로 하되 당초 계약사에서 이탈된 계약을 인수하는 경우 새로 인수하는 회사가 보험계약액의 10%를 보유하고 나머지 90%는 10개사가 각 9%씩 배분하도록 한 행위(1990. 8. 24. 공정위의결 제90–48호)

– 8개 빙과류 도매업자가 경쟁사업자의 기존 거래처를 침범하지 않기로 하는 내용의 약정서를 체결한 행위(1998. 7. 22. 공정위의결 제98–8호)

– SK건설을 포함한 건설 6개사가 공구분할 합의를 한 뒤, SK건설이 사실상 단독으로 지하철 7호선 706공구 입찰에 참여한 것은 공정거래법 제19조 제1항 제4호에서 정한 부당한 공동행위에 해당(서울고등법원 2008. 10. 22. 선고 2008누1209 판결)

– 7개 의류폐기물 중간처리업자가 서로 상대방의 거래처를 침범하지 말고 기존 거래처를 최대한 유지하자는 합의를 한 사례(대법원 2011. 2. 14. 선고 2010두26636 판결)

– SM엔터테인먼트 외 6개 음반판매사가 종래 도소매상 등에게 판매하고 있던 음반을 이후 특정 업체를 통해서만 판매하기로 합의하고 공동으로 판매회사를 설립하여 독점판매대행 계약을 체결한 사례(서울고등법원 2003. 6. 3. 선고 2002누13903 판결)

5. 생산 또는 용역의 거래를 위한 설비의 신설 또는 증설이나 장비의 도입을 방해하거나 제한하는 행위(법 제40조 제1항 제5호) – 설비제한 공동행위

업계 전체 또는 개별 사업자별로 설비 총량 또는 신·증설 규모를 정하는 행위, 특정한 장비 도입을 제한하거나 또는 유도하는 행위 등이 포함된다. 생산설비의 제한은 생산량이나 판매량에 직접적인 영향을 미치고, 이는 궁극적으로 가격에 영향을 미친다.

---

145 2016년 변시 제5회 기출. "타이어 제조사인 A사(국내 타이어 소매시장의 40% 점유)와 동사의 모든 국내 대리점들이 대리점별 영업구역을 정하고 이에 합의한 경우, 이러한 대리점들의 행위가 법 제40조 제1항 각 호에 정한 행위유형 중 어느 유형에 해당하는지, 그 행위가 위법한지 여부(배점 30점)." 대리점별 영업구역을 정한 시장분할 공동행위로 접근해야 한다. 시장분할 공동행위는 경성카르텔로 분류된다.

진흥고속의 차고지 이전제한 등 합의 건(서울고등법원 2010. 5. 18. 선고 2009누13186 판결) : 사업자 간 이행합의서를 통하여 "경기고속 등의 가평군 대성리 차고지는 대성리~청량리와 대성리~잠실 운행계통으로만 국한하여 운행하고, 차후 가평군 관내 여타 지역으로의 노선연장 등 모든 사업계획 변경신청 및 운행대수 증차는 하지 않기로 한다."라는 합의는 차고지 이전을 통한 노선연장 제한뿐만 아니라 사업계획 변경신청 및 운행차량 증가 등 일체의 행위를 제한하는 합의로 공정거래법 제40조 제1항 제4호 내지 제5호에 해당한다고 본 사례

6. 상품 또는 용역의 생산·거래 시에 그 상품 또는 용역의 종류·규격을 제한하는 행위(법 제40조 제1항 제6호) – 상품종류규격제한 공동행위

특정 종류 또는 규격의 상품 또는 용역을 생산 또는 거래하지 않도록 하는 행위, 사업자별로 상품 또는 용역의 종류 또는 규격을 할당하는 행위, 새로운 종류 또는 규격의 상품 또는 용역의 생산 또는 공급을 제한하는 행위가 포함된다.

- 무학 및 대선주조가 공동으로 종이박스형 생산을 중단하기로 한 행위(2000. 3. 13. 공정위의결 제 2000-43호)

- 3개 건조제 포장업체가 특정 건조제 외에는 사용, 제조, 판매하지 못한다는 약정을 체결한 행위(1992. 7. 22. 공정위의결 92-96호)

- 6개 출판사가 공동으로 영어부교재의 규격, 체계를 결정한 행위; 학습부교재의 생산규격이나 판매조건을 합의한 행위(서울고등법원 1992. 4. 22. 선고 91구3248 판결, 대법원 1992. 11. 13. 선고 92누8040 판결)

- LG건설, 대우건설이 사천시청 신축공사 입찰을 앞두고 입찰자들이 공동으로 특정 공법 및 설비를 기본설계도에서 제외하기로 합의한 행위(2004. 2. 2. 공정위의결 2004-33호, 대법원 2007. 9. 20. 선고 2005두15137 판결)

- 유선전화 서비스, 인터넷전용회선 서비스등 유선 통신업을 영위하는 사업자들이 합의를 통하여 번들상품 출시를 금지하기로 한 사례(대법원 2008. 10. 23. 선고 2007두2586 판결)

7. 영업의 주요 부문을 공동으로 수행·관리하거나 수행·관리하기 위한 회사 등을 설립하는 행위(법 제40조 제1항 제7호) – 회사설립 영업관리 공동행위[146]

상품 또는 용역의 생산, 판매, 거래, 원자재의 구매, 기타 영업의 주요 부문을 공동으로 수행하거나

---

146 2013년 변시 제2회 기출. 원자재 구입이라는 주요한 영업부문을 공동으로 수행·관리하기로 하는 공동구매계약(합의)이 부당한 공동행위에 해당하는지, 어떤 행위유형인지를 설명하는 문제였다(배점 40점). 2020년 변시 제9회 – 공동의 제품연구개발을 위한 회사설립과 유통비용절감을 목적으로 유통전담 회사 설립의 경우로 나누어 그 당시 처한 시장의 특수한 상황에 따라 각 부당한 공동행위 성립 여부를 묻는 문제.

관리하는 행위, 이를 위해 회사 등을 설립하는 행위가 포함된다. 그 대표적인 경우가 조인트벤처(합작회사)의 설립인데, 경우에 따라 다르겠지만 효율성 증대효과는 미미한 반면 별개의 사업자들 사이의 합의로 부당한 경쟁제한성만이 월등히 높게 인정되는 상황이라면, 아무리 '조인트벤처' 설립이라는 외형을 취하더라도 이는 얼마든지 공정거래법상 문제가 될 수 있다. 참고로 이 경우 개별 사업자들이 완전히 통합된 정도에 이를 경우에는 규제의 영역을 달리하여 기업결합 규제가 적용될 수 있을 것이고, 만일 통합이후 시장지배력을 취득할 정도의 막강한 시지사업자가 되었다면 개별 남용행위에 대하여 시지남 규제도 적용될 수 있을 것이다. 부당한 공동행위의 핵심은 합의에 있으므로, 본 조항의 적용 여부는 합의의 관점에서 판단해야 한다.

심결사례 등

- 서울시 중구 관내 7개 LP가스판매업자들이 중구 소재 LP가스판매업소를 사실상 통합하여 공동판매업소를 설립하여 운영하기로 합의한 행위(2000. 3. 14. 공정위의결 제2000−44호)
- 목포권 10개 시멘트가공업체가 영업의 주요부문인 콘크리트벽돌 및 시멘트 블록의 판매를 위하여 서남유통(주)를 설립하기로 한 행위(1997. 9. 30. 공정위의결 제97−218호)
- 경상남도 사천시 지역 5개 서점이 영업의 주요부문인 서적의 판매 및 집하장을 공동으로 운영하기 위하여 (주)사천도서유통을 설립하기로 한 행위(1996. 6. 18. 공정위의결 제96−98호)

---

8. 입찰 또는 경매에 있어 낙찰자, 경락자, 투찰가격, 낙찰가격 또는 경락가격, 그 밖에 대통령령으로 정하는 사항을 결정하는 행위(법 제40조 제1항 제8호) − 입찰 공동행위(입찰담합, bid−rigging)[147]

가. 낙찰예정자 또는 경락예정자를 사전에 결정하고 그 사업자가 낙찰 또는 경락받을 수 있도록 투찰 여부나 투찰가격 등을 결정하는 행위, 낙찰가격 또는 경락가격을 높이거나 낮추기 위하여 사전에 투찰 여부나 투찰가격 등을 결정하는 행위가 포함된다.

나. 다수의 입찰 또는 경매에서 사업자들이 낙찰 또는 경락받을 비율을 결정하는 행위, 입찰 또는 경매에서 사전에 설계 또는 시공의 방법을 결정하는 행위, 그 밖에 입찰 또는 경매의 경쟁요소를 결정하는 행위가 포함된다. 실무상 자주 볼 수 있는 공동행위의 유형이다. 주로 관급 입찰 건에서 사업자단체를 매개로 하여 경쟁사업자 간의 공동행위가 발생하고 있으며, '들러리' 입찰자를 결정하는 방법, 각 사업자의 지분율을 미리 합의하여 추후 정산하는 방법 등이 전형적인 수법들이다.

---

147 2018년 변시 제7회 기출. 입찰담합은 원래 법 제40조 제1항 제1호의 가격담합으로 규율되었다가 2007년 법 개정으로 입찰담합을 독립된 공동행위의 유형으로 규정하게 되었다. 법 개정 이전 공정위는 입찰담합에 대하여 제1호 가격담합 외에도 제3호 공급제한협정, 제4호 시장분할협정으로도 의율한 사례가 있었다. 본질이 동일한 입찰담합에 대하여 구체적인 행위태양에 따라 다양한 행위유형으로 포섭하는 법 적용상의 혼란을 방지한다는 측면과 우리의 경우 국가 및 공공발주 입찰과 관련된 뿌리 깊은 입찰담합행위가 빈번한 점을 고려하여 개별 규정으로 별도 명시한 것이다.

9. 가격, 생산량, 그 밖에 대통령령으로 정하는 정보[148]를 주고받음으로써 일정한 거래분야에서 경쟁을 실질적으로 제한하는 행위(법 제40조 제1항 제9호 후문) - 정보교환 공동행위 (2020. 12. 29. 법 개정 신설)

가. 경쟁사업자 사이에 미래가격 등 민감한 정보를 교환하는 행위는 경쟁제한적 폐해가 커서 EU, 미국 등에서는 이를 동조적 행위로 금지하거나 정보교환 합의 자체를 규율하고 있는 반면, 우리 공정거래법에서는 그동안 이에 대한 명시적 규정이 없어 이를 부당한 공동행위로 규율하기 어려운 문제가 있었다. 이를 고려하여 2020. 12. 29. 법 개정을 통해 정보교환 공동행위를 신설하였다. 사업자 간 가격·생산량 등의 정보를 주고받음으로써 실질적으로 경쟁을 제한하는 행위에 대한 합의를 정보교환 공동행위라는 관점에서 부당한 공동행위의 하나의 유형으로 포함시킨 것이다. 정보교환 공동행위 유형은 법 제40조 제5항이 정하는 추정사유로서 부당한 공동행위의 각 유형에 대한 정보교환과는 별개이므로, 부당한 공동행위의 성립에 관한 일반이론을 그대로 적용하면 된다. 즉, 경쟁을 실질적으로 제한하는 정보교환에 대한 합의가 있고, 다시 부당한 경쟁제한성이 있어야 이 유형의 담합이 성립하는 것이다.[149]

나. 이와 별도로 경쟁제한적 정보교환 행위를 보다 효과적으로 규율하기 위한 목적으로 사업자 간 담합으로 볼 수 있는 외형상 일치가 존재하고 이에 필요한 정보를 교환한 경우에는 사업자 간 합의가 있는 것으로 법률상 추정하도록 규정하였다(합의의 추정사유 추가). 부당한 공동행위 금지규정에 해당하지 않는 정보교환행위에 대해서도 합의의 추정요건으로 규정하여 정보교환행위에 대한 규제를 강화하고자 한 취지이다.

다. 경과규정(부칙 제15조)을 통하여, 법 시행(2021. 12. 30.) 전에 종료된 행위에 대하여는 종전 규정을 적용하도록 정하였다.

10. 제1호부터 제8호까지 외의 행위로서 다른 사업자(그 행위를 한 사업자를 포함한다)의 사업활동 또는 사업내용을 방해하거나 제한함으로써 일정한 거래분야에서 경쟁을 실질적으로 제한하는 행위(법 제40조 제1항 제9호 전문) - 기타 다른 사업자의 사업활동방해 공동행위

가. 영업장소의 수 또는 위치를 제한하는 행위, 특정한 원료의 사용비율을 정하거나 직원의 채용을 제한하는 행위, 자유로운 연구·기술개발을 제한하는 행위 등과 같이 제1호부터 제8호에 해당

---

148 법 시행령 제44조 제2항 "법 제40조 제1항 제9호에서 대통령령으로 정하는 정보는 각 호의 어느 하나를 말한다."(사업자 간 정보교환 시 경쟁을 제한할 우려가 있는 정보의 유형)
  1. 원가
  2. 출고량, 재고량 또는 판매량
  3. 거래조건 또는 대금·대가의 지급조건
149 정호열, 『경제법』 전정 제7판, 2022, 365쪽.

하지 않는 그 외의 행위로서 다른 사업자의 사업활동 또는 사업내용을 방해하거나 제한하는 행위가 포함된다.

나. 공동행위 참여 사업자들이 공동행위에 참여하지 않은 다른 사업자의 사업활동 또는 사업내용을 방해하거나 제한하는 경우뿐만 아니라, 공동행위에 참여한 사업자 자신들의 사업활동 또는 사업내용을 제한하는 경우도 포함된다.

심결사례 등

- 부산권 24개 레미콘 제조업체가 공동으로, 레미콘 가격인상 합의에 참여하지 아니한 경쟁업체에 차량을 진입시켜 레미콘의 출하를 방해한 행위(1997. 11. 3. 공정위의결 제97-272호)

- 제천시 13개 서점이 서울문화사로 하여금 총판계약을 다른 서점으로 변경하거나 전 총판인 이문서점으로 환원하지 않으면 서울문화사에서 발행되는 잡지 등 간행물을 제천시 지역에서 일체 취급하지 않겠다고 합의한 행위(1999. 10. 16. 공정위의결 제99-229호)

- 교복제조업자들이 대리점의 공동구매 참여를 방해한 사례(대법원 2006. 11. 9. 선고 2004두14564 판결)

- 병마개 가격인상 시기의 연기를 병마개 공급업자에게 요청한 사례(대법원 2014. 2. 13. 선고 2011두16049 판결)

Ⅶ. 부당한 공동행위의 사법상의 효력(법 제40조 제4항)과 위반행위에 대한 제재

1. 부당한 공동행위의 사법상 효력

부당한 공동행위를 할 것을 약정하는 계약 등은 해당 사업자 간에는 그 효력을 무효로 한다.[150] 이때 "사업자 간"이라 함은 부당한 공동행위에 참여한 참여사업자만을 의미하고, 부당한 공동행위에 참여하지 아니한 사업자는 포함되지 않는다. 따라서 부당한 공동행위는 공동행위에 참여한 사업자에 대해서만 무효이므로(상대적 무효), 공동행위의 참여당사자는 다른 참여당사자가 합의내용을 준수하지 않는다고 하여 그 합의이행을 강제하거나 채무불이행책임을 물을 수는 없다. 반면 부당한 공동행위에 참여하지 아니한 제3자(소비자 등 공동행위에 참여하지 않은 제3자)에 대해서는 무효가 아니므로 공동행위 당사자가 합의내용을 기반으로 제3자와 후속 계약을 체결한 경우 그 계약은 유효하다. 물론 부당한 공동행위로 소비자 또는 다른 사업자가 손해를 입은 경우에는 소비자 또는 다른 사업자는 공동행위 참가사업자에 대해 공정거래법 또는 민법상 손해배상청구가 가능하다.

---

150 공정거래법 위반행위의 사법상 효력에 대한 유일한 명문 규정이다.

2. 위반행위에 대한 제재[151]

가. 시정조치(법 제42조)

(1) 시정조치의 상대방 : 부당한 공동행위를 한 사업자 또는 하게 한 사업자이다.

(2) 시정조치의 내용 : 공정거래위원회는 다음의 시정조치를 명할 수 있다.

① 해당 행위의 중지

② 시정명령을 받은 사실의 공표

③ 그 밖에 필요한 시정조치 : 여기에는 합의파기, 법위반사실의 거래처 통지, 합의파기 이후의 가격 등의 보고, 가격의 자율적 결정 등의 조치를 할 수 있다.

나. 과징금(법 제43조)[152]

(1) 부과대상 : 부당한 공동행위를 행한 사업자 또는 하게 한 사업자이다.

(2) 부과한도

① 관련 매출액의 20% 이내

② 매출액이 없는 경우 40억 원을 초과하지 않는 범위에서 과징금을 부과할 수 있다.

Ⅷ. 행정지도와 부당한 공동행위[153]

1. 행정지도의 개념

가. 행정주체가 스스로 의도하는 바를 실현하기 위하여 상대방의 임의적 협력을 기대하여 행하는 비권력적 사실행위이다.

---

151 설문의 행위가 부당한 공동행위에 해당한다고 가정할 경우 공정거래위원회가 공정거래법상 어떤 행정처분을 할 수 있는지를 묻는 문제가 출제될 수 있다(2022년 변시 제11회 기출).

152 실무상으로는 부당한 공동행위와 관련된 다툼의 거의 대부분을 차지하는 논의 영역이 바로 과징금과 관련된 문제들이다. 특히 관련매출액 산정, 위반기간, 행위요소 및 행위자요소에 의한 조정(가중 및 감경)을 통하여 부과과징금이 결정되는 판단과정에서 많은 논쟁들이 발생하고 있다. 과징금부과처분은 성질상 재량행위이므로, 이를 다투는 기본적인 방법은 재량을 행사함에 있어서 과징금부과의 기초가 되는 사실을 오인하였다거나 비례·평등의 원칙 등을 위반했다는 점을 적극 주장하여 재량권의 일탈·남용이라는 위법 논리로 이끌어 가는 것이 과징금부과처분취소소송에서의 가장 흔한 법리전개이다.

153 2017년 변시 제6회 기출. <제1문> 3. "한편, 라면 4사는 제품생산에 필요한 원료가격 및 인건비 등이 상승하자 자사의 라면가격을 각사의 사정에 따라 인상할 것을 고려하고 있었다. 이러한 사실을 알게 된 정부는 라면 4사의 대표들을 불러 물가 안정을 위해 라면가격 인상율을 5% 이내로 해줄 것을 요청하였다. 이에 라면 4사 대표는 식사 모임을 갖고, 그 자리에서 정부 시책에 따라 각사의 라면 공급 가격을 5% 인상하기로 결정하였다." – 라면 4사가 라면의 공급 가격을 5% 인상하기로 한 행위가 행정지도에 따른 행위로서 공정거래법상 정당한 행위로 볼 수 있는지를 설명하시오(배점 20점).

나. 행정지도는 그 성질상 반드시 법적 근거를 요하지는 않는다.

다. 행정지도를 이행하지 않더라도 별도의 법적 제재가 수반되지 않고, 행정지도에 대한 이행 여부는 완전히 사업자의 자유재량에 달려 있다.

2. 행정지도에 의한 공동행위의 위법성 판단기준[154]

행정지도가 있는 경우 사업자는 독자적으로 법 위반 여부를 판단하여 행동해야 한다. 법령에 근거가 없는 행정지도에 따른 사업자의 행위가 공정거래법상 부당한 공동행위에 해당될 경우에 주무부처의 행정지도에 의한 것이라고 하더라도 원칙적으로 공정거래법에 위반된다.[155·156] 다만, 행정지도가 개입된 공동행위에 대하여 대법원은 "법 제40조 제5항에 따라 공동행위의 합의추정을 받는 사업자들로서는 외부적으로 드러난 동일 또는 유사한 행위가 실제로는 아무런 합의 없이 각자의 경영판단에 따라 독자적으로 이루어졌음에도 마침 우연한 일치를 보게 되는 등 공동행위의 합의가 없었다는 사실을 입증하거나, 또는 외부적으로 드러난 동일 또는 유사한 행위가 합의에 따른 공동행위가 아니라는 점을 수긍할 수 있는 정황을 입증하여 그 추정을 복멸시킬 수 있다 할 것이다. … (중간생략) … 비록 법 제120조 제1항이 정한 피고와의 협의가 없었다고 하더라도 보험사업자의 위 신고에 대한 심사과정에서 금융감독원장이 행정지도를 통하여 사실상 보험료결정에 관여하였고 그 결과 보험료가 동일하게 유지되었다면, 위와 같은 사정은 공동행위의 합의추정을 복멸시킬 수 있는 정황으로서 참작될 수 있다고 할 것이다."라고 판시한 바 있다(금융감독원장이 행정지도를 통하여 사실상 자동차보험료 변경에 관여하였고 그 결과 보험료가 동일하게 유지된 사정을 참작하여 자동차 보험료의 유지·변경에 관하여 자동차보험사업자들 사이에 공동행위의 합의가 있었다는 추정이 복멸되었다고 하여 행정지도가 추정번복의 유력한 사정이 될 수 있다는 점을 인정한 사례, 대법원 2005. 1. 28. 선고 2002두12052 판결).[157]

---

154 행정지도와 관련하여 공정거래법상 논점은 크게 ① 행정지도에 따른 행위를 공정거래법 제116조상의 '법령에 따른 정당한 행위'로 평가하여 공정거래법의 적용이 제외된다고 볼 수 있는지, ② 해당 행위에 대하여 공정거래법 제40조 제5항에 따라 합의가 추정되었을 경우 행정지도가 있었음을 들어서 합의의 추정을 복멸할 수 있는지가 문제될 수 있다. 위 ①의 경우 행정지도를 법령과 동일하게 평가할 수 없다는 것이 통설이고, 위 ②의 경우 판례는 사안에 따라 추정복멸의 정황증거로 고려할 수 있다는 판단을 하고 있다. 단순히 행정지도가 있었다는 이유만으로 위법성을 부정하게 된다면 법적용을 회피하기 위해 행정지도의 기회를 악용할 우려도 크다. 행정지도가 법위반을 조장하게 된다면, 이는 법치행정의 기본원칙에도 반하는 것이다.

155 행정지도는 비권력적 사업행위에 불과한 것이어서 그에 따름이 강제되는 것이 아니므로 사업자단체로서는 독자적으로 독점규제및공정거래에관한법률위반 여부를 판단하여 행동하여야 하고, 위 법률의 운영은 행정부 내에서 독립된 지위를 가진 공정거래위원회의 권한으로 되어 있으므로, <u>사업자단체가 주무관청인 상공부의 행정지도에 따라 시정명령의 대상이 되는 행위를 하게 된 것이라 하더라도 그것만으로 위법성이 조각된다거나 또는 그 시정을 명함이 금반언의 원칙에 반한다고 할 수는 없다</u>(서울고등법원 1992. 1. 29. 선고 91구2030 판결).

156 교육부의 지시라 하더라도 공정거래법 제116조에서 규정한 법률 또는 법률에 의한 명령이 아니므로 위법성 조각사유가 아님(동아출판사 등 6개 출판사의 학습부교재 생산규격·판매조건 공동결정행위 건, 서울고등법원 1992. 4. 22. 선고 91구3248 판결) – 교육부의 지시는 법률에 의한 명령이 아니라고 한 사례.

157 합의의 추정을 복멸할 수 있는 정황증거로서의 하나로 고려할 수 있다는 정도의 의미에 불과할 뿐, 행정지도에 따른 행위의 위법성을 전면 부인한 판시취지가 아님을 주의해야 한다. 실제로 행해지는 행정지도의 내용과 수단, 경위 등이 매우 다양하기 때문에 경쟁법의 취지에 따라 실질적인 관점에서 판단해야 할 문제이다. 공정거래법상 행정지도와 관련된 문제가 출제될 경우 "신뢰보호의 원칙" 등의 논점을 잡고 경쟁법과 무관한 내용을 장황하게 언급하는 등 잘못된

3. 사전협의의무(법 제120조)

경쟁제한적인 행정지도를 하는 경우 관계행정기관의 장은 미리 공정위와 협의하여야 하는 사전협의의 무가 있다.

IX. 공동행위의 인가(법 제40조 제2항)

부당하게 경쟁을 제한하는 공동행위는 금지되지만, 공정거래법 제40조 제2항 각 호(불황극복을 위한 산업구조조정, 연구·기술개발, 거래조건의 합리화, 중소기업의 경쟁력향상)의 어느 하나에 해당하는 목적 을 위하여 하는 경우로서 법 시행령 제40조 제5항의 요건을 충족하고, 다시 공정위의 인가를 받는 경우 에는 해당 공동행위가 허용된다. 다만, 공정위가 실제로 이 규정에 따라 인가한 사례는 전무하다.

방향으로 서술해서는 안 된다.

CHAPTER

05

불공정거래행위의 금지

　공정거래법은 공정한 거래질서를 유지하기 위하여 불공정거래행위를 금지하고 있다. 불공정거래행위 (unfair business practices)는 공정거래법 위반행위 중 실무상 가장 빈번하게 문제되는 유형으로, 시장지배력의 여부와 관계없이 개별적인 단계에서 발생할 수 있는 사업자의 일방적 행위(unilateral act)라는 특성을 갖는다.[158] 불공정거래행위의 세부유형들은 매우 종류가 다양하여 설문에 포함될 수 있는 경우의 수가 많고 시험에 출제될 수 있는 범위가 넓다. 그런데 수험생의 입장에서 각 행위유형의 설명을 통해 그 예를 찾는 것보다 실제로 설문에 나타난 사실관계에 의거하여 역으로 특정 불공정거래행위의 유형에 따라 접근하여 판별하는 부분은 생각처럼 그리 쉽지 않을 것이다. 또한 구체적인 판단기준도 모호한 부분이 있고, 각 행위유형의 개념 또한 단순 동어반복에 불과한 경우도 다수 있다. 그러므로 수험생들은 구체적인 행위유형의 개념적 징표와 의미를 분명히 숙지하고 이에 더 나아가 출제가능성이 높은 중요 행위유형의 경우는 사례형 시험의 원천이라 할 수 있는 주요 심결례 및 판례에서 문제가 된 사례들을 주의 깊게 살펴볼 필요가 있다. 나아가 기출문제와 모의고사 등에서 유형화된 사례가 얼마든지 변형되어 출제될 수 있다는 점을 유의하여 다양한 사례를 접해보기 바란다. 그동안의 출제경향을 살펴보면, 사례형 문제에서 시지남과 마찬가지로 사업자가 공정한 거래질서를 저해할 개연성이 있는 행위사안을 제시하고, 그것이 불공정거래행위 중 어떤 유형에 해당될 수 있는지, 그와 같은 판단의 논리적 근거는 무엇인지를 묻는 형식으로 출제되어 왔다(애매한 행위유형의 경우에는 논의 가능한 다양한 행위유형 중 특정 불공정거래행위 유형은 처음부터 논하지 말 것을 문제에서 미리 전제하는 경우도 있었음). 그리고 불공정거래행위는 많은 경우에 민사상 불법행위를 구성하는 사적 분쟁의 성격도 함께 갖기 때문에, 불공정거래행위에 해당하는 계약의 사법상 효력 유무나 공정거래법상 손해배상의 문제와 결부시켜 소논점으로 함께 출제될 가능성도 있다. 꾸준히 사회적 이슈가 되고 있는 "갑의 횡포" 논쟁과 관련하여 거래상 지위남용[159] 부분도 시의적절한 내용이 많고 판단의 법리나 논리전개가 독특한 부분이 있으니 주의 깊게 살펴보기를 바란다. 마지막으로 2021. 12. 30.부터 시행되고 있는 개정법은 사적 집행의 강화차원에서 불공정거래행위에 대하여 직접 법원에 금지 또는 예방을 청구할 수 있도록 하였다.

---

158 이에 대비하여 부당한 공동행위는 복수의 사업자를 필요로 하는 행위 유형이라는 특성을 갖는다(collusive act, 사업자의 복수성).
159 2016년 변시 제5회 기출.

Ⅰ. 불공정거래행위 일반론

1. 의의

사업자는 공정한 거래를 저해할 우려가 있는 행위, 이른바 불공정거래행위를 해서는 아니 된다(법 제45조 제1항).[160] 공정거래법은 구체적으로 ① 거래거절, ② 차별취급, ③ 경쟁사업자 배제, ④ 부당한 고객유인, ⑤ 거래강제, ⑥ 거래상 지위의 남용, ⑦ 구속조건부거래, ⑧ 사업활동방해, ⑨ 부당한 지원행위 등 행위를 열거하고 있고, 법 제45조 제1항 제10호에서는 '기타의 불공정거래행위'에 대한 일반규정을 두고 있다. 나아가 공정거래법 제45조 제3항은 "불공정거래행위의 유형 또는 기준은 대통령령으로 정한다."고 규정하고 있으며, 이에 따라 법 시행령 제52조 [별표2]에서 세부유형 및 기준을 정하고 있다.[161] 이와 별도로 법 시행령 별표2 비고란에서는 "공정거래위원회는 효율적인 법집행을 위해 필요하다고 인정하는 경우에는 위 표(별표2)에 따른 불공정거래행위의 세부 유형 또는 기준을 정하여 고시할 수 있다."고 규정하고 있는바, 이에 근거한 특수행위유형을 "특수불공정거래행위"라고 부르고 있다. 현재 특수불공정거래행위로는 ① 병행수입고시(병행수입에 있어서의 불공정거래행위의 유형 고시), ② 신문고시(신문업에 있어서의 불공정거래행위 및 시장지배적지위남용행위의 유형 및 기준)가 있다.

다음으로, 불공정거래행위에 대한 법적 규제의 특징 중 하나는 공정거래법이 정하고 있는, 또는 과거에 정하고 있었던 불공정거래 행위유형들(특수불공정거래행위 포함)이 별도의 법률(특별법)로 발전한 경우가 많다는 점이다. 즉, '표시광고의 공정화에 관한 법률(표시광고법)'은 과거 오인유발적 표시광고와 같은 불공정거래행위 유형을, '하도급거래공정화에 관한 법률(하도급법)', '대규모유통업에서의 거래 공정화

---

160 제45조(불공정거래행위의 금지) ① 사업자는 다음 각 호의 어느 하나에 해당하는 행위로서 공정한 거래를 해칠 우려가 있는 행위(이하 "불공정거래행위"라 한다)를 하거나, 계열회사 또는 다른 사업자로 하여금 이를 하도록 하여서는 아니 된다.
   1. 부당하게 거래를 거절하는 행위
   2. 부당하게 거래의 상대방을 차별하여 취급하는 행위
   3. 부당하게 경쟁자를 배제하는 행위
   4. 부당하게 경쟁자의 고객을 자기와 거래하도록 유인하는 행위
   5. 부당하게 경쟁자의 고객을 자기와 거래하도록 강제하는 행위
   6. 자기의 거래상의 지위를 부당하게 이용하여 상대방과 거래하는 행위
   7. 거래의 상대방의 사업활동을 부당하게 구속하는 조건으로 거래하는 행위
   8. 부당하게 다른 사업자의 사업활동을 방해하는 행위
   9. 부당하게 다음 각 목의 어느 하나에 해당하는 행위를 통하여 특수관계인 또는 다른 회사를 지원하는 행위
      가. 특수관계인 또는 다른 회사에 가지급금·대여금·인력·부동산·유가증권·상품·용역·무체재산권 등을 제공하거나 상당히 유리한 조건으로 거래하는 행위
      나. 다른 사업자와 직접 상품·용역을 거래하면 상당히 유리함에도 불구하고 거래상 실질적인 역할이 없는 특수관계인이나 다른 회사를 매개로 거래하는 행위
   10. 그 밖의 행위로서 공정한 거래를 해칠 우려가 있는 행위
   ③ 불공정거래행위의 유형 또는 기준은 대통령령으로 정한다(이에 따라 시행령 제52조 [별표2]에서 세부유형을 정하고 있다).
161 불공정거래행위의 유형 및 기준을 보다 구체적이고 명확하게 규정함과 아울러 사업자들의 법위반행위를 예방하기 위하여 「불공정거래행위 심사지침」(2020. 7. 29. 공정위 예규 제351호)과 부당한 지원행위를 대상으로 한 「부당한 지원행위의 심사지침」(2020. 9. 10. 공정위 예규 355호)이 별도로 마련되어 있다.

에 관한 법률(대규모유통업법)'과 '가맹사업거래의 공정화에 관한 법률(가맹사업법)', '대리점거래의 공정화에 관한 법률(2016. 12. 23. 시행)'은 불공정거래행위 중 '거래상 지위남용'의 실질을 갖는 행위에 대하여 각 거래분야별로 따로 특별법으로 제정하여 개별 규제하는 형식을 취하고 있다.[162]

마지막으로 공정거래법상 불공정거래행위의 유형은 매우 다양하기 때문에 모든 유형을 통일적으로 이해하기 어렵다는 난점이 있다. 관점에 따라서는 경쟁법의 1차적 목적(경쟁촉진)과는 거리가 있는 소비자보호 규정의 성격이 짙은 내용도 일부 포함되어 있으며, 심지어는 경제력 집중억제와 어울릴 듯한 세부 행위유형들도 섞여 있다. 그 행위의 유형이 매우 다양하고 규제의 범위가 방대하다는 문제는 현실적으로 불공정거래행위와 관련된 논란과 분쟁을 매개로 단순 민사 분쟁에 불과한 내용까지도 경쟁당국의 개입을 요구하는 등 많은 부담을 줄 수 있다는 문제가 있다. 이와 같은 문제점을 일부 시정하기 위해 공정거래법은 제9장에서 한국공정거래조정원(KOFAIR)의 설립 및 분쟁조정 관련 규정을 마련하여 다양한 분쟁의 조정 등 대체적 분쟁해결(ADR)에도 노력을 기울이고 있다. 한국공정거래조정원은 불공정거래행위에 대한 당사자 간의 자율적인 조정 외에도 새로운 산업분야 및 거래행태에 대한 조사연구, 공정거래와 관련된 제도와 정책의 연구 및 건의, 교육기능과 같은 다양한 업무를 수행하고 있다.

2. 불공정거래행위에 대한 적용 근거 경합의 문제

가. 일반 불공정거래행위와 특수 불공정거래행위의 관계

특정한 분야 또는 특정한 행위에 적용되는 유형 또는 기준이 필요한 경우 공정위는 관계행정기관의 장의 의견을 청취한 뒤에 불공정거래행위의 세부유형 또는 기준을 정하여 고시할 수 있다(법 시행령 [별표2] 비고). 이러한 취지에 비추어 특정한 행위에 대하여 적용 기준의 경합문제가 발생할 경우 규정 해석 상 '특별법 우선의 원칙'의 취지에 따라 특별규정에 해당하는 특수불공정거래행위 규정을 일반불공정거래행위 규정에 우선하여 적용한다. 현재 병행수입고시, 신문고시가 있다.

---

162 위 특별법은 모두 공정위의 소관법률로 공정위 기업거래정책국이 각 업무를 과별로 분산 담당하고 있다. 각 특별법의 명문 규정이 없는 규제영역에 대하여는 다시 보충적으로 공정거래법의 적용이 가능하다. 예컨대, 가맹사업법이 정하는 가맹본부의 금지행위(거래상 지위남용행위 등)의 명문 규정이 없는 부분에 대하여는 보충적으로 다시 공정거래법을 적용하여 위법성 판단이 가능할 것이다.

일반불공정거래행위의 유형 - "거차경고강지구사부"

공정거래법 규정 (법 제45조 제1항)	공정거래법 시행령 규정 (법 시행령 제52조 별표2)
1. **거래거절** : 부당하게 거래를 거절하는 행위	① 공동의 거래거절 ② 그 밖의 거래거절
2. **차별적 취급** : 부당하게 거래의 상대방을 차별하여 취급하는 행위	③ 가격차별 ④ 거래조건 차별 ⑤ 계열회사를 위한 차별 ⑥ 집단적 차별
3. **경쟁사업자 배제** : 부당하게 경쟁자를 배제하는 행위	⑦ 부당염매 ⑧ 부당고가매입
4. 부당한 **고객유인** : 부당하게 경쟁자의 고객을 자기와 거래하도록 유인하는 행위	⑨ 부당한 이익에 의한 고객유인 ⑩ 위계에 의한 고객유인 ⑪ 그 밖의 부당한 고객유인
5. 거래**강제** : 부당하게 경쟁자의 고객을 자기와 거래하도록 강제하는 행위	⑫ 끼워팔기(tying) ⑬ 사원판매 ⑭ 그 밖의 거래강제
6. 거래상 **지위남용** : 자기의 거래상의 지위를 부당하게 이용하여 상대방과 거래하는 행위	⑮ 구입강제 ⑯ 이익제공강요 ⑰ 판매목표강제 ⑱ 불이익제공 ⑲ 경영간섭
7. **구속조건부** 거래 : 거래상대방의 사업활동을 부당하게 구속하는 조건으로 거래하는 행위	⑳ 배타조건부거래 ㉑ 거래지역 또는 거래상대방의 제한
8. **사업활동방해** : 부당하게 다른 사업자의 사업활동을 방해하는 행위	㉒ 기술의 부당이용 ㉓ 인력의 부당유인·채용 ㉔ 거래처 이전 방해 ㉕ 그 밖의 사업활동방해
9. **부당한** 자금·자산·인력의 지원 : 부당하게 특수관계인 또는 다른 회사에 대하여 가지급금·대여금·인력·부동산·유가증권·상품·용역·무체재산권 등을 제공하거나 상당히 유리한 조건으로 거래하는 행위(가.목) 또는 다른 사업자와 직접 상품·용역을 거래하면 상당히 유리함에도 불구하고 거래상 실질적인 역할이 없는 특수관계인이나 다른 회사를 매개로 거래하는 행위(나.목)	㉖ 부당한 자금지원 ㉗ 부당한 자산·상품 등 지원 ㉘ 부당한 인력지원 ㉙ 부당한 거래단계 추가 등
10. 그 밖의 행위로서 공정한 거래를 해칠 우려가 있는 행위	시행령 세부유형 없음

나. 불공정거래행위와 시지남의 관계[163]

시지사업자가 자신의 시장지배력을 남용하는 행위는 특히 불공정거래행위 중, 거래상 지위남용이나 사업활동방해 등과 경합될 수 있다. 이 경우 법 제45조의 불공정거래행위로 접근할 것인지, 법 제5조로 접근할 것인지의 문제는 현실적으로 과징금의 수준과 형벌 등 제재의 정도에서 차이를 보이기 때문에 중요한 문제라고 할 수 있다.

이에 대하여는 ① 시지남 규정을 특별법 규정으로 취급하여 경합이 발생할 경우 시지남 규정으로만 접근해야 한다는 일반법특별법관계설, ② 연혁적이나 법리적 측면에서 양자는 반드시 동일한 성격을 갖는다고 볼 수 없다는 점, 양자의 관계를 배타적인 특별법관계로 정형화하는 것은 문제가 있다는 점, 우리 법의 행정규제주의의 취지, 외국 경쟁법 해석례(예: 독일 UWG) 등에 비추어 선택적 관계로 해석해야 한다는 선택적 적용설의 대립이 있다. 대법원 판례 및 공정위 실무는 중복적용을 긍정하는 취지의 선택적 적용설의 입장으로 해석할 수 있다.[164]

Ⅱ. 불공정거래행위의 규제

1. 관련시장의 획정[165]

경쟁제한성 판단을 하기 위해서는 먼저 논리적 전제로 어떤 범위에서 경쟁이 이루어지고 있는가를 살펴야 함이 당연하다(어느 범위에서 경쟁이 이루어지고 있는지도 모르는 상태에서 어떻게 경쟁제한성을 정확히 판단할 수 있겠는가?). 따라서 법 제45조 제1항에 규정된 불공정거래행위의 경쟁제한효과를 분석함에 있어서도 관련 시장범위 획정은 중요한 의미를 갖는다. 관련시장의 범위가 적정수준보다 넓게 획정될 경우 행위효과가 실제보다 과소한 것으로 평가될 수 있으며, 반대로 관련시장 범위가 적정수준보다 좁게 획정될 경우에는 행위효과가 지나치게 과대하게 평가될 수 있기 때문이다. 관련시장 범위는 거래대상(상품 또는 용역)의 특성, 거래지역, 거래단계, 거래상대방에 따라 획정될 수 있다. 이때, 거래대상의 특성에 의한 시장획정은 대상 상품 또는 용역의 수요대체성과 공급대체성을 종합적으로 고려하여 판단한다. 또한, 거래지역에 의한 시장획정은 대상 상품 또는 용역에 대해 지역적으로 수요대체성(타 지역으로 수요를 전환할 수 있는지 여부)과 공급대체성(공급이 타 지역에서 해당 지역으로 전환될 수 있는지 여부)이 있는지 여부를 종합적으로 고려하여 판단한다. 이와 같은 시장범위 획정 시 구체적으로 고려하는 사항은 공정위 「기업결합 심사기준」의 '일정한 거래분야 판단기준'을 준용하고 있다.

---

163 시지남 부분에서 이미 자세히 언급하였다.

164 공정위 의결 2006. 2. 24. 제2006-42호 "시장지배적 지위남용행위와 불공정거래행위를 금지하는 입법목적이나 보호법익이 각기 다르고, 불공정거래행위의 행위태양이 시장지배적 지위 남용행위의 행위태양에 모두 포섭될 수 있는 것은 아니므로 양 규정은 원칙적으로 경합 적용될 수 있다." 이러한 공정위의 심결에 대한 최종 대법원 판례가 '포스코 판결'이다.

165 변시 기출문제에서는 대부분 관련시장을 미리 정해주고 따로 논하지 않도록 정리한 상태에서 문제를 출제하고 있다. 따라서 실제 시험에서 관련시장에 대한 논의를 장황하게 서술하는 일은 없겠지만, 불공정거래행위를 공부하는 과정에서 관련시장의 문제도 함께 이해하기 바란다.

2. 공정거래저해성

불공정거래행위의 위법성 판단을 서술함에 있어서는 반드시 불공정거래행위와 관련된 공정거래저해성을 논해야 한다. 이는 사적자치의 원칙 및 경쟁법의 예외적 개입이라는 취지에서 개입의 정당성 근거라고 할 수 있는 '공정한 거래를 저해할 우려', 즉 공정거래저해성이 존재해야 함이 당연하기 때문이다. 공정거래저해성은 획일적인 내용으로 설명하기보다는 대체로 개별 행위유형의 특수성을 고려하여 다양한 개념으로 파악하고 있다.[166] 공정위의 심사지침 또한 공정거래저해성을 경쟁제한성과 불공정성[경쟁수단 또는 거래내용의 정당하지 않음을 의미(unfairness)]을 포함하는 것으로 해석하고 있으며,[167] 세부적으로 그 행위유형을 경쟁제한성 위주로 심사하는 유형과 불공정성 위주로 심사하는 유형으로 구별하고 있다 (개별 행위유형의 특성을 반영).

대법원 또한 공정거래저해성의 의미를 다양하게 판시하고 있는데, 행위의 여러 사정을 종합적으로 고려하여 그 행위가 공정하고 자유로운 경쟁을 저해할 우려가 있는지(기타의 거래거절에 관한 건, 대법원 2005. 5. 27. 선고 2005두746 판결), 가격과 품질을 중심으로 한 공정한 거래질서를 저해할 우려가 있는지(거래강제로서의 끼워팔기에 관한 건, 대법원 2006. 5. 26. 선고 2004두3014 판결) 등을 언급하고 있다.[168] 불공정거래행위에서의 '거래'는 좁은 의미의 계약관계에 한정되는 것이 아니라 더 넓은 의미로 사업활동을 위한 수단 일반 또는 거래질서를 의미하는 것이다(대법원 2010. 1. 14. 선고 2008두14739 판결 등). 대법원은 최근 거래상 지위남용과 관련된 사건에서 공정거래법 제45조 제1항은 단순히 불공정한 계약내용이나 사법상 권리의무를 조정하기 위한 것이 아니라 공정한 거래질서 또는 경쟁질서의 확립을 위하여 경제에 관한 규제와 조정이라는 공법적 관점에서 불공정한 거래행위를 금지하는 규정이라고 해석하면서 거래상 지위남용행위에서는 적어도 거래질서와의 관련성이 추가로 필요하다고 판시한 바 있다(대법원 2015. 9. 10. 선고 2012두18325 판결).[169]

수험생의 입장에서는 위 대법원 판시취지의 내용을 토대로 공정거래저해성의 의미 정도를 간략히 서술하는 정도로 정리해두면 안전하다고 본다. 공정위의 위법성 판단에 있어서, 공정거래저해성은 해당 행위의 효과를 기준으로 판단한다. 사업자의 의도나 거래상대방의 주관적 예측은 공정거래저해성을 입증하기 위한 정황증거로서의 의미를 갖는다(공정위 심사지침).

---

166 공정거래저해성의 의미에 대해 국내 학자들 간의 설명에 약간의 차이가 있지만, 공정거래법 제45조 제1항에서 정하는 '공정거래저해성'이 '경쟁제한성'의 개념보다 넓은 것이라는 점에서는 대체로 의견을 같이 하고 있다.

167 ① '경쟁제한성'이란 해당 행위로 인해 시장 경쟁의 정도 또는 경쟁사업자(잠재적 경쟁사업자 포함)의 수가 유의미한 수준으로 줄어들거나 줄어들 우려가 있음을 의미한다.
② '불공정성(unfairness)'이란 경쟁수단 또는 거래내용이 정당하지 않음을 의미한다. 경쟁수단의 불공정성은 상품 또는 용역의 가격과 질 이외에 바람직하지 않은 경쟁수단을 사용함으로써 정당한 경쟁을 저해하거나 저해할 우려가 있음을 의미한다. 거래내용의 불공정성이라 함은 거래상대방의 자유로운 의사결정을 저해하거나 불이익을 강요함으로써 공정거래의 기반이 침해되거나 침해될 우려가 있음을 의미한다(공정위 불공정거래행위 심사지침).

168 그 외 참고할 수 있는 대법원 판례로는 차별적 취급에 관한 대법원 2006. 12. 7. 선고 2004두9388 판결, 경쟁사업자로서의 부당염매에 관한 대법원 2001. 6. 12. 선고 99두4686 판결, 거래상 지위남용으로서의 불이익제공에 관한 대법원 2000. 6. 9. 선고 97누19427 판결, 대법원 2002. 1. 25. 선고 2000두9359 판결 등 참조.

169 판시내용은 거래상 지위남용에 한정된 표현을 쓰고 있어, 아직은 성급하게 불공정거래행위 일반에 확장할 것은 아니지만, 추후 불공정거래행위에 대한 공정위의 개입기준과 관련하여 중요한 선례로 작용할 것으로 예상된다.

3. "부당하게"와 "정당한 이유 없이"의 구분

법 시행령 제52조 [별표2]는 공동의 거래거절, 계열회사를 위한 차별취급, 계속적 부당염매 등 일정한 행위 유형에 대하여는 "정당한 이유 없이"라는 요건을 규정하고 있다. 이에 따라 공정위의 불공정거래행위 심사지침은 ① "부당하게"를 요건으로 하는 행위유형은 해당 행위의 외형이 있다고 하여도 그 사실만으로 공정거래저해성이 있다고 인정되는 것이 아니라, 원칙적으로 경쟁제한성, 불공정성과 효율성 증대효과, 소비자후생 증대효과 등을 비교형량하여 경쟁제한성 또는 불공정성의 효과가 보다 큰 경우에 위법한 것으로 보고, 공정위가 이에 대한 입증책임을 진다는 점을 분명히 하고 있다. ② 이에 반하여 "정당한 이유 없이"를 요건으로 하는 행위는 해당 행위의 외형이 있는 경우에는 원칙적으로 공정거래저해성이 있는 것으로 보며, 피심인이 정당한 이유의 존재를 입증할 책임이 있다(대법원 2000두833 판결)고 하여 양자의 차이를 '입증책임'의 차이로 보고 있다.[170]

4. '우려'의 의미

"공정한 거래를 저해할 우려가 있는 행위"와 관련하여 "우려"의 의미는 공정한 거래를 저해하는 효과가 실제로 구체적인 형태로 나타나는 경우뿐만 아니라 나타날 가능성이 큰 경우를 포함한다(추상적 위험). 또한, 현재는 그 효과가 없거나 미미하더라도 미래에 발생할 가능성이 큰 경우를 포함한다(공정위 심사지침).

Ⅲ. 불공정거래행위의 유형별 검토 - "거차경고강지구사부"

1. 거래거절(법 제45조 제1항 제1호)

원칙적으로 사업자는 거래를 개시 또는 계속할 것인지 여부와 누구와 거래할 것인지를 자유로이 결정할 수 있다(거래처선택의 자유). 그러나 거래의 개시나 계속을 거절함으로써 다른 사업자의 사업활동을 현저히 곤란하게 하고 그 결과 해당 시장에서 경쟁의 정도가 감소하거나, 거래거절이 공정거래법상 금지된 행위의 실효성을 확보하기 위한 수단으로 활용될 경우 이는 관련 시장에서 경쟁을 제한하고 시장의 효율성 저하를 초래하게 되므로 금지되는 것이다. 세부유형으로 ① 공동의 거래거절, ② 그 밖의 거래거절이 있다.

---

170 이에 대하여 일부에서는 '부당하게'라는 문구를 가진 행위유형에 대해서는 위법성 판단에 있어서의 합리의 원칙(조리의 원칙, rule of reason)이 적용되고, '정당한 이유 없이'라는 문구를 가진 행위유형에 대하여는 당연위법의 원칙(per se rule, per se illegal)이 적용된다고 해석하는 입장이 있다.
그러나 이에 대하여 정호열 교수님은 '불공정거래행위'에 대해 당연위법의 방법으로 위법성판단을 하는 것은 비교법상 그 예가 없는 일이고, 공정거래법 제45조의 기본유형이나 시행령 별표2의 세부유형들은 예외 없이 '부당하게'라는 문언을 사용하고 있다는 점을 들어 위와 같은 해석을 비판하고 계신다(정호열, 『경제법』 전정 제7판, 395쪽 참조). 이호영 교수님도 합리의 원칙(rule of reason)과 당연위법의 원칙(per se rule)에 기초한 위와 같은 해석론에 대해 "이는 양자가 입증책임상의 차이가 있다는 점을 지적하는 면에서 일리가 있을 뿐 현행법상 아무런 근거가 없는 해석으로 채택할 수 없다."고 설명하고 있다(이호영, 『독점규제법』 제3판, 248쪽 참조).

가. 공동의 거래거절

정당한 이유 없이 자기와 경쟁관계에 있는 다른 사업자와 공동으로 특정사업자에 대하여 거래의 개시를 거절하거나 계속적인 거래관계에 있는 특정사업자에 대하여 거래를 중단하거나 거래하는 상품 또는 용역의 수량이나 내용을 현저히 제한하는 행위(법 시행령 [별표2]).

(1) 대상행위

- 거래상대방에 대하여 공동으로 거래를 거절하는 행위가 대상이 된다.
- 거래거절에는 공급거절과 구입거절, 거래개시의 거절과 거래계속의 거절이 포함된다. 또한, 거래상대방에게 현저히 불리한 거래조건을 제시하거나 거래하는 상품·용역의 수량 또는 내용을 현저히 제한하여 사실상 거래를 거절하는 행위도 포함된다.
- 거래거절의 상대방은 '특정사업자'이다. 따라서 자기의 생산 또는 판매정책상 합리적 기준을 설정하여 그 기준에 맞지 않는 불특정다수의 사업자와 거래를 거절하는 행위는 원칙적으로 대상이 되지 아니한다.
- 사업자가 아닌 거래상대방, 즉 소비자에 대한 거래거절은 대상이 되지 아니한다.

(2) 공동의 거래거절에 해당하는 행위가 법 제40조 제1항에 규정된 부당한 공동행위의 요건을 충족하는 경우에는 부당한 공동행위 관련 규정을 우선적으로 적용한다.[171]

(3) 위법성의 판단기준

- 공동의 거래거절이 관련시장에서 경쟁을 제한하는지 여부를 위주로 판단한다. '관련시장'이라 함은 행위자가 속한 시장 또는 거래거절의 상대방이 속한 시장을 말한다.
- 공동의 거래거절을 당한 사업자는 여러 사업자와의 거래개시 또는 계속이 제한되므로 사업활동에 어려움을 겪게 되고 그 결과 정상적인 경쟁이 저해될 가능성이 높다. 따라서 공동의 거래거절은 원칙적으로 경쟁제한성이 있는 것으로 본다.
- 그러나 사업자들이 정당한 이유를 소명하였을 경우 그 타당성을 판단하되, 다음과 같이 정당

---

171 공동의 거래거절은 그 본질이 경쟁을 제한하는 공동행위라는 점을 들면서 법 제40조 제1항과의 규제 상 중복이 존재하므로, 입법적 개선을 통해 공동의 거래거절을 법 제45조의 불공정거래행위로 규율하기보다는 법 제40조로 규율하는 것이 바람직하다는 견해도 있다(이호영, 『독점규제법』 제3판, 254쪽 참조). 사실 미국이나 EU의 경우 공동의 거래거절은 group boycott, concerted refusal to deal 등의 이름으로 카르텔(부당한 공동행위)로 규제되고 있고, 실제 우리나라에서도 공동의 거래거절은 사업자 간 합의에 의해 이루어지는 경우가 대부분이므로 이와 같은 형태의 공동의 거래거절은 법 제40조 제1항에 규정된 카르텔(부당공동행위)에 해당되는 경우가 많을 수는 있다. 그러나 부당한 공동행위의 경우 법위반사실을 인정하기 위해서는 법문상 반드시 '합의'의 존재가 필요하다는 점에 비추어 경쟁제한적인 행위에 대한 규제를 위해 공정거래법을 적용함에 있어 합의사실의 입증까지는 필요 없는 불공정거래행위 측면의 규제도 여전히 유의미한 부분으로 구별의 실익이 있다고 생각된다. 공정위의 불공정거래행위 심사지침의 경우도 "공동의 거래거절에 해당하는 행위가 법 제40조 제1항에 규정된 부당한 공동행위의 요건을 충족하는 경우에는 부당한 공동행위 관련 규정을 우선적으로 적용한다."고 규정하고 있는 점에 비추어 '다른 사업자와 공동'은 반드시 다른 사업자와의 합의에 의한 것이어야 할 필요는 없다고 이해할 수 있다.

한 이유가 있다고 인정될 경우에는 공정거래저해성이 없는 것으로 볼 수 있다(항변사유).

① 재고부족이나 거래상대방 사업자의 부도 등 채무불이행 가능성 등으로 인해 공동의 거래거절이 합리적이라고 인정되는 경우

② 특정사업자가 공동의 거래거절을 당하더라도 대체거래선을 용이하게 찾을 수 있는 경우

③ 사업자들이 사전에 해당 사업영위에 합리적이라고 인정되는 거래자격 기준을 정하여 그 기준에 미달되는 사업자와의 거래개시를 거절하는 경우

④ 공동의 거래거절로 인해 발생하는 효율성 증대효과나 소비자후생 증대효과가 경쟁제한효과를 현저히 상회하는 경우

⑤ 공동의 거래거절에 기타 합리적인 사유가 있다고 인정되는 경우 등

판결사례

'공동의 거래거절'은 외형상 행위요건을 충족하기만 하면 위법성이 추정되며, 예외적으로 정당한 이유가 있는 경우에만 면책된다(위법성을 부정한 사례로는 국민은행 등 6개 사의 공동의 거래거절 건, 대법원 2006. 5. 12. 선고 2003두14253 판결).[172]

---

172 이 사안의 경위는 다음과 같다. ① 삼성카드가 자사카드회원에 대해 현금서비스 확대와 이용편의 제공을 위해 하나은행과 가상계좌서비스 이용계약을 체결하고, 자사카드회원에게 예금인출의 형태로 신용카드현금 서비스를 제공한 사실에 대해 당시 한빛은행(현 우리은행), 한국주택은행(현 국민은행으로 합병), 조흥은행(현 신한은행), 농업협동조합중앙회(현 농협은행)가 삼성카드에게 가상계좌서비스를 제공하지 말도록 하는 내용의 공문을 하나은행에 보낸 뒤에, 그럼에도 불구하고 하나은행이 삼성카드에 대한 가상계좌서비스를 중지하지 않을 경우 하나은행에 대해 적절한 대응조치를 취하기로 결의하고, 동 결의내용을 하나은행에게 통지하였다. ② 그러나 하나은행이 삼성카드에게 가상계좌서비스를 계속 제공하였고, 결국 위 은행들은 일정한 기간 동안 각 사의 중앙컴퓨터에서 하나은행이 삼성카드 및 현대캐피탈의 고객에게 부여한 가상계좌번호를 인식하지 못하게 하는 방법으로 가상계좌서비스관련 CD공동망을 단절한 사실이 있다. ③ 이에 대하여 공정위는 위 은행들도 영업활동의 차원에서 증권사·할부금융사 등 제2금융권에 이미 가상계좌서비스 또는 유사서비스를 제공하고 있는 상황에서 유독 하나은행으로 하여금 삼성카드에 대한 가상계좌서비스만을 제공하지 못하게 하는 방법으로 하나은행의 영업활동을 제한하는 행위는 하나은행의 상품판매 및 거래처선택의 자유를 부당하게 제약하고, 은행업에 있어서의 업무제휴서비스 경쟁을 실질적으로 제한하거나 제한할 우려가 있는 것으로 판단된다는 점 등을 근거로 위 은행들의 행위를 정당한 이유가 없는 공동의 거래거절로 판단하고 시정명령을 하였다. ④ 이에 대하여 불복, 소송이 제기되었고 위 판결은 개별 은행과 금융결제원의 전산망을 상호 연결하여 고객이 다른 은행의 현금지급기(CD기)를 이용할 수 있게 하는 시스템인 CD공동망의 참가은행들이 공동으로, 특정 은행으로 하여금 다른 신용카드회사 고객의 가상계좌서비스와 연결된 CD공동망을 사용하지 못하게 단절한 경우, CD공동망의 운영에 있어서는 전산망 구축과 유지에 상당한 비용과 노력을 투자한 참가은행들의 의사가 존중되어야 하는 점, 신용카드회사가 CD공동망을 이용함으로써 참가은행들보다 부당하게 경쟁우위에 설 가능성이 크고, 위와 같은 공동의 거래거절로 인하여 신용카드시장에서 다른 거래처를 용이하게 찾을 수 없어 거래기회가 박탈되었다고는 할 수 없는 점 등에 비추어, 참가은행들의 위 가상계좌서비스에 대한 공동의 거래거절행위는 그 거래거절에 정당한 사유가 있으므로 독점규제 및 공정거래에 관한 법률 제45조 제1항 제1호에서 정한 공정한 경쟁을 저해할 우려가 있는 부당한 공동거래거절행위에 해당하지 않는다고 한 원심의 판단(서울고등법원 2003. 10. 23. 선고 2002누1641 판결)을 대법원이 수긍한 사례였다(공정위 패소).

나. 그 밖의 거래거절(unilateral refusals to deal)[173]

> 부당하게 특정사업자에 대하여 거래의 개시를 거절하거나 계속적인 거래관계에 있는 특정사업자에 대하여 거래를 중단하거나 거래하는 상품 또는 용역의 수량이나 내용을 현저히 제한하는 행위(시행령 [별표2]).

(1) 대상행위

- 사업자가 단독(단독사업자의 행위)으로 특정사업자와의 거래를 거절하는 행위(특정사업자에 대한 거래거절)가 대상이 된다.
- 거래거절에는 공급거절과 구입거절, 거래개시의 거절과 거래계속의 거절이 포함된다. 또한, 거래상대방에게 현저히 불리한 거래조건을 제시하거나 거래하는 상품·용역의 수량 또는 내용을 현저히 제한하여 사실상 거래를 거절하는 행위도 포함되고, 계약의 해지 또는 갱신거절의 방법을 통해서도 가능하다.
- 거래거절의 상대방은 특정사업자이다. 따라서 자기의 생산 또는 판매정책상 합리적 기준을 설정하여 그 기준에 맞지 않는 불특정다수의 사업자와의 거래를 거절하는 행위는 원칙적으로 대상이 되지 아니한다.[174]
- 사업자가 아닌 거래상대방, 즉 소비자에 대한 거래거절은 대상이 되지 아니한다.[175]

(2) 위법성의 판단기준

- 단독의 거래거절이 관련시장에서 경쟁을 제한하는지 여부를 위주로 판단한다. '관련시장'이라 함은 행위자가 속한 시장 또는 거래거절의 상대방이 속한 시장을 말한다.
- 이 경우 경쟁제한성이 있는지 여부는 다음 사항을 종합적으로 고려하여 판단한다.[176]

---

173 2013년 변시 제2회 기출. 사업자가 유통업체들에 대하여 도매가격의 유지합의를 하고, 이를 위반할 경우 계약을 해지할 수 있다는 약정에 근거하여 유통업체들과의 계약을 해지(거래중단)한 행위였다. 2017년 변시 제6회에서는 라면 제조판매사인 갑이 A마트에 대하여 라면 공급을 중단한 행위가 불공정거래행위 중 어느 유형에 해당하는지와 위법성을 판단하라는 문제가 출제되었다(그 밖의 거래거절).

174 기타의 거래거절행위는 '특정사업자'에 대한 거래거절을 말하므로, 단독사업자가 가지의 생산 또는 판매정책상 적정한 기준을 설정하여 그 기준에 맞지 않는 불특정다수 사업자와의 거래를 거절하는 행위는 원칙적으로 이에 해당하지 않는다(서울고등법원 2018. 1. 19. 선고 2017누39862 판결; 이 사건 원고의 공급거절 대상은 특정 동물약국이나 도매상에 한정되지 않고, 모든 동물약국과 도매상 일반을 대상으로 하고 있어, 원고의 거래거절 대상을 '특정사업자'로 보기 어렵다고 판단함).

175 불공정거래행위심사지침 V. 1.

176 "… '그 밖의 거래거절'은 개별사업자가 그 거래상대방에 대하여 하는 이른바 개별적 거래거절을 가리키는 것이나, 이러한 개별적 거래거절행위는 그 거래상대방이 종래 계속적 거래관계에 있는 경우에도, 자유시장경제 체제하에서 일반적으로 인정되는 거래처 선택의 자유라는 원칙에서 볼 때, 또 다른 거래거절의 유형인 '공동의 거래거절'과는 달리, 거래거절이라는 행위 자체로 바로 불공정거래행위에 해당하는 것은 아니고, 그 거래거절이 특정 사업자의 거래기회를 배제하여 그 사업활동을 곤란하게 할 우려가 있거나 오로지 특정사업자의 사업활동을 곤란하게 할 의도를 가진 유력사업자에 의하여 그 지위 남용행위로서 행하여지거나 혹은 같은 법이 금지하고 있는 거래강제 등의 목적 달성을 위하여 그 실효성을 확보하기 위한 수단으로 부당하게 행하여진 경우라야 공정한 거래를 저해할 우려가 있는 거래거절행위로서 같은 법이 금지하는 불공정거래행위에 해당한다(코카콜라의 거래거절 사건, 대법원 2001. 1. 5. 선고 98두

① 거래거절 대상이 되는 물품·용역이 거래상대방의 사업영위에 필수적인지 여부. 대상이 되는 물품·용역이 사업영위에 필수적이지 않다면 경쟁제한성이 낮다고 볼 수 있다.

② 거래거절을 당한 특정사업자가 대체거래선을 용이하게 찾을 수 있는지 여부. 대체거래선을 큰 거래비용 없이 용이하게 찾을 수 있는 경우에는 거래거절의 경쟁제한성이 낮다고 볼 수 있다.[177]

③ 거래거절로 인해 특정사업자의 사업활동이 곤란하게 되고 그 결과 해당 시장에서 경쟁의 정도를 실질적으로 감소시키게 되는지 여부

④ 거래거절로 인해 경쟁사업자(잠재적 경쟁사업자 포함)의 시장진입이 곤란하게 되는지 여부

⑤ 거래거절이 공정거래법에 금지된 행위(재판매가격유지행위, 부당공동행위 등)를 강요하기 위한 수단으로 활용되었는지 여부 등

- 경쟁제한성이 있다고 판단되는 경우에도 다음과 같이 거래거절의 합리성이 있다고 인정되는 경우에는 법위반으로 보지 않을 수 있다.

① 생산 또는 재고물량 부족으로 인해 거래상대방이 필요로 하는 물량을 공급할 수 없는 경우

② 거래상대방의 부도 등 신용결함, 명백한 귀책사유, 자신의 도산위험 등 불가피한 사유가 있고 거래거절 이외에 다른 대응방법으로 대처함이 곤란한 경우[178]

③ 해당 거래거절로 인해 발생하는 효율성 증대효과나 소비자후생 증대효과가 경쟁제한효과를 현저히 상회하는 경우

④ 단독의 거래거절에 기타 합리적인 사유가 있다고 인정되는 경우 등

- 사업자가 거래상대방에 대해 거래상 지위가 있음을 이용하여 불이익의 일환으로 합리적 이유

17869 판결)." - 이 사건에서 대법원은 문제가 된 코카콜라의 거래거절행위(범양식품과의 '보틀러계약' 중단)에 대해 불공정거래행위에 해당하지 않는다고 판단하였다. 범양식품은 이후 "콜라독립815" 제품을 출시하며 독자 사업을 시작하였다. 사업 초기 애국심 마케팅을 통해 시장점유율이 잠시 증가 했지만 끝내 경영악화로 도산하였다.

177 더 유리한 조건으로 다른 거래처와 거래할 수 있다면 '부당성'이 있다고 할 수 없다(SKC의 삼본제업에 대한 비디오리더테이프 원재료 공급 거절행위 건, 서울고등법원 2001. 1. 30. 선고 2000누1494 판결, 대법원 2001. 6. 12. 선고 2001두1628 판결).

178 "원고는 호남합동체인의 부도로 맥주공급을 중단하였다가 이 사건 합의에 따라 맥주공급을 재개하였음에도 ○○○이 그 합의내용을 제대로 이행하지 아니한데다가, 호남합동체인이 2000. 4. 30.까지 변제하여야 할 채무는 22억 9,000만 원에 이른 반면, 월 매출액은 20억 원 정도에 불과하여 기존의 미수금조차 감당하기 어려운 상태였으므로 부득이 향후 공급하는 맥주에 한하여 거래조건을 변경하게 된 것인 점 등 원고가 이 사건 거래조건을 변경하기에 이르게 된 경위, 이러한 거래조건 변경이 당사자 사이의 거래관계에 미치는 경쟁제약의 정도 및 관련 업계의 거래관행, 일반경쟁질서에 미치는 영향 및 관계 법령의 규정 등 여러 요소를 종합하여 전체적인 관점에서 볼 때, 이러한 거래조건 변경행위는 거래상 대방의 자력악화에 따른 채권확보를 위한 경영상의 정당한 이유가 있는 행위로 보여질 뿐, 구입강제, 이익제공강요, 판매목표강제 등과 동일시할 수 있을 정도로 자기의 거래상의 지위를 부당하게 이용하여 그 이행과정에서 불이익을 주었다거나, 그로써 정상적인 거래관행에 비추어 상대방에게 부당하게 불이익을 주어 공정거래를 저해할 우려가 있는 것으로 볼 수 없다(하이트맥주의 호남합동체인에 대한 거래거절행위 건, 대법원 2004. 7. 9. 선고 2002두11059 판결)." 하이트맥주의 거래거절행위는 호남합동체인이 맥주대금지급을 위하여 발행해 주기로 한 어음을 발행하지 않고, 합계 8억 원 상당의 어음금도 지급하지 아니하는 등 맥주공급재개의 조건인 합의내용의 상당부분을 이행하지 않아 이루어진 것으로, 이는 채권을 회수함에 있어 손해가 확대되는 것을 방지하기 위해 불가피한 조치에 불과하다고 보아 부당한 거래거절에 해당되는 것으로 보기 어렵다고 판단하여, 채권회수를 위해 거래거절에 불가피한 사유가 있다고 인정한 사건이다.

없이 '거래거절'을 하거나 거래상대방의 사업활동을 곤란하게 할 목적으로 '거래거절'을 하는 경우에는 거래상 지위남용(불이익제공) 또는 사업활동방해(기타의 사업활동방해)에 해당될 수 있다.

(3) 사례형 대비 법 위반에 해당될 수 있는 행위(예시)

- 합리적 이유 없이 거래거절이 행해지고 그 결과 해당 시장에서 사업자의 사업활동이 곤란하게 되고 경쟁의 정도가 실질적으로 감소되는 경우
- 자기 또는 자기와 밀접한 관계에 있는 사업자와 독점적으로 거래하는 사업자와는 거래하면서 경쟁사업자와도 거래하는 사업자에 대하여는 합리적 이유 없이 거래를 중단하거나 제한함으로써 관련시장에서 경쟁의 감소를 초래하는 행위
- 합리적 이유 없이 자기로부터 원재료를 공급받는 판매업자나 대리점에게 후방시장에서 자기와 경쟁관계에 있는 사업자에 대해 원재료공급을 거절하게 함으로써 관련시장에서 경쟁의 감소를 초래하는 행위
- 자신이 활동하는 시장에 새로이 진입하고자 하는 특정사업자에 대하여 합리적 이유 없이 원재료 공급을 중단하거나 중단하도록 강요함으로써 관련시장에서 경쟁의 감소를 초래하는 행위
- 자기가 공급하는 원재료를 사용하여 완성품을 제조하는 자기와 밀접한 관계가 있는 사업자의 경쟁자를 해당 완성품시장에서 배제하기 위해, 해당 경쟁자에 대하여 종래 공급하고 있던 원재료의 공급을 중단하는 행위
- 합리적 이유 없이 원재료 제조업자가 자신의 시장지위를 유지·강화하기 위하여 원재료를 직접 생산·조달하려는 완성품 제조업자에 대해 원재료 공급을 거절하는 행위
- 합리적 이유 없이 할인점이나 온라인 판매업자 등 특정한 유형의 판매업자에 대하여 거래를 거절함으로써 거래거절을 당한 사업자가 오프라인 판매업자 등에 비해 경쟁상 열위에 처하게 되는 경우
- 자기와 거래하기 위해서는 자기가 지정하는 사업자의 물품·용역을 구입할 것을 의무화하고 그에 응하지 않음을 이유로 거래개시를 거절함으로써 해당 물품·용역 시장에서의 경쟁에 영향을 미치는 행위

심결사례 등

- 계속적인 거래관계에 있는 거래상대방이 전문점으로 전환하지 아니하거나 또는 전문점이 아니라는 이유로 적절한 사전 통보 없이 물품공급을 중단한 행위(1997. 5. 3. 공정위의결)
- 10년 이상 유지되어 오던 대리점에 대하여 다른 회사의 제품을 취급한다고 지적을 하면서 사전에 아무런 통보도 없이 대리점 계약을 일방적으로 해약한 행위(1994. 3. 10. 공정위의결)
- '그 밖의 거래거절'은 개별 사업자가 그 거래 상대방에 대하여 하는 이른바 개별적 거래거절을 가리키는 것이나, 이러한 개별적 거래거절행위는 그 거래 상대방이 종래 계속적 거래관계에 있은 경우에도, 자유 시장경제 체제하에서 일반적으로 인정되는 거래처 선택의 자유라는 원칙에서 볼 때, 또 다른 거래거절

의 유형인 '공동의 거래거절'과는 달리, 거래거절이라는 행위 자체로 바로 불공정거래행위에 해당하는 것은 아니고, 그 거래거절이 특정 사업자의 거래기회를 배제하여 그 사업활동을 곤란하게 할 우려가 있거나 오로지 특정사업자의 사업활동을 곤란하게 할 의도를 가진 유력 사업자에 의하여 그 지위 남용행위로서 행하여지거나 혹은 같은 법이 금지하고 있는 거래강제 등의 목적 달성을 위하여 그 실효성을 확보하기 위한 수단으로 부당하게 행하여진 경우라야 공정한 거래를 저해할 우려가 있는 거래거절행위로서 같은 법이 금지하는 불공정거래행위에 해당한다(코카콜라 사건, 대법원 2001. 1. 5. 선고 98두 17869 판결).

2. 차별적 취급(법 제45조 제1항 제2호)

원칙적으로 사업자는 가격 등 거래조건, 거래내용을 자유로이 설정할 수 있다고 할 것이다. 그러나 사업자가 단독으로 또는 공동으로 거래지역이나 거래상대방에 따라 가격 등 거래조건·거래내용을 차별적으로 설정함으로써 자기가 속한 시장 또는 거래상대방이 속한 시장에서의 정상적인 경쟁을 저해할 경우에는 시장의 효율성 저하를 초래할 수 있으므로 금지된다. 이러한 취지에서 공정거래법은 사업자가 부당하게 거래상대방을 차별하여 취급하는 행위를 금지하고 있으며(법 제45조 제1항 제2호), 차별취급은 세부유형으로 ① 가격차별, ② 거래조건차별, ③ 계열회사를 위한 차별, ④ 집단적 차별로 나눌 수 있다(법 시행령 별표2). 차별의 대상인 거래상대방에는 사업자뿐만 아니라 소비자가 포함된다.

가. 가격차별(price discrimination)[179]

> 부당하게 거래지역 또는 거래상대방에 따라 현저하게 유리하거나 불리한 가격으로 거래하는 행위(법 시행령 [별표2]).

(1) 대상행위
- 거래지역이나 거래상대방에 따른 가격차별이 대상이 된다. 이때, 가격이란 상품 또는 용역의 제공에 대하여 상대방이 실제 지불하는 모든 대가를 말한다. 여기에는 할인율 등 가격에 직접 영향을 미치는 거래조건이 포함된다. 거래의 대상인 상품 또는 용역은 실질적으로 동일한 것이어야 한다.
- 가격차별의 대상이 되는 거래상대방은 사업자 또는 소비자이다.

(2) 위법성의 판단기준
- 가격차별이 행위자가 속한 시장 또는 거래상대방이 속한 시장에서의 경쟁을 제한하는지 여부를 위주로 판단한다.[180]

---

179 미국의 경우 클레이튼법 제2조를 개정한 Robinson−Patman Act(1936)에서 가격차별을 규제하고 있다. 동법에서는 가격차별의 효과가 일정한 거래분야에서 실질적으로 경쟁을 감소시키거나 독점을 형성할 우려가 있는 경우 위법하다는 점을 규정한다.

180 대법원은 "공정거래법이 가격차별을 불공정거래행위로 규정하고 있는 것은 가격차별로 인하여 차별취급을 받는 자들

- 이때, 경쟁제한성이 있는지 여부는 다음 사항을 종합적으로 고려하여 판단한다.[181]

행위자가 속한 시장에서의 경쟁제한성	거래상대방이 속한 시장에서의 경쟁제한성
① 행위자가 가격차별로 인해 시장에서의 지위를 유지·강화하거나 할 우려가 있는지 여부 ② 가격차별이 경쟁사업자를 배제하려는 의도하에 이루어졌는지 여부. 새로운 시장에 진입하기 위하여 행해지는 가격차별은 경쟁에 대응하기 위한 수단으로서 경쟁사업자 배제효과는 크지 않은 것으로 볼 수 있다. ③ 가격차별 정도가 관련 시장에서 경쟁사업자를 배제할 우려가 있거나, 가격차별에 의해 설정된 가격수준이 상품 또는 용역의 제조원가나 매입원가를 하회하는지 여부 ④ 가격차별이 일회성인지 지속적인지 여부 등. 일회성의 가격차별은 경쟁제한효과가 미미하다고 볼 수 있으며 상당기간에 걸쳐 지속적으로 이루어질수록 경쟁제한효과가 커질 수 있다.	① 가격차별의 대상이 되는 거래상대방이 속한 시장에서 가격차별로 인해 거래상대방 또는 거래상대방의 경쟁사업자들이 배제되거나 배제될 우려가 있는지 여부 ② 가격차별에 의해 상대적으로 불리한 취급을 받게 되는 거래상대방이 거래처를 쉽게 전환할 수 있는지 여부. 가격차별 대상인 거래상대방이 거래선을 용이하게 전환할 수 있다면 경쟁제한성이 낮다고 볼 수 있다. ③ 가격차별 정도가 거래상대방의 경쟁사업자를 배제할 우려가 있거나, 가격차별에 의해 설정된 가격수준이 상품 또는 용역의 제조원가나 매입원가를 하회하는지 여부 ④ 가격차별이 일회성인지 지속적인지 여부 등. 일회성의 가격차별은 경쟁제한효과가 미미하다고 볼 수 있으며 상당기간에 걸쳐 지속적으로 이루어질수록 경쟁제한효과가 커질 수 있다.

- 경쟁제한성이 있다고 판단되는 경우에도 다음과 같이 가격차별의 합리성이 있다고 인정되는 경우에는 법 위반으로 보지 않을 수 있다.

  ① 가격차별이 거래수량의 다과, 운송비, 거래상대방의 역할, 상품의 부패성 등 요소에 근거하여 한계비용 차이나 시장상황을 반영하는 경우

  ② 해당 가격차별로 인해 발생하는 효율성 증대효과(가격할인을 받는 사업자의 이익, 경제적 효율성 증대 등) 또는 소비자후생 증대효과가 경쟁제한효과를 현저히 상회하는 경우

  ③ 가격차별을 함에 있어 기타 합리적인 사유가 있다고 인정되는 경우 등

(3) 사례형 대비 법 위반에 해당될 수 있는 행위(예시)

- 장례식장이 경쟁관계에 있는 상조회사나 외부 장의사를 통하여 장례물품을 구입할 경우 장례식장 이용료를 과도하게 높게 책정한 경우[182]

의 경쟁력에 영향을 미치고, 경쟁자의 고객에게 유리한 조건을 제시하여 경쟁자의 고객을 빼앗는 등 경쟁자의 사업활동을 곤란하게 하거나 거래상대방을 현저하게 불리 또는 유리하게 하는 등 경쟁질서를 저해하는 것을 방지하고자 함에 그 취지가 있다."고 보고 있다(대법원 2005. 12. 8. 선고 2003두5327 판결).

181 공정위 불공정거래행위 심사지침의 내용이다. 사실 이와 같은 내용은 미국 판례에 의하여 정립된 가격차별의 구분, 즉 제1선 가격차별(primary line price discrimination)과 제2선 가격차별(secondary line price discrimination)로 분류하여 가격차별의 위법성을 판단하는 내용을 받아들인 것이다. 제1선 가격차별(primary line discrimination)이란 거래상대방을 차별적으로 취급함으로써 (가격차별을 하는) 행위자와 그 경쟁사업자가 속한 시장에서의 경쟁이 저해되는 유형이다. 반면 제2선 가격차별(secondary line discrimination)은 거래상대방을 차별적으로 취급함으로써 상대적으로 유리한 취급을 받는 제3의 거래상대방과 불리한 취급을 받는 거래상대방 간 경쟁여건의 차이를 초래하고, 불리한 취급을 받는 거래상대방에게 피해를 발생시켜 그 결과 거래상대방이 속한 시장에서 정상적인 경쟁이 저해되는 유형이다. 공정거래법이 규정하는 차별적 취급의 구체적 행위유형 중 계열회사를 위한 차별은 자기의 계열회사를 경쟁사업자에 비해 현저히 유리하게 취급하는 행위이므로 전형적인 제2선 차별유형에 해당된다고 볼 수 있다. 다른 유형의 차별적 취급 행위들은 제1선 가격차별과 제2선 가격차별이 모두 문제될 수 있다.

182 공정위 심결례 - [대우의료재단(거제병원 장례식장)의 차별적 취급 건, 2004. 3. 12. 공정위의결 제2004-091호].

- 음료회사가 자기의 경쟁사와 거래하는 복수거래 편의점에게는 물량에 따른 할인가격을 적용하지 않은 경우
- 사업자가 경쟁이 심한 지역에서 자신의 시장지위를 강화하기 위해 합리적 이유 없이 타 지역에 비해 현저히 낮은 가격을 설정함으로써 해당 지역에서 경쟁사업자를 배제할 우려가 있는 경우
- 자신의 시장지위를 강화하기 위하여 자기가 공급하는 2가지 이상의 상품·용역 중 시장점유율이 높은 상품·용역과 그렇지 않은 상품·용역을 동시에 구매하는 거래상대방(사업자 및 소비자)에 대해 가격 면에서 현저히 유리한 취급을 함으로써 그렇지 않은 상품·용역시장에서의 경쟁을 저해하는 행위
- 유력한 사업자가 합리적인 이유 없이 특정사업자를 가격 면에서 현저히 우대한 결과 특정사업자가 그의 경쟁사업자보다 경쟁상 우위에 서게 되어 정상적인 경쟁이 저해되는 경우
- 과점적 시장구조 하에서 용역서비스를 제공하는 사업자가 거래상대방에게 수수료를 부과함에 있어서 매출액 규모, 원가요소 등을 고려하지 않은 채 특정업태에 종사한다는 이유만으로 현저하게 유리 또는 불리한 취급을 하여 경쟁업태에 종사하는 사업자에 비해 경쟁상 우위 또는 열위에 서게 하는 행위
- 시장점유율이 상당한 사업자가 대부분의 거래상대방에 대해서는 구입량에 따라 누진적으로 할인율을 적용하는 반면, 소수의 거래상대방에 대해서는 합리적 이유 없이 구입량과 관계없이 통상 적용하는 최대할인율보다 더 높은 할인율을 획일적으로 적용함으로써 사업자들 간의 경쟁력 차이를 초래하는 행위

판결사례

독점규제 및 공정거래에 관한 법률 제45조 제1항 제2호 및 같은 법 시행령 제52조 [별표2] 제2호 (가)목에서 불공정거래행위의 한 유형으로 규정하고 있는 '가격차별'은 "부당하게 거래지역 또는 거래상대방에 따라 현저하게 유리하거나 불리한 가격으로 거래하는 행위"를 의미하므로 거래지역이나 거래상대방에 따라 현저한 가격의 차이가 존재하고 그러한 가격의 차이가 부당하여 시장에서의 공정한 거래를 저해할 우려가 있는 경우에 성립한다고 할 것인바, 가격차별을 규제하는 입법취지와 위 각 규정을 종합하면, 가격차별이

거제병원(장례식장)은 상주가 상조회사나 외부장의사로부터 장례물품을 구입하는 경우에 적용한 이용료가 자기로부터 장례물품을 구입하는 상주들에게 적용한 이용료에 비하여 빈소 사용료, 안치료, 접객실 사용료를 비싸게 책정하여 가격을 차별하였다. 이에 대해 공정위는 ① 거제병원 장례식장이 장례식장이용료에 있어서 능동적인 가격결정권을 가지고 있고, 상주들에게 불리한 차별적 가격을 설정하더라도 상주들이 다른 거래처로의 전환이 사실상 어렵다는 장례절차의 특성(이미 부고를 전달한 상황과 짧은 장례기간을 고려)과 피심인의 거제지역에 소재한 병원장례식장 시장에서 상당한 시장점유율을 차지하고 있는 사실 등으로 볼 때 관련시장에서 유력한 사업자에 해당되는 점, ② 위와 같은 차별 수준은 거래현실에서 현저한 수준으로 볼 수 있는 점, ③ 피심인의 가격차별 행위가 이루어진 이후 2003. 9. 27.까지 피심인 장례식장에서의 장례건수가 257건이고, 같은 지역 내에 장의사 19개와 상조회사 4개가 영업 중임에도 불구하고 상조회사 및 외부장의사를 통하여 장례를 치른 사례가 1건도 없는 점 등을 이유로 피심인의 행위로 인해 장기적으로 거제시 지역의 장의업시장에서 경쟁사업자인 상조회사와 외부장의사 등의 경쟁여건을 현저히 불리하게 하여 배제할 우려가 있는 점 등을 근거로 부당한 가격차별로 인정하였다.

부당성을 갖는지 여부를 판단함에 있어서는 가격차별의 정도, 가격차별이 경쟁사업자나 거래상대방의 사업활동 및 시장에 미치는 경쟁제한의 정도, 가격차별에 이른 경영정책상의 필요성, 가격차별의 경위 등 여러 사정을 종합적으로 고려하여 그와 같은 가격차별로 인하여 공정한 거래가 저해될 우려가 있는지 여부에 따라 판단하여야 한다(외환카드 사건 : 신용카드사업자가 백화점 업종에 대한 수수료율을 할인점 업종에 비하여 1% 정도 높게 책정하여 차이를 둔 것이 공정한 경쟁을 저해하는 부당한 가격차별로서 불공정거래행위에 해당한다고 볼 수 없다면서 부당성을 부정한 사례, 대법원 2006. 12. 7. 선고 2004두4703 판결).

나. 거래조건차별

부당하게 특정사업자에 대하여 수량·품질 등의 거래조건이나 거래내용[183]을 현저하게 유리하거나 불리한 취급을 하는 행위(법 시행령 [별표2]).

(1) 대상행위

- 가격 이외의 거래조건을 차별하는 행위가 대상이 된다. 이는 가격이나 가격에 직접 영향을 미치는 조건(예: 수량할인 등)을 제외한 계약의 이행방법, 대금의 결제조건 등 거래내용면에서의 차별을 말한다.
- 거래조건 차별은 특정사업자를 대상으로 하므로 소비자에 대한 차별은 포함되지 않는다. 다만, 차별대상 사업자가 엄격하게 특정될 것을 요하지 않으며, 특정기준을 충족하는 모든 사업자 또는 특정지역에 소재한 모든 사업자에 대한 차별도 특정성이 있는 것으로 본다.

(2) 위법성의 판단기준

- 거래조건 차별이 해당 사업자가 속한 시장 또는 거래상대방이 속한 시장에서의 경쟁을 제한하는지 여부를 위주로 판단한다.
- 이때, 경쟁제한성이 있는지 여부 및 법 위반으로 보지 않을 수 있는 경우는 가격차별에 준하여 판단한다.

(3) 사례형 대비 법 위반에 해당될 수 있는 행위(예시)

- 사업자가 경쟁이 심한 지역에서는 합리적 이유 없이 타 지역에 비해 현저히 유리한 대금결제조건을 설정함으로써 해당 시장에서 경쟁사업자를 배제할 우려가 있는 경우
- 사업자가 경쟁사업자의 상품·용역 또는 수입품을 병행 취급하는 대리점(판매업자)에 한하여 합리적 이유 없이 자기의 상품·용역의 제공시기, 배송회수, 결제방법 등을 현저하게 불리하게 취급함으로써 해당 대리점의 사업활동을 곤란하게 하거나 대리점간 경쟁을 저해하는 행위

---

183 법 시행령 [별표2] 제2호 나.는 '거래조건'과 '거래내용'을 별개로 구분하여 규정하고 있으나, 사실상 동일한 내용으로 이를 구분할 실익이 있을지는 의문이다. 다만, 시행령 [별표2]의 내용에 따라 이하에서 그대로 원용한다.

- 롯데시네마가 상영 회차 배정 차별, 상영관 배정 차별, 현장 마케팅 차별을 통하여 롯데엔터테인먼트와 다른 배급사를 차별한 행위에 대하여 공정위는 불공정거래행위 중 거래조건차별을 적용하여 피심인에게 시정명령과 과징금부과 및 고발을 의결한 사례(공정위 2015. 3. 6. 의결 제2015-070호).

- 독점규제 및 공정거래에 관한 법률 제45조 제1항 제2호 및 같은 법 시행령 별표2 제2호 (나)목의 '거래조건차별'에 해당하기 위해서는 특정사업자에 대한 거래조건이나 거래내용이 다른 사업자에 대한 것보다 유리 또는 불리하여야 할 뿐만 아니라 그 유리 또는 불리한 정도가 현저하여야 하고, 또 그렇게 차별취급하는 것이 부당한 것이어야 한다(토지공사 사건 : 대법원 2006. 5. 26. 선고 2004두3014 판결).

다. 계열회사를 위한 차별[184]

정당한 이유 없이 자기의 계열회사를 유리하게 하기 위해[185] 가격·수량·품질 등의 거래조건이나 거래내용을 현저하게 유리하거나 불리하게 하는 행위(법 시행령 [별표2]).

(1) 대상행위

- 계열회사를 유리하게 하는 가격 등 거래조건·거래내용 등의 차별행위가 대상이 된다.
- 차별의 상대방에는 소비자도 포함된다.

(2) 위법성의 판단기준

- 경쟁제한성 또는 경제력 집중 우려를 위주로 위법성을 판단하되, 가격 등 거래조건·거래내용 등에 관하여 계열회사에 대해 현저하게 유리하거나 계열회사의 경쟁사업자에 대해 현저하게 불리하게 취급하였을 경우에는 계열회사를 유리하게 하기 위한 행위로 인정하여 원칙적으로 경쟁제한성 또는 경제력 집중 우려가 있는 것으로 본다.
- 그러나 계열회사를 위한 차별취급을 한 사업자가 정당한 이유를 소명하였을 경우 그 타당성을 판단하되, 다음과 같이 정당한 이유가 있다고 인정될 경우에는 법 위반으로 보지 않을 수 있다.
  ① 해당 행위로 인한 효율성 증대효과나 소비자후생 증대효과가 경쟁제한효과를 현저히 상회하는 경우
  ② 차별취급을 함에 있어 기타 합리적 사유가 있다고 인정되는 경우[186] 등

---

184 계열회사를 위한 차별은 전형적인 제2선 차별에 해당된다.
185 계열회사를 위한 차별적 취급이 성립하기 위해서는 자기의 계열회사를 유리하게 하기 위하여 차별을 행하였다는 행위자의 의도나 목적이 인정되어야 한다. 주관적 요건이 필요하다는 측면에서 일반적 거래조건 차별과 구별된다.
186 대법원은 대한주택공사의 계열회사를 위한 차별적 취급 건에서 "대한주택공사가 계열회사로 인수한 소외 회사들에게만 선급금을 지급한 것은 정부가 부실기업인 소외회사들의 경영정상화의 촉진을 도모하기 위하여 원고에게 부여한 수의계약승인과 금융지원명령의 범위 내에 속하는 행위에 해당한다고 봄이 상당하고, 또한 소외 회사들이 다시 도산하는 경우 야기될 시공 중인 아파트건설의 공사 중단으로 인한 집단민원 등 사회적 문제야기, 종업원의 대량실직, 자재

(3) 사례형 대비 법 위반에 해당될 수 있는 행위(예시)

- 계열회사와 비계열회사의 제품 간에 품질이나 거래조건에 있어서 차이가 없음에도 불구하고 정당한 이유 없이 계열회사의 제품을 비계열회사의 견적단가보다 현저히 비싸게 구입한 행위
- 사업자가 자기의 계열회사와 비계열회사를 동시에 거래하면서 정당한 이유 없이 계열회사에 비해 비계열회사에 대한 결제조건(현금비율, 어음만기일 등)을 현저히 불리하게 하는 행위[187]
- 사업자가 자기의 계열회사와 비계열회사에 동시에 임가공을 의뢰하면서 정당한 이유 없이 계열회사에 지급하는 임가공 단가를 비계열회사의 경우에 비해 현저히 유리하게 지급하는 행위
- 계열회사가 경쟁입찰에서 유리한 지위에 설 수 있도록 하기 위해 계열회사의 경쟁사업자에게는 보다 불리한 가격이나 거래조건으로 원재료를 공급하는 행위

판결사례

SK텔레콤의 계열회사를 위한 차별적 취급 건[자신의 계열회사인 SK글로벌(SKG)로부터 구입한 단말기를 무이자할부판매한 경우에만 그 할부채권을 매입해주고, 삼성전자와 LG전자 등 단말기 제조업자로부터 직접 구입한 단말기(유통모델)를 판매한 경우에는 채권매입대상에서 제외한 행위]에 대하여 "계열회사를 위한 차별의 요건으로서 계열회사를 유리하게 하기 위한 의도는 특정사업자가 자기의 이익을 위하여 영업활동을 한 결과가 계열회사에 유리하게 귀속되었다는 사실만으로는 인정하기에 부족하고, 차별의 동기, 효과의 귀속주체, 거래의 관행, 당시 계열회사의 상황 등을 종합적으로 고려하여 사업자의 주된 의도가 계열회사가 속한 일정한 거래분야에서 경쟁을 제한하고 기업집단의 경제력집중을 강화하기 위한 것이라고 판단되는 경우에 한하여 인정된다고 할 것이다."라고 판시하여 계열회사를 위한 차별적 취급의 요건인 행위자의 의도를 중요하게 보고 있다(대법원 2004. 12. 9. 선고 2002두12076 판결).

납품 및 하도급업체의 연쇄도산 등을 방지하여 사회적, 경제적 안정을 도모하기 위한 공익적 목적이 있을 뿐만 아니라 1조 원이 넘는 전대 및 지급보증을 한 원고의 동반도산을 예방하기 위하여 불가피하게 이루어진 최소한의 행위로 봄이 상당하므로, 이를 들어 정당한 이유 없는 계열회사를 위한 차별행위라고 볼 수 없다는 원심의 판단에 어떠한 위법도 없다."고 판단하였다(대법원 2001. 12. 11. 선고 2000두833 판결).

187 현대자동차와 기아자동차가 계열회사인 현대캐피탈과의 오토할부약정에 따라 회사채금리에 1.8%의 부가금리를 가산한 금리(정산금리)를 항상 현대캐피탈에 보장해주고 있는 상황에서 현대캐피탈 이용고객에 대해서만 낮은 할부금리를 적용해 주도록 하고, 다른 할부 금융사들에게는 이용고객이 현대차나 기아차를 구입하더라도 아무런 보장이나 혜택을 부여하지 않은 사안이 문제된 사건에서, 대법원은 "원고들과 비계열 할부금융사 사이에 오토할부약정이 체결되지 아니함으로써 원고들과 비계열 할부금융사 사이에 직접적인 거래관계는 존재하지 않는다고 하더라도 자동차할부금융을 취급하는 할부금융사들은 원고들과 관련하여서는 원고들이 제조, 판매하는 자동차를 할부로 구매하려고 하는 고객들을 상대로 자신들의 할부금융상품을 판매하는 것이므로 원고들과 자동차 할부금융상품을 취급하는 현대캐피탈 및 비계열 할부금융사들 사이에는 위 고객들을 매개로 하는 실질적 거래관계가 존재한다고 할 것이며, 이러한 상황에서 원고들이 현대캐피탈과의 오토할부약정에 기하여 오토할부의 할부금리를 인하하는 것은 원고들이 제조, 판매하는 자동차를 할부로 구입하려고 하는 고객들 중 현대캐피탈을 이용 또는 이용하려고 하는 고객들과 현대캐피탈이 아닌 비계열 할부금융사를 이용 또는 이용하려고 하는 고객들을 차별하는 행위에 해당한다."고 판단하였다(대법원 2004. 10. 28. 선고 2002누16827 판결).

라. 집단적 차별[188]

집단으로 특정사업자를 부당하게 차별적으로 취급해 그 사업자의 사업활동을 현저하게 유리하거나 불리하게 하는 행위(법 시행령 [별표2]).

(1) 대상행위

- 여러 사업자가 공동으로 특정사업자에 대하여 행해지는 차별취급이 대상이 된다. 부당한 공동행위와 달리 집단적 차별취급은 합의가 없더라도 성립될 수 있으며 차별취급에 참가하는 사업자가 반드시 현실적 또는 잠재적 경쟁관계에 있을 필요는 없다. 또한 실제로 차별행위가 행해져야 한다.
- 차별취급에는 가격 등 거래조건, 거래내용 등의 차별이 포함된다.
- 차별취급의 상대방은 특정사업자이다. 따라서 불특정다수의 사업자와 소비자는 대상이 되지 아니한다.

(2) 위법성의 판단기준

집단적 차별행위의 위법성은 가격차별 및 거래조건 차별의 경우에 준하여 판단한다. 다만, 집단적 차별은 여러 사업자에 의해서 행해지므로 원칙적으로 가격차별 및 거래조건 차별의 경우에 비해 위법성이 인정될 가능성이 큰 것으로 본다.

(3) 사례형 대비 법 위반에 해당될 수 있는 행위(예시)

- 복수의 사업자가 특정사업자에 대해 동시에 합리적인 이유 없이 가격차별 또는 거래조건 차별 등을 행하는 경우
- 합리적 이유 없이 복수의 판매업자와 제조업자가 공동으로 판매단계에서 경쟁관계에 있는 특정사업자에 대하여 차별적으로 높은 가격을 책정함으로써 그의 사업활동을 곤란하게 하고 그 결과 해당 시장에서의 경쟁에 영향을 미치는 행위
- 복수의 제조업자가 공동으로 덤핑판매를 하거나 온라인판매를 한다는 이유만으로 특정판매업자에 대하여 공급가격을 다른 판매업자에 비하여 비싸게 책정함으로써 사업활동을 현저히 불리하게 하고 다른 판매업자를 경쟁상 우위에 서게 하는 행위

3. 경쟁사업자 배제(법 제45조 제1항 제3호)

사업자가 상품 또는 용역을 현저히 낮은 가격으로 공급함으로써 경쟁사업자를 시장에서 배제시킨 후 독점적 지위를 구축하여 독점가격 책정이 가능해 질 경우, 이는 경쟁을 저해하고 궁극적으로 소비자후생

---

188 미국의 경우 집단적 차별은 카르텔로 규제하고 있다.

수준의 저하로 귀결될 수 있으므로 금지된다. 또한 사업자가 경쟁사업자를 해당 시장에서 배제할 목적으로 경쟁사업자가 필요로 하는 상품·원재료의 상당량을 고가로 매입할 경우 이는 시장에서의 정상적인 경쟁을 저해하게 되므로 금지된다. 경쟁사업자를 배제시킬 우려는 실제로 경쟁사업자를 배제할 필요는 없고, 여러 사정으로부터 그러한 결과가 초래될 추상적 위험성이 인정되는 정도로 족하다.

가. 부당염매(predatory pricing)[189]

> 자기의 상품 또는 용역을 공급하는 경우에 정당한 이유 없이 그 공급에 소요되는 비용보다 현저히 낮은 대가로 계속하여 공급하거나 그 밖에 부당하게 상품 또는 용역을 낮은 대가로 공급하여 자기 또는 계열회사의 경쟁사업자를 배제시킬 우려가 있는 행위(법 시행령 [별표2]).

(1) 대상행위

- 예를 들면 '1원 입찰'과 같이 원가를 전혀 고려하지 않고 현저히 낮은 대가를 통하여 오직 경쟁사업자를 배제시키기 위한 행위가 대표적인 경우이다.
- 부당염매에는 ① 계속적 염매와 ② 일시적 염매가 있다.
- 계속적 염매란 상당기간에 걸쳐 반복해서 공급비용보다 현저히 낮은 수준으로 상품 또는 용역의 공급이 이루어짐을 말한다. 공급비용보다 현저히 낮은 수준인지 여부는 제조원가나 매입원가를 기준으로 한다. 제조원가는 재료비, 인건비, 기타 제조경비, 일반관리비를 포함하여 산정한다. 매입원가는 실제 구입가격을 기준으로 하되, 계열회사관계나 제휴관계와 같은 특수한 사정이 존재하는 경우에는 일반사업자간 거래가격을 고려하여 수정된 가격을 기준으로 할 수 있다.
- 일시적 염매란 1회 또는 단기간(1주일 이내)에 걸쳐 현저히 낮은 대가로 상품 또는 용역의 공급이 이루어짐을 의미한다. 현저히 낮은 대가에 해당되는지 여부는 계속적 염매의 경우와 마찬가지로 제조원가나 매입원가를 기준으로 한다.
- 염매의 상대방에는 사업자뿐만 아니라 소비자도 포함된다.
- 부당염매는 유인염매 또는 할인특매와는 구별된다.[190] 유인염매란 사업자가 자신이 취급하는 상품 또는 용역 중 소비자에게 잘 알려진 일부 품목에 대해서만 덤핑판매를 하고 나머지 품목에 대해서는 마진율을 종전과 같이 하거나 상향조정하여 판매하는 것을 말한다. 이는 판촉

---

189 시지남의 한 유형으로의 부당염매와 구별되는 점은 시지남의 경우 시장지배적 지위를 요건으로 한다는 점이다. 양자는 그 규제취지가 경쟁사업자배제를 방지하고자 하는 점에서는 유사하다.

190 공정위 심결례(삼성테스코의 부당염매 건, 2001. 2. 14. 공정위의결 제2001-31호) - 삼성테스코가 자신의 홈플러스 안산점의 개점일인 2000. 8. 30.부터 같은 해 11. 2.까지 약 2개월간 안산점에서 구입원가가 984.5원/1.5ℓ인 코카콜라 1병을 구입원가의 약 90.4% 수준인 890원에서 약 39.6% 수준인 390원까지 9회에 걸쳐 인하하여 판매한 사실에 대한 의결이다. 공정위는 "피심인의 이와 같은 행위는 코카콜라가 소비자에게 인지도가 높은 상품이라는 점과 소비자들은 피심인의 매장에서 여러 가지 상품을 한 번에 구입한다는 점을 감안하여 보면 인지도가 높은 코카콜라를 미끼상품으로 내세워 장기간 동안 고객을 유인함으로써 경쟁관계에 있는 다른 유통업자들의 사업활동을 곤란하게 하여 이들을 시장에서 배제하게 할 우려가 있는 행위로 인정된다."고 판단하였다.

전략의 하나로 경쟁사업자 배제행위와는 구별된다. 한편, 할인특매는 다음과 같은 점에서 부당염매와 구별된다. ① 할인특매는 공시의 방법으로 실시기간이 확정되는 등 기간이 확정적인 점, ② 할인특매는 경쟁사업자 배제의도보다는 계절상품의 처리, 불경기 등 시장상황 변화에 대응하기 위한 경우가 많은 점 등이다. 즉, 부당염매의 위법성을 인정함에 있어서는 신중을 기해야 한다. 특히 중장기적으로 특정 사업자의 저가판매에 의해 경쟁자들이 시장에서 퇴출될 가능성이 없는 경우라면 이러한 저가 판매는 행위자의 의도가 무엇이었는지를 불문하고 결과적으로 소비자후생을 증대시킬 뿐, 경쟁제한성을 인정하기 어렵다는 점과 다른 사업자들의 규모나 경쟁대응 가능성 등을 고려하여, 다른 사업자의 사업활동을 곤란하게 하여 시장에서 배제하게 할 우려가 있는 행위라는 판단에 신중을 기해야 한다.

(2) 위법성의 판단기준[191]

- 염매행위가 해당 상품 또는 용역이 거래되는 시장에서 자기 또는 계열회사의 경쟁사업자를 배제시킬 우려(경쟁제한성)가 있는지 여부를 위주로 판단한다.[192] "경쟁사업자를 배제시킬 우려"란 해당 염매행위로 인해 경쟁사업자가 시장에서 배제될 가능성이 있으면 족하고 실제 경쟁사업자가 시장에서 배제될 것을 요구하지 않는다(추상적 위험성으로 족하다).[193]

- 계속적 염매의 경우, 원칙적으로 경쟁사업자를 배제시킬 우려가 있는 것으로 본다. 그러나 계속적 염매를 한 사업자들이 정당한 이유를 소명하였을 경우 그 타당성을 판단하되, 다음과 같이 정당한 이유가 있다고 인정될 경우에는 법 위반으로 보지 않는다.

  ① 해당 시장에 진입장벽(예: 규모의 경제, 사업영위 인허가, 거래비용 등)이 없어 계속적 염매로 인해 현재의 경쟁사업자들이 배제되더라도 신규 진입자가 잠재적 경쟁사업자로 대두될 수 있는 경우

  ② 하자가 있는 상품, 유통기한이 임박한 물건, 계절상품 및 재고의 처리를 위하여 제한된 물량의 범위 내에서 염매를 하는 경우

  ③ 수요보다 공급이 현저히 많아 이를 반영하여 염매로 판매하는 경우

---

191 계속거래상의 부당염매는 사업자가 채산성이 없는 낮은 가격으로 상품 또는 용역을 계속하여 공급하는 것을 가리키므로 그 행위의 외형상 그에 해당하는 행위가 있으면 '정당한 이유'가 없는 한 공정한 거래를 저해할 우려가 있다고 보아야 할 것이나, 그 후단에서 규정하는 이른바 기타 거래상의 부당염매는 그 행위태양이 단순히 상품 또는 용역을 낮은 가격으로 공급하는 것이어서 그 자체로 이를 공정한 거래를 저해할 우려가 있다고 보기 어려운 만큼 그것이 '부당하게' 행하여진 경우라야 공정한 거래를 저해할 우려가 있다고 보아야 할 것이며, 이때 그 부당성의 유무는 해당 염매행위의 의도, 목적, 염가의 정도, 반복가능성, 염매대상 상품 또는 용역의 특성과 그 시장상황, 행위자의 시장에서의 지위, 경쟁사업자에 대한 영향 등 개별사안에서 드러난 여러 사정을 종합적으로 살펴 그것이 공정한 거래를 저해할 우려가 있는지의 여부에 따라 판단하여야 한다(현대정보기술의 인천광역시 시행 용역입찰 부당염매 응찰 건, 대법원 2001. 6. 12. 선고 99두4686 판결).

192 경쟁사업자에는 시장진입이 예상되는 잠재적 사업자도 포함된다(앞서 언급한 현대정보기술의 부당염매 건, 대법원 2001. 6. 12. 선고 99두4686 판결).

193 위 대법원 2001. 6. 12. 선고 99두4686 판결. 다만, 이 사건에서의 저가입찰행위는 추상적 위험성조차 없어 부당하지 않다고 보았다(신규시장에 각자 먼저 진입하여 기술과 경험을 축적할 목적을 정당하게 취급). 즉, 대법원은 최소한의 인건비조차 반영되지 않은 저가입찰행위라도 부당성이 인정되지 않으면 부당염매에 해당하지 않는다고 판단하고 있다.

④ 신규개점 또는 신규 시장진입에 즈음하여 홍보목적으로 한정된 기간에 걸쳐 염매를 하는 경우

⑤ 파산이나 지급불능사태를 막기 위해 염매를 하거나 파산 또는 지급불능상태에 있는 사업자가 염매를 하는 경우

⑥ 계속적 염매로 인한 효율성 증대효과나 소비자후생 증대효과가 경쟁제한효과를 현저히 상회하는 경우

⑦ 계속적 염매를 함에 있어 기타 합리적인 사유가 있다고 인정되는 경우 등

- 일시적 염매의 경우, 해당 상품 또는 용역이 거래되는 시장에서 경쟁사업자를 배제시킬 우려가 있는지 여부를 위주로 판단한다. 이때, 경쟁사업자 배제우려가 있는지 여부는 다음 사항을 종합적으로 고려하여 판단한다.

① 염매행위를 하는 동기가 경쟁사업자를 배제하고 시장에서 독과점적 지위를 구축하는 데 있는지 여부

② 해당 염매행위로 인해 경쟁사업자가 사업활동을 유지하기에 현저히 어려움이 있거나 부도 등의 위기에 처할 우려가 있는지 여부

③ 해당 시장의 경쟁구조. 해당 시장에서의 사업자 수가 적고, 집중도가 높을 경우에는 경쟁사업자 배제우려가 클 수 있다.

④ 진입장벽 유무 등. 규모의 경제·사업영위 인허가 등 요소가 없어 해당 시장에 진입하는 데 실질적인 어려움이 없다면 현재의 경쟁사업자가 배제되더라도 신규 진입자가 잠재적 경쟁사업자로 대두되므로 경쟁사업자 배제우려가 없거나 미미하게 된다.

- 일시적 염매의 경쟁사업자 배제우려가 있다고 판단되는 경우에도 다음과 같이 합리성이 있다고 인정되는 경우에는 법 위반으로 보지 않을 수 있다.

① 하자가 있는 상품, 유통기한이 임박한 물건, 계절상품 및 재고의 처리를 위하여 제한된 물량의 범위 내에서 염매를 하는 경우

② 수요보다 공급이 현저히 많아 이를 반영하여 판매하는 경우

③ 신규개점 또는 신규 시장진입 시 홍보목적으로 한정된 기간에 걸쳐 염매를 하는 경우

④ 파산이나 지급불능사태를 막기 위해 염매를 하거나 파산 또는 지급불능상태에 있는 사업자가 염매를 하는 경우

⑤ 일시적 염매로 인한 효율성 증대효과나 소비자후생 증대효과가 경쟁제한효과를 현저히 상회하는 경우

⑥ 일시적 염매를 함에 있어 기타 합리적인 사유가 있다고 인정되는 경우 등

(3) 사례형 대비 법 위반에 해당될 수 있는 행위(예시)

- 규모의 경제 등 이유로 해당 시장에의 신규진입이 단기간 내 용이하지 않은 상황 하에서 경쟁사업자를 퇴출시키기 위한 목적으로 제조원가에 못 미치는 가격으로 계속하여 상품 또는 용역을 공급하는 행위

- 시장에서 유력한 사업자가 신규진입을 시도하는 사업자를 저지하기 위해 제조원가를 하회하는 가격으로 상품 또는 용역을 일정기간 계속적으로 판매하는 행위
- 합리적 이유 없이 공공기관 물품구매입찰에서 사업자가 자신이 타 사업자로부터 공급받는 가격보다 낮은 가격으로 응찰하여 낙찰됨으로써 다년간 공급계약을 체결하고 동 물품을 공급하는 행위

심결사례 등

- (주)럭키가 국방부의 치약 구매입찰에서 개당 1원으로 응찰하여 낙찰 받아 330만개를 공급한 행위 (1983. 6. 15. 공정위의결 제83–12호)[194]
- (주)안국상사(석유대리점)가 한국중공업의 화력발전소 시험가동을 위한 터빈용 윤활유 경쟁입찰에서 1원에 입찰하여 낙찰받은 행위(1994. 11. 19. 공정위의결)
- 해당 회사가 독자적으로 형성되어 있는 지리정보시스템용 소프트웨어 시장에서 사세를 확장하여 오면서 대규모 지리정보시스템 기본 소프트웨어 사업을 수주하는 등 많은 매출을 기록한 대기업과 거의 대등한 시장 점유율을 보유하고 있는 이상, 위 대기업의 사세가 위 회사에 비하여 월등하고, 또 위 대기업이 이미 발주된 지리정보시스템 기본 소프트웨어 사업을 수주하였다 하여, 입찰예정가가 약 15억여 원 정도인 소프트웨어를 단 1원에 공급하기로 한 위 회사의 응찰행위가 그 존립 유지를 위하여 부득이한 대항염매행위에 해당한다고 볼 수 없다(서울고등법원 1997. 7. 31. 선고 96구21388 판결).

나. 부당고가매입[195]

부당하게 상품 또는 용역을 통상거래가격에 비하여 높은 대가로 구입하여 자기 또는 계열회사의 경쟁사업자를 배제시킬 우려가 있는 행위(법 시행령 [별표2]).

(1) 대상행위

- 통상 거래가격에 비하여 높은 가격으로 상품 또는 용역을 구입하는 행위가 대상이 된다. 통상 거래가격이라 함은 당시의 시장에서 사업자간에 정상적으로 이루어지는 거래에서 적용되는 가격수준을 말한다. 인위적으로 제품이나 원재료의 품귀를 발생시켜 경쟁사업자를 배제할 수 있기 위해서는 매점되는 상품 또는 용역의 물량이 전체 공급량에서 차지하는 비중이 중요하므

---

194 공정위는 "피심인은 1982년까지 군납치약을 독점 공급해 왔으나 국방부가 1983년도에 처음으로 경쟁입찰에 의해 구매하기로 결정함에 따라 피심인은 군납치약시장에 신규 진입하는 경쟁사업자를 배제하고 종래의 독점적 지위를 유지할 목적으로 1원에 입찰하였음은 쉽게 짐작되므로, 이는 부당한 염매행위에 해당된다."고 판단하였다.
195 경쟁사업자의 사업활동에 필수적인 상품·원재료 등을 독점하기 위하여 통상거래가격에 비해 고가로 구입하여 독차지한다면 경쟁사업자는 정상적으로 사업을 영위할 수 없게 될 것이고, 결국 시장에서의 효율적인 경쟁이 저해된다. 이와 같은 취지에 따라 공정거래법은 이를 경쟁사업자배제의 한 유형으로 규정하여 금지하고 있는 것이다. 주로 원재료 독점을 통해 경쟁사업자를 배제시키는 행위를 금지하고자 하는 규정이다.

로, 고가매입이 계속해서 이루어질 필요는 없다.

- 고가매입의 상대방은 사업자에 한하며 소비자는 포함되지 않는다.

(2) 위법성의 판단기준

- 고가매입이 해당 상품 또는 용역의 품귀를 가져옴으로써 자기 또는 계열회사의 경쟁사업자를 배제시킬 우려(경쟁제한성)가 있는지 여부를 위주로 판단한다.
- 이때, 경쟁사업자 배제우려(경쟁제한성)가 있는지 여부는 다음 사항을 종합적으로 고려하여 판단한다.
  - ① 고가매입의 대상이 되는 상품 또는 용역이 경쟁사업자(잠재적 경쟁사업자 포함)의 사업영위에 필수적인지 여부
  - ② 해당 상품 또는 용역의 수급이 원활한지 여부와 다른 대체재를 용이하게 조달할 수 있는지 여부. 대체재가 존재하더라도 추가비용이 많이 소요되는 경우에는 경쟁사업자 배제우려가 있을 수 있다.
  - ③ 고가매입으로 인해 경쟁사업자들의 사업활동이 곤란하게 되거나 곤란해질 가능성이 있는지 여부 등
- 고가매입의 경쟁사업자 배제우려(경쟁제한성)가 있다고 판단되는 경우에도 다음과 같이 합리성이 있다고 인정되는 경우에는 법 위반으로 보지 않을 수 있다.
  - ① 사업자가 원재료 등의 품귀가능성에 대비하거나 제품의 안정적 생산 확보 등을 위해 불가피한 경우
  - ② 고가매입으로 인한 효율성 증대효과나 소비자후생 증대효과가 경쟁제한효과를 현저히 상회하는 경우
  - ③ 고가매입을 함에 있어 기타 합리적인 사유가 있다고 인정되는 경우 등

(3) 사례형 대비 법 위반에 해당될 수 있는 행위(예시)

- 합리적 이유 없이 제품의 생산·판매에 필수적인 요소를 통상거래가격에 비하여 높은 대가로 매점하여 자기 또는 계열회사의 경쟁사업자가 시장에서 배제될 수 있을 정도로 사업활동을 곤란하게 하는 행위
- 신규로 시장에 진입하려는 사업자를 저지하기 위한 목적으로 그 사업자가 필요로 하는 상품 또는 용역을 통상 거래가격보다 높은 가격으로 매점함으로써 사실상 진입을 곤란하게 하는 행위

4. 부당한 고객유인(법 제45조 제1항 제4호)

사업자의 고객유인활동은 기본적으로 시장경제체제에서의 경쟁의 모습 그 자체이므로 원칙적으로는 금지의 대상이 되지 않는다. 다만, 고객을 유인하는 방법이 정당한 수단에 의해야 한다는 점은 당연한데 (가격, 품질, 서비스 경쟁 등), 만일 경쟁이나 고객유인이 가격, 품질, 서비스에 의해 이루어지지 아니하

고 불공정한 방법과 수단에 의해 이루어지지는 경우, 예컨대 경쟁력이 낮은 사업자가 거래상대방에게 음성적으로 리베이트를 지급하거나 고객에 대한 속임수, 경쟁사업자에 대한 근거 없는 비방 등을 통해 시장점유율을 높여갈 경우에는 오히려 효율적 자원배분과 시장의 적절한 기능을 저해할 수 있다. 특히 소비자가 만족도를 극대화할 수 있기 위해서는 정확한 정보를 바탕으로 저렴하고 품질 좋은 상품 또는 용역을 구입할 수 있어야 할 것이다. 따라서 사업자가 부당한 이익제공이나 위계, 거래방해 등의 방법으로 경쟁사업자의 고객을 유인하는 것은 그 경쟁수단이 불공정한 것으로서 시장에서의 바람직한 경쟁질서를 저해하고 소비자가 품질 좋고 저렴한 상품 또는 용역을 선택하는 것을 방해하므로 금지된다.

가. 부당한 이익에 의한 고객유인

> 정상적인 거래관행에 비추어 부당하거나 과대한 이익을 제공 또는 제공할 제의를 하여 경쟁사업자의 고객을 자기와 거래하도록 유인하는 행위(법 시행령 [별표2]).

(1) 대상행위

- 자기와 거래하도록 하기 위해 경쟁사업자의 고객에게 이익을 제공하거나 제공할 제의를 하는 행위가 대상이 된다. 이때, 경쟁사업자의 고객에는 경쟁사업자와 거래를 한 사실이 있거나 현재 거래관계를 유지하고 있는 고객뿐만 아니라 잠재적으로 경쟁사업자와 거래관계를 형성할 가능성이 있는 고객이 포함된다.
- 이익제공 또는 제의의 방법에는 제한이 없으며, 표시·광고를 포함한다. 제공되는 이익에는 리베이트의 제공이나 가격할인 등 고객에게 유리하도록 거래조건의 설정·변경, 판촉지원금 내지 판촉물의 지급, 경쟁사업자의 제품을 자사제품으로 교환하면서 덤으로 자사제품의 과다한 제공 등 적극적 이익제공과 원래 부과되어야 할 요금·비용의 감면, 납부기한 연장, 담보제공 의무나 설정료의 면제 등 소극적 이익제공 등 모든 경제적 이익이 포함된다.[196]
- 이익제공의 상대방에는 소비자뿐만 아니라 사업자도 포함된다.

(2) 위법성의 판단기준

- 이익제공 또는 제공제의가 가격과 품질 등에 의한 바람직한 경쟁질서를 저해하는 불공정한 경쟁수단에 해당되는지 여부를 위주로 판단한다.
- 이때, 불공정한 경쟁수단에 해당되는지 여부는 다음 사항을 종합적으로 고려하여 판단한다.
    - ① 정상적인 거래관행에 비추어 부당하거나 과대한 이익제공(제의)에 해당되는지 여부. 정상적인 거래관행이란 원칙적으로 해당업계의 통상적인 거래관행을 기준으로 판단하되, 구체적 사안에 따라 바람직한 경쟁질서에 부합되는 관행을 의미하며 현실의 거래관행과 항상 일치

---

196 과거에는 다단계판매(피라미드식 판매방식)를 부당한 이익에 의한 고객유인의 하나로 보기도 했다. 그러나 현재 이에 대한 규제는 방문판매법에 따라 법이 정한 범위에서 허용되고 있다.

하는 것은 아니다. 부당한 이익에 해당되는지는 관련 법령에 의해 금지되거나 정상적인 거래관행에 비추어 바람직하지 않은 이익인지 여부로 판단한다. 또한, 과대한 이익에 해당되는지는 정상적인 거래관행에 비추어 통상적인 수준을 넘어서는지 여부로 판단한다.

② 경쟁사업자(잠재적 경쟁사업자 포함)의 고객을 자기와 거래하도록 유인할 가능성이 있는지 여부 등. 이익제공(제의) 사업자가 경쟁사업자의 고객과 실제로 거래하고 있을 필요는 없으며, 객관적으로 고객의 의사결정에 상당한 영향을 미칠 수 있는 가능성이 있으면 유인가능성을 인정할 수 있다.

— 이익제공(제의)이 불공정한 경쟁수단에 해당된다고 판단되는 경우에도 다음과 같이 합리성이 있다고 인정되는 경우에는 법 위반으로 보지 않을 수 있다.

① 이익제공(제의)로 인한 효율성 증대효과나 소비자후생 증대효과가 경쟁수단의 불공정성으로 인한 공정거래저해 효과를 현저히 상회하는 경우

② 부당한 이익제공(제의)을 함에 기타 합리적인 사유가 있다고 인정되는 경우 등

(3) 사례형 대비 법 위반에 해당될 수 있는 행위(예시)

— 자기와 거래하도록 하기 위해 자신의 상품 또는 용역을 구입하는 고객에게 음성적인 리베이트를 지급하거나 지급할 제의를 하는 행위

— 경쟁사업자의 고객을 자기와 거래하도록 소개·의뢰·추천하는 자에게 리베이트 등의 이익을 제공하거나 제공하겠다는 제의를 함으로써 고객을 유인하는 행위[197]

— 사업자가 다른 특정사업자로부터 수주하거나 거래를 개시하기 위해 금품 등 음성적인 경제적 이익을 제공하는 행위

— 다른 사업자와의 계약을 해지할 경우 발생하는 위약금을 대신 지급해주겠다고 제의하고 그 외 거래상 지나치게 많은 이익제공을 약속하며 고객을 유인하는 행위(예: 인터넷가입권유 등)

---

197 ① CT 등 특수촬영기기를 갖춘 병원이 기기사용 환자를 의뢰하는 일반 병·의원에게 리베이트를 제공하는 행위
② 출판사가 자사의 서적을 교재로 소개 또는 추천하는 교사에게 리베이트를 제공하는 행위
③ 제약회사가 자사의 약품채택이나 처방 증대를 위하여 병원이나 의사에게 리베이트 제공, 과다접대 등을 하는 행위

경우'에 해당한다(대법원 2010. 12. 23. 선고 2008두22815 판결).

- 경쟁 상조회사의 다수 고객을 상대로 하여, 고객이 그 계약을 해지하고 자신과 신규로 상조거래 계약을 체결하는 것을 조건으로, 최대 36회 차분까지 자신에 대한 납입금 지급 의무를 면제하는 '이관할인방식'에 의한 영업방식에 대하여 이러한 영업방식은 결국 상조용역시장 전체의 부담으로 돌아갈 수밖에 없고, 시장전체의 비효율성을 초래할 수 있으며, 일반 고객들은 물론 이관할인방식에 따라 고객 역시 그에 따른 직·간접적인 부담을 지게 된다는 이유로 이러한 방식에 의한 고객유인 행위는 정상적 거래관행에 비추어 부당한 이익을 제공 또는 제공할 제의를 하는 경우로 판단(케이엔라이프의 부당한 고객유인 행위 등에 대한 건, 서울고등법원 2018. 11. 22. 선고 2018누54899 판결)

- 6개 손보사들이 보험계약을 유치하면서 보험가입 대가로 리베이트를 지급한 행위(2002. 10. 16. 공정위 의결 제2002－215호)

- (주)데이콤이 시외전화 이용실적과 관계없이 일반소비자를 대상으로 '082'전화기 72,362대, 'ACR(교환기)' 981,497대를 무상임대방식으로 보급한 행위(1997. 11. 3. 공정위의결)

나. 위계에 의한 고객유인

「표시·광고의 공정화에 관한 법률」 제3조에 따른 부당한 표시·광고 외의 방법[198]으로 자기가 공급하는 상품 또는 용역의 내용이나 거래조건 그 밖에 거래에 관한 사항을 실제보다 또는 경쟁사업자의 것보다 현저히 우량 또는 유리한 것으로 고객을 오인시키거나 경쟁사업자의 것이 실제보다 또는 자기의 것보다 현저히 불량 또는 불리한 것으로 고객을 오인시켜 경쟁사업자의 고객을 자기와 거래하도록 유인하는 행위(법 시행령 [별표2]).

(1) 대상행위

- 자기와 거래하도록 하기 위해 경쟁사업자의 고객을 기만 또는 위계의 방법으로 유인하는 행위가 대상이 된다. 이때, 경쟁사업자의 고객에는 경쟁사업자와 거래를 한 사실이 있거나 현재 거래관계를 유지하고 있는 고객뿐만 아니라 잠재적으로 경쟁사업자와 거래관계를 형성할 가능성이 있는 고객이 포함된다.[199] 또한, 기만 또는 위계는 표시나 광고(표시·광고의 공정화에 관한 법률 적용) 이외의 방법으로 고객을 오인시키거나 오인시킬 우려가 있는 행위를 말한다.

- 상품 또는 용역의 내용이나 거래조건 기타 거래에 관한 사항에 대해 기만 또는 위계의 방법을 사용한 행위가 대상이 된다. 상품 또는 용역의 내용에는 품질, 규격, 제조일자, 원산지, 제조방법, 유효기간 등이 포함된다. 거래조건에는 가격, 수량, 지급조건 등이 포함된다. 기타 거래에 관한 사항에는 국산품 혹은 수입품인지 여부, 신용조건, 업계에서의 지위, 거래은행, 명칭 등

---

198 부당한 표시·광고에 의한 고객유인에는 「표시·광고의 공정화에 관한 법률」이 직접 적용되기 때문이다.
199 위계에 의한 고객유인행위의 객체는 경쟁사업자의 고객이 될 가능성이 있는 상대방까지도 포함된다(한국오라클의 위계에 의한 고객유인행위 건, 대법원 2002. 12. 26. 선고 2001두4306 판결).

이 포함된다.

- 기만 또는 위계의 상대방은 소비자뿐만 아니라 사업자도 포함된다.

(2) 위법성의 판단기준

- 기만 또는 위계가 가격과 품질 등에 의한 바람직한 경쟁질서를 저해하는 불공정한 경쟁수단에 해당되는지 여부를 위주로 판단한다.
- 이 경우 불공정한 경쟁수단에 해당되는지 여부는 다음 사항을 종합적으로 고려하여 판단한다.
  ① 기만 또는 위계가 경쟁사업자(잠재적 경쟁사업자 포함)의 고객을 오인시키거나 오인시킬 우려가 있는지 여부. 오인 또는 오인의 우려는 불특정다수인을 대상으로 하는 표시나 광고의 경우와 달리 거래관계에 놓이게 될 고객의 관점에서 판단하되, 실제로 해당 고객에게 오인의 결과를 발생시켜야 하는 것은 아니며 객관적으로 그의 구매의사결정에 영향을 미칠 가능성이 있으면 충분하다.[200]
  ② 기만 또는 위계가 고객유인을 위한 수단인지 여부 등. 위계로 인하여 경쟁사업자의 고객이 오인할 우려가 있더라도 그 결과 거래처를 전환하여 자기와 거래할 가능성이 없는 경우에는 단순한 비방에 불과할 뿐 부당한 고객유인에는 해당되지 않는다.
- 위계에 의한 고객유인은 그 속성상 합리성 등에 의한 예외를 인정하지 않음을 원칙으로 한다.

(3) 사례형 대비 법 위반에 해당될 수 있는 행위(예시)

- 사업자가 타 사업자 또는 소비자와 거래함에 있어 표시광고 이외의 방법으로 사실과 달리 자기가 공급하는 상품 또는 용역의 가격이나 품질, 성능, A/S 조건 등이 경쟁사업자의 것보다 현저히 우수한 것으로 거래상대방을 오인시켜 자기와 거래하도록 하는 행위
- 할인판매를 한다고 선전하면서 예상 수요를 충족시키기에 현저히 부족한 수량만을 할인판매 대상으로 하여 고객을 유인하는 행위(기만적 미끼 상품)
- 사업자가 자신과 경쟁사업자의 영업현황, 제품기능, 기술력 등에 대해 사실과 다른 허위의 비교분석 자료를 작성하여 발주자에게 제출함으로써 해당 사업을 수주하는 행위
- 경쟁사업자의 부도 임박·정부지원 대상에서 제외 등의 근거 없는 사실을 유포하여 고객을 자기와 거래하도록 유인하는 행위
- 영업사원들이 경쟁사업자의 제품을 근거 없이 비방하면서 고객을 유인하는 행위[201]

---

200 위계에 의한 고객유인행위가 성립하기 위해서는 위계 또는 기만적인 유인행위로 인하여 고객이 오인될 우려가 있음으로 충분하고, 반드시 고객에게 오인의 결과가 발생하여야 하는 것은 아니라고 할 것이고, 여기에서 오인이라 함은 고객의 상품 또는 용역에 대한 선택 및 결정에 영향을 미치는 것을 말하고, 오인의 우려라 함은 고객의 상품 또는 용역의 선택에 영향을 미칠 가능성 또는 위험성을 말한다(한국오라클의 부당한 고객유인행위 건, 대법원 2002. 12. 26. 선고 2001두4306 판결).

201 2020년 변시 제9회 기출(경쟁사업자가 판매하는 X상품에 인체에 유해한 성분이 들어있지 않음에도 불구하고 영업사원들이 사실과 다른 설명을 하며 상품을 판매함).

- 자기의 중학 영어·수학 학습교재를 판매함에 있어 학습교재에 대해 EBS교육방송교재가 아님에도 불구하고 EBS교육방송교재라고 구두 홍보함으로써 고객을 오인시켜 자기와 거래하도록 유인한 행위(공정위 의결 제2000-41호)

- 2008년~2010년 출시되어 자신이 유통에 관여한 일부 모델의 단말기와 관련하여 SK텔레콤이 이동전화 단말기를 제조하는 국내 3개 사업자와 협의하여 공급가 또는 출고가를 부풀려 소비자에게 지급할 약정 외 보조금의 재원을 조성하고, 이를 대리점 등을 통해 소비자에게 지급함으로써 소비자로 하여금 고가의 단말기를 할인받아 저렴하게 구매하는 것으로 오인시켜 자신의 이동통신 서비스에 가입하도록 유인한 행위에 대하여, 구 독점규제 및 공정거래에 관한 법률 제23조 제1항 제3호 등을 적용하여 시정명령과 과징금 납부명령을 한 사안에서, SK텔레콤의 행위는 '상품 등의 거래조건 등에 관하여 실제보다 유리한 것으로 오인시켜 고객을 유인한 행위'에 해당한다고 한 사례(대법원 2019. 9. 26. 선고 2014두 15047, 2014두15740, 2015두59 판결)

- 위계에 의한 고객유인행위의 객체가 되는 상대방, 즉 경쟁사업자의 고객은 경쟁사업자와 기존의 거래관계가 유지되고 있는 상대방에 한정되지 아니하고, 새로운 거래관계를 형성하는 과정에서 경쟁사업자의 고객이 될 가능성이 있는 상대방까지도 포함된다. 위계에 의한 고객유인행위를 불공정거래행위로 보아 규제하는 입법 취지에 비추어 보면, 위계에 의한 고객유인행위가 성립하기 위해서는 위계 또는 기만적인 유인행위로 인하여 고객이 오인될 우려가 있음으로 충분하고, 반드시 고객에게 오인의 결과가 발생하여야 하는 것은 아니라고 할 것이고, 여기에서 오인이라 함은 고객의 상품 또는 용역에 대한 선택 및 결정에 영향을 미치는 것을 말하고, 오인의 우려라 함은 고객의 상품 또는 용역의 선택에 영향을 미칠 가능성 또는 위험성을 말한다(대법원 2002. 12. 26. 선고 2001두4306 판결).

- 한국오라클(주)가 대학병원의 통합의료정보시스템 재구축사업에 필요한 자사의 DBMS제품 및 설치용역을 수주하는 과정에서 객관적으로 검증되지 않은 자료 등에 의하여 자기가 공급하는 용역의 내용이나 거래조건 기타 거래에 관한 사항이 경쟁사업자의 것보다 현저히 우량 또는 유리한 것으로 고객을 오인시켜(사실에 근거하지 않고 경쟁사업자에게 불리한 내용만을 발췌하여 거래상대방에게 제공하여 거래고객으로 하여금 경쟁사업자의 제품에 중대한 하자가 있는 것처럼 왜곡시킴) 자기와 거래하도록 유인한 행위(1999. 9. 29. 공정위의결 제99-175호, 대법원 2002. 12. 26. 선고 2001두4306 판결)

다. 그 밖의 부당한 고객유인

경쟁사업자와 그 고객의 거래를 계약성립의 저지, 계약불이행의 유인 등의 방법으로 거래를 부당하게 방해하여 경쟁사업자의 고객을 자기와 거래하도록 유인하는 행위(법 시행령 [별표2]).

(1) 대상행위

- 경쟁사업자와 고객의 거래를 방해함으로써 자기와 거래하도록 유인하는 행위가 대상이 된다. 거래방해의 수단에는 제한이 없으며, 부당한 이익제공이나 위계를 제외한 모든 수단이 포함된

다. 거래방해에는 거래성립의 방해와 거래계속의 방해가 있다. "부당하게 방해한다"고 함은 통상적인 거래관행 등 제반 사정을 고려할 때 거래수단이 불공정하다고 볼 수 있는지를 개별적, 구체적으로 판단할 수밖에 없다.

- 거래방해의 상대방은 경쟁사업자 또는 경쟁사업자의 고객이며, 고객에는 사업자와 소비자가 포함된다. 이때, 경쟁사업자의 고객에는 경쟁사업자와 거래를 한 사실이 있거나 현재 거래관계를 유지하고 있는 고객뿐만 아니라 잠재적으로 경쟁사업자와 거래관계를 형성할 가능성이 있는 고객이 포함된다.

(2) 위법성의 판단기준

- 거래방해가 바람직한 경쟁질서를 저해하는 불공정한 경쟁수단에 해당되는지 여부를 위주로 판단한다.
- 이때, 불공정한 경쟁수단에 해당되는지 여부는 다음 사항을 종합적으로 고려하여 판단한다.
  ① 거래방해가 고객유인을 위한 수단인지의 여부. 이를 판단하기 위해서는 방해의 동기나 의도, 방해 이후 고객의 거래처 내지 거래량의 변화추이, 경쟁사업자의 시장지위와 경쟁의 정도 등을 고려한다. 거래방해 그 자체가 거래조건의 이점 등 자기의 효율성에 기초할 경우 고객유인의 효과가 있더라도 법 위반으로 보지 않는다. 거래방해는 거래를 곤란하게 하는 것으로 족하며, 실제로 경쟁사업자와 고객 간의 거래가 불발로 끝나거나 기존의 거래관계가 종료되었을 것을 요하지 않는다.
  ② 거래방해에 의해 경쟁사업자와 거래를 중단시킴으로써 자기와 거래할 가능성이 있는지 여부
- 기타의 부당한 고객유인이 불공정한 경쟁수단에 해당된다고 판단되는 경우에도 다음과 같이 합리성이 있다고 인정되는 경우에는 법 위반으로 보지 않을 수 있다.
  ① 기타의 부당한 고객유인으로 인한 효율성 증대효과나 소비자후생 증대효과가 경쟁수단의 불공정성으로 인한 공정거래저해 효과를 현저히 상회하는 경우
  ② 기타의 부당한 고객유인에 합리적인 사유가 있다고 인정되는 경우 등

(3) 사례형 대비 법 위반에 해당될 수 있는 행위(예시)

- 경쟁사업자와 고객 간의 거래를 방해하기 위한 목적으로 경쟁사업자와 고객 간 계약의 성립을 저지하거나 계약해지를 유도하는 행위
- 합리적 이유 없이 자신의 시장지위를 이용하여 판매업자에 대해 경쟁사업자의 제품을 매장 내의 외진 곳에 진열하도록 강요하는 행위

5. 거래강제(법 제45조 제1항 제5호)

사업자가 거래상대방 또는 자사 직원 등으로 하여금 본인의 의사에 반하여 자기 또는 자기가 지정하는 자의 상품 또는 용역을 구입(판매)하도록 강제하는 행위는 시장에서의 지위를 이용하여 고객을 확보하는 행위로서, 불합리한 수단으로 시장지배력의 확장을 도모하며 소비자의 자율적 선택권을 제약하므로

금지된다.

가. 끼워팔기(tying arrangements, tie in sale)

거래상대방에게 자기의 상품 또는 용역을 공급하면서 정상적인 거래관행에 비추어 부당하게 다른 상품 또는 용역을 자기 또는 자기가 지정하는 사업자로부터 구입하도록 하는 행위(법 시행령 별표2).

(1) 대상행위

- 서로 다른 별개의 상품 또는 용역을 자기 또는 자기가 지정하는 사업자로부터 구입하도록 하는 행위가 대상이 된다. 이때 끼워팔기의 대상이 '서로 다른 별개의 상품 또는 용역'에 해당되는지 여부는 이들이 시장에서 통상 별도로 거래되는지 여부와 더불어 그 상업적 용도나 기능적 특성, 소비자 인식태도, 경우에 따라서는 제품통합과 기술혁신의 추세 등을 종합적으로 고려하여 판단한다(주된 상품의 판매에 연계하여 거래상대방에게 종된 상품을 구입하도록 하는 것으로 충분[202]하기 때문에 반드시 주된 상품에 대해서 시장지배력을 가질 필요까지는 없다).
- 끼워팔기를 행하는 주체는 주된 상품(또는 용역)과 종된 상품(또는 용역)을 동시에 공급할 수도 있고, 자기가 지정하는 제3자로 하여금 종된 상품(또는 용역)을 공급하게 할 수 있다.
- 끼워팔기에는 상품 또는 용역을 판매하는 경우 외에 임대하는 경우도 포함된다.
- 거래상대방에는 사업자뿐만 아니라 소비자가 포함된다.

(2) 위법성의 판단기준[203]

- 끼워팔기가 바람직한 경쟁질서를 저해하는 불공정한 경쟁수단에 해당되는지 또는 경쟁을 제한하는지 여부를 위주로 판단한다.[204]
- 이때, 불공정한 경쟁수단 해당 여부 또는 경쟁제한성 여부는 다음 사항을 종합적으로 고려하여 판단한다.

---

202 실제로 거래상대방이 구입하였을 것을 요하지 않는다(대법원 2006. 5. 26. 선고 2004두3014 판결).

203 '거래강제' 중 '끼워팔기'는, 자기가 공급하는 상품 또는 용역 중 거래 상대방이 구입하고자 하는 상품 또는 용역을 상대방에게 공급하는 것과 연계하여 상대방이 구입하고자 하지 않거나 상대적으로 덜 필요로 하는 상품 또는 용역(이하 '종된 상품'이라 한다)을 정상적인 거래관행에 비추어 부당하게 자기 또는 자기가 지정하는 다른 사업자로부터 상대방이 구입하도록 하는 행위를 말한다 할 것이고, 이러한 끼워팔기가 정상적인 거래관행에 비추어 부당한지 여부는 종된 상품을 구입하도록 한 결과가 상대방의 자유로운 선택의 자유를 제한하는 등 가격과 품질을 중심으로 한 공정한 거래질서를 저해할 우려가 있는지 여부에 따라 판단하여야 한다(대법원 2006. 5. 26. 선고 2004두3014 판결). 이 판결은 한국토지공사가 택지분양과정에서 공동주택지(비인기토지)의 판매가 저조하자 상대적으로 분양이 양호한 '인기토지'를 판매하면서 '비인기토지'의 매입 시 인기토지에 대한 매입우선권을 부여함으로써 비인기토지를 매입하지 않고서는 사실상 인기토지를 매입할 수 없게 만들었던 사안에 대해 대법원이 끼워팔기에 해당한다고 인정한 사례이다.

204 개당 단가를 낮추고 다량구매 등을 선호하는 소비자의 편익을 증가시킬 수 있는 정당한 범위의 결합판매(bundling)까지 과도하게 규제해서는 안 될 것이다. '창고형 마트'에서 번들상품을 다량으로 저렴하게 구입하고자 하는 수요층도 있기 때문이다. 결국 거래관행에 비추어 소비자의 선택권과 의사를 부당하게 침해하였는지 여부가 중요한 기준이 될 수 있다.

① 끼워팔기를 하는 사업자가 거래상대방에 대해 주된 상품(또는 용역)과 종된 상품(또는 용역)의 동반 구입을 강제할 수 있는지 여부. 이를 판단하기 위해 해당 상품 또는 용역의 시장지배력, 브랜드 특성, 소비 실태 등을 고려한다.

② 끼워팔기가 정상적인 거래관행에 비추어 부당한지 여부 및 정상적인 거래관행에 해당되는지 여부는 해당 시장에서의 통상적인 거래관행을 기준으로 하되, 통상적인 거래관행에 해당된다고 할지라도 끼워팔기에 의해 경쟁제한효과가 발생하거나 소비자의 자율적 선택권이 침해되는 경우에는 부당한 것으로 본다.[205]

③ 주된 상품(또는 용역)과 종된 상품(또는 용역)을 같이 구입하도록 강제하는지 여부 등. 강제성이 있는지 여부는 거래상대방의 입장에서 서로 다른 두 상품(또는 용역)을 따로 구입하는 것이 자유로운지를 기준으로 판단한다. 이때, '강제성'은 주된 상품(또는 용역)에 대한 구매자의 거래처 전환가능성이 적을수록 큰 것으로 보며, 다른 거래처에서 구입할 경우 주된 상품(또는 용역)의 거래거절이나 공급량감소 등 각종 불이익이 예상됨으로 인하여 사실상 거래처를 전환할 수 없는 경우 등에는 강제성이 인정될 수 있다. 이때 거래상대방이 자기 또는 자기가 지정하는 사업자로부터 실제로 구입하였을 것을 필요로 하지 않는다.

- 끼워팔기가 불공정한 경쟁수단에 해당되거나 경쟁제한성이 있다고 판단되는 경우에도 다음과 같이 합리성이 있다고 인정되는 경우에는 법 위반으로 보지 않을 수 있다.

① 끼워팔기로 인한 효율성 증대효과나 소비자후생 증대효과가 경쟁수단의 불공정성으로 인한 공정거래저해 효과나 경쟁제한효과를 현저히 상회하는 경우

② 끼워팔기를 함에 있어 기타 합리적인 사유가 있다고 인정되는 경우 등

(3) 사례형 대비 법 위반에 해당될 수 있는 행위(예시)

- 장례식장 등을 운영하는 사업자가 용역 거래 시 거래상대방이 자신과 거래할 수밖에 없는 실정임을 이용하여 부대물품이나 부대서비스의 이용을 강제하는 행위
- 인기 있는 상품 또는 용역을 판매하면서 인기 없는 것을 함께 구입하도록 하거나, 신제품을 판매하면서 구제품이나 재고품을 함께 구입하도록 강제하는 행위
- 고가의 기계나 장비를 판매하면서 합리적 이유 없이 인과관계가 떨어지는 유지·보수 서비스(유료)를 자기로부터 제공받도록 강제하는 행위
- 특허권 등 지적재산권자가 라이선스 계약을 체결하면서 다른 상품이나 용역의 구입을 강제하

---

205 끼워팔기가 해당 시장에서의 통상적인 거래관행인 경우에는 특별히 장래의 경쟁을 제한하거나 소비자의 자율적 선택권을 침해하지 않는 한 원칙적으로 정상적인 거래관행에 부합하는 것으로 본다. 반면, 끼워팔기가 해당 시장에서의 통상적인 거래관행이 아닌 경우에는 장래의 경쟁을 촉진하거나 소비자후생을 증대시키지 않는 한 원칙적으로 정상적인 거래관행에 비추어 부당한 것으로 본다. 정상적인 거래관행에 부합되는 경우를 예시하면, ① 주된 상품(또는 용역)의 기능에 반드시 필요한 상품을 함께 파는 행위(프린터와 잉크, 자동차와 타이어 등), ② 두 상품(또는 용역)을 따로 공급하는 것이 기술적으로 매우 곤란하거나 상당한 비용을 요하는 경우 두 상품을 함께 파는 행위를 들 수 있다. 실무상 끼워팔기가 발생한 거래에서 통상적인 거래관행이 존재하지 않을 경우에는 경쟁제한효과 또는 소비자 선택권 제한 여부로 판단한다.

는 행위
- 합리적 이유 없이 자기와 거래하기 위해서는 자기가 지정하는 사업자의 물품·용역을 구입할 것을 의무화하는 행위[206]

심결사례 등

- 서울시내 7개 예식장이 고객에게 자신이 소유하거나 지정하는 웨딩드레스, 식당, 사진서비스 등을 이용하지 않으면 예식장을 사용할 수 없다고 함으로써 부대시설이용을 강제한 행위(1997. 5. 29. 공정위의결)
- 장례식장을 영위하면서 장례를 치르려는 유족에 대하여 외부 장의사로부터 장의용품을 제공받을 경우에는 자기의 장례식장을 이용할 수 없도록 한 행위(1999. 11. 30. 공정위의결 제99-246호)
- 오프라인 강의를 수강하는 학생들에게 온라인 강의를 의무적으로 수강하도록 하는 행위(페르마에듀의 거래강제행위 건, 서울고등법원 2009. 11. 12. 선고 2009누5635 판결)
- Microsoft사가 ① 윈도우서버 운영체계와 미디어서버 프로그램(Windows Media Service)을 결합하여 판매한 행위, ② 윈도우 PC운영체제(Windows XP)와 미디어 플레이어 프로그램(Windows Media Player)을 결합하여 판매한 행위, ③ 윈도우 PC운영체제와 메신저 프로그램(MSN메신저)을 결합하여 판매한 행위에 대해 끼워팔기를 인정(2006. 2. 24. 공정위의결 제2006-42호)[207]
- 골프존이 2009. 6.부터 자신이 지정한 2~3개의 프로젝터를 포함한 묶음상품의 형태로 '골프시뮬레이션 시스템' 또는 골프시뮬레이터를 판매한 행위에 대하여 공정위는 불공정거래행위로서 끼워팔기에 해당한다고 보아 시정명령과 과징금을 부과하였으나, 서울고등법원은 원고(골프존)의 GS시스템 작동에 있어서 프로젝터는 밀접불가분한 구성요소에 해당한다는 등의 이유로 공정위의 시정명령 등 처분을 취소하였다(서울고등법원 선고 2014누62052 판결, 이 사건은 대법원 2106두64999 심리불속행기각 판결로 확정되었다).

나. 사원판매[208]

부당하게 자기 또는 계열회사의 임직원에게 자기 또는 계열회사의 상품이나 용역을 구입 또는 판매하도록 강제하는 행위(법 시행령 [별표2]).

---

206 2021년 변시 제10회 기출. 가전제품 유통전문회사인 을이 자신의 오프라인 매장에서 가전제품을 판매하기를 원할 경우 을의 계열회사인 병(배송회사)으로부터 제품배송 용역을 구입하도록 한 행위에 대해 끼워팔기로 접근하여 합리적 이유 유무를 구체적으로 설명해야 하는 문제였다.
207 이와 별도로 시지남에도 해당한다고 판단하였다(중복적용 긍정 입장). 이 사건은 서울고등법원 판결 선고를 앞두고 MS측이 소를 취하(공정위는 소취하에 동의함)하면서 안타깝게도 법원의 본안 판단을 받지 못하였다.
208 "사원판매를 불공정거래행위로 규정하고 있는 것은, 회사가 그 임직원에 대하여 가지는 고용관계상의 지위를 이용하여 상품과 용역의 구입 또는 판매를 강제함으로써 공정한 거래질서를 침해하는 것을 방지하고자 하는 것…(대우자판의 거래강제행위 건, 대법원 2001. 2. 9. 선고 2000두6206 판결)." 이 사건은 대우자판의 임직원 및 쌍용자동차로부터 전입한 사원들(공정위의결 당시는 쌍용차가 대우자동차에게 인수된 시기였음)에 대하여 자사 자동차를 구입하도록 한 사안이다.

(1) 대상행위

- 고용관계를 이용한 거래강제의 유형이다. 자기 또는 계열회사의 임직원에게 자기 또는 계열회사의 상품이나 용역을 구입 또는 판매하도록 강제하는 행위가 대상이 된다. 임원이란 이사·대표이사·업무집행사원·감사나 이에 준하는 자 또는 지배인 등 본점이나 지점의 영업전반을 총괄적으로 처리하는 상업사용인을 말한다. 직원이란 계속하여 회사의 업무에 종사하는 자로서 임원 외의 자를 말한다. 임직원에는 정규직, 계약직, 임시직 등 고용의 형태를 묻지 않는다.
- 판매영업을 담당하는 임직원에게 판매를 강요하는 행위는 원칙적으로 적용대상이 되지 않는다. 어떤 임직원이 판매영업을 담당하는 자인지 여부는 해당 상품 또는 용역에 관하여 실질적으로 영업 및 그와 밀접하게 관련된 업무를 수행하는지를 기준으로 판단한다. 예컨대, 매장 기타 영업소에서 판매를 담당하는 자, 영업소 외의 장소에서 전기통신의 방법으로 판매를 권유하는 자는 원칙적으로 판매영업을 담당하는 자에 해당되는 것으로 본다.

(2) 위법성의 판단기준

- 사원판매가 바람직한 경쟁질서를 저해하는 불공정한 경쟁수단에 해당되는지 여부를 위주로 판단한다.
- 이때, 불공정한 경쟁수단에 해당되는지 여부는 다음 사항을 종합적으로 고려하여 판단한다.
  - ① 사업자가 임직원에 대해 자기 또는 계열회사의 상품이나 용역의 구입 또는 판매를 강제하는지 여부. 임직원에게 구입이나 판매를 강제하는 수단에는 제한이 없으며, 사업자 측의 구입·판매목표량의 설정과 할당, 목표미달 시 제재의 유무와 정도 등을 종합적으로 고려하여 강제성의 유무를 판단한다.[209]
  - ② 임직원에 대한 구입(또는 판매)강제가 경쟁사업자의 고객(잠재적 고객 포함)을 자기 또는 계열회사와 거래하도록 하기 위한 수단으로 사용되는지 여부 등. 구입(또는 판매)강제로 인하여 임직원이 실제로 상품 또는 용역을 구입하였을 것을 요하지는 않는다.
  - ③ 그 밖에 사원판매의 기간이나 목표량의 크기는 위법성 유무에 영향을 미치지 않는다.
- 사원판매가 불공정한 경쟁수단에 해당된다고 판단되는 경우에도 다음과 같이 합리성이 있다고 인정되는 경우에는 법 위반으로 보지 않을 수 있다. 그러나 사원판매의 속성상 제한적으로 해석함을 원칙으로 한다.
  - ① 사원판매로 인한 효율성 증대효과나 소비자후생 증대효과가 경쟁수단의 불공정성으로 인한 공정거래저해 효과를 현저히 상회하는 경우

---

209 ① 목표량 미달 시 인사고과에서 불이익을 가하거나, 판매목표 미달분을 억지로 구입하도록 하거나, 목표달성 여부를 고용관계의 존속이나 비정규직에서 정규직으로의 전환과 결부시키는 경우에는 원칙적으로 강제성이 인정된다. ② 임직원에게 판매목표를 개인별로 설정한 후 이를 달성시키기 위한 방안으로 판매실적을 체계적으로 관리하고 임원이나 최고경영층에 주기적으로 보고하는 경우에는 원칙적으로 강제성이 인정된다. ③ 그러나 목표량 달성 시 상여금 등 인센티브를 제공하는 경우로 임직원의 판단에 따라 목표량 미달과 각종 이익 중에서 선택가능성이 있는 때에는 원칙적으로 강제성이 인정되지 않는다. ④ 임직원에게 불이익(사실상 불이익 포함)을 가하지 않고 단순히 자기회사 상품(또는 용역)의 목표를 할당하고 이를 달성할 것을 단순 촉구한 행위만으로는 원칙적으로 강제성이 인정되지 않는다.

② 부도발생 등 사원판매를 함에 있어 불가피한 사유가 있다고 인정되는 경우 등

(3) 사례형 대비 법 위반에 해당될 수 있는 행위(예시)

- 자기 또는 계열회사의 상품 또는 용역을 임직원에게 일정 수량씩 할당하면서 판매실적을 체계적으로 관리하거나 대금을 임금에서 공제하는 행위
- 비영업직 임직원에게 자기 또는 계열회사의 상품 또는 용역의 판매에 관한 판매목표를 설정하고, 미달성 시 인사상의 불이익을 가하는 행위
- 비영업직 임직원에게 자기 또는 계열회사의 상품 또는 용역의 판매에 관한 판매목표를 설정하고 최고경영자 또는 영업담당 이사에게 주기적으로 그 실적을 보고하고 공식적 계통을 통해 판매독려를 하는 경우
- 자신의 계열회사에게 자신이 생산하는 상품 또는 용역의 일정량을 판매하도록 할당하고 해당 계열회사는 임직원에게 협력업체에 대해 판매할 것을 강요하는 행위

심결사례 등

- 자기 계열사의 에어컨사업 정리에 따른 재고처리를 위해 에어컨 24대를 대리 이상 관리직 사원 24명에게 소비자가격 대비 37% 할인된 가격으로 강제로 할당하고 체불임금에서 상계 처리한 행위(1999. 5. 13. 공정위의결 제99-113호)[210]

- 거래강제의 상대방은 원칙적으로 직접 거래의 상대방이 되는 자를 의미하는 것으로서 "타 경쟁자의 고객일 수도 있었던 상대방에게 강제력을 행사하여 자기와 거래하도록 하는 행위"가 금지되는 것이고, 따라서 사원판매행위가 불공정거래행위에 해당하기 위하여는 사업자가 그 임직원에 대하여 직접 자기 회사 상품을 구입하도록 강제하거나 적어도 이와 동일시할 수 있을 정도의 강제성을 가지고 자기 회사 상품의 판매량을 할당하고 이를 판매하지 못한 경우에는 임직원에게 그 상품의 구입부담을 지우는 등의 행위가 있어야만 하는 것이고, 단지 임직원들을 상대로 자기 회사 상품의 구매자 확대를 위하여 노력할 것을 촉구하고 독려하는 것만으로는 부족하다(대법원 1998. 3. 27. 선고 96누18489 판결. 조선일보사가 "창간 73주년 기념 가족확장대회"라는 이름 아래 자사 및 계열회사의 임직원 1인당 5부 이상 신규 구독자를 확보하도록 촉구하고, 각 부서별로 실적을 집계하여 공고하는 한편 판매목표를 달성한 임직원에게는 상품을 수여하는 등의 신규 구독자 확장계획을 수립 시행한 것이 사원에 대한 강제판매행위에 해당하지 아니한다고 본 사례).

- 한겨레신문이 1인당 판매목표를 설정하고 이를 초과달성한 임직원에 포상한 사실은 있으나, 판매실적이 부진한 임직원에 대하여 강제로 신문을 구독하도록 하는 등 어떤 형태로든 불이익을 준 적이 없고, 위 신문확장계획에 참여한 임직원이 전사원의 36.5%에 불과한 점 등을 종합하면 행위의 강제성을 인정할 수 없어 사원판매행위에 해당하지 않는다고 판단함(대법원 1998. 5. 12. 선고 97누14125 판결).

---

210 참고로 임금의 직접 지급의 원칙에 따라 지급해야 할 임금을 상계 처리하는 것은 별도로 근로기준법 위반에 해당한다.

다. 그 밖의 거래강제

정상적인 거래관행에 비추어 부당한 조건 등 불이익을 상대방에게 제시해 자기 또는 자기가 지정하는 사업자와 거래하도록 강제하는 행위(법 시행령 [별표2]).

(1) 대상행위

- 자기 또는 자기가 지정하는 사업자와 거래하도록 강요하는 행위가 대상이 된다. 이에는 명시적인 강요와 묵시적인 강요, 직접적 강요와 간접적 강요를 포함한다.
- 기타의 거래강제는 행위자와 상대방 간 거래관계 없이도 성립할 수 있으나, 거래상 지위남용(구입강제)의 경우 행위자와 상대방 간 거래관계가 있어야 성립할 수 있다는 점과 거래상 지위의 존재를 필요로 한다는 점에서 서로 구별된다.
- 거래상대방에는 사업자뿐만 아니라 소비자도 포함된다.

(2) 위법성의 판단기준

- 거래강제 행위가 바람직한 경쟁질서를 저해하는 불공정한 경쟁수단에 해당되는지 여부를 위주로 판단한다.
- 이 경우 불공정한 경쟁수단에 해당되는지 여부는 다음 사항을 종합적으로 고려하여 판단한다.
  ① 사업자가 거래상대방에 대해 불이익을 줄 수 있는 지위에 있는지 여부
  ② 해당 불이익이 정상적인 거래관행에 비추어 부당한지 여부. 정상적인 거래관행 해당 여부는 해당 업계의 통상적인 거래관행을 기준으로 한다. 정상적인 거래관행에 비추어 부당한 불이익으로는 특별한 사유 없이 주된 거래관계에서 공급량이나 구입량의 축소, 대금지급의 지연, 거래의 중단 또는 미개시, 판매장려금 축소 등이 있다.
  ③ 거래상대방에 대해 자기 또는 자기가 지정하는 사업자와 거래하도록 강제하는 효과가 있는지 여부 등. 상대방이 행위자의 요구사항을 자유로이 거부할 수 있는지 여부를 기준으로 강제성 여부를 판단한다. 상대방이 주된 거래관계를 다른 거래처로 전환하기가 용이한 경우에는 강제성이 인정되지 않는다. 반면, 자기 또는 자기가 지정하는 사업자와 거래할 경우 일정한 인센티브를 제공하는 것은 강제성이 없는 것으로 본다.
- 기타의 거래강제가 불공정한 경쟁수단에 해당된다고 판단되는 경우에도 다음과 같이 합리성이 있다고 인정되는 경우에는 법 위반으로 보지 않을 수 있다. 그러나 기타의 거래강제 속성상 제한적으로 해석함을 원칙으로 한다.
  ① 기타의 거래강제로 인한 효율성 증대효과나 소비자후생 증대효과가 경쟁수단의 불공정성으로 인한 공정거래저해효과를 현저히 상회하는 경우
  ② 기타의 거래강제를 함에 있어 기타 합리적인 사유가 있다고 인정되는 경우 등

(3) 사례형 대비 법 위반에 해당될 수 있는 행위(예시)

- 사업자가 자신의 계열회사의 협력업체에 대해 자기가 공급하는 상품 또는 용역의 판매목표량을 제시하고 이를 달성하지 않을 경우 계열회사와의 거래물량 축소 등 불이익을 가하겠다고 하여 판매목표량 달성을 강제하는 행위
- 사업자가 자신의 협력업체에 대해 자신의 상품판매 실적이 부진할 경우 협력업체에서 탈락시킬 것임을 고지하여 사실상 상품판매를 강요하는 행위

판결사례

- 아파트의 수분양자 등에게 중도금 대출을 알선하고 수분양자로 하여금 지정 법무사에게 등기업무를 위임하도록 하는 것은 시공사의 업무편의를 위한 것으로 사실상 거래강제에 해당하지만 지정법무사를 선임해 일괄하여 그 업무를 처리하게 한 결과 비용의 40%를 절감한 점 등을 고려하면 부당한 거래로 보기 힘들다(대우건설의 거래강제행위 건, 서울고등법원 2007. 9. 13. 선고 2006누27900 판결).[211]
- 총판 평가지표를 설정하면서 수능 비연계 교재(초중고 학습참고서)의 배점을 높게 설정하고, 평가 결과가 좋지 않은 총판에 대하여는 계약을 종료하거나 경고조치를 한 행위는 수능 비연계 교재의 판매를 사실상 강제한 불공정거래행위에 해당한다(EBS의 거래강제행위 건, 공정위 2015서감1483; 서울고등법원 2016. 11. 30. 선고 2016누44744 판결).

---

6. 거래상 지위남용(법 제45조 제1항 제6호) – "불판구이경"

거래상 지위남용이란 사업자가 자기의 거래상 우월적 지위를 부당하게 이용하여 상대방[212]과 거래하는 행위를 말한다. 거래상 지위남용행위를 불공정거래행위로 규제하고 있는 이유는 현실의 거래관계[213]에서 경제력에 차이가 있는 거래주체 간에도 상호 대등한 지위에서 법이 보장하고자 하는 공정한 거래를 할 수 있도록 하기 위하여 상대적으로 우월적 지위에 있는 사업자에 대하여 그 지위를 부당하게 남용하

---

211 거래를 사실상 강제한 사실이 있더라도, 이로 인해 등기비용이 절감된 점, 다른 법무사의 등기신청도 얼마든지 가능했던 점 등에 비추어 부당성이 인정되기 어렵다는 취지의 판결이었다.

212 거래상 지위남용행위는 일반적으로는 사업자 간 거래에 적용되나, 거래상대방이 소비자인 경우에도 거래상 지위남용행위가 성립할 수 있다(대법원 2006. 11. 9. 선고 2003두15225 판결).

213 거래관계는 계약관계보다 넓은 범위의 개념으로 이해된다. 대법원 2010. 1. 14. 선고 2008두14739 판결 "불공정거래행위에 관한 독점규제 및 공정거래에 관한 법률상의 관련 규정과 입법취지 등에 의하면 불공정거래행위에서의 '거래'란 통상의 매매와 같은 개별적인 계약자체를 가리키는 것이 아니라 그보다 넓은 의미로서 사업활동을 위한 수단 일반 또는 거래질서를 뜻하는 것으로 보아야 하는 점, 비록 피해차주의 보험회사에 대한 직접청구권이 피보험자의 불법행위에 의하여 발생한다고 하더라도 보험회사 및 피보험자는 바로 그러한 경우를 위하여 보험계약을 체결하는 것이고, 피해차주는 자동차손해보험의 특성상 보험계약 성립 당시에 미리 확정될 수 없을 따름이지 그 출현이 이미 예정되어 있는 것이며, 그에 따라 보험회사가 피해차주에게 대물손해를 배상하여야 할 의무도 위 보험계약에 근거하고 있는 것인 점, 불법행위로 인한 손해배상채무가 이행되는 과정에서도 채무자에 의한 불공정거래행위가 얼마든지 발생할 여지가 있는 점 등에 비추어 볼 때, 보험회사와 피해차주 사이에는 피보험자를 매개로 한 '거래관계'가 존재한다고 봄이 상당하다."

여 상대방에게 거래상 불이익을 주는 행위를 금지시키고자 하는 데 있다. 세부유형으로는 구입강제, 이익제공강요, 판매목표강제, 불이익제공, 경영간섭이 있다.[214] 거래상 지위남용에 해당하기 위해서는 먼저 거래상대방에 대하여 거래상 지위가 있어야 한다. 이 경우 '거래상 지위'란 시장지배적 지위에 이를 필요까지는 없으며, 거래상대방의 의사에 반하여 거래를 강제하거나 기타 영업활동을 방해할 수 있는 정도의 '상대적 우월적 지위' 정도면 충분하다.[215] 거래상 지위남용의 인정에 있어서는 특히 거래상대방이 자신의 거래처를 쉽게 이전할 수 있는지 여부가 매우 중요하다(거래처이전가능성이 충분하다면 거래의존도가 높지 않다고 볼 수 있고, 상대방의 입장에서는 얼마든지 거래처를 변경하여 불이익한 거래조건을 회피할 수 있다). 거래상 지위남용은 소위 "갑의 횡포"라는 의미로 꾸준히 사회적 이슈가 되고 있는 행위유형으로 그 중요성이 부각되고 있으며, 수직적 관계에서 발생하는 불공정거래행위의 시정을 위한 특별법 제정이 두드러지고 있는 추세이다(하도급법, 가맹사업법, 대규모유통업법, 대리점거래공정화법 등은 거래상지위남용의 금지를 기반으로 한다).

가. 구입강제[216]

> 거래상대방이 구입할 의사가 없는 상품 또는 용역을 구입하도록 강제하는 행위(법 시행령 [별표2]).

(1) 대상행위("밀어내기")

- 사업자가 거래상대방에게 구입의사가 없는 상품 또는 용역을 구입하도록 강제하는 행위가 대상이 된다.[217] 구입요청을 거부하여 불이익을 당하였거나 주위의 사정으로 보아 객관적으로 구입하지 않을 수 없는 사정이 인정되는 경우에는 구입강제가 있는 것으로 본다. 구입의사가 없는 상품 또는 용역을 실제로 구매했는지 여부는 중요하지 않다.

- 거래상대방은 주로 사업자가 될 것이나 소비자도 포함된다. 구입이 강제되는 상품 또는 용역은 사업자 자신의 것일 수도 있고, 다른 사업자의 것일 수도 있다.

---

214 실무에서는 거래상 지위남용 중 불이익제공의 문제가 가장 빈번하게 발생한다. 거래상 지위남용의 행위유형의 내용을 살펴보면 사실상 '불이익제공' 유형이 일반조항의 성격을 갖는다.

215 거래상 지위의 유무는 당사자가 처하고 있는 시장의 상황, 당사자 간의 전체적 사업능력의 격차, 거래의 대상인 상품의 특성 등을 종합적으로 고려하여 판단한다(대법원 2006. 11. 9. 선고 2003두15225 판결, 대법원 2009. 10. 29. 선고 2007두20812 판결 등).

216 2016년 변시 제5회 기출. "거래상 우월적 지위에 있는 타이어 제조사(국내 타이어 소매시장의 40% 점유)가 타이어 재고량이 적정수준을 초과하였음을 이유로 국내 대리점들에게 전월 주문량 대비 5%의 물량을 10% 인하된 가격에 추가로 구입하도록 강제한 행위", 불공정거래행위의 행위유형 중 어느 유형에 해당하는지, 그 행위가 위법한지 여부를 묻는 문제였다(배점 30점).

참고로 과거 구입강제와 관련된 판례는 가맹사업거래와 관련된 분쟁이 많았다. 현재 가맹사업거래의 공정화에 관한 법률(가맹사업법)이 별도 제정되어 가맹사업거래와 관련된 거래상 지위 남용행위는 가맹사업법에 규정된 개별규정이 우선 적용된다.

217 상대방이 구입하지 않을 수 없는 객관적인 상황으로 만들어 내는 것을 포함한다(부관훼리의 거래상 지위 남용행위 건, 대법원 2002. 1. 25. 선고 2000두9359 판결).

(2) 위법성의 판단기준[218]

– 구입강제가 거래내용의 공정성을 침해하는 행위에 해당되는지 여부를 위주로 판단한다.

– 이때, 거래내용의 공정성을 침해하는지 여부는 다음 사항을 종합적으로 고려하여 판단한다.

① 사업자가 거래상대방에 대해 거래상 지위를 가지고 있는지 여부. 거래상 지위가 있는지 여부는 거래상대방의 입장에서 사업자가 상품 또는 용역의 구입을 요청할 경우 원치 않더라도 이를 받아들일 수밖에 없는지를 기준으로 한다. 거래상 지위 유무는 대체거래선 확보의 용이성,[219] 사업자에 대한 수입 의존도, 사업자의 업무상 지휘감독권 여부, 거래대상인 상품 또는 용역의 특성 등을 종합적으로 고려하여 판단한다.[220]

거래상 지위가 인정될 가능성이 있는 거래관계(예시)

– 본사와 협력업체 또는 대리점, 대형소매점과 입점업체, 도시가스사와 지역관리소, 제조업체와 부품납품업체, 지역독점적 공공시설 관리업자와 시설임차사업자, 독점적 공공사업자와 계약업체, 방송사와 방송프로그램 공급사업자 등 간 거래관계

– 거래상대방인 판매업자가 특정사업자가 공급하는 유명 상표품을 갖추는 것이 사업운영에 극히 중요한 경우 특정사업자와 판매업자 간 거래관계

– 제조업자 또는 판매업자가 사업활동에 필요한 원재료나 부품을 특정 사업자로부터 공급받아야 하는 경우 특정사업자와 제조 또는 판매업자 간 거래관계

– 특정사업자와의 거래가 장기간 계속되고, 거래관계 유지에 대규모투자가 소요됨으로써 거래상대방이 거래처를 전환할 경우 설비전환이 곤란하게 되는 등 막대한 피해가 우려되는 경우 등

② 구입강제 행위가 부당한지 여부 등. 해당 행위를 한 목적, 거래상대방의 예측가능성(당초 계약서에 구입의무가 규정되어 있거나 충분히 예측가능한 경우에는 부당성이 낮은 것으로 볼 수 있음), 해당 업종에서의 통상적인 거래관행, 구입강제로 인한 거래상대방의 피해 발생 여부, 관계법령 등을 종합적으로 고려하여 부당성 여부를 판단한다.

– 구입강제가 거래내용의 공정성을 침해한다고 판단되는 경우에도 다음과 같이 합리성이 있다고 인정되는 경우에는 법 위반으로 보지 않을 수 있다. 그러나 구입강제의 속성상 제한적으로 해

---

218 거래상 지위를 부당하게 이용하였는지 여부는 당사자가 처하고 있는 시장 및 거래의 상황, 당사자 간 전체적 사업능력의 격차, 거래의 대상인 상품 또는 용역의 특성, 그리고 당해 행위의 의도·목적·효과·영향 및 구체적인 태양, 해당 사업자의 시장에서의 우월한 지위의 정도 및 상대방이 받게 되는 불이익의 내용과 정도 등에 비추어 볼 때 정상적인 거래관행을 벗어난 것으로서 공정한 거래를 저해할 우려가 있는지 여부를 판단하여 결정하여야 한다(대법원 2002. 1. 25. 선고 2000두9359 판결, 대법원 2002. 9. 27. 선고 2000두3801 판결 등).

219 대체거래선 확보의 용이성이란 낮은 거래비용으로 타 거래선을 찾는 것이 실제 가능한지를 의미하며, 거래처를 전환함으로 인해 거래단절이나 공급량 제한, 투자비용의 회수곤란 등 불이익을 감수하여야 하거나, 사업활동이 현저히 곤란해지는 경우에는 대체거래선 확보가 용이하지 않은 것으로 볼 수 있다.

220 거래상대방이 사업자에 대한 수입의존도가 높을수록, 업무상 지휘감독을 받는 정도가 높을수록 거래상 지위가 있는 것으로 볼 수 있다.

석함을 원칙으로 한다.

① 구입강제로 인한 효율성 증대효과나 소비자후생 증대효과가 거래내용의 불공정성으로 인한 공정거래저해 효과를 현저히 상회하는 경우

② 구입강제를 함에 있어 기타 합리적인 사유가 있다고 인정되는 경우 등

(3) 사례형 대비 법 위반이 주로 문제되는 행위(예시)

- 합리적 이유 없이 신제품을 출시하면서 대리점에게 재고품 구입을 강요하는 행위
- 합리적 이유 없이 계속적 거래관계에 있는 판매업자에게 주문하지도 않은 상품을 임의로 공급하고 반품을 허용하지 않는 행위
- 합리적 이유 없이 자신과 지속적 거래관계에 있는 사업자에 대해 자기가 지정하는 사업자의 물품·용역을 구입할 것을 강요하는 행위
- 합리적 이유 없이 도·소매업자(또는 대리점)에게 과다한 물량을 할당하고, 이를 거부하거나 소화하지 못하는 경우 할당량을 도·소매업자(또는 대리점)가 구입한 것으로 회계 처리하는 행위

판결사례

- 컨테이너를 이용한 육·해상 복합운송의 경우 해상운송업체가 거래상의 우월한 지위를 이용하여 거래상대방인 화주들에게 자기가 지정한 육상운송업체를 이용하도록 안내문을 발송하고 일부 업체에 대하여는 그 이용을 적극적으로 권유하였을 뿐만 아니라 합리적인 이유 없이 다른 육상운송업체를 이용하려는 화주들에게는 컨테이너를 배정하지 않음으로써 화주들로 하여금 어쩔 수 없이 해상운송업체가 지정한 업체로부터 육상운송용역을 제공받도록 사실상 강요한 행위는 '구입강제행위'로서 독점규제 및 공정거래에 관한 법률 제45조 제1항 제6호 소정의 '거래상의 지위 남용행위'에 해당한다(부관훼리사건, 대법원 2002. 1. 25. 선고 2000두9359 판결).

- 종합유선방송사업자(케이블방송사)가 프로그램 공급자인 홈쇼핑업체에 자신의 계열사가 운영하는 골프장회원권을 구입하도록 요청한 것은 구입강제에 해당한다(대법원 2013. 11. 28. 선고 2013두1188 판결).

- 남양유업은 2007년부터 2013년 5월까지 자신의 제품을 취급하는 1,800여개 대리점 중 일부에 대하여 유통기한 임박제품, 대리점이 주문하지 않거나 취급하지 않는 제품 등의 구입을 강요하였고, 이는 대리점의 주문마감 후 영업사원이 주문량을 임의로 수정하거나, 대리점에 임의로 판매목표를 설정하고 주문량을 할당하는 방식으로 이루어졌다. 또한 2010년 9월경 대리점의 인터넷 발주 전산 주문 프로그램(PAMS21)을 변경하여 대리점이 최초 주문량 등을 검색할 수 없도록 하였다. 이에 대하여 공정위는 구입강제를 인정하였고, 서울고등법원도 구입강제에 해당한다고 판단하였다(서울고등법원 2015. 1. 30. 선고 2014누1910 판결).

- 구입할 의사가 없어 주문하지 않은 신제품, 리뉴얼 제품, 비인기 제품 및 단산을 앞둔 제품 등을 주문시스템에 일방적으로 입력하여 공급하고, 이를 주문한 것으로 간주하여 정산한 것은 구입강제행위에 해당한다(건국대학교의 건국유업 건국햄의 거래상지위남용행위에 대한 건, 서울고등법원 2018. 8. 23. 선고 2018누38583 판결).

나. 이익제공강요

거래상대방에게 자기를 위해 금전·물품·용역 그 밖의 경제상 이익을 제공하도록 강요하는 행위(법 시행령 [별표2]).

(1) 대상행위

- 거래상대방에게 금전·물품 등의 경제상 이익을 제공하도록 강요하는 행위가 대상이 된다. 경제상 이익에는 금전, 유가증권, 물품, 용역을 비롯하여 경제적 가치가 있는 모든 것이 포함된다. 계열회사의 거래상 지위를 이용하여 이익제공을 강요하는 행위도 포함된다. 이익제공강요에는 거래상대방에게 경제상 이익을 제공하도록 적극적으로 요구하는 행위뿐만 아니라 자신이 부담하여야 할 비용을 거래상대방에게 전가하여 소극적으로 경제적 이익을 누리는 행위도 포함된다.
- 이익제공강요의 상대방에는 사업자뿐만 아니라 소비자도 포함된다.

(2) 위법성의 판단기준

- 이익제공강요가 거래내용의 공정성을 침해하는 행위에 해당되는지 여부를 위주로 판단한다.
- 이때, 거래내용의 공정성을 침해하는지 여부는 다음 사항을 종합적으로 고려하여 판단한다.
  ① 사업자가 거래상대방에 대해 거래상 지위를 가지는지 여부. 구입강제의 경우에 준하여 판단한다.
  ② 이익제공강요 행위가 부당한지 여부 등. 해당 행위를 한 의도 및 목적, 거래상대방의 예측가능성(당초 계약서에 이익제공의무가 규정되어 있거나 충분히 예측가능한 경우에는 부당성이 낮은 것으로 볼 수 있음), 해당 업종에서의 통상적인 거래관행, 해당 이익제공의 내용과 성격, 관계법령 등을 종합적으로 고려하여 부당성 여부를 판단한다.
  ③ 사업자가 실제로 이익을 제공받았을 것을 요하지 않는다.
- 이익제공강요가 거래내용의 공정성을 침해한다고 판단되는 경우에도 다음과 같이 합리성이 있다고 인정되는 경우에는 법 위반으로 보지 않을 수 있다. 그러나 이익제공강요의 속성상 제한적으로 해석함을 원칙으로 한다.
  ① 이익제공강요로 인한 효율성 증대효과나 소비자후생 증대효과가 거래내용의 불공정성으로 인한 공정거래저해 효과를 현저히 상회하는 경우
  ② 이익제공강요를 함에 있어 불가피한 사유가 있다고 인정되는 경우 등

(3) 사례형 대비 법 위반에 해당될 수 있는 행위(예시)

- 합리적 이유 없이 수요측면에서 지배력을 갖는 사업자가 자신이 구입하는 물량의 일정 비율만큼을 무상으로 제공하도록 요구하는 행위
- 합리적 이유 없이 사업자가 상품(원재료 포함) 또는 용역 공급업체에 대해 거래와 무관한 기

부금 또는 협찬금이나 기타 금품·향응 등을 요구하는 행위(예: 병원들이 제약회사들에게 약품 납품의 대가로 기부금을 제공하도록 강요하는 행위)[221]

- 합리적 이유 없이 회원권 시설운영업자가 회원권의 양도양수와 관련하여 실비보다 과다한 명의개서료를 징수하는 행위[222]
- 합리적 이유 없이 대형소매점사업자가 수수료매장의 입점업자에 대해 계약서에 규정되지 아니한 입점비, POS 사용료 등 비용을 부담시키는 행위
- 정당한 범위를 넘는 과도한 담보제공요구

판결사례

- 남양유업이 대형유통업체에 파견하는 진열판촉사원의 파견계획을 직접 수립하고 실질적으로 지시·고용·관리하였음에도 대리점과의 사전 합의 없이 이들의 급여 중 평균 63%를 대리점에게 전가한 행위에 대하여 이익제공강요가 인정되었다(서울고등법원 2015. 1. 30. 선고 2014누1910 판결).
- 메가박스가 극장광고업자에게 자신의 복합상영관에서 3D 영화를 상영할 수 있도록 극장광고업자에게 3D 영사기를 제공하도록 요청한 행위에 대하여 공정위의 판단과는 달리 법원은 디지털영상사업으로 인한 공통의 이해관계 등(매출확대 등 공통의 이해관계 하에서 체결된 무상계약 및 제공)을 고려하여 정상적인 거래관행에 어긋나지 않는다는 이유로 이익제공강요에 해당하지 않는다고 판단하였다(서울고등법원 2011누1207 판결).
- 골프장사업자가 회원권을 양수한 자에 대하여 과도한 명의개서료를 징수한 것은 회원들에 대하여 상대적으로 우월한 지위를 부당하게 이용하여 이익제공을 강요한 행위에 해당한다(삼공개발의 거래상 지위 남용행위 건, 대법원 2004. 1. 16. 선고 2003두11537 판결).

다. 판매목표강제

자기가 공급하는 상품 또는 용역과 관련하여 거래상대방의 거래에 관한 목표를 제시하고 이를 달성하도록 강제하는 행위(법 시행령 [별표2]).

(1) 대상행위

- 사업자가 거래상대방에게 일정한 판매목표를 정해주고 이를 달성하도록 강제하는 행위가 대상이 된다. 대상상품 또는 용역은 사업자가 직접 공급하는 것이어야 한다. 대체로 상품의 경우 판매량의 할당이, 용역의 경우 일정수의 가입자나 회원확보가 문제된다. 또한 판매목표강제는 대리점계약서에 명시적으로 규정된 경우뿐만 아니라 계약체결 후 구두로 이루어지는 경우도

---

221 2022년 변시 제11회 기출. "계속적 거래관계에 있는 납품업체로 하여금 자사에 금전을 제공하도록 강제한 행위에 대하여 공정거래법상 불공정거래행위에 해당하는지를 설명하라(20점)."
222 대법원 2004. 1. 16. 선고 2003두11537 판결(원심: 서울고등법원 2003. 9. 2. 선고 2002누19758 판결).

포함된다.

− 판매목표강제의 상대방은 사업자에 한정되며, 소비자는 포함되지 않는다.

(2) 위법성의 판단기준

− 판매목표강제가 거래내용의 공정성을 침해하는 행위에 해당되는지 여부를 위주로 판단한다.

− 이때, 거래내용의 공정성을 침해하는지 여부는 다음 사항을 종합적으로 고려하여 판단한다.[223]

　① 사업자가 거래상대방에 대해 거래상 지위를 가지는지 여부. 구입강제의 경우에 준하여 판단한다.

　② 판매목표의 달성에 강제성이 있는지 여부 등. 판매목표의 달성을 '강제'하기 위한 수단에는 제한이 없으며, 목표가 과다한 수준인지, 실제 거래상대방이 목표를 달성하였는지 여부는 강제성 인정에 영향을 미치지 않는다. 목표불이행 시 실제로 제재수단이 사용되었을 필요는 없다.[224]

− 판매목표강제가 거래내용의 공정성을 침해한다고 판단되더라도 다음과 같이 합리성이 있다고 인정되는 경우에는 법 위반으로 보지 않을 수 있다. 그러나 판매목표강제의 속성상 제한적으로 해석함을 원칙으로 한다.

　① 판매목표강제로 인한 효율성 증대효과나 소비자후생 증대효과가 거래내용의 불공정성으로 인한 공정거래저해 효과를 현저히 상회하는 경우

　② 판매목표강제를 함에 있어 기타 합리적인 사유가 있다고 인정되는 경우 등

(3) 사례형 대비 법 위반에 해당될 수 있는 행위(예시)

− 자기가 공급하는 상품을 판매하는 사업자 및 대리점에 대하여 판매목표를 설정하고 미달성 시 공급을 중단하는 등의 제재를 가하는 행위

− 자기가 공급하는 용역을 제공하는 사업자 및 대리점에 대하여 회원이나 가입자의 수를 할당하고 이를 달성하지 못할 경우 대리점계약의 해지나 수수료지급의 중단 등의 제재를 가하는 행위

− 대리점이 판매목표량을 달성하지 못하였을 경우 반품조건부 거래임에도 불구하고 반품하지 못하게 하고 대리점이 제품을 인수한 것으로 회계 처리하여 추후 대금지급 시 공제하는 행위

− 대리점이 판매목표량을 달성하지 못하였을 경우 본사에서 대리점을 대신하여 강제로 미판매

---

223 판매목표강제에 해당하는지는 해당 행위의 의도와 목적, 효과와 영향 등과 같은 구체적 태양과 상품의 특성, 거래의 상황, 해당 사업자의 시장에서 우월적 지위의 정도 및 상대방이 받게 되는 불이익의 내용과 정도 등에 비추어 볼 때 정상적인 거래관행을 벗어난 것으로서 공정한 거래를 저해할 우려가 있는지를 판단하여 결정하여야 하고, '판매목표강제'에서 '목표를 제시하고 이를 달성하도록 강제하는 행위'에는 상대방이 목표를 달성하지 않을 수 없는 객관적인 상황을 만들어 내는 것을 포함하고, 사업자가 일방적으로 상대방에게 목표를 제시하고 이를 달성하도록 강제하는 경우뿐만 아니라 사업자와 상대방의 의사가 합치된 계약 형식으로 목표가 설정되는 경우도 포함한다(씨제이헬로비전의 판매목표강제행위 건, 대법원 2011. 5. 13. 선고 2009두24108 판결).

224 목표를 달성하지 못했을 경우 대리점계약의 해지나 판매수수료의 미지급 등 불이익이 부과되는 경우에는 강제성이 인정되나, 거래상대방에게 장려금을 지급하는 등 자발적인 협력을 위한 수단으로 판매목표가 사용되는 경우에는 원칙적으로 강제성이 인정되지 않는다. 다만, 판매장려금이 정상적인 유통마진을 대체하는 효과가 있어 사실상 판매목표를 강제하는 효과를 갖는 경우에는 그러하지 아니하다.

물량을 덤핑 판매한 후 발생손실을 대리점의 부담으로 하는 행위

- 거래상대방과 상품 또는 용역의 거래단가를 사전에 약정하지 않은 상태에서, 거래상대방의 판매량이 목표에 미달되는 경우에는 목표를 달성하는 경우에 비해 낮은 단가를 적용함으로써 불이익을 주는 행위

심결사례 등

- 보급소별로 판매목표를 부여한 후 목표미달 하위 5% 보급소에 대해서는 계약해지 등의 제재조치를 취하기로 하고 실제로 목표미달 하위 5%에 해당하는 보급소 중 11개 보급소에 대해서는 계약을 해지하고 5개 보급소에 대해서는 영업구역 분할이라는 제재조치를 한 행위(1999. 3. 17. 공정위의결 제99-25호)

- 대리점에게 매월 판매목표를 일방적으로 설정하여 통보하고 일정기간 내에 이를 판매하도록 강요한 후 판매목표를 달성하지 못한 대리점에게는 정해진 인센티브를 주지 아니하거나 대리점의 교체, 합병, 지역분할, 공동판매 등의 방안을 강구하겠다는 내용의 통지를 하고 이를 실행한 행위(1998. 2. 18. 공정위의결 제98-38호)

- 복합 종합유선방송사업자인 씨제이헬로비전이 소속 종합유선방송사업자인 乙 회사를 통해 케이블방송 등의 설치, 관리 및 유지 등의 업무를 위탁한 협력업체들에 대해 케이블방송 및 인터넷의 신규가입자 유치목표를 설정하고 이를 달성하지 못할 경우 지급할 업무위탁 수수료를 감액하는 불이익을 주는 방법으로 협력업체들의 자유로운 의사결정을 저해하거나 불이익을 강요한 것은 '거래상 지위의 남용행위(판매목표강제)'로서 공정한 거래를 저해할 우려가 있다(씨제이헬로비전 사건, 대법원 2011. 5. 13. 선고 2009두24108 판결).

- '판매목표강제'에 해당하기 위하여는, 사업자가 자기의 거래상의 지위를 부당하게 이용하여 자기가 공급하는 상품 또는 용역과 관련하여 거래상대방의 거래에 관한 목표를 제시하고 이를 달성하도록 강제한 것으로 인정되고 그로써 공정한 거래를 저해할 우려가 있어야 하며, 거래상의 지위를 부당하게 이용하여 판매목표의 달성을 강제한 행위인지 여부는, 판매목표가 상품 또는 용역의 특성과 거래의 상황 등을 고려하여 합리적이고 차별 없이 결정·적용되었는지 여부와 해당 행위의 의도·목적·효과·영향 등 구체적 태양, 해당 사업자의 시장에서의 우월한 지위의 정도, 상대방이 받게 되는 불이익의 내용과 불이익 발생의 개연성 등에 비추어 정상적인 거래관행을 벗어난 것으로서 공정한 거래를 저해할 우려가 있는지 여부를 판단하여 결정하여야 하나, 단지 자기가 공급하는 상품 또는 용역의 구매자 확대를 위하여 노력하도록 거래상대방에게 촉구 또는 독려하는 것만으로는 부족하다고 할 것이다(쌍용자동차 사건, 대법원 2011. 6. 9. 선고 2008두13811 판결; 대리점에 판매목표 달성을 촉구하거나 차량의 선출고를 요청하는 공문 또는 문자메시지를 보낸 행위에 대하여 위 행위가 대리점의 판매목표 달성을 독려한 것에 불과하고, 회사가 일부 대리점과 계약관계를 종료한 것은 판매목표 미달성에 대한 제재라기보다 경영상 필요에 따른 행위라고 본 사례).

라. 불이익제공

가목부터 다목까지의 규정에 해당하는 행위(구입강제, 이익제공강요, 판매목표강제) 외의 방법으로 거래상대방에게 불이익이 되도록 거래조건을 설정 또는 변경하거나 그 이행과정에서 불이익을 주는 행위(법 시행령 [별표2]).

(1) 대상행위

- 거래상대방에게 불이익이 되도록 거래조건을 설정 또는 변경하는 행위

  거래상대방에게 일방적으로 불리한 거래조건을 당초부터 설정하였거나 기존의 거래조건을 불리하게 변경하는 것을 말한다. 거래조건에는 각종의 구속사항, 저가매입 또는 고가판매, 가격조건(수수료 등 포함), 대금지급방법 및 시기, 반품, 제품검사방법, 계약해지조건 등 모든 조건이 포함된다.[225]

- 거래상대방에게 거래과정에서 불이익을 주는 행위[226]

  거래조건을 불이행함은 물론 거래관계에 있어 사실행위를 강요하여 거래상대방에게 불이익이 되도록 하는 행위를 말한다. 불이익제공은 적극적으로 거래상대방에게 불이익이 되는 행위를 하는 '작위'뿐만 아니라 소극적으로 자기가 부담해야 할 비용이나 책임 등을 이행하지 않는 '부작위'에 의해서도 성립할 수 있다. 다만, 불이익이 금전상의 손해인 경우에는 법률상 책임 있는 손해의 존재는 물론 그 범위(손해액)까지 명확하게 확정될 수 있어야 하며 그렇지 않을 경우에는 민사절차에 의해 이 문제가 우선적으로 해결되어야 거래상 지위남용 규정을 적용할 수 있다.

- 거래상대방에는 사업자뿐만 아니라 소비자도 포함된다.

(2) 위법성의 판단기준[227]

- 거래조건의 설정·변경 및 불이익제공 행위가 거래내용의 공정성을 침해하는 행위에 해당되는

---

[225] '불이익을 주는 행위'를 하였음을 이유로 시정명령 등 행정처분을 하기 위해서는 거래상대방에게 발생한 '불이익'의 내용이 객관적으로 명확하게 확정되어야 하고, 여기에서의 '불이익'이 금전상의 손해인 경우에는, 법률상 책임 있는 손해의 존재는 물론 그 범위(손해액)까지 명확하게 확정되어야 한다(대법원 2002. 5. 31. 선고 2000두6213 판결).

[226] "불이익제공이라 함은 사업자가 거래상 지위를 이용하여 거래를 함에 있어 거래상대방에 대한 거래조건의 설정 또는 변경이나 그 이행과정에서 거래상대방에게 불이익을 주는 행위를 의미하는 것이므로, 그 사업자가 제3자에 대한 거래조건의 설정 또는 변경이나 이행과정에서 제3자에게 이익을 제공함으로써 거래상대방이 제3자에 비하여 상대적으로 불이익한 취급을 받게 되었다고 하여 사업자가 거래상대방에게 불이익을 제공한 것으로 볼 수는 없다(대법원 2005. 12. 8. 선고 2003두5327 판결)."

[227] 이때, 불이익제공이란 사업자가 거래상 지위를 이용하여 거래를 함에 있어 거래상대방에 대한 거래조건의 설정 또는 변경이나 그 이행과정에서 거래상대방에게 불이익을 주는 행위로서, <u>그 행위의 내용이 상대방에게 다소 불이익하다는 점만으로는 부족하고, 구입강제, 이익제공강요, 판매목표강제 등과 동일시할 수 있을 정도로 일방당사자가 자기의 거래상의 지위를 부당하게 이용하여 그 거래조건을 설정 또는 변경하거나 그 이행과정에서 불이익을 준 것으로써, 정상적인 거래관행에 비추어 상대방에게 부당하게 불이익을 주어 공정한 거래를 저해할 우려가 있어야</u> 한다(대법원 2004. 7. 9. 선고 2002두11059 판결, 대법원 2005. 1. 28. 선고 2002두9940 판결, 대법원 2005. 12. 8. 선고 2003두5327 판결 등).

지 여부를 위주로 판단한다.[228]

- 이때, 거래내용의 공정성을 침해하는지 여부는 다음 사항을 종합적으로 고려하여 판단한다.
  ① 사업자가 거래상대방에 대해 거래상 지위를 가지는지 여부. 구입강제의 경우에 준하여 판단한다.
  ② 설정·변경된 거래조건과 불이익의 내용이 부당한지 여부 등. 해당 행위를 한 의도 및 목적, 거래상대방의 예측가능성(당초 계약서에 해당 불이익 제공행위가 규정되어 있거나 충분히 예측 가능한 경우에는 부당성이 낮은 것으로 볼 수 있음), 해당업종에서의 통상적인 거래관행, 관계법령, 거래대상 상품 또는 용역의 특성, 불이익의 내용과 정도 등을 종합적으로 고려하여 부당성 여부를 판단한다.
- 거래조건의 설정·변경 및 불이익제공이 거래내용의 공정성을 침해한다고 판단되는 경우에도 다음과 같이 합리성이 있다고 인정되는 경우에는 법 위반으로 보지 않을 수 있다. 그러나 거래조건의 설정·변경 및 불이익제공의 속성상 제한적으로 해석함을 원칙으로 한다.
  ① 거래조건의 설정·변경 및 불이익제공으로 인한 효율성 증대효과나 소비자후생 증대효과가 거래내용의 불공정성으로 인한 공정거래저해 효과를 현저히 상회하는 경우
  ② 거래조건의 설정·변경 및 불이익제공 행위를 함에 있어 기타 합리적인 사유가 있다고 인정되는 경우 등

(3) 사례형 대비 법 위반에 해당될 수 있는 행위(예시)

거래조건의 설정·변경

- 계약서 내용에 관한 해석이 일치하지 않을 경우 '갑'의 일방적인 해석에 따라야 한다는 조건을 설정하고 거래하는 경우
- 원가계산상의 착오로 인한 경우 '갑'이 해당 계약금액을 무조건 환수 또는 감액할 수 있다는 조건을 설정하고 거래하는 경우
- 계약 유효기간 중에 정상적인 거래관행에 비추어 부당한 거래조건을 추가한 새로운 대리점계약을 일방적으로 체결한 행위
- 계약서상에 외부기관으로부터 계약단가가 고가라는 지적이 있을 경우 거래상대방이 무조건 책임을 지도록 한다는 조건을 설정하고 거래하는 경우
- 계약서에 규정되어 있는 수수료율, 지급대가 수준 등을 일방적으로 거래상대방에게 불리하게 변경하는 행위

---

[228] 불이익제공이 아닌 것으로 본 사례 : ⓐ 계약서의 해석에 이견이 있어 대금 지급을 거절한 행위(대법원 1993. 7. 27. 선고 93누4984 판결), ⓑ 지하철공사가 전동차 제작납품계약을 체결함에 있어 소요되는 외자재의 실제거래가격에 대한 정보가 부족하여 총액으로 확정하되 후에 감액할 수 있도록 쌍방합의하에 특약한 행위(대법원 1990. 12. 23. 선고 90다카3695 판결), ⓒ 신문사가 지국과 "본 계약으로 발생하는 일체의 소송은 신문사의 관할법원에서 행함을 원칙으로 한다."고 약정한 행위(조선일보사의 거래상 지위 남용행위 건, 대법원 1998. 3. 27. 선고 96누18489 판결).

- 계약기간 중에 자기의 점포 장기임차인에게 광고 선전비의 부과기준을 일방적으로 상향조정한 행위

불이익제공

- 설계용역비를 늦게 지급하고 이에 대한 지연이자를 장기간 지급하지 않아 거래상대방이 사실상 수령을 포기한 경우

- 하자보수보증금율을 계약금액의 2%로 약정하였으나, 준공 검사 시 일방적으로 20%로 상향조정하여 징구한 행위

- 반품조건부로 공급한 상품의 반품을 받아주지 아니하여 거래상대방이 사실상 반품을 포기한 경우

- 사업자가 자기의 귀책사유로 이행지체가 발생한 경우에도 상당기간 지연이자를 지급하지 않아 거래상대방이 사실상 수령을 포기한 경우

- 합리적 이유 없이 사업자가 물가변동을 인한 공사비인상 요인을 불인정하거나 자신의 책임으로 인해 추가로 발생한 비용을 지급하지 않는 행위

- 자신의 영업전문점에 대한 거래상 지위를 이용하여 알선된 가전제품의 납품대금에 대한 연대보증을 요구하는 행위[229]

- 자신의 거래상 지위가 있음을 이용하여 거래상대방에 대해 합리적 이유 없이 거래거절을 하여 불이익을 주는 행위(거래상 지위남용성 거래거절)

판결사례(남부C.C. 골프장 금보개발사건, 대법원 2015. 9. 10. 선고 2012두18325 판결)[230]

골프장이 회칙을 개정하면서 기존 평일회원의 자격기간을 5년에서 1년으로 축소하고, 평일회원의 경우 자격연장 여부를 심사를 통하여 결정하도록 하면서 평일회원에게만 소멸성 연회비를 부과하도록 변경한 사건에 대하여 공정위는 거래상 지위남용(불이익제공)으로 시정명령과 과징금을 부과하였다. 이에 대하여 대법원은 "거래상 지위남용행위의 상대방이 경쟁자 또는 사업자가 아니라 일반 소비자인 경우에는 단순히 거래관계에서 문제될 수 있는 행태 자체가 아니라, 널리 거래질서에 미칠 수 있는 파급효과라는 측면에서 거래상 지위를 가지는 사업자의 불이익 제공행위 등으로 불특정 다수의 소비자에게 피해를 입힐 우려가 있거나, 유사한 위반행위 유형이 계속적·반복적으로 발생할 수 있는 등 거래질서와의 관련성이 인정되는 경우

---

229 대법원 2016. 3. 10. 선고 2015두57383 판결 시정명령등처분취소 청구사건(엘지전자 연대보증 사건).
230 거래상 지위남용 중 불이익제공과 관련하여 대법원이 '거래질서와의 관련성'이라는 기준을 새로 제시한 리딩케이스이다. 공정거래법 개입의 범위와 한계에 대한 논란을 고려한 정책적인 판단으로 생각된다. 저자는 이 사건에서 공정거래 위원회측을 대리하여 서울고등법원에서 전부 승소하였고(서울고등법원 2012. 7. 12. 선고 2011누26505 판결), 원고의 상고제기에 따라 대법원 상고사건도 대리하였다. 대법원은 이 사안의 경우 골프장의 회원에 대한 거래상 지위가 인정된다는 점, 회원자격심사 변경 내용과 소멸성 연회비 부과행위가 불이익제공에 해당한다는 점을 모두 인정하였으나, 서울고등법원의 판단과는 달리 거래상대방이 일반 소비자일 경우에는 단순히 거래관계에서 문제될 수 있는 행태 그 자체만으로 공정거래법이 개입하는 것은 지양할 필요가 있다는 취지에서 거래상 지위남용행위에서는 적어도 '거래질서와의 관련성'이 추가로 인정되어야만 한다는 취지로 판단하였다. 즉, 상대방이 일반 소비자일 경우 이 요건을 결여한 경우에는 공정거래법의 개입이 불필요하다는 내용을 판시한 것이다. 행위의 상대방을 제한한 법리는 앞으로 유사한 사건에서도 중요한 선례로 작용할 것으로 생각되지만, 아직 일반화할 단계는 아니다. 이러한 취지에서 대법원 판결의 결론에 대한 불만보다는 새로운 선례가 만들어진 사건에 참여했다는 소중한 경험과 작은 보람으로 생각하고 있다.

에 한하여 공정한 거래를 저해할 우려가 있는 것으로 해석함이 타당하다."고 하면서, 거래상 지위가 인정되고 불이익제공에 해당하더라도 이것만으로 충분하지 아니하고 추가로 '거래질서와의 관련성'도 인정되어야 한다고 판시하였다.

마. 경영간섭[231]

> 거래상대방의 임직원을 선임·해임하는 경우에 자기의 지시 또는 승인을 얻게 하거나 거래상대방의 생산품목·시설규모·생산량·거래내용을 제한하여 경영활동을 간섭하는 행위(법 시행령 [별표2]).

(1) 대상행위

임직원을 선임·해임함에 있어서 자기의 지시 또는 승인을 얻게 하거나 거래상대방의 생산품목·시설규모·생산량·거래내용을 제한함으로써 경영활동에 간섭하는 행위가 대상이 된다. 거래상대방에는 소비자가 포함되지 않는다.

(2) 위법성의 판단기준

- 경영간섭이 거래내용의 공정성을 침해하는 행위에 해당되는지 여부를 위주로 판단한다.
- 이때, 거래내용의 공정성을 침해하는지 여부는 다음 사항을 종합적으로 고려하여 판단한다.
  ① 사업자가 거래상대방에 대해 거래상 지위를 가지는지 여부. 구입강제의 경우에 준하여 판단한다.
  ② 경영간섭이 부당한지 여부 등. 경영간섭의 의도 및 목적, 관계법령, 거래대상 상품 또는 용역의 특성, 경영간섭의 내용과 정도 등을 종합적으로 고려하여 부당성 여부를 판단한다. 의결권의 행사나 채권회수를 위한 간섭으로서 법적 근거가 있거나 합리적인 사유가 있는 경우로서 투자자 또는 채권자로서의 권리를 보호하기 위해 필요하다고 인정되는 경우에는 법 위반으로 보지 않을 수 있으며, 해당 수단의 합목적성 및 대체수단의 유무 등을 함께 고려하여야 한다.[232]
- 경영간섭이 거래내용의 공정성을 침해한다고 판단되는 경우에도 다음과 같이 합리성이 있다고 인정되는 경우에는 법 위반으로 보지 않을 수 있다. 그러나 경영간섭의 속성상 제한적으로 해석함을 원칙으로 한다.
  ① 경영간섭으로 인한 효율성 증대효과나 소비자후생 증대효과가 거래내용의 불공정성으로 인한 공정거래저해 효과를 현저히 상회하는 경우

---

[231] 2019년 변시 제8회 기출. "B에 대한 병의 행위가 공정거래법상 불공정거래행위에 해당하는지를 설명하시오." – 설문의 경우는 회사의 규모와 교섭력에 있어 "현저히 열위에 놓여있다"라는 힌트가 이미 주어져 있었다. 특히 거래처 이전가능성에 대한 내용도 상세히 설명해주고 있으므로, '거래상 지위남용 행위'로 접근해야 한다. 거래상 지위남용 행위는 세부 행위 유형 중 경영간섭 사안이었다(B가 주요 임원을 선임 또는 해임할 경우 병의 승인을 얻도록 요구함).
[232] 대리점 등 판매업자에게 상품 또는 용역을 공급하면서 현찰판매 또는 직접판매 의무를 부과하거나 사용방법 등에 관한 설명 및 상담의무를 부과하는 행위는 경영효율성의 제고 또는 상품의 안전성확보 등 정당한 사유가 있는 경우 법위반으로 보지 않는다.

② 경영간섭을 함에 있어 기타 합리적인 사유가 있다고 인정되는 경우 등

(3) 법 위반에 해당될 수 있는 행위(예시)

- 합리적 이유 없이 대리점의 거래처 또는 판매내역 등을 조사하거나 제품 광고 시 자기와 사전 합의하도록 요구하는 행위
- 금융기관이 채권회수에 아무런 곤란이 없음에도 불구하고 자금을 대출해준 회사의 임원선임 및 기타 경영활동에 대하여 간섭하거나 특정 임원의 선임이나 해임을 대출조건으로 요구하는 행위
- 상가를 임대하거나 대리점계약을 체결하면서 당초 계약내용과 달리 취급품목이나 가격, 요금 등에 관하여 지도를 하거나 자신의 허가나 승인을 받도록 하는 행위
- 합리적 이유 없이 대리점 또는 협력업체의 업무용 차량 증가를 요구하는 행위

판결사례

롯데쇼핑이 롯데백화점과 신세계백화점에 동시 입점해 있는 납품업체의 매출현황을 파악하기 위해 납품업체들로부터 신세계백화점의 이디아이(EDI, Electronic Data Interchange) 시스템에 접속할 수 있는 권한을 제공받아 접속해 주기적으로 매출정보를 취득한 행위에 대하여 대법원은 "비록 납품업체들이 롯데쇼핑에게 시스템 접속권한을 제공했다 하더라도 이는 거래상 우월적 지위에 있는 롯데쇼핑의 요구를 거부할 수 없었기 때문이라고 봄이 상당하다"며 "롯데쇼핑은 거래상 지위를 부당하게 이용해 납품업체들이 매출대비율을 일정하게 유지하도록 관리하고 롯데백화점 및 경쟁 백화점에서 할인행사를 진행할지 여부에 관한 자유로운 의사결정을 저해하는 등 납품업체들의 거래내용을 제한함으로써 경영활동을 간섭했다"고 판시했다(롯데쇼핑 사건, 납품업체 아이디로 경쟁백화점 매출정보 취득한 행위는 경영간섭에 해당. 대법원 2011. 10. 13. 선고 2010두8522 판결).

---

7. 구속조건부거래(법 제45조 제1항 제7호)

구속조건부거래는 수직적 거래제한, 그중에서도 가격과는 무관한 이른바 수직적 비가격제한행위의 대표적인 유형이다.[233] 사업자가 거래상대방에 대해 자기 또는 계열회사의 경쟁사업자와 거래하지 못하도록 함으로써 거래처선택의 자유를 제한함과 동시에 구매·유통경로의 독점을 통해 경쟁사업자의 시장진입을 곤란하게 한다면 시장에서의 경쟁을 저해하고 궁극적으로 소비자후생의 저하를 초래하게 되므로 금지되는 것이다. 또한, 거래상대방에게 거래지역이나 거래처를 제한함으로써 해당 지역 또는 거래처에 대한 독점력을 부여하여 경쟁을 저해하게 된다면 소비자후생의 저하를 초래할 수 있게 되므로 금지된다.

---

233 현행 공정거래법은 가격과 관련된 수직적 제한을 "재판매가격유지행위"로 별도 규제(제46조)하고 있다.

가. 배타조건부거래(exclusive dealing)[234·235]

> 부당하게 거래상대방이 자기 또는 계열회사의 경쟁사업자와 거래하지 아니하는 조건으로 그 거래상대방과 거래하는 행위(법 시행령 [별표2]).

(1) 대상행위

- 거래상대방이 자기 또는 계열회사의 경쟁사업자와 거래하지 않는 조건으로 그 거래상대방과 거래하는 행위가 대상이 된다.
  ① 자기 또는 계열회사의 경쟁사업자라 함은 현재 경쟁관계에 있는 사업자뿐만 아니라 잠재적 경쟁사업자를 포함한다.
  ② 배타조건의 내용에는 거래상대방에 대해 직접적으로 경쟁사업자와의 거래를 금지하거나 제한하는 것뿐만 아니라 자신이 공급하는 품목에 대한 경쟁품목을 취급하는 것을 금지 또는 제한하는 것을 포함한다. 따라서 판매업자의 소요물량 전부를 자기로부터 구입하도록 하는 독점공급계약과 제조업자의 판매물량을 전부 자기에게만 판매하도록 하는 독점판매계약도 배타조건부거래의 내용에 포함된다. 또한 경쟁사업자와의 기존거래를 중단하는 경우뿐만 아니라 신규거래 개시를 하지 않을 것을 조건으로 하는 경우도 포함된다.
  ③ 배타조건의 형식에는 경쟁사업자와 거래하지 않을 것이 계약서에 명시된 경우뿐만 아니라 계약서에 명시되지 않더라도 경쟁사업자와 거래 시에는 불이익이 수반됨으로써 사실상 구속성이 인정되는 경우가 포함된다. 위반 시 거래중단이나 공급량 감소, 채권회수, 판매장려금 지급중지 등 불이익이 가해지는 경우에는 해당 배타조건이 사실상 구속적이라고 인정될 수 있다.
- 거래상대방에는 소비자가 포함되지 않으며, 배타조건을 정하는 명칭 여하를 불문한다.

(2) 위법성의 판단기준

- 배타조건부거래가 관련시장에서의 경쟁을 제한하는지 여부를 위주로 판단한다.
- 이때, 경쟁제한성이 있는지 여부는 다음 사항을 종합적으로 고려하여 배타조건부거래가 물품구입처 또는 유통경로 차단, 경쟁수단의 제한을 통해 자기 또는 계열회사의 경쟁사업자(잠재적 경쟁사업자 포함)를 시장에서 배제하거나 배제할 우려가 있는지 여부를 위주로 판단한다.
  ① 경쟁사업자가 대체적 물품구입처 또는 유통경로를 확보하는 것이 가능한지 여부. 사업자의

---

[234] "공정거래법이 제5조 제1항 제5호 전단에서 시장지배적 사업자의 지위남용행위로서의 배타조건부 거래행위를 규제하면서도 제45조 제1항 제7호에서 시장지배적 사업자를 포함한 모든 사업자의 불공정거래행위로서의 배타조건부 거래행위를 규제하고 있는 이유는, 배타조건부 거래행위가 시장지배적 사업자의 지위남용에 해당하는지 여부를 떠나 관련시장에서의 경쟁을 제한하거나 그 거래상대방에 대하여 거래처 선택의 자유 등을 제한함으로써 공정한 거래를 저해할 우려가 있는 행위라고 평가되는 경우에는 이를 규제하여야 할 필요성이 있기 때문이다(S-OIL의 배타조건부거래행위 건, 대법원 2013. 4. 25. 선고 2010두25909 판결)." 참고로 판시 내용에는 중복적용긍정설의 취지가 포함되어 있다.

[235] 2015년 변시 제4회 기출.

배타조건부거래에도 불구하고 경쟁사업자(신규진입자 등 잠재적 경쟁사업자 포함)가 대체적 물품구입처 및 유통경로를 확보하는 것이 용이한 경우에는 경쟁사업자의 시장배제효과가 낮아진다.

② 해당 행위로 인해 경쟁사업자가 경쟁할 수 있는 수단을 침해받는지 여부

③ 행위자의 시장점유율 및 업계순위. 행위자가 선도기업이거나 시장점유율이 높을수록 경쟁사업자의 물품구입처 및 유통경로 차단효과가 커질 수 있다.

④ 배타조건부거래 대상이 되는 상대방의 수 및 시장점유율. 배타조건부거래 상대사업자의 숫자가 많고 그 시장점유율이 높을 경우에는 경쟁사업자의 물품구입처 및 유통경로 차단효과가 커질 수 있다.

⑤ 배타조건부거래 실시기간. 실시기간이 단기인 경우에는 경쟁에 미치는 영향이 미미할 것이나 장기인 경우에는 경쟁에 영향을 미칠 수 있게 된다.

⑥ 배타조건부거래의 의도 및 목적. 배타조건부거래가 사업초기에 시장에의 신규진입목적으로 이루어진 경우에는 경쟁사업자의 물품구입처 및 유통경로 차단효과가 낮을 수 있다.

⑦ 배타조건부거래가 거래지역 제한 또는 재판매가격유지행위 등 타 경쟁제한행위와 동시에 이루어졌는지 여부 등. 동시에 이루어졌을 경우에는 행위자의 시장지위 강화효과가 커질 수 있다.

- 배타조건부거래의 경쟁제한성이 있다고 판단되는 경우에도 다음과 같이 합리성이 있다고 인정되는 경우에는 법 위반으로 보지 않을 수 있다.

① 해당 상품 또는 용역의 기술성·전문성 등으로 인해 A/S활동 등에 있어 배타조건부거래가 필수 불가피하다고 인정되는 경우

② 배타조건부거래로 인해 타 브랜드와의 서비스 경쟁촉진 등 소비자후생 증대효과가 경쟁제한효과를 현저히 상회하는 경우

③ 배타조건부거래로 인해 유통업체의 무임승차(특정 유통업자가 판매촉진 노력을 투입하여 창출한 수요에 대하여 다른 유통업자가 그에 편승하여 별도의 판매촉진 노력을 기울이지 않고 판로를 확보하는 행위) 방지, 판매 및 조달비용의 절감 등 효율성 증대효과가 경쟁제한효과를 현저히 상회하는 경우 등

(3) 사례형 대비 법 위반에 해당될 수 있는 행위(예시)

- 경쟁사업자가 유통망을 확보하기 곤란한 상태에서, 시장점유율이 상당한 사업자가 자신의 대리점에 대해 경쟁사업자의 제품을 취급하지 못하도록 함으로써 관련 시장에서의 경쟁을 저해하는 행위

- 경쟁사업자가 대체거래선을 찾기 곤란한 상태에서, 대량구매 등 수요측면에서 영향력을 가진 사업자가 거래상대방에 대해 자기 또는 계열회사의 경쟁사업자에게는 공급하지 않는 조건으로 상품이나 용역을 구입함으로써 경쟁의 감소를 초래하는 행위

- 시장점유율이 상당한 사업자가 다수의 거래상대방과 업무제휴를 하면서 자기 또는 계열회사의

경쟁사업자와 중복제휴를 하지 않는 조건을 부과함으로써 경쟁의 감소를 초래하는 행위(경쟁
사업자가 타 업무제휴 상대방을 찾는 것이 용이하지 않은 경우)
- 구입선이 독자적으로 개발한 상품 또는 원재료에 대하여 경쟁사업자에게 판매하지 않는다는
조건으로 구입선과 거래함으로써 경쟁사업자의 생산(또는 판매)활동을 곤란하게 하고 시장에
서 경쟁의 감소를 초래하는 행위
- 시장점유율이 상당한 사업자가 거래처인 방문판매업자들에 대해 경쟁사업자 제품의 취급 증가
를 저지하기 위해 자신의 상품판매를 전업으로 하여 줄 것과 경쟁사업자 제품을 취급할 경우
에는 자신의 승인을 받도록 의무화하고 이를 어길 경우 계약해지를 할 수 있도록 하는 경우
- 시장점유율이 상당한 사업자가 자신이 공급하는 상품의 병행수입에 대처하기 위해 자신의 총
판에게 병행수입업자와 병행수입품을 취급하고 있는 판매(도매 및 소매)업자에 대해서는 자신
이 공급하는 상품을 공급하지 말 것을 지시하는 행위
- 석유정제업자가 주유소 등 석유판매업자의 의사에 반하여 석유제품 전량구매를 강제하는 등
석유판매업자가 경쟁사업자와 거래하는 행위를 사실상 금지하는 계약을 체결하는 행위

심결사례 등

- 선양주조(주)가 24개 주류도매상에 대하여 자기가 공급하는 제품만을 판매할 것을 요청하고 이를 지키
지 않을 경우에는 대금결제기간 등에 있어 불이익을 주겠다고 한 행위(1993. 9. 15. 공정위의결)
- 현대모비스가 자신의 대리점을 상대로 순정품 취급을 강제하고 비순정품 거래를 통제한 것은 정비용 부
품시장에서 자신의 시장지배적 지위를 계속 유지하기 위해 경쟁부품의 판매 유통망을 제한함으로써 인
위적으로 시장질서에 영향을 가하려는 의도나 목적으로 이루어졌음이 명백한 점, 현대모비스의 경쟁부
품업체들은 전국의 모비스 대리점을 통해 경쟁부품을 공급할 수 있을 때 유효한 경쟁을 할 수 있는데,
현대모비스의 이 사건 배타조건부 거래행위로 인하여 경쟁부품업체가 시장에서 배제되거나 신규진입에
실패할 가능성이 커지고, 그만큼 경쟁부품이 원활하게 공급되지 않아 시장에서는 다양성과 가격경쟁이
감소하여 순정품 가격이 더 비싸지고 소비자는 정비용 부품을 더 싸게 살 기회를 갖지 못하게 되어 소
비자 후생이 감소할 수밖에 없는 점 등을 근거로, 현대모비스의 배타조건부 거래행위에 대한 부당성을
인정한 사례(현대모비스 사건, 대법원 2014. 4. 10. 선고 2012두6308 판결).

나. 거래지역 또는 거래상대방의 제한

상품 또는 용역을 거래하는 경우에 그 거래상대방의 거래지역 또는 거래상대방을 부당하게 구속하는 조
건으로 거래하는 행위(법 시행령 [별표2]).

(1) 대상행위

- 거래상대방의 판매지역을 구속하는 행위가 대상이 된다. 판매지역 구속에는 그 구속의 정도에

따라 ① 거래상대방의 판매책임지역을 설정할 뿐 그 지역 외 판매를 허용하는 책임지역제(또는 판매거점제), ② 판매지역을 한정하지만 복수판매자를 허용하는 개방 지역제한제(open territory), ③ 거래상대방의 판매지역을 할당하고 이를 어길 경우에 제재함으로써 이를 강제하는 엄격한 지역제한제(closed territory)로 구분할 수 있다.

- 거래상대방의 거래상대방을 제한하는 행위도 대상이 된다. 거래상대방의 영업대상 또는 거래처를 제한하는 행위이다. 예를 들면 제조업자나 수입업자가 대리점(또는 판매업자)을 가정용 대리점과 업소용 대리점으로 구분하여 서로 상대의 영역을 넘지 못하도록 하거나 대리점이 거래할 도매업자 또는 소매업자를 지정하는 행위 등이 해당된다.

- 상기의 구속조건은 사업자가 거래상대방이나 거래지역을 일방적으로 강요할 것을 요하지 않으며, 거래상대방의 요구나 당사자의 자발적인 합의에 의한 것을 포함한다. 조건은 그 형태나 명칭을 묻지 않으며, 거래상대방이 사실상 구속을 받는 것으로 충분하다.

- 구속의 대상이 되는 거래상대방에는 소비자가 포함되지 아니한다. 거래지역 제한 또는 거래상대방 제한은 수직적 거래관계에 있는 거래상대방에게 가격 이외의 조건을 구속한다는 점에서 재판매가격유지행위와 구별된다.

- 사업자가 자신의 계산과 위험부담하에 위탁매매인에게 판매대상 등을 지정하는 상법상 위탁매매관계는 거래상대방의 판매지역 또는 거래상대방 제한에 해당되지 않는다.

(2) 위법성의 판단기준

- 거래지역 또는 거래상대방 제한이 관련시장에서의 경쟁을 제한하는지 여부를 위주로 판단한다.
- 이때, 경쟁제한성이 있는지 여부는 다음 사항을 감안하여 브랜드 내 경쟁(intra-brand competition)의 제한효과와 브랜드 간 경쟁(inter-brand competition)의 촉진효과를 비교형량한 후 판단한다.

① 거래지역 또는 거래상대방 제한의 정도. 책임지역제 또는 개방 지역제한제와 지역제한을 위반하여도 제재가 없는 등 구속성이 엄격하지 않은 지역제한의 경우 원칙적으로 허용된다. 지역제한을 위반하였을 때 제재가 가해지는 등 구속성이 엄격한 지역제한제는 브랜드 내 경쟁을 제한하므로 위법성이 문제될 수 있다. 또한 거래상대방 제한의 경우도 거래지역 제한의 경우에 준하여 판단한다.

② 해당 상품 또는 용역시장에서 브랜드 간 경쟁이 활성화되어 있는지 여부. 타 사업자가 생산하는 상품 또는 용역 간 브랜드 경쟁이 활성화되어 있다면 지역제한 및 거래상대방 제한은 유통업자들의 판촉활동에 대한 무임승차 경향 방지와 판촉서비스 증대 등을 통해 브랜드 간 경쟁촉진효과를 촉진시킬 수 있다.

③ 행위자의 시장점유율 및 경쟁사업자의 숫자와 시장점유율. 행위자의 시장점유율이 높고 경쟁사업자의 수 및 시장점유율이 낮을수록 브랜드 내 경쟁제한효과가 유발되는 정도가 커질 수 있다.

④ 지역제한이 재판매가격유지행위 등 타 불공정행위와 병행하여 행해지거나 재판매가격유지

의 수단으로 사용되는지 여부. 병행하여 사용될 경우 경쟁제한효과가 클 수 있다.
　⑤ 해당 행위로 인해 소비자의 선택권을 침해하거나 서비스 질의 제고 및 가격인하 유인이
　　축소되는지 여부 등
－ 경쟁제한성이 있다고 판단되는 경우에도 다음과 같이 거래지역 및 거래상대방 제한의 합리성
　이 있다고 인정되는 경우에는 법 위반으로 보지 않을 수 있다.
　① 상기 요인 이외에 거래지역 및 거래상대방 제한의 효율성 증대효과나 소비자후생 증대효과
　　가 경쟁제한효과를 현저히 상회하는 경우
　② 거래지역 및 거래상대방 제한에 기타 합리적인 사유가 있다고 인정되는 경우 등

(3) 사례형 대비 법 위반에 해당될 수 있는 행위(예시)

－ 독과점적 시장구조하에서 시장점유율이 상당한 제조업자가 대리점마다 영업구역을 지정 또는
　할당하고, 그 구역 밖에서의 판촉 내지 판매활동을 금지하면서 이를 위반할 경우 계약해지를
　할 수 있도록 하는 경우
－ 독과점적 시장구조하에서 시장점유율이 상당한 제조업자가 대리점을 가정용과 업소용으로 엄
　격히 구분하고 이를 어길 경우에 대리점 계약을 해지할 수 있도록 하는 행위
－ 제조업자가 재판매가격유지의 실효성 제고를 위해 도매업자에 대해 그 판매선인 소매업자를
　한정하여 지정하고 소매업자에 대해서는 특정 도매업자에게서만 매입하도록 하는 행위

심결사례 등

－ (주)미원이 대리점별로 판매지역을 설정하고 정해진 판매지역을 벗어나 판매하였을 경우 벌칙을 부과한
　행위(1993. 8. 25. 공정위의결)
－ 대한도시가스엔지니어링은 도시가스 배관설비 판매업자와 정압기 등을 거래함에 있어서 자신에게만 정
　압기를 공급하도록 한 행위(2002. 12. 23. 공정위의결 제2002－356호)
－ DPK인터내셔널은 자기의 가맹계약자와 체결한 도미노피자판매체인점가맹계약서에 의하여 가맹점 소재
　지역 이외에서는 배달판매 및 판촉행위를 금지하면서 1999. 10. 9. 자기의 가맹계약자인 도미노피자 사
　당점과 도미노피자 방배점이 각각 자신의 배달구역을 넘어 다른 지역에 배달하였다는 이유로 가맹계약
　서 제13조(영업방침 준수) 제2항에 근거하여 서면으로 경고를 한 사실이 있다. 이에 대하여 공정위는
　거래지역 및 상대방 제한으로 시정명령 및 해당 계약내용의 삭제를 명하였다(도미노피자의 구속조건부
　거래행위 건, 공정위의결 제2000－163호).
－ 도매상들에 대하여 지정 납품처 이외에 납품을 금지하고 이를 어기는 경우 거래정리 등의 조치를 취한
　것은 구속조건부거래에 해당한다(대법원 2010. 11. 25. 선고 2009두9543 판결).
－ 도매서점의 판매지역 및 거래상대방을 할당하고 이를 위반한 도매서점에 대하여 재계약을 거부하는 행
　위는 구속조건부거래에 해당한다(EBS의 재판매가격유지행위 등 건, 서울고등법원 2011. 1. 12. 선고
　2009누37366 판결).

- 대리점과 계약을 체결하면서 사전 서면 동의 없이 다른 판매점에 상품을 판매하는 것을 금지하고 이를 위반할 경우 상품공급을 중단한다는 등의 내용을 규정한 것은 위 법 제23조 제1항 제5호의 '거래상대방을 부당하게 구속하는 조건의 거래행위'에 해당한다(한국캘러웨이골프 사건, 대법원 2011. 3. 10. 선고 2010두9976 판결).

- 아웃도어의류를 제조판매하는 사업자가 2002년경부터 2012. 1. 14.까지 자기의 제품을 취급하도록 하는 전문점 계약을 체결함에 있어 온라인쇼핑몰 판매 금지 조항을 설정한 행위에 대하여 공정거래법 제23조 제1항 본문 및 제5호에서 금지하는 구속조건부 거래행위에 해당한다("노스페이스" 영원아웃도어 사건, 서울고등법원 2013. 8. 22. 선고 2012누28867 판결).

- 자기와 거래하는 대리점들에게 출고정지, 공급가격인상 등의 수단을 통하여 일부 제품에 대한 인터넷 오픈마켓 판매를 금지하는 것은 구속조건부 거래행위에 해당한다(일부 제품들이 인터넷 오픈마켓에서 가격 경쟁으로 저렴하게 판매됨에 따라 다른 유통채널에서도 판매가격이 인하되는 것을 막기 위하여 구속조건부 거래를 하면서 오픈마켓에서의 상표 내 경쟁이 근본적으로 차단되었고 오픈마켓과 오프라인 등 다른 유통채널과의 가격경쟁도 제한됨; 필립스전자의 재판매가격유지행위 및 구속조건부거래행위에 대한 건, 대법원 2017. 6. 19. 선고 2013두17435 판결).

8. 사업활동방해(법 제45조 제1항 제8호)

사업자가 다른 사업자[236]의 기술을 부당하게 이용하거나 인력을 부당하게 유인·채용하거나 거래처의 이전을 부당하게 방해하는 등의 방법으로 다른 사업자의 사업활동을 상당히 곤란하게 할 정도로 방해할 경우 가격과 질, 서비스에 의한 경쟁을 저해하는 경쟁수단이 불공정한 행위에 해당되므로 금지된다.

가. 기술의 부당이용

다른 사업자의 기술을 부당하게 이용하여 다른 사업자의 사업활동을 상당히 곤란하게 할 정도로 방해하는 행위(법 시행령 [별표2]).

(1) 대상행위

다른 사업자의 기술을 이용하는 행위가 대상이 된다. 이때 다른 사업자는 경쟁사업자에 한정되지 않는다. 또한 다른 사업자의 '기술'이란 특허법 등 관련 법령에 의해 보호되거나 상당한 노력에 의하여 비밀로 유지된 생산방법·판매방법·영업에 관한 사항 등을 의미한다.

(2) 위법성의 판단기준

- 기술의 부당이용이 바람직한 경쟁질서를 저해하는 불공정한 경쟁수단에 해당되는지 여부를 위

---

236 '다른 사업자'란 자신의 거래상대방뿐만 아니라 자신 또는 계열회사의 경쟁사업자 등을 포함하는 자신 이외의 사업자를 의미한다.

주로 판단한다.

- 이때, 불공정한 경쟁수단에 해당되는지 여부는 다음 사항을 종합적으로 고려하여 판단한다.

① 기술이용의 부당성 여부. 이를 판단하기 위해 기술이용의 목적 및 의도, 해당 기술의 특수성, 특허법 등 관련 법령 위반 여부, 통상적인 업계 관행 등이 고려된다.

② 사업활동이 심히 곤란하게 되는지 여부. 단순히 매출액이 감소되었다는 사실만으로는 부족하며 부도발생 우려, 매출액의 상당한 감소, 거래상대방의 감소 등으로 인해 현재 또는 미래의 사업활동이 현저히 곤란하게 되거나 될 가능성이 있는 경우를 말한다.

- 기술의 부당이용이 불공정한 경쟁수단에 해당된다고 판단되더라도 이를 함에 있어 합리적인 사유가 있거나 효율성 증대 및 소비자후생 증대효과가 현저하다고 인정되는 경우에는 법 위반으로 보지 않을 수 있다.

(3) 사례형 대비 법 위반에 해당될 수 있는 행위(예시)

다른 사업자의 기술을 무단으로 이용하여 다른 사업자의 생산이나 판매활동에 심각한 곤란을 야기하는 행위

나. 인력의 부당유인·채용

다른 사업자의 인력을 부당하게 유인·채용해 다른 사업자의 사업활동을 상당히 곤란하게 할 정도로 방해하는 행위(법 시행령 [별표2]).

(1) 대상행위

다른 사업자의 인력을 유인·채용하는 행위가 대상이 된다. 이때 다른 사업자는 경쟁사업자에 한정되지 않는다.

(2) 위법성의 판단기준

- 인력의 부당유인·채용이 바람직한 경쟁질서를 저해하는 불공정한 경쟁수단에 해당되는지 여부를 위주로 판단한다.

- 이때, 불공정한 경쟁수단에 해당되는지 여부는 다음 사항을 종합적으로 고려하여 판단한다.

① 인력 유인·채용의 부당성 여부. 이를 판단하기 위해 인력유인 채용의 목적 및 의도, 해당 인력이 사업활동에서 차지하는 비중, 인력유인·채용에 사용된 수단, 통상적인 업계의 관행, 관련 법령 등이 고려된다.

② 사업활동이 상당히 곤란하게 되는지 여부. 단순히 매출액이 감소되었다는 사실만으로는 부족하며 부도발생 우려, 매출액의 상당한 감소, 거래상대방의 감소 등으로 인해 현재 또는 미래의 사업활동이 현저히 곤란하게 되거나 될 가능성이 있는 경우를 말한다.

- 인력의 부당유인·채용이 불공정한 경쟁수단에 해당된다고 판단되더라도 이를 함에 있어 합리

적인 사유가 있거나 효율성 증대 및 소비자후생 증대효과가 현저하다고 인정되는 경우에는 법위반으로 보지 않을 수 있다.

(3) 사례형 대비 법 위반에 해당될 수 있는 행위(예시)

- 다른 사업자의 핵심인력 상당수를 과다한 이익을 제공하거나 제공할 제의를 하여 스카우트함으로써 해당 사업자의 사업활동이 현저히 곤란하게 되는 경우
- 경쟁관계에 있는 다른 사업자의 사업활동 방해 목적으로 핵심인력을, 자기의 사업활동에는 필요하지 않음에도 불구하고 대거 스카우트하여 해당 사업자의 사업활동을 현저히 곤란하게 하는 행위

심결사례

현대자동차(주)가 자동차 설계업체인 리빙인력개발(기존 거래업체였으며, 이 사건 직전 거래관계를 종료하였다)에 소속된 인력의 대부분을 자신의 신설회사인 현대오토엔지니어링(유)으로 유인하여 흡수, 채용하게 하였고, 현대오토엔지니어링도 현대자동차의 지시에 따라 리빙개발인력을 유인, 채용한 행위(1997. 12. 8. 공정위의결 제97-181호)

다. 거래처 이전방해

다른 사업자의 거래처 이전을 부당하게 방해하여 다른 사업자의 사업활동을 심히 곤란하게 할 정도로 방해하는 행위(법 시행령 [별표2]).

(1) 대상행위

거래상대방의 거래처 이전을 방해하는 행위가 대상이 된다. 이때 다른 사업자는 경쟁사업자에 한정되지 않는다.

(2) 위법성의 판단기준

- 거래처 이전방해가 바람직한 경쟁질서를 저해하는 불공정한 경쟁수단에 해당되는지 여부를 위주로 판단한다.
- 이때, 불공정한 경쟁수단에 해당되는지 여부는 다음 사항을 종합적으로 고려하여 판단한다.
  ① 거래처 이전방해의 부당성 여부. 이를 판단하기 위해 거래처 이전방해의 목적 및 의도, 거래처 이전방해에 사용된 수단, 해당 업계에서의 통상적인 거래관행, 이전될 거래처가 사업영위에서 차지하는 중요성, 관련 법령 등이 고려된다.
  ② 사업활동이 심히 곤란하게 되는지 여부. 단순히 매출액이 감소되었다는 사실만으로는 부족하며 부도발생 우려, 매출액의 상당한 감소, 거래상대방의 감소 등으로 인해 현재 또는 미래의 사업활동이 현저히 곤란하게 되거나 될 가능성이 있는 경우를 말한다.

－ 거래처 이전방해가 불공정한 경쟁수단에 해당된다고 판단되더라도 이를 함에 있어 합리적인 사유가 있거나 효율성 증대 및 소비자후생 증대효과가 현저하다고 인정되는 경우에는 법 위반으로 보지 않을 수 있다.

(3) 법 위반에 해당될 수 있는 행위(예시)

거래처 이전 의사를 밝힌 사업자에 대하여 기존에 구입한 물량을 일방적으로 반품처리하거나 담보해제를 해주지 않는 행위

라. 그 밖의 사업활동방해

가목부터 다목까지의 규정(기술의 부당이용, 인력의 부당유인·채용, 거래처 이전방해) 외의 부당한 방법으로 다른 사업자의 사업활동을 심히 곤란하게 할 정도로 방해하는 행위(법 시행령 별표2).

(1) 대상행위

그 밖의 방법으로 다른 사업자의 사업활동을 현저히 방해하는 모든 행위가 대상이 된다(일반규정의 성격). 방해의 수단을 묻지 않으며, 자기의 능률이나 효율성과 무관하게 다른 사업자의 사업활동을 방해하는 모든 행위를 포함한다. 이때 다른 사업자는 경쟁사업자에 한정되지 않는다.

(2) 위법성의 판단기준

－ 사업활동방해가 바람직한 경쟁질서를 저해하는 불공정한 경쟁수단에 해당되는지 여부를 위주로 판단한다.[237]
－ 이때, 불공정한 경쟁수단에 해당되는지 여부는 다음 사항을 종합적으로 고려하여 판단한다.
  ① 사업활동방해의 부당성 여부. 이를 판단하기 위해 사업활동방해의 수단, 해당 수단을 사용한 목적 및 의도, 해당 업계에서의 통상적인 거래관행, 관련 법령 등이 고려된다.
  ② 사업활동이 심히 곤란하게 되는지 여부. 단순히 매출액이 감소되었다는 사실만으로는 부족하며 부도발생 우려, 매출액의 상당한 감소, 거래상대방의 감소 등으로 인해 현재 또는 미래의 사업활동이 현저히 곤란하게 되거나 될 가능성이 있는 경우를 말한다.
－ 사업활동방해가 불공정한 경쟁수단에 해당된다고 판단되더라도 이를 함에 있어 합리적인 사유가 있거나 효율성 증대 및 소비자후생 증대효과가 현저하다고 인정되는 경우에는 법 위반으로 보지 않을 수 있다.

(3) 사례형 대비 법 위반에 해당될 수 있는 행위(예시)

－ 사업영위에 필요한 특정시설을 타 사업자가 이용할 수 없도록 의도적으로 방해함으로써 해당

---

237 위법으로 보지 않은 사례 : 상가분양 시 영위업종을 제한하거나 변경시 상가자치관리위원회의 동의를 받도록 하는 행위는 영업활동의 본질적 제한이 아니며, 불공정거래행위에 해당하지 않는다(대법원 1997. 12. 26. 선고 97다42540 판결).

사업자의 사업활동을 곤란하게 하는 행위

- 경쟁사업자의 대리점 또는 소비자에게 경쟁사업자의 도산이 우려된다던지 정부지원대상에서 제외된다는 등의 근거 없는 허위사실을 유포하여 경쟁사업자에게 대리점계약의 해지 및 판매량 감소 등을 야기하는 행위
- 타 사업자에 대한 근거 없는 비방전단을 살포하여 사업활동을 곤란하게 하는 행위

심결사례 등

- 자신이 입찰에서 떨어지자 경쟁업체를 복사실 운영경험이 없는 부적격업체라고 비방하면서 낙찰자를 재고해줄 것을 요청한 행위(1999. 6. 16. 공정위의결 제99-99호)
- 자신의 매장에 납품하거나 입점해 있는 업체들로 하여금 경쟁사업자의 매장에 납품하거나 입점하지 못하게 한 행위(1998. 5. 28. 공정위의결 제98-100호)
- 신축 아파트에 보일러를 설치한 회사가 아파트 시공사의 부도로 보일러 대금을 못 받게 되자 입주민으로부터 대금을 받아낼 목적으로 보일러 납품회사에게 보일러 A/S를 중지할 것을 요청한 사안에서, 서울고등법원은 "입주민은 분양대금 완납으로 보일러 소유권을 취득하였고, 보일러 대금 지급의무와는 무관한 입주민에게 보일러 채권 회수를 위한 목적으로 A/S 중지를 요청한 것은 거래상대방인 보일러 설치 시행회사가 A/S 부문에서 자유로운 경쟁을 할 수 없도록 사업활동을 방해하는 행위에 해당한다."고 판시하였다(서울고등법원 1997. 12. 26. 선고 97구8375 판결).
- 의료기 회사가 경쟁사 및 그 대리점을 상대로 산업재산권 침해금지가처분 신청을 하여 가처분결정을 받아, 본안소송의 재판 진행 중에 경쟁사의 대리점들에게 경쟁사가 자신의 산업재산권을 침해하여 그 책임 등으로 도산에 이를 것이며, 자신과 대리점 계약체결을 원하는 경우 협의하겠다는 내용을 통보한 사안에서, 서울고등법원은 "가처분 결정은 임시적 지위 확인에 불과하고 본안소송이 계속 중임에도 위와 같은 내용으로 통보한 것은 근거 없는 과장·추측이며, 나아가 자신과 대리점 계약체결을 유도한 부분은 이러한 과장·추측을 이용하여 자신의 시장지배력을 높이려는 의도가 있다고 보여 사업자 간 경쟁에 있어서 부당한 방법을 사용한 행위"라고 하면서, "특히 온열치료기 시장의 특성상 본건으로 대리점계약 해지, 판매량 감소 등 큰 손실이 예상되므로, 본건은 경쟁사업자의 사업활동을 심히 곤란하게 할 정도로 방해하는 행위에 해당한다."고 판시하였다(서울고등법원 2001. 4. 17. 선고 2000누16472 판결).

9. 부당지원행위(법 제45조 제1항 제9호)

가. 의의

부당지원행위(부당한 자금·자산·인력의 지원)는 부당하게 특수관계인 또는 다른 회사에 대하여 ① 가지급금·대여금·인력·부동산·유가증권·상품·용역·무체재산권 등을 제공하거나 상당히 유리한 조건으로 거래하는 행위(현저하게 낮거나 높은 가격, 무상거래 등), 또는 ② 다른 사업자와 직접 상품·용역을 거래하면 상당히 유리함에도 불구하고 거래상 실질적인 역할이 없는 특수관계인이나 다른 회사를 매개로 거래하는 행위를 통하여 특수관계인 또는 다른 회사를 지원하는 행위(부당한 거래단계 추가 등)

를 말한다.[238] 경제력집중의 억제와 함께 경쟁제한성을 고려하여 1996년 법 개정으로 도입된 규정이다. 주의할 점은 지원객체는 반드시 지원하는 사업자의 특수관계인에 국한되지 않는다는 점이다(비계열회사 등 다른 회사를 일반적으로 포괄한다).[239] 부당지원행위의 금지는 지원주체로부터 지원객체로 경제상 이익이 이전되는 것을 막는 것에 있으며,[240] 이러한 취지에서 대법원은 정상가격이라도 현저한 규모로 이루어진 이른바 '물량몰아주기'는 거래조건을 현저히 유리하게 하는 경우와 마찬가지로 부당지원행위에 해당될 수 있다고 판시한 바 있다(대법원 2007. 1. 25. 선고 2004두7610 판결). 2021. 12. 30. 시행되는 공정거래법은 불공정거래행위에 대하여 법원에 직접 금지청구를 할 수 있도록 허용하는 내용의 규정(금지청구제도)을 신설하였는데, 금지청구의 대상에서 법 제45조 제1항 9호(부당지원행위)는 제외하였다. 부당지원행위는 앞서 설명한 바와 같이 경제력집중억제과 함께 경쟁제한성을 고려하여 도입된 규정이어서 특정 피해자를 보호하기 위한 규정으로는 보기 어렵기 때문에 사인의 금지청구를 인정해야 할 필요성이 낮다는 점을 고려한 것이다.

나. 부당성 판단의 기본원칙

지원행위에 대한 부당성은 원칙적으로 지원주체와 지원객체의 관계, 지원행위의 목적과 의도, 지원객체가 속한 시장의 구조와 특성, 지원성거래규모와 지원행위로 인한 경제상 이익, 지원기간, 지원횟수, 지원시기, 지원행위 당시 지원객체의 경제적 상황, 중소기업 및 여타 경쟁사업자의 경쟁능력과 경쟁여건의 변화정도, 지원행위 전후의 지원객체의 시장점유율 추이 및 신용등급의 변화정도, 시장개방의 정도 등을 종합적으로 고려하여 해당 지원행위로 인하여 지원객체가 직접 또는 간접적으로 속한 시장(따라서 지원객체가 일정한 거래분야에서 시장에 직접 참여하고 있는 사업자일 필요는 없다)에서 경쟁이 저해되거나 경제력 집중이 야기되는 등으로 공정한 거래를 저해할 우려가 있는지 여부에 따라 판단한다(대법원 2004. 10. 14. 선고 2001두2881 판결). 이러한 지원행위의 부당성은 공정한 거래질서라는 관점에서 판단되어야 하며, 지원행위에 단순한 사업경영상의 필요 또는 거래상의 합리성 내지 필요성이 있다는 사유만

---

[238] 경제력 집중을 억제하고 공정한 거래질서를 확립하고자 하는 부당지원행위 금지규정의 입법취지와 문언을 종합하면, 부당지원행위는 지원행위로 인하여 지원객체가 속한 시장에서의 공정한 거래를 저해할 우려가 있으면 성립하는 것이므로 지원객체가 지원행위 당시 일정한 거래분야의 시장에 직접 참여하고 있을 필요까지는 없다. 부당지원행위에 있어서 지원행위가 부당성을 갖는지 유무를 판단함에 있어서는 지원주체와 지원객체와의 관계, 지원행위의 목적과 의도, 지원객체가 속한 시장의 구조와 특성, 지원성 거래규모와 지원행위로 인한 경제상 이익 및 지원기간, 지원행위로 인하여 지원객체가 속한 시장에서의 경쟁제한이나 경제력집중의 효과 등은 물론 중소기업 및 여타 경쟁사업자의 경쟁능력과 경쟁여건의 변화 정도, 지원행위 전후의 지원객체의 시장점유율의 추이, 시장개방의 정도 등을 종합적으로 고려하여 당해 지원행위로 인하여 지원객체가 속한 관련 시장에서 경쟁이 저해되거나 경제력 집중이 야기되는 등으로 공정한 거래가 저해될 우려가 있는지 여부에 따라 판단하여야 한다(대법원 2005. 5. 27. 선고 2004두6099 판결).

[239] "계열회사를 위한 차별취급"은 상품·용역의 가격·수량·품질 등의 거래조건에 대해 계열회사를 유리하게 하는 것을 규제하는 것인 반면, "부당한 자금·자산·인력의 지원"은 계열회사인지를 구분하지 않고 다른 회사에 대해 자금·자산·인력을 지원함으로써 공정한 경쟁을 저해하는 것을 규제하기 위한 것이다.

[240] 부당지원행위로 인해 정상적인 시장이라면 이미 퇴출되어야 할 한계기업이 존속할 우려가 있고, 우량기업의 핵심역량이 부실기업으로 분산 유출되어 경쟁력이 저하된다는 점, 무엇보다 기술력이나 경영능력이 하위에 있는 기업이 부당한 지원행위로 시장을 쉽게 차지하게 된다면 시장에서의 공정한 경쟁이 상실될 위험도 있다. 우리의 경우 대기업집단 내의 부당한 지원행위 등이 빈번한 거래의 특성도 함께 함의되어 있다.

으로는 부당성이 부정되지 아니한다.

　사업자가 아닌 특수관계인에 대한 지원행위의 부당성은 특수관계인이 해당 지원행위로 얻은 경제상 급부를 계열회사 등에 투자하는 등으로 인하여 지원객체가 직접 또는 간접적으로 속한 시장에서 경쟁이 저해되거나 경제력 집중이 야기되는 등으로 공정한 거래를 저해할 우려가 있는지 여부에 따라 판단한다.

　공정한 거래를 저해할 우려는 공정한 거래를 저해하는 효과가 실제로 구체적인 형태로 나타나는 경우 뿐만 아니라 나타날 가능성이 큰 경우를 의미하며, 현재는 그 효과가 없거나 미미하더라도 미래에 발생할 가능성이 큰 경우를 포함한다.

다. 부당한 지원행위의 유형(법 시행령 [별표2])

(1) 부당한 자금지원

　특수관계인 또는 다른 회사에게 가지급금·대여금 등 자금을 상당히 낮거나 높은 대가로 제공 또는 거래하거나 상당한 규모로 제공 또는 거래하는 행위

(2) 부당한 자산·상품 등 지원

　특수관계인 또는 다른 회사에게 부동산·유가증권·무체재산권 등 자산 또는 상품·용역을 상당히 낮거나 높은 대가로 제공 또는 거래하거나 상당한 규모로 제공 또는 거래하는 행위

(3) 부당한 인력지원

　특수관계인 또는 다른 회사에게 인력을 상당히 낮거나 높은 대가로 제공 또는 거래하거나 상당한 규모로 제공 또는 거래하는 행위

(4) 부당한 거래단계 추가 등

　- 다른 사업자와 직접 상품·용역을 거래하면 상당히 유리함에도 불구하고 거래상 역할이 없거나 미미한 특수관계인이나 다른 회사를 거래단계에 추가하거나 거쳐서 거래하는 행위
　- 다른 사업자와 직접 상품·용역을 거래하면 상당히 유리함에도 불구하고 특수관계인이나 다른 회사를 거래단계에 추가하거나 거쳐서 거래하면서 그 특수관계인이나 다른 회사에 거래상 역할에 비해 과도한 대가를 지급하는 행위

라. 부당한 지원행위에 해당하는 경우 예시

(1) 지원객체가 해당 지원행위로 인하여 일정한 거래분야에 있어서 유력한 사업자의 지위를 형성·유지 또는 강화할 우려가 있는 경우

(2) 지원객체가 속하는 일정한 거래분야에 있어서 해당 지원행위로 인하여 경쟁사업자가 배제될 우려가 있는 경우

(3) 지원객체가 해당 지원행위로 인하여 경쟁사업자에 비하여 경쟁조건이 상당히 유리하게 되

는 경우

(4) 지원객체가 속하는 일정한 거래분야에 있어서 해당 지원행위로 인하여 지원객체의 퇴출이나 타사업자의 신규진입이 저해되는 경우

(5) 관련법령을 면탈 또는 회피하는 등 불공정한 방법, 경쟁수단 또는 절차를 통해 지원행위가 이루어지고, 해당 지원행위로 인하여 지원객체가 속하는 일정한 거래분야에서 경쟁이 저해되거나 경제력 집중이 야기되는 등으로 공정한 거래가 저해될 우려가 있는 경우

심결사례 등

- 현대자동차는 기아자동차가 현대모비스에게 지급하여야 할 모듈부품 단가인상 금액 196억 원을 기아자동차를 대신하여 2002. 10. 31. 지급하였다(물품대금 대납행위). 이에 대하여 공정위는 부당지원행위를 인정하였다(현대자동차 기업집단 계열회사의 부당지원행위에 대한 건, 2007. 10. 24. 공정위의결 제2007-504호).

- (주)효성은 1995. 11. 15. 계열회사인 효성드라이비트(주)와 구미공장 종합 외벽공사계약(도급금액 33억 원)을 체결하고 선급금 9억 9천만 원을 지급하였다가 본 공사가 시행되지 않자, 동 선급금을 1997. 12. 31. 효성드라이비트(주) 발행 어음으로 회수한 후, 어음 만기를 연장하는 방법으로 실질적으로 1999. 12. 31.까지 자금을 회수하지 않고 이에 대한 이자도 전혀 받지 않은 사실이 있었다(무이자어음 만기연장행위). 이와 같은 행위는 공사가 시행되지 않았음에도 불구하고 (주)효성이 위 선급금을 2년 후에 어음으로 회수(1997. 12. 31.)하였고 이를 다시 단기대여금으로 대체(1999. 12. 31.)한 점을 감안할 때, 당초부터 선급금으로 지급한 것이 아니라 실질적으로는 자금을 대여한 것으로 볼 수 있다는 이유로 부당지원행위를 인정하였다(효성 기업집단 계열회사의 부당지원행위에 대한 건, 2001. 12. 18. 공정위의결 제2001-181호).

- 한국일보사는 계열회사인 (주)한국문원 및 특수관계인 A 등과 함께 계열회사인 한주건설(주)의 금융기관 차입 시 연대채무보증을 한 후, 동 차입금 전액을 대위변제하면서 연대채무보증자인 (주)한국문원 및 A에게 구상권을 행사하지 않았다. 이에 대하여 공정위는 부당지원행위를 인정하였다(한국일보사의 부당지원행위에 대한 건, 2001. 7. 11. 공정위의결 제2001-102호).

10. 그 밖의 불공정거래행위(법 제45조 제1항 제10호)

법 제45조 제1항 제10호에서 "그 밖의 행위(제1호 내지 제9호 이외의 행위)로서 공정한 거래를 해칠 우려가 있는 행위"를 규정하고 있다. 이는 공정거래법 제45조 제1항 제1호 내지 제9호에 해당하지 않는 특수한 형태의 불공정거래행위에 대한 포괄적 규제의 법률적 근거가 될 수 있다. 그러나 현재 이에 근거한 시행령의 세부 내용 및 기준이 마련되어 있지 않아 실무상 이를 직접 적용하기는 어렵다.[241]

---

241 "독점규제 및 공정거래에 관한 법률 제45조 제1항 제10호가 복잡·다양한 경제활동 또는 시장 상황에서 발생할 수 있는 불공정거래행위 전부를 법률에 규정하는 것이 입법기술상 어려운 상황에서 공정거래 저해성에 있어서 그 제1호 내지 제9호와 유사한 행위를 규제하기 위한 것이라고 하더라도, 위 제10호에서는 제1호 내지 제9호와 달리 기본적 행위

수험생의 입장에서도 설문에 나타난 세부 행위유형을 판단함에 있어서 함부로 일반규정으로 먼저 도피해서는 안 된다.

Ⅳ. 불공정거래행위에 대한 금지청구제도(법 제108조)

사적 집행의 강화차원에서 2020. 12. 29. 법 개정을 통해 신설된 내용이다(2021. 12. 30. 시행). 불공정거래행위로 인한 피해구제의 경우 기존에는 공정위에 법위반사실을 신고하고, 공정위의 시정조치 등의 처분을 기다릴 수밖에 없었다. 행정처분을 통한 공정위 주도의 법집행(행정규제주의)은 금지청구제도를 도입한 개정법의 시행 이후에도 여전히 유효하지만, 이에 더하여 앞으로는 피해자들이 공정위를 거치지 않고 직접 해당 침해행위의 금지 또는 예방을 법원에 청구할 수 있게 된 것이다(법 제108조). 다만, 금지청구가 가능한 범위는 법 제45조 제1항(제9호는 제외한다) 및 제51조 제1항 제4호[제45조 제1항(제9호는 제외한다)]에 따른 불공정거래행위에 관한 부분으로 한정하고 있다. 불공정거래행위로 인한 피해를 입거나 피해를 입을 우려가 있는 자는 그 위반행위를 하거나 할 우려가 있는 사업자 또는 사업자단체에 자신에 대한 침해행위의 금지 또는 예방을 청구할 수 있다. 금지청구의 소를 제기하는 경우에는 「민사소송법」에 따라 관할권을 갖는 지방법원 외에 해당 지방법원 소재지를 관할하는 고등법원이 있는 곳의 지방법원에도 제기할 수 있다. 법원은 금지청구의 소가 제기된 경우에 그로 인한 피고의 이익을 보호하기 위하여 필요하다고 인정하면 피고의 신청이나 직권으로 원고에게 상당한 담보의 제공을 명할 수 있다.

유형이나 이를 가늠할 대강의 기준조차 전혀 제시되어 있지 않아서 수범자인 사업자의 입장에서는 구체적으로 통상의 사업활동 중에 행하여지는 어떤 행위가 위 제10호에서 규정한 '공정한 거래를 저해할 우려가 있는 행위'에 해당하는 것으로서 금지되는지 여부를 예측하기가 매우 어렵다. 더욱이 독점규제 및 공정거래에 관한 법률은 같은 법 제45조 제1항에 위반하여 불공정거래행위를 한 사업자에 대하여 행정적 제재뿐만 아니라 형사처벌까지 가능하도록 하고 있는 점을 감안하면, 위 제10호는 행위의 작용 내지 효과 등이 제1호 내지 제9호와 유사한 유형의 불공정거래행위를 규제할 필요가 있는 경우에 이를 대통령령으로 정하여 규제하도록 한 수권규정이라고 해석함이 상당하다. 따라서 같은 법 시행령에 위 제10호와 관련된 불공정거래행위의 유형 또는 기준이 정하여져 있지 아니한 이상, 문제된 행위가 공정한 거래를 저해할 우려가 있는 행위라고 하여 이를 위 제10호의 불공정거래행위로 의율하여 제재를 가할 수는 없다(텐커뮤니티의 불공정거래행위 건, 대법원 2008. 2. 14. 선고 2005두1879 판결)." 시행령에 제10호와 관련된 행위유형 및 기준이 정해져 있지 않은 이상, 이를 직접 적용하여 제재를 가하는 것은 부적절하다는 취지의 판결이다.

CHAPTER 06 사업자단체의 금지행위 등

사례형 설문 내용에서 사업자 외에 사업자단체가 등장하는 경우가 많고, 이 경우는 별도로 사업자단체의 금지행위와 관련된 논점을 언급해야 한다. 특히 사업자단체와 관련된 쟁점으로는 먼저 사안의 행위 주체가 사업자단체에 해당하는지, 사업자단체의 구체적 행위가 공정거래법상의 금지행위 중 어느 유형에 해당하는지를 묻는 형식이 출제될 수 있다.

그리고 재판매가격유지행위(Resale Price Maintenance, 보통 'RPM'으로 약칭)의 경우는 수직적 거래 제한(vertical restraints)의 성질과 이를 통해 기본적으로 유통단계에서의 브랜드 내 경쟁의 제한(특히 가격경쟁의 제한)의 성질을 이해해야 하고, 관련 기본개념의 구별과 관련하여 재판매와 위탁판매의 구분, 위법성 판단, 사업자단체의 재판매가격유지행위 등을 주된 쟁점으로 볼 수 있다. 이와 같은 내용이 사례에 포함되어 소논점으로 출제 가능하므로, 미리 내용을 잘 정리해두기를 바란다. 특히, 최저재판매가격유지행위에 대해서 그 행위 자체로 위법한 것이 아니라 정당한 이유의 유무를 살펴 그 위법성을 따져야 한다는 대법원 판결[242]의 취지를 입법에 반영하여 2020. 12. 29. 법 개정을 통해 효율성 증대로 인한 소비자후생 증대효과가 경쟁제한으로 인한 폐해보다 큰 경우 등 재판매가격유지행위에 정당한 이유가 있는 경우 예외를 허용하도록 규정을 정비하였다. 재판매가격유지행위의 위법성을 설시함에 있어 위 판결 및 법조문의 내용을 언급하고 활용하는 것이 좋다.

I. 사업자단체의 금지행위(법 제51조)[243]

1. 의의

사업자단체(trade association, Unternehmensverbände)란 그 형태가 무엇이든 상관없이 둘 이상의

---

242 독점규제 및 공정거래에 관한 법률의 입법목적과 재판매가격유지행위를 금지하는 취지에 비추어 볼 때, 최저재판매가격유지행위가 해당 상표 내의 경쟁을 제한하는 것으로 보이는 경우라 할지라도 시장의 구체적 상황에 따라 그 행위가 관련 상품시장에서의 상표 간 경쟁을 촉진하여 결과적으로 소비자후생을 증대하는 등 정당한 이유가 있는 경우에는 이를 예외적으로 허용하여야 할 필요가 있다. 그리고 그와 같은 정당한 이유가 있는지 여부는 관련 시장에서 상표 간 경쟁이 활성화되어 있는지 여부, 그 행위로 인하여 유통업자들의 소비자에 대한 가격 이외의 서비스 경쟁이 촉진되는지 여부, 소비자의 상품 선택이 다양화되는지 여부, 신규사업자로 하여금 유통망을 원활히 확보함으로써 관련 상품시장에 쉽게 진입할 수 있도록 하는지 여부 등을 종합적으로 고려하여야 하며, 이에 관한 증명책임은 관련 규정의 취지상 사업자에게 있다고 보아야 한다(대법원 2011. 3. 10. 선고 2010두9976 판결).

243 2014년 변시 제3회 기출. 사업자단체의 해당 여부와 사업자단체의 금지행위 중 어떤 유형에 해당하는지를 묻는 문제가 출제되었다(배점25점).

사업자가 공동의 이익을 증진할 목적으로 조직한 결합체 또는 그 연합체를 말한다(법 제2조 제2호). 사업자단체의 인정에 있어서는 그 법적 형태나 법인격의 유무는 중요하지 않다. 다만, 사업자단체는 이를 구성하는 개별 사업자와는 구별되어야 한다는 의미에서, 대법원은 "사업자단체에 참가하는 개별 구성사업자는 독립된 사업자이어야[244] 하므로, 개별 사업자가 그 단체에 흡수되어 독자적인 활동을 하지 않는 경우에는 사업자단체라고 할 수 없고, 사업자단체로 되기 위해서는 개별 구성사업자와 구별되는 단체성, 조직성을 갖추어야 한다."고 판시하였다.[245]

사업자단체는 구성사업자의 공동의 이익 증진을 목적으로 하여야 하며, 이때의 이익은 경제활동상의 이익을 말한다. 그렇다고 해서 구성사업자가 반드시 서로 경쟁관계에 있어야 하는 것은 아니므로, 전국경제인연합회나 대한상공회의소와 같이 다양한 산업분야의 사업자를 포괄하는 단체도 얼마든지 사업자단체가 될 수 있다. 사업자단체는 공동의 이익 증진 외에 공익과 같은 다른 목적을 함께 추구할 수도 있고(대법원 2003. 2. 20. 선고 2001두5347 판결[246]), 종교나 학술 등 비경제적 이익을 주된 목적으로 삼을 수도 있지만, 외형적으로 나타나는 형식적 단체설립의 목적에 구애받지 않고 단체의 실질적 활동에 따라 판단해야 할 것이다.

공정거래법은 원칙적으로 사업자에게 적용되며, 사업자단체는 예외적으로 사업자단체에 대한 명문규정이 있는 경우에만 별도의 직접 규제를 받는다.

2. 사업자단체의 금지행위의 내용

가. 부당한 경쟁제한행위 – 경쟁을 실질적으로 제한하는 행위(법 제51조 제1항 제1호)[247]

사업자단체는 법 제40조 제1항 각 호의 행위에 의하여 부당하게 경쟁을 제한하는 행위를 해서는 아니 된다. 이는 사업자들이 사업자단체를 내세워 공정거래법이 금지하는 부당한 공동행위(카르텔)를 하는

---

244 다만, 사업자단체의 구성원 중 극히 일부가 사업자가 아닌 경우에도 공정거래법의 적용대상인 사업자단체에 해당한다고 판단한 예외적 사례가 있다(사업자단체 구성원의 약 7%가 사업자가 아닌 약대생 회원이었음; 약사의 미래를 준비하는 모임의 사업자단체금지행위에 대한 건, 서울고등법원 2017. 7. 6. 선고 2017누31516 판결).

245 사업자단체는 그 형태 여하를 불문하고 2 이상의 사업자가 공동의 이익을 증진할 목적으로 조직한 결합체 또는 그 연합체를 말한다고 규정하고 있고, 여기서 '공동의 이익'이란 구성사업자의 경제활동상의 이익을 말하고 단지 친목, 종교, 학술, 조사, 연구, 사회활동만을 목적으로 하는 단체는 이에 해당하지 않는다. 또한, 사업자단체에 참가하는 개별 구성사업자는 독립된 사업자이어야 하므로, 개별 사업자가 그 단체에 흡수되어 독자적인 활동을 하지 않는 경우에는 사업자단체라고 할 수 없고, 사업자단체로 되기 위해서는 개별 구성사업자와 구별되는 단체성, 조직성을 갖추어야 한다(대법원 2008. 2. 14. 선고 2005두1879 판결).

246 사업자단체는 2 이상의 제조업, 서비스업, 기타 사업을 행하는 자가 공동의 이익을 증진할 목적으로 조직한 결합체 또는 그 연합체를 말한다 할 것인바, 사단법인 대한의사협회는 의료법 제26조 제1항에 의하여 설립된 의사회의 중앙회로서, 그 정관에서 사회복지와 국민건강증진 및 보건향상에 기여하기 위한 의도의 앙양, 의학·의술의 발전보급 외에도 '의권 및 회원권익옹호' 등을 그 목적으로 내세우는 한편 의도의 앙양과 의권신장에 관한 사항 등을 그 사업내용으로 규정하고 있음을 알 수 있으므로, 이러한 정관의 규정과 대한의사협회의 활동내용을 종합하여 보면, 대한의사협회는 서비스업 기타 사업을 행하는 사업자인 의사들이 구성원이 되어 공동의 이익을 증진할 목적 등을 가지고 의료법에 의하여 조직된 사단법인이므로 독점규제및공정거래에관한법률의 적용대상인 사업자단체에 해당한다(대법원 2003. 2. 20. 선고 2001두5347 전원합의체 판결).

247 2014년 변시 제3회 기출.

것을 금지하기 위한 것이다. 법 제40조 제1항의 부당한 공동행위와 마찬가지로 사업자단체에 의한 부당한 경쟁제한행위에도 구성사업자 간에 공동의 인식이 형성되는 것으로 족하며, 반드시 구성사업자들이 이를 현실적으로 실행하였을 것까지 요구하지 않는다(대법원 2006. 11. 24. 선고 2004두10319 판결). 대법원은 광역시의 치과의사회가 같은 광역시의 치과기공사회 사이에 각 실무협의회 소속 회원을 통하여 치과기공물의 가격에 관한 가이드라인을 정한 다음 대표자의 추인을 받아 대표자 명의로 회원들에게 위 가이드라인에 대한 안내문을 발송한 사건에서, 이러한 행위가 공정거래법 제51조 제1항 제1호에서 정한 '사업자단체에 의한 가격결정행위'에 해당한다고 보았다(대법원 2005. 8. 19. 선고 2003두9251 판결).

나. 현재 또는 장래의 사업자 수의 제한(법 제51조 제1항 제2호)

사업자단체는 일정한 거래분야에서 현재 또는 장래의 사업자 수를 제한하는 행위를 해서는 아니 된다. 사업자단체는 구성사업자의 이익을 위해 활동하는 경우가 대부분이고, 주로 사업자단체가 신규 사업자의 회원가입을 거절하거나 기존회원을 제명하는 등의 행위를 통하여 인위적으로 진입장벽을 형성하여 다른 사업자를 배제하는 경우가 대표적이다. 만일, 해당 사업자단체에 가입되어 있지 않더라도 시장에 진입하거나, 사업활동을 지속함에 있어서 별다른 어려움이 없는 경우에는 공정거래법이 금지하는 사업자 수의 제한에 해당하지 않는다. 반면, 사업자단체에 가입하지 않으면 사업수행이 곤란한 사정이 있는 상황에서 정당한 거래관행에 비추어 가입조건을 지나치게 어렵게 한다거나 기존 사업자를 배제하는 등 사업자 수를 제한하는 행위가 있다면 위법성을 인정할 수 있을 것이다.

다. 구성사업자의 사업내용 또는 활동의 부당한 제한(법 제51조 제1항 제3호)

사업자단체는 구성사업자의 사업내용 또는 활동을 부당하게 제한하는 행위를 해서는 아니 된다. 예를 들면, ① 사업의 종류나 내용 또는 그 방법을 제한하는 행위, ② 영업일 또는 영업시간, 영업점의 수나 위치, 크기 등을 제한하는 행위, ③ 지점이나 분점의 설치나 이전에 대하여 사업자단체의 사전승인을 거치도록 정하거나, ④ 원재료 공급자나 유통망의 접근을 제한하는 것, ⑤ 구성사업자의 광고나 선전을 금지하거나 그 내용이나 매체, 횟수 등을 제한하는 것 등을 들 수 있다.

대법원은 대한의사협회가 정부의 의약분업 시행을 앞두고 의료계의 주장을 관철하기 위하여 의사대회 당일 휴업·휴진을 결의하고, 구성사업자인 의사들에게 이를 통보한 후, 이에 반대하는 의사들에게 휴업·휴진을 강요한 행위가 문제된 사례에서 비록 구성사업자 공동의 이익을 증진하기 위한 목적이라 하더라도, 그 결의의 내용이 구성사업자의 사업활동을 과도하게 제한하여 구성사업자 사이의 공정하고 자유로운 경쟁을 저해할 정도에 이른 경우에는 이를 허용하지 않는 것이 위 조항의 취지라고 판시하여 위법성을 인정한 바 있다(대법원 2003. 2. 20. 선고 2001두5347 판결). 그 외에도 대한법무사협회가 소속 법무사로 하여금 순차적으로 집단등기사건을 수임하도록 하고 지방법무사회가 운영경비조달의 범위를 넘어 집단등기사건의 보수액 중 일부를 징수하여 공동 분배하도록 한 행위에 대하여도 위법성을 인정한 바 있다(대법원 1997. 5. 16. 선고 96누150 판결).

라. 불공정거래행위 및 재판매가격유지행위의 교사[248]·방조(법 제51조 제1항 제4호)

사업자단체는 사업자에게 불공정거래행위 또는 재판매가격유지행위를 하게 하거나 이를 방조하는 행위를 해서는 아니 된다. 여기의 사업자에는 사업자단체의 구성원은 물론이고 구성원이 아닌 경우도 포함된다. 강요는 단순히 물리적으로 이를 강요하는 것만을 의미하는 것이 아니라 그러한 지위를 이용하여 이러한 재판매가격유지행위를 권장하거나 협조를 요청하는 등 어떠한 방법으로든 이를 사실상 강요하는 결과를 가져오는 모든 행위를 말하는 것이다. 교사·방조를 받은 사업자가 실제로 불공정거래행위 또는 재판매가격유지행위를 실행하였을 필요는 없다. 사업자단체의 교사·방조행위로 인한 피해를 입거나 피해를 입을 우려가 있는 자는 그 위반행위를 하거나 할 우려가 있는 사업자 또는 사업자단체에 자신에 대한 침해행위의 금지 또는 예방을 법원에 청구할 수 있다(금지청구제도). 재판매가격유지행위와 관련하여 법 제46조 제2호에 따라 출판사나 그 사업자단체는 일정한 저작물에 대해 재판매가격유지행위를 할 수 있지만, 이 경우도 재판매가격유지행위를 원하지 아니하는 출판사에 대하여 그 사업자단체가 재판매가격유지행위를 권유하는 행위는 법 제51조 제1항 제4호 위반으로 볼 수 있다.[249]

3. 사업자단체의 금지행위 위반에 대한 제재[250]

가. 시정조치

공정위는 사업자단체의 금지행위 규정에 위반하는 행위가 있을 때에는 그 사업자단체(필요한 경우 관련 구성사업자를 포함한다)에 대하여 해당 행위의 중지, 시정명령을 받은 사실의 공표, 그 밖에 필요한 시정조치를 명할 수 있다(법 제51조 제2항). 예를 들면, 사업자단체가 경쟁을 실질적으로 제한하는 행위(법 제51조 제1항 제1호)를 행한 경우, 법위반행위의 주체인 사업자단체에게만 중지명령을 내리더라도 여전히 구성사업자들이 그 결의를 이행할 가능성이 있기 때문에 금지의 실효성을 확보하기 위해 구성사업자에게도 해당 결의 내지 부당한 공동행위의 실행을 중지하는 시정명령을 동시에 내릴 수 있게 한 것이다. 또한 사업자단체가 다른 사업자에게 불공정거래행위를 하게 한 경우에도, 해당 사업자들로 하여금 그에 따른 불공정거래행위를 중지하도록 할 수 있다.

---

248 법문은 "하게 하는" 행위로 규정하고 있다. 반드시 사업자의 의사의 자율성을 완전히 침해하는 정도까지 이를 것을 요구하지 않는다.
249 공정거래법 제51조 제1항 제4호에서 사업자단체가 사업자에게 같은 법 제46조에 의한 재판매가격유지행위를 하게 하는 행위를 금지하는 취지는 사업자의 재판매가격유지행위를 규제하는 같은 법 제46조의 그것과는 전혀 별개의 것이므로, 개개의 사업자 사이에 저작물에 관한 재판매가격유지행위를 할 수 있다고 하더라도 사업자단체가 자유경쟁가격제도를 택하려는 사업자에게 재판매가격유지행위를 하게 하는 행위는 같은 법 제51조 제1항 제4호에 위반되는 것이고, 따라서 출판사의 사업자단체가 출판물의 재판매가격유지계약 체결권한을 위임하지 아니한 출판사들에 대하여 도서정가제가 더욱 공고히 확립될 수 있도록 최대한 협조하여 줄 것을 요청하는 공문을 발송한 행위는 위법한 것이어서 공정거래위원회가 그 사업자단체에 대하여 시정명령을 한 조치는 적법하다(대법원 1997. 6. 13. 선고 96누5834 판결).
250 2014년 변시 제3회 기출. 공정거래법 제27조에 따라 필요한 경우 '관련 구성 사업자'에게도 시정조치를 할 수 있다는 점, '참가한 사업자와 관련된 과징금부과 등 공정위의 제재조치 가능성과 그 근거를 묻는 문제가 출제되었다(배점 15점).

나. 과징금

공정위는 사업자단체의 금지행위 규정에 위반하는 행위가 있을 때에는 해당 사업자단체에 대하여 10억 원의 범위 안에서 과징금을 부과할 수 있다(법 제53조 제1항).[251] 한편, 공정위는 사업자단체의 부당한 경쟁제한행위에 참가한 사업자에 대해서도 제51조 제1항 제1호를 위반한 경우 대통령령이 정하는 매출액의 100분의 20을 초과하지 않는 범위에서, 만일 매출액이 없을 경우에는 40억 원을 초과하지 않는 범위에서 과징금을 부과할 수 있다(법 제53조 제2항). 법 제51조 제1항 제2호부터 제4호까지의 규정을 위반하는 행위에 참가한 사업자에게는 대통령령으로 정하는 매출액에 100분의 10을 곱한 금액을 초과하지 않는 범위에서, 매출액이 없을 경우 20억 원을 초과하지 않는 범위 안에서 과징금을 부과할 수 있다(법 제53조 제3항).[252]

다. 형사처벌

법 제26조(사업자단체의 금지행위) 제1항 제1호의 규정에 위반하여 사업자단체의 금지행위를 한 자에 대하여는 3년 이하의 징역 또는 2억 원 이하의 벌금에 처한다(법 제124조 제1항 제12호).

Ⅱ. 재판매가격유지행위(법 제46조)[253]

1. 의의

재판매가격유지행위(RPM, Resale Price Maintenance)란 사업자가 상품 또는 용역을 거래할 때 거래상대방인 사업자 또는 그 다음 거래단계별 사업자에 대하여 거래가격을 정하여 그 가격대로 판매 또는 제공할 것을 강제하거나 그 가격대로 판매 또는 제공하도록 그 밖의 구속조건을 붙여 거래하는 행위를 말한다(법 제2조 제20호).[254] 단순히 일정한 재판매가격을 준수하도록 권장하거나 희망하는 것만으로는 부족하고, 재판매업자가 그 지시·통지에 따르도록 현실적으로 그 실효성을 확보할 수 있는 수단이 부수되어 있는 경우에만, 동법이 금지하는 재판매가격유지행위에 해당하게 된다(실효성확보수단의 필요).[255]

---

251 사업자단체의 경우 외형상 매출액이 없거나 관련매출액을 산정하기 곤란한 경우가 많다는 점에 비추어 일정 금액을 기준으로 과징금을 부과할 수 있도록 규정한 것이다. 2020. 12. 29. 법 개정을 통하여 과징금 부과 한도를 기존 5억 원에서 10억 원으로 상향하였다.

252 2014년도 변시 제3회 소논점 : 법문상 "위반하는 행위에 참가한 사업자"에 대하여 관련 매출액의 100분의 10 이내(출제 당시를 기준으로 부과한도 기준은 10%)에서 과징금을 부과할 수 있으므로, 사업자단체 금지행위에 참가하지 않은 D에 대하여는 과징금을 부과할 수 없다는 결론을 도출.

253 2017년 변시 제6회 기출. <제1문> 국내 라면제조사가 판매비중이 높았던 특정 대형마트에 대하여 '소비자에 대한 판매 가격을 권장가격 수준으로 유지할 것'을 요구한 행위에 대해 공정거래법상 부당한 재판매가격유지행위에 해당하는지를 설명하는 문제가 출제되었다(배점 25점).

254 가격유지의 권장 또는 협조요청의 형식을 취했더라도 재판매가격의 유지가 실효성이 확보된 수단을 통해 이루어지는 경우에는 가격을 통제하는 행위로서 재판매사업자 사이의 자유로운 경쟁을 저해하는 재판매가격유지행위에 해당할 수 있다(서울고등법원 2000. 1. 28. 선고 98누14947 판결).

255 사업자가 재판매업자에게 상품을 판매함에 있어 일방적으로 재판매가격을 지정하여 그 가격대로 판매할 것을 지시·통지하는 행위는, 그것이 단지 참고가격 내지 희망가격으로 제시되어 있는 것에 그치는 정도인 경우에는 이를 위법하다

재판매가격유지행위는 최저 또는 최고재판매가격유지로 나눌 수 있으며, 효율성 증대로 인한 소비자후생 증대효과가 경쟁제한으로 인한 폐해보다 큰 경우 등 재판매가격유지행위에 정당한 이유가 있는 경우에는 재판매가격유지행위를 예외적으로 허용하고 있다(법 제46조 제1호). 참고로 재판매가격유지행위는 '권장 소비자가격'의 개념과는 구별해야 한다. 권장가격제도란 제조업자 또는 수입업자가 권장 또는 단지 참고하게 할 목적으로 소비자가격을 표시하는 제도로서 희망(소비자)가격, 권장소매(소비자)가격, 추천소매(소비자)가격 등으로 사용되는 경우를 말한다. 이러한 권장가격제도는 소매업자가 판매가격을 결정할 수 있는 기준이 되고, 소비자가 상품에 대한 가격수준을 쉽게 알 수 있게 함으로써 소매점 간의 담합적인 가격인상을 방지할 수 있다는 장점이 있다.[256]

2. 재판매가격유지행위의 순기능과 역기능

재판매가격유지행위는 동일한 브랜드 내 가격경쟁(intra-brand competition)을 제한한다는 점에서 본질적으로 브랜드 내 경쟁제한을 야기하게 된다. 즉, 상품의 유통단계에서 상위의 사업자가 하위의 사업자에 대해 조직적으로 가격제한을 가한다는 점(유통업자의 자율성 침해)에서 공정거래법은 수직적 거래제한(vertical price restraints)의 측면에서 이를 금지하고 있다.[257]

반면, 브랜드 가치가 중요한 상품('명품브랜드' 등)을 제조하는 사업자로서는 판매업자들의 유인염매(loss leader)나 무임승차(free riding), 브랜드 가치의 희석화를 방지하기 위한 유용한 수단이 될 수 있다. 이는 상표 간의 경쟁을 촉진한다는 측면에서는 유통업자들이 가격 대신 서비스나 품질로 경쟁을 집중하도록 만들어주면서 결과적으로 제품의 품질개선 효과를 만들 수 있고, 한편 다른 판매업자의 무임승차를 막을 수도 있다는 것을 의미한다. 이처럼 재판매가격유지행위가 갖는 일부 경쟁촉진효과를 새롭게 인식하면서 합리의 원칙에 따른 위법성 심사를 하는 것이 보편적이다. 이러한 취지를 고려하여 2020. 12. 29. 법 개정을 통하여 최고 재판매가격유지행위와 같이 최저 재판매가격유지행위에 대하여도 정당한

할 수 없고, 거기에서 그치지 아니하고 재판매업자로 하여금 그 지시·통지에 따르도록 하는 것에 대하여 현실로 그 실효성을 확보할 수 있는 수단이 부수되어 있는 경우에만, 구 독점규제및공정거래에관한법률(1999. 2. 5. 법률 제5813호로 개정되기 전의 것) 제2조 제6호에서 규정하는 '그 가격대로 판매할 것을 강제하거나 이를 위하여 규약 기타 구속조건을 붙여 거래하는 행위'로서 같은 법 제29조 제1항에 의하여 금지되는 '재판매가격유지행위'에 해당하므로 위법하다(대법원 2001. 12. 24. 선고 99두11141 판결).

[256] 물론 이러한 본래의 취지와는 달리 제조업자의 재판매가격 유지행위의 탈법적 수단으로 사용될 수 있다는 문제점도 있다.

[257] 재판매가격유지행위를 통해 제조업자의 시장지배력이 확대될 우려가 있고, 이를 통해 도매업자 또는 소매업자 사이의 수평적 가격협정(카르텔)으로 이어질 개연성도 있다. 즉, 제조업자는 재판매가격 유지행위를 담합 유지의 수단으로 사용할 수 있다. 만일 담합 유지의 보조수단으로서 재판매가격 유지행위가 사용된다면 제조업자는 자신의 카르텔 이윤을 극대화하는 재판매가격을 설정하고 판매마진을 최소로 축소하는 수준으로 유통업자에게 공급하는 가격을 결정할 가능성이 높다. 이에 따라 재판매가격 유지행위를 통해 가격상승과 판매량의 감소를 초래함은 물론 경쟁을 제한하는 수단이 되어 경쟁제한적 효과를 발생시킬 수 있는 것이다. 그 외에도 소비자들은 판매 또는 유통업자로부터 상품을 구입할 수밖에 없는데, 사업자가 재판매가격유지행위를 통해 유통업자의 거래단계에서 가격경쟁을 막게 되면, 소비자의 선택권을 침해하는 결과를 낳을 수 있다(경쟁적인 상황에서 설정되었을 가격보다 상품가격이 높게 설정됨으로써 소비자의 후생이 저해되는 결과가 나타난다). 마지막으로 재판매가격유지행위는 정상적인 가격경쟁이 있었더라면 시장에서 퇴출되었을 비효율적 유통업자를 시장에 존속시켜 비효율을 양산하는 부작용도 초래할 수 있다.

사유가 있는 경우 예외를 허용하도록 법 조문을 수정하였다(대법원이 그동안 최저 재판매가격유지행위의 경제적 효과 및 외국사례 등을 감안하여 합리의 원칙에 따라 판결을 선고한 입장을 입법에 반영한 것이다).[258]

3. 재판매가격유지행위의 규제

가. 재판매가격유지행위의 원칙적 금지(법 제46조 본문)

재판매가격유지행위의 성립을 위해서는 ① 재판매가격의 지정행위가 존재할 것, ② 그 지정된 가격이 강제되거나 그 밖의 구속조건이 붙은 거래와 같이 구속력이 있어야 하고, ③ 부당한 경쟁제한성이 존재해야 한다. 사업자는 이와 같은 내용의 재판매가격유지행위를 해서는 아니 된다.

대법원은 "재판매가격유지행위를 금지하는 취지는 사업자가 거래가격을 미리 정하여 거래함으로써 유통단계에서 가격경쟁을 제한하여 소비자후생을 저해함을 방지하기 위한 것이라는 점에서, 최저재판매가격유지행위가 해당 상표 내 경쟁을 제한하는 것으로 보이는 경우라 할지라도 시장의 구체적 상황에 따라 관련시장에서의 상표 간 경쟁을 촉진하여 결과적으로 소비자후생을 증대하는 등 정당한 이유가 있는 경우에는 이를 예외적으로 허용하여야 할 필요가 있다."고 판시하였다(대법원 2011. 3. 10. 선고 2010두9976 판결). 이러한 판시취지에 부합하도록 2020. 12. 29. 판결의 내용을 반영한 법 개정이 이루어졌다.

> **심결사례 등**
>
> - 삼성항공산업(주)가 대리점 계약서에 "대리점이 판매할 표준소비자가격을 별도로 정하여 권장할 수 있다"고 규정하고, 권장사항을 위배할 경우 제재조치를 할 수 있도록 한 행위(1994. 3. 26. 공정위의결)
> - 현대전자산업(주)가 게임기 본체는 총판 마진 5% 이하의 가격으로 판매하는 경우를 덤핑으로 보고, 소프트웨어는 총판 마진 15% 이하인 가격으로 판매하는 경우를 덤핑으로 보고, 이와 같이 덤핑하는 총판 대리점에 대하여는 출하를 중지하도록 한 행위(1993. 7. 22. 공정위의결)
> - (주)남양알로에가 대리점에 대하여 자기가 미리 지정하는 가격대로 판매하도록 하고, 이를 위반하는 대리점에 대해 상품공급 중단, 100만 원 이하의 벌금 등을 부과한 행위(1993. 10. 21. 공정위의결)

나. 재판매가격유지행위의 예외적 허용(법 제46조 단서)

공정거래법 제46조 단서는 ① 효율성 증대로 인한 소비자후생 증대효과가 경쟁제한으로 인한 폐해보다 큰 경우 등 재판매가격유지행위에 정당한 이유가 있는 경우, 또는 ② 「저작권법」 제2조 제1호에 따른 저작물 중 관계 중앙행정기관의 장과의 협의를 거쳐 공정거래위원회가 고시하는 출판된 저작물(전자출판물을 포함한다)인 경우 예외적으로 재판매가격유지행위가 허용된다는 점을 규정하고 있다.

---

258 다만, 법 시행(2021. 12. 30.) 전에 종료된 행위는 종전 규정을 적용하게 된다(부칙 제16조).

4. 위반행위에 대한 제재

공정위는 재판매가격유지행위에 대하여 해당 사업자에게 해당 행위의 중지, 시정명령을 받은 사실의 공표, 그 밖에 필요한 시정조치를 명할 수 있다(법 제49조). 나아가 대통령령이 정하는 매출액에 100분의 4를 곱한 금액을 초과하지 아니하는 범위에서 과징금을 부과할 수 있고, 매출액이 없는 경우 등에는 10억 원을 초과하지 아니하는 범위에서 과징금을 부과할 수 있다(법 제50조 제1항).

제2편

소비자보호법

소비자기본법

소비자기본법은 전체 소비자보호법령의 체계에서 기본법·일반법의 지위를 가지고 있다. 소비자기본법의 내용은 대부분 일반적·추상적이어서 실제 변호사시험의 사례형 문제로 출제할 수 있는 사항은 많지 않지만, 그동안 변시 기출문제를 살펴보면 주로 소비자법 영역의 소논점으로 소비자에 대한 피해구제 수단을 중심으로 출제되고 있음을 확인할 수 있다.

수험생의 입장에서는 우선, 소비자법 영역의 특성과 기본 개념, 소비자법의 주요 이념과 용어를 숙지하고, 법률과 시행령 주요 조문의 위치를 미리 파악할 필요가 있다. 소논점으로 소비자법 영역이 출제된다면, 조문을 위주로 정리했던 내용과 기초 개념, 주제에 부합하는 법의 이념 등을 조합하여 그 뜻을 풀어 문제를 해결하면 될 것이다.

그 외 주요 내용으로 소비자분쟁해결기준의 법적 효력(법 제16조), 소비자단체의 소비자의 불만처리나 공표에 관한 사항(법 제28조 제1항부터 제3항), 한국소비자원의 업무 및 공표(법 제35조), 위해물품에 대한 소비자안전조치에 관한 사항(법 제47조부터 제50조), 소비자분쟁해결을 위한 소비자단체의 분쟁조정절차(법 제31조), 한국소비자원에 의한 피해구제(법 제35조, 제55조부터 제59조, 제65조 및 제68조), 집단적 피해구제를 위한 소비자단체소송(법 제70조부터 제75조) 등에 관한 사항을 미리 정리해두면 좋을 것이다.

I. 서설

소비자보호법 체계는 1960년대에 이르러 여성, 인종, 소수자보호의 문제와 함께 기존 질서에 대한 비판과 거대자본에 대한 견제의 이념을 담고 발전하게 된다.[259] 자본주의가 급속도로 발전하여 대량생산, 대량소비의 단계에 접어들면서 사업자와 소비자의 대등성이 더욱 심각하게 상실되어 여러 문제가 발생하였는데,[260] 소비자보호 관련 법률의 발전은 이러한 시대적 상황에서 새롭게 미국을 중심으로 "consumer protection law"라는 독자적인 법 영역을 형성하게 된다. 우리의 경우 소비자의 권리는 헌법으로 보장된

---

[259] 1960년대 대표적인 미국의 시민운동가이자 변호사인 랄프네이더(Ralph Nader)가 초기 소비자보호운동의 대표적인 인물이다. 대표적인 저서로 "Unsafe at Any Speed"가 있다. https://nader.org/

[260] ① 정보면의 비대등성 : 소비자는 상품이나 용역의 정보에 대해서 사업자의 표시나 광고에 거의 전적으로 의존, ② 제조과정 정보에 대한 비대등성 : 사업자에 비하여 소비자는 상품이나 용역의 제조과정과 기능에 대하여 문외한이며, 기술발전에 따라 더욱 심화, ③ 부담전가 가능성 : 사업자는 원가상승 등의 부담을 다음 단계에 있는 소비자에게 전가할 수 있으나, 거래의 최종단계에 있는 소비자는 비용부담을 전가할 수 없다. ④ 조직력과 시장지배력의 비대등성 : 기업은 규모의 경제를 위하여 점차 확대되고, 자본을 중심으로 한 시장지배력을 획득하는 반면, 소비자는 분산되어 있어 조직적 활동이 어렵다. 이는 분쟁발생 시 교섭력에서 소비자가 절대적으로 열악한 지위에 있음을 의미한다.

국민의 행복추구권의 일부분을 이루는 것으로 볼 수 있으며, 헌법 제124조는 "국가는 건전한 소비행위를 계도하고 생산품의 품질향상을 촉구하기 위한 소비자보호운동을 법률이 정하는 바에 의하여 보장한다."고 규정하고 있다. 이에 따라 소비자기본법 등의 소비자보호 관련 법률을 제정하여 시행 중에 있다. 소비자기본법은 소비자의 권리를 보장하기 위하여 권리침해에 대하여 크게 ① 행정적 제재(행정명령, 정기적인 시험 검사 및 감독, 위해방지 등 행정처분), ② 민사적 제재(소비자와 사업자 사이의 손해배상, 피해보상의 문제), ③ 형사적 제재(소비자의 권익보장을 위해 법률에 처벌규정을 마련 – 소비자기본법 제84조 벌칙 규정 등)를 통한 실효성 확보를 기하고 있다.

Ⅱ. 소비자기본법 일반론

1. 소비자기본법의 목적

소비자기본법은 소비자의 권익을 증진하기 위하여 소비자의 권리와 책무, 국가·지방자치단체 및 사업자의 책무, 소비자단체의 역할 및 자유시장경제에서 소비자와 사업자 사이의 관계를 규정함과 아울러 소비자정책의 종합적 추진을 위한 기본적인 사항을 규정함으로써 소비생활의 향상과 국민경제의 발전에 이바지함을 목적으로 한다(법 제1조).

2. 소비자의 개념 등

소비자기본법상 "소비자"라 함은 사업자가 제공하는 물품 또는 용역(시설물을 포함)을 소비생활을 위하여 사용(이용을 포함)하는 자 또는 생산활동을 위하여 사용하는 자로서 대통령령이 정하는 자[261]를 말한다. 즉, 소비자기본법상의 소비자의 개념은 소비생활자를 원칙으로 하되, 예외적으로 일정 범위의 생산활동자를 포함하는 내용으로 정의하고 있다.

그리고 "사업자"라 함은 물품을 제조(가공 또는 포장을 포함)·수입·판매하거나 용역을 제공하는 자를 말한다.

3. 소비자의 기본적 권리(법 제4조)

가. 안전할 권리(법 제4조 제1호) – 위해로부터 보호받을 권리

소비자는 물품 또는 용역으로 인한 생명·신체 또는 재산에 대한 위해로부터 보호받을 권리를 가진다. 이는 가장 기본적인 권리라고 할 수 있다.[262] 권리의 보장을 위해 사업자는 이에 상응하는 위해방지의무

---

261 법 시행령 제2조.
    1. 제공된 물품 또는 용역(이하 "물품등"이라 한다)을 최종적으로 사용하는 자. 다만, 제공된 물품 등을 원재료(중간재를 포함한다), 자본재 또는 이에 준하는 용도로 생산활동에 사용하는 자는 제외한다.
    2. 제공된 물품등을 농업(축산업을 포함한다. 이하 같다) 및 어업활동을 위하여 사용하는 자. 다만, 「원양산업발전법」 제6조 제1항에 따라 해양수산부장관의 허가를 받아 원양어업을 하는 자는 제외한다.
262 안전의 권리와 관련된 가장 대표적인 법률은 '제조물책임법(일명 PL법이라고도 한다)'이다.

를 진다.[263]

나. 알권리(법 제4조 제2호) – 지식 및 정보를 제공받을 권리

소비자는 물품등을 선택함에 있어서 필요한 지식 및 정보를 제공받을 권리를 가진다. 소비자의 알권리 보장은 허위 및 과장광고로부터의 보호에 그치지 않고, 널리 소비자에 대한 물품의 정보제공 등 넓은 의미이다.[264] 소비자의 알권리는 올바른 선택권 보장은 물론, 소비자주권(consumer sovereignty) 확립을 위한 기본전제라고 할 수 있다. 관련 규정으로는 국가의 표시·광고기준의 제정의무(법 제10조 및 제11조), 국가 및 지방자치단체의 소비자에 대한 정보제공의무(법 제13조), 소비자단체 및 한국소비자원의 자료 및 정보제공요청권(법 제78조 제1항)이 있다.

다. 선택할 권리(법 제4조 제3호)

소비자는 물품등을 사용함에 있어서 거래상대방·구입장소·가격 및 거래조건 등을 자유로이 선택할 권리를 갖는다. 소비자의 선택권 보장을 위해 공정거래법은 특정 불공정거래행위를 규제하고 있으며(끼워팔기, 사원판매 등의 금지 등), 소비자기본법은 국가의 거래 적정화에 관한 의무[265]와 사업자의 부당거래행위금지의무(법 제19조 제2항) 등을 규정하고 있다.

라. 의견을 반영할 권리(법 제4조 제4호)

소비자는 소비생활에 영향을 주는 국가 및 지방자치단체의 정책과 사업자의 사업활동 등에 대하여 의견을 반영시킬 권리를 갖는다. 이 권리의 보장을 위해 소비자기본법은 소비자정책위원회에 소비자대표가 참여하여 소비자의 의견을 소비자정책에 반영할 수 있도록 하고 있다(법 제24조 제3항 제2호).

마. 피해보상을 받을 권리(법 제4조 제5호)

소비자는 물품등의 사용으로 인하여 입은 피해에 대하여 신속·공정한 절차에 따라 적절한 보상을 받을 권리를 갖는다. 국가 및 지방자치단체는 소비자의 불만이나 피해를 신속하게 처리하기 위하여 필요한 조치를 강구할 의무를 지며, 국가는 소비자와 사업자 사이에 발생하는 분쟁을 원활하게 해결하기 위하여 대통령령이 정하는 바에 따라 소비자분쟁해결기준[266]을 제정할 수 있다(법 제16조). 사업자에 대

---

263 법 제19조(사업자의 책무) ① 사업자는 물품등으로 인하여 소비자에게 생명·신체 또는 재산에 대한 위해가 발생하지 아니하도록 필요한 조치를 강구하여야 한다.

264 공정위는 소비자안전정보과를 중심으로 한국판 '컨슈머리포트'인 스마트컨슈머를 통해 소비자에게 각종 정보를 제공하고 있다. http://www.smartconsumer.go.kr

265 이를 구체화하기 위해 공정위는 사업자의 부당한 소비자거래행위 지정 고시(2017. 11. 14 공정거래위원회 고시 제2017-20호)를 별도로 마련하고 있으며, 사업자에 대하여는 소비자의 권익증진 관련기준의 준수의무를 부과하고 있다(법 제20조).

266 법 제16조 제2항에 따른 소비자분쟁해결기준은 일반적 소비자분쟁해결기준과 품목별 소비자분쟁해결기준으로 구분한다. 공정거래위원회는 일반적 소비자분쟁해결기준(소비자기본법 시행령 별표1)에 따라 품목별 소비자분쟁해결기준을

하여는 법 제19조 제5항에서 사업자는 물품등의 하자로 인한 소비자의 불만이나 피해를 해결하거나 보상하여야 한다는 의무와 채무불이행 등으로 인한 소비자의 손해를 배상하여야 한다는 내용의 의무를 규정하고 있다.

바. 교육을 받을 권리(법 제4조 제6호)

소비자는 합리적인 소비생활을 위하여 필요한 교육을 받을 권리를 갖는다. 이 권리를 보장하기 위해 국가 및 지방자치단체에 대하여 소비자능력향상을 위한 교육 및 시책수립의무를 규정하고 있다(법 제14조).

사. 단결권 및 단체행동권(법 제4조 제7호) – 단체를 조직하고 활동할 권리

소비자는 스스로의 권익을 증진하기 위하여 단체를 조직하고 이를 통하여 활동할 수 있는 권리를 갖는다. 소비자기본법은 일정한 요건을 갖추면 소비자단체를 설립할 수 있도록 근거 규정을 마련하고 있으며(법 제29조), 국가 또는 지방자치단체는 등록소비자단체의 건전한 육성·발전을 위하여 필요하다고 인정될 때에는 보조금을 지급할 수 있다고 규정한다(법 제32조).

아. 소비생활환경권(법 제4조 제8호)[267]

소비자는 안전하고 쾌적한 소비생활 환경에서 소비할 권리를 갖는다. '환경친화적 소비권'이라고도 하며, 이 권리는 2001년 법 개정을 통해 추가된 것으로, 1999년의 국제연합소비자보호지침의 핵심내용인 '지속가능한 소비'[268]를 반영한 것이다. 법 제18조 제3항은 소비자권익 증진시책에 대한 협력 취지로 사업자는 안전하고 쾌적한 소비생활 환경을 조성하기 위하여 물품등을 제공함에 있어서 환경친화적인 기술의 개발과 자원의 재활용을 위하여 노력하여야 한다는 내용을 규정하고 있다.

4. 소비자의 책무(법 제5조)

소비자는 사업자 등과 더불어 자유시장경제를 구성하는 주체임을 인식하여 물품등을 올바르게 선택하고(물품등을 올바르게 선택할 책무), 제4조의 규정에 따른 소비자의 기본적 권리를 정당하게 행사하여야 한다(소비자의 8대 권리를 정당하게 행사할 책무). 소비자는 스스로의 권익을 증진하기 위하여 필요한 지식과 정보를 습득하도록 노력하여야 하고, 자주적이고 합리적인 행동과 자원절약적이고 환경친화적인 소

별도로 제정하여 고시하고 있다(2021. 5. 25. 공정거래위원회고시 제2021-7호 소비자분쟁해결기준).

[267] 앞으로는 더 큰 의미에서 포괄할 수 있는 윤리적 소비권의 입법화가 바람직하다. 윤리적 소비는 환경 친화적 소비를 포괄하는 개념으로, 예를 들면 불공정무역 커피의 소비거부, 아동근로 등 비윤리적 착취 기업에 대한 불매운동, 인종차별이나 인종청소를 자행하는 국가의 상품, 명백한 전범(戰犯)기업의 소비자거부운동에서 나타나는 소비자의 권리이다. 소비자의 올바른 선택권 보장 차원의 논의, 이를 위한 정보제공의무와도 연결된다.

[268] 현 세대의 소비욕구를 효율적으로 충족시키면서 미래세대의 소비욕구를 저해하지 않도록 배려하는 소비를 의미한다. 이는 자원을 절약하고 독성물질과 폐기물의 발생을 최소화하며 자원과 상품의 재사용, 재활용을 촉진하여 소비의 환경친화성을 개선하자는 움직임이다(환경법 영역의 '지속가능한 발전'의 개념에 합치하는 친환경적 소비).

비생활을 함으로써 소비생활의 향상과 국민경제의 발전에 적극적인 역할을 다하여야 한다.

Ⅲ. 소비자보호

1. 소비자분쟁해결기준

소비자기본법은 국가는 소비자와 사업자 사이에 발생하는 분쟁을 원활하게 해결하기 위하여 대통령령이 정하는 바에 따라 소비자분쟁해결기준을 제정할 수 있다고 규정하고 있다(법 제16조 제2항). 소비자분쟁해결기준은 분쟁당사자 사이에 분쟁해결방법에 관한 별도의 의사표시[269]가 없는 경우 분쟁해결을 위한 합의 또는 권고의 기준이 된다(법 제16조 제3항). 법 제16조 제2항에 따른 소비자분쟁해결기준은 소비자기본법 시행령 [별표1]에서 정하는 '일반적 소비자분쟁해결기준'과 이에 따라 공정위가 품목별 기준을 제정하여 고시하는 '품목별 소비자분쟁해결기준'으로 구분되며 공정거래위원회는 일반적 소비자분쟁해결기준에 따라 품목별 소비자분쟁해결기준을 제정하여 고시하고 있다(2021. 5. 25. 공정거래위원회 고시 제2021-7호). 즉 일반적 소비자분쟁해결기준은 품목별 소비자분쟁해결기준을 정하는 기준이 된다(법 시행령 제8조 제3항).

만일 다른 법령에 근거한 별도의 분쟁해결기준이 소비자분쟁해결기준보다 소비자에게 유리한 경우에는 소비자의 이익보호를 위해 그 분쟁해결기준을 소비자분쟁해결기준에 우선하여 적용하고(법 시행령 제9조 제1항), 품목별 소비자분쟁해결기준에서 해당 품목에 대한 분쟁해결기준을 정하고 있지 아니한 경우에는 같은 기준에서 정한 유사품목에 대한 분쟁해결기준을 준용할 수 있다(법 시행령 제9조 제2항). 품목별 소비자분쟁해결기준에서 동일한 피해에 대한 분쟁해결기준을 두 가지 이상 정하고 있는 경우에는 소비자가 선택하는 분쟁해결기준에 따른다(법 시행령 제9조 제3항).

2. 소비자단체

소비자단체란 소비자의 권익을 증진하기 위하여 소비자가 조직한 단체를 말한다(법 제2조 제3호). 소비자기본법상 소비자단체는 ① 국가 및 지방자치단체의 소비자의 권익과 관련된 시책에 대한 건의, ② 물품등의 규격·품질·안전성·환경성에 관한 시험·검사 및 가격 등을 포함한 거래조건이나 거래방법에 관한 조사·분석, ③ 소비자문제에 관한 조사·연구, ④ 소비자의 교육, ⑤ 소비자의 불만 및 피해를 처리하기 위한 상담·정보제공 및 당사자 사이의 합의의 권고 등의 업무를 행한다(법 제28조 제1항 제1호 내지 제5호).

또한 소비자단체는 위 ②에 따라 행한 조사·분석 등의 결과를 공표할 수 있는데(법 제28조 제2항), 다만 공표하는 사항이 물품등의 품질·성능 및 성분 등에 관한 시험·검사로서 전문적인 인력과 설비를 필요로 하는 시험·검사인 경우에는 대통령령이 정하는 시험검사기관의 검사를 거친 후 공표하여야 한

---

[269] 대부분 우리가 소비하는 공산품 뒷면 표시 부분에는 "본 제품은 소비자분쟁해결기준(공정위 고시)에 의거 제품교환 또는 보상을 받을 수 있습니다"라는 문구가 인쇄되어 있다(확인해보시기 바란다). 따라서 소비자가 이에 동의한다면 사업자와 소비자는 소비자분쟁해결기준에 따라 해당 분쟁을 신속하게 처리할 수 있게 된다.

다.[270] 또한 소비자단체는 법 제78조의 규정에 따라 사업자 또는 사업자단체에게 자료 및 정보의 제공을 요청할 수 있고, 요청에도 불구하고 사업자 또는 사업자단체가 정당한 사유 없이 이를 거부·방해·기피하거나 거짓으로 제출한 경우에는 그 사업자 또는 사업자단체의 이름(상호 그 밖의 명칭을 포함한다), 거부 등의 사실과 사유를 「신문 등의 진흥에 관한 법률」에 따른 일반일간신문에 게재할 수 있다(법 제28조 제3항).

3. 위해물품에 대한 소비자안전조치(법 제47조 내지 제50조 참조)[271]

소비자기본법은 특히 사업자가 소비자에 위해를 끼칠 우려가 있는 중대한 결함이 있는 물품등을 제공한 경우 소비자안전을 확보하기 위한 조치에 대하여 자세한 규정을 두고 있다.

가. 결함정보보고의무

사업자는 소비자에게 제공한 물품등에 소비자의 생명·신체 또는 재산상의 안전에 위해를 끼치거나 끼칠 우려가 있는 제조·설계 또는 표시 등의 중대한 결함이 있는 사실을 알게 된 때[272]에는 그 결함의

---

270 법 시행령 제11조(조사·연구 의뢰 대상기관) ① 법 제17조 제5항에서 "대통령령이 정하는 기관"이란 다음 각 호의 기관을 말한다.
　　1. 한국소비자원
　　2. 국공립검사기관
　　3. 「정부출연연구기관 등의 설립·운영 및 육성에 관한 법률」에 따라 설립된 정부출연연구기관
　　4. 「과학기술분야 정부출연연구기관 등의 설립·운영 및 육성에 관한 법률」에 따라 설립된 과학기술분야 정부출연연구기관
　　5. 「특정연구기관 육성법」에 따른 특정연구기관
　　6. 법 제29조에 따라 공정거래위원회에 등록한 소비자단체
271 2016년 변시 제5회 기출. 설문에 나타난 제품('파워 정')에 인체에 치명적으로 유해한 성분이 포함되어 있는 것으로 판명되었을 경우 소비자기본법상 사업자가 취해야 할 조치와 중앙행정기관의 장이 취할 수 있는 조치는 무엇인지를 묻는 문제였다(배점 20점). 위해물품에 해당하는 '파워정'에 대하여 C사는 결함을 중앙행정기관의 장에게 보고해야 하고(법 제47조), 자발적으로 제품을 수거·파기해야 한다(법 제48조). 그리고 중앙행정기관의 장은 사업자 C에게 '파워정' 제품의 수거·파기를 권고 또는 명령할 수 있으며, 직접 수거·파기할 수도 있다(법 제49조, 제50조).
272 2017. 10. 31. 법 개정으로 사업자가 국내에서 유통시킨 동일한 물품 등에 대해 외국에서 결함이 발견되어 수거·폐기 등의 조치가 이루어진 사실을 알게 된 경우 등에 그 결함의 내용을 소관 중앙행정기관의 장에게 보고하도록 하고, 수거·파기 등의 명령이 있는 경우 소관 중앙행정기관의 장이 이를 공표하도록 하는 내용이 추가되었다(법 시행 2018. 5. 1.).
　　법 제47조(결함정보의 보고의무) ① 사업자는 다음 각 호의 어느 하나에 해당하는 경우에는 제조·수입·판매 또는 제공한 물품등의 결함을 소관 중앙행정기관의 장에게 보고(전자적 보고를 포함한다. 이하 같다)하여야 한다. 다만, 제2호에 해당하는 경우로서 사업자가 제48조에 따라 해당 물품등의 수거·파기·수리·교환·환급 또는 제조·수입·판매·제공의 금지 및 그 밖의 필요한 조치(이하 이 조에서 "수거·파기등"이라 한다)를 한 경우에는 그러하지 아니하다. <개정 2017. 10. 31.>
　　1. 제조·수입·판매 또는 제공한 물품등에 소비자의 생명·신체 또는 재산에 위해를 끼치거나 끼칠 우려가 있는 제조·설계 또는 표시 등의 중대한 결함이 있다는 사실을 알게 된 경우
　　2. 제조·수입·판매 또는 제공한 물품등과 동일한 물품등에 대하여 외국에서 결함이 발견되어 사업자가 다음 각 목의 어느 하나에 해당하는 조치를 한 경우 또는 외국의 다른 사업자가 해당 조치를 한 사실을 알게 된 경우
　　　가. 외국 정부로부터 수거·파기등의 권고 또는 명령을 받고 한 수거·파기등

내용을 소관 중앙행정기관의 장에게 보고하여야 한다(법 제47조 제1항, 사업자의 보고의무).

나. 물품등의 자진수거 등

소비자에게 제공한 물품등의 결함으로 인하여 소비자의 생명·신체 또는 재산상의 안전에 위해를 끼치거나 끼칠 우려가 있는 경우에는 자진시정계획서를 소관 중앙행정기관의 장에게 제출하는 등의 절차에 거쳐 해당 물품등의 수거·파기·수리·교환·환급 또는 제조·수입·판매·제공의 금지 그 밖의 필요한 조치를 취하여야 한다(법 제48조 및 법 시행령 제36조, 물품등의 자진수거를 규정한 것으로 보통 소비자기본법상의 '자발적 리콜'로 부른다).

다. 수거·파기 등의 권고 및 수거·파기 명령 등

사업자의 물품등의 자진수거의무와 별도로 중앙행정기관의 장도 법 제49조에 따라 결함상품에 소비자의 생명·신체 또는 재산상의 안전에 위해를 끼치거나 끼칠 우려가 있다고 인정되는 경우에는 그 사업자에 대하여 수거·파기 등을 권고할 수 있고(수거파기 등의 권고, 이른바 '리콜 권고'), 나아가 법 제50조에 따라 중앙행정기관의 장은 사업자가 제공한 물품등의 결함으로 인하여 소비자의 생명·신체 또는 재산에 위해를 끼치거나 끼칠 우려가 있다고 인정되는 경우에는 청문을 거쳐(법 제82조)[273] 그 물품등의 수거·파기·수리·교환·환급을 명하거나 제조·수입·판매 또는 제공의 금지를 명할 수 있고, 그 물품등과 관련된 시설의 개수(改修) 그 밖의 필요한 조치를 명할 수 있다(법 제50조상의 수거파기 등의 명령, 이른바 '리콜 명령'). 중앙행정기관의 장은 사업자에게 위와 같은 명령을 하는 경우 그 사실을 공표할 수 있다(시정명령 사실에 대한 공표권).[274] 위와 같은 시정명령을 받은 사업자는 원칙적으로 7일 이내에 일정한 사항이 포함된 시정계획서를 소관 중앙행정기관의 장에게 제출하고 그에 따라 시정조치를 하여야 하는데(법 시행령 제38조 제3항), 사업자가 시정계획서상 시정조치기간 이내에 그 물품등을 수거하여 파기하지 아니하면 소속 공무원에게 이를 수거하여 파기하게 할 수 있고(법 시행령 제38조 제7항), 이 경우 수거·파기에 드는 비용은 사업자가 부담한다(법 시행령 제38조 제9항). 중앙행정기관의 장이 내리는 수거·파기 등의 명령을 위반하는 경우에는 3년 이하의 징역 또는 5천만 원 이하의 벌금에 처한다(법 제84조 제1항 제1호).

4. 한국소비자원의 피해구제

소비자기본법은 한국소비자원의 업무 중 하나로서 '소비자의 불만처리 및 피해구제'를 규정하고 있다(법 제35조 제1항 제5호). 소비피해의 구제는 소비자원의 기능 중에서 가장 중요한 것이라 할 수 있

나. 자발적으로 한 수거·파기등

[273] 다만, 소비자의 생명·신체 또는 재산에 긴급하고 현저한 위해를 끼치거나 끼칠 우려가 있다고 인정되는 경우로서 그 위해의 발생 또는 확산을 방지하기 위하여 불가피하다고 인정되는 경우에는 청문절차를 생략할 수 있다(법 제50조 제1항 단서).

[274] 2017. 10. 31. 법 개정으로 신설된 내용.

다. 소비자원이 수행하는 소비자피해구제 업무의 절차는 ① 피해구제의 신청에 따른 '합의권고'[275]와 ② '소비자분쟁조정'으로 나눌 수 있다.

먼저 소비자피해가 발생한 경우 소비자는 물품등의 사용으로 인한 피해의 구제를 한국소비자원에 신청을 할 수 있고, 국가·지방자치단체 또는 소비자단체 역시 소비자로부터 피해구제의 신청을 받은 때에는 한국소비자원에 그 처리를 의뢰할 수 있다(법 제55조 제1항 및 제2항). 또한 소비자로부터 피해구제의 신청을 받은 사업자 역시 ① 소비자로부터 피해구제의 신청을 받은 날부터 30일이 경과하여도 합의에 이르지 못하는 경우, ② 한국소비자원에 피해구제의 처리를 의뢰하기로 소비자와 합의한 경우, ③ 그 밖에 한국소비자원의 피해구제의 처리가 필요한 경우로서 대통령령이 정하는 사유에 해당하는 경우 등에는 소비자원에 그 처리를 의뢰할 수 있다.

소비자원장은 위와 같은 피해구제의 신청 또는 의뢰를 받은 경우 당사자에 대하여 피해보상에 관한 합의를 권고할 수 있고(법 제57조), 원칙적으로 피해구제의 신청을 받은 날부터 30일 이내에 그 합의가 이루어지지 아니하는 때에는 지체 없이 소비자원에 설치된 소비자분쟁조정위원회에 분쟁조정을 신청하여야 한다(법 제58조). 한편, 만일 당사자 중 일방이 소비자원의 피해구제 처리절차 진행 중에 법원에 소를 제기한 경우에 그 당사자는 그 사실을 소비자원에 통보하여야 하고(법 제59조 제1항), 소비자원은 당사자의 소제기 사실을 알게 된 때에는 지체 없이 피해구제절차를 중지하고, 당사자에게 이를 통지하여야 한다(법 제59조 제2항).

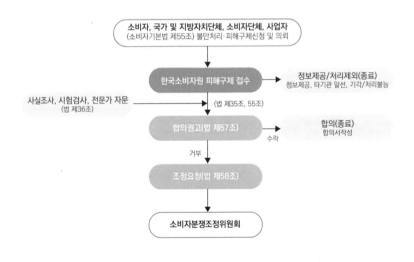

한국소비자원의 피해구제 절차[276]

소비자원장이 분쟁조정신청을 한 경우 소비자분쟁조정위원회는 지체 없이 분쟁조정절차를 개시하여야

---

275 한국소비자원에 접수된 피해구제신청사건의 90% 이상이 합의권고 단계에서 종결된다.
276 http://www.kca.go.kr/odr/link/pg/pr/osPgStpSobiGuidW.do#none

하며(법 제65조 제2항), 소비자분쟁조정위원회의 위원장은 분쟁조정 업무의 효율적 수행을 위하여 10일 이내의 기간을 정하여 분쟁당사자에게 보상방법에 대한 합의를 권고할 수 있다(법 시행령 제54조). 소비자분쟁조정절차가 진행되는 상태에서 법원에 소가 제기된 경우에도 소를 제기한 당사자는 그 사실을 통보하여야 하고, 소비자분쟁조정위원회가 당사자의 소제기 사실을 알게 된 때에는 지체 없이 분쟁조정절차를 중지하고, 당사자에게 이를 통지하여야 한다(법 제65조 제5항).

소비자분쟁조정위원회의 분쟁조정이 종료되면, 위원장은 지체 없이 당사자에게 그 분쟁조정의 내용을 통지하여야 하고(법 제67조 제1항), 그 통지를 받은 당사자는 그 통지를 받은 날부터 15일 이내에 분쟁조정의 내용에 대한 수락 여부를 분쟁조정위에 통보하여야 하는데, 만일 동 기간 이내에 의사표시가 없는 때에는 수락한 것으로 간주한다(법 제67조 제2항). 당사자가 분쟁조정의 내용을 수락하거나 수락한 것으로 보는 때에는 그 분쟁조정의 내용은 재판상 화해와 동일한 효력을 갖는다(법 제67조 제4항).

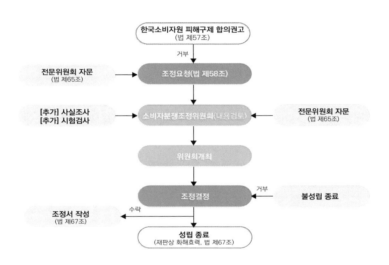

소비자 분쟁조정위원회의 분쟁조정 절차[277]

또한 소비자기본법은 다수의 소비자에게 동일 또는 유사한 유형의 피해가 발생한 경우에 당사자 중 대표당사자를 선임하여 일괄적으로 분쟁조정을 행하는 '집단분쟁조정제도'를 마련하고 있다(법 제68조 분쟁조정의 특례).[278]

집단분쟁조정은 다음의 요건을 모두 갖춘 사건에 대해서만 신청이 가능하다.[279]

1. 물품등으로 인한 피해가 같거나 비슷한 유형으로 발생한 소비자 중 다음 각 목의 자를 제외한 소

---

277 http://www.kca.go.kr/wpge/m_26/ref1110.do
278 2014년 변시 제3회 기출. 유모차의 구매자들이 소비자기본법상 집단적으로 피해구제를 받을 수 있는 수단을 설명하는 문제였다(배점 20점).
279 2021년 변시 제10회 기출. 환불을 받지 못한 소비자가 80여명이 더 있다는 사실을 알게 되었는데, 이들이 소비자기본법상 집단으로 분쟁을 해결할 수 있는 방안을 설명하시오(배점 10점). 소논점으로 반복하여 출제가능한 부분이다. 법조문의 위치를 미리 숙지하는 것이 좋다.

비자의 수가 50명 이상일 것

　　가. 법 제31조 제1항 본문에 따른 자율적 분쟁조정, 법 제57조에 따른 한국소비자원 원장의 권고,
　　　　그 밖의 방법으로 사업자와 분쟁해결이나 피해보상에 관한 합의가 이루어진 소비자

　　나. 제25조 각 호의 분쟁조정기구에서 분쟁조정이 진행 중인 소비자

　　다. 해당 물품등으로 인한 피해에 관하여 법원에 소(訴)를 제기한 소비자

　2. 사건의 중요한 쟁점이 사실상 또는 법률상 공통될 것

　즉, 국가·지방자치단체·소비자원 또는 소비자단체·사업자는 물품등으로 인한 피해가 같거나 비슷한 유형으로 발생한 소비자 중 일정한 배제사유에 해당하는 소비자를 제외한 소비자의 수가 50명 이상이고, 해당 사건의 중요한 쟁점이 사실상 또는 법률상 공통된 사건에 대하여 조정위원회에 일괄적인 분쟁조정(집단분쟁조정)을 의뢰 또는 신청할 수 있다(법 제68조 제1항 및 법 시행령 제56조). 집단분쟁조정을 의뢰 또는 신청받은 소비자분쟁조정위원회는 의결로 집단분쟁조정의 절차를 개시할 수 있는데, 이 경우 14일 이내의 기간 동안 그 절차의 개시를 공고하여야 하고(법 제68조 제2항 및 법 시행령 제58조 제1항), 집단분쟁조정의 당사자가 아닌 소비자 또는 사업자로부터 그 분쟁조정의 당사자에 추가로 포함될 수 있도록 하는 신청을 받을 수 있다(법 제68조 제4항 참가신청).

　사업자가 분쟁조정위의 집단분쟁조정의 내용을 수락한 경우에는 해당 사업자에 대하여 집단분쟁조정의 당사자가 아닌 자로서 유사한 피해를 입은 소비자에 대한 보상계획서를 작성하여 조정위원회에 제출하도록 권고할 수 있다(법 제68조 제5항). 또한 일반적인 분쟁조정의 경우와는 달리, 집단분쟁조정의 당사자인 다수의 소비자 중 일부의 소비자가 법원에 소를 제기한 경우에도 나머지 소비자에 대한 피해구제의 필요성이 여전히 존재하므로 그 분쟁조정절차를 중지하지 아니하고, 소를 제기한 일부의 소비자만 그 절차에서 제외할 뿐이다(법 제68조 제6항). 분쟁조정위원회 위원장은 분쟁조정을 마친 후 당사자에게 그 분쟁조정의 내용을 통지하고 양 당사자는 그 통지를 받은 날부터 15일 이내에 분쟁조정의 내용에 대한 수락 여부를 조정위원회에 서면으로 통보하여야 하며, 15일 이내에 의사표시가 없는 때에는 조정이 성립되어 그 분쟁조정의 내용은 재판상 화해와 동일한 효력을 갖는다(법 제67조).

5. 소비자단체소송(법 제70조)[280]

　사업자가 소비자기본법 제20조(소비자의 권익증진 관련 기준의 준수)[281]의 규정을 위반하여 소비자의 생명·신체 또는 재산에 대한 권익을 직접적으로 침해하고 그 침해가 계속되는 경우 법원에 소비자권익 침해행위의 금지·중지를 구하는 소송(단체소송)을 제기할 수 있다(법 제70조).

---

280 2014년 변시 제3회 기출. 이음새 불량의 하자가 있는 유모차의 구매자들이 소비자기본법상 집단적으로 피해구제를 받을 수 있는 수단을 설명하는 문제였다(배점 20점).

281 법 제20조(소비자의 권익증진 관련기준의 준수) ① 사업자는 제8조 제1항의 규정에 따라 국가가 정한 기준에 위반되는 물품등을 제조·수입·판매하거나 제공하여서는 아니 된다.

　② 사업자는 제10조의 규정에 따라 국가가 정한 표시기준을 위반하여서는 아니 된다.

　③ 사업자는 제11조의 규정에 따라 국가가 정한 광고기준을 위반하여서는 아니 된다.

　④ 사업자는 제12조 제2항의 규정에 따라 국가가 지정·고시한 행위를 하여서는 아니 된다.

　⑤ 사업자는 제15조 제2항의 규정에 따라 국가가 정한 개인정보의 보호기준을 위반하여서는 아니 된다.

이 경우 소비자단체소송을 제기할 수 있는 자(소송적격)는 소비자단체, 한국소비자원, 사업자단체, 비영리단체를 규정하고 있는데, 소비자단체의 경우는 법정의 소비자단체로 제한된다. 즉, 공정위에 등록한 소비자단체로서 정관에 따라 상시적으로 소비자의 권익증진을 주된 목적으로 하는 단체로서 그 정회원 수가 1천명 이상이고, 등록 후 3년이 경과한 단체만이 소비자단체소송을 제기할 수 있다(요건 흠결 시 소각하). 사업자단체에는 대한상공회의소, 중소기업협동조합중앙회 및 전국 단위의 경제단체로서 대통령령이 정하는 일정한 요건을 충족하는 경우로 한정되며, 비영리단체는 법률상 또는 사실상 동일한 침해를 입은 50인 이상의 소비자로부터 단체소송의 제기를 요청받고, 정관에 소비자의 권익증진을 단체의 목적으로 명시 한 후 최근 3년 이상 이를 위한 활동실적이 있으며, 단체의 상시 구성원 수가 5천명 이상이고 중앙행정기관에 등록된 단체만이 소송을 제기할 수 있다(법 제70조 각 호). 남소 방지 차원의 제한적 입법으로 이해할 수 있다.

소비자단체소송을 제기하는 단체는 소장과 함께 소송허가신청서를 법원에 제출하여야 한다.[282] 이 경우 법원은 법이 정하는 일정한 요건을 갖추었는지를 우선 심사하여 해당 단체소송의 허가 여부를 결정한다(법 제74조 제1항 본문).[283] 이 경우 단체소송이 허가되기 위해서는 ① 물품등의 사용으로 인하여 소비자의 생명·신체 또는 재산에 피해가 발생하거나 발생할 우려가 있는 등 다수 소비자의 권익보호 및 피해예방을 위한 공익상의 필요가 있을 것, ② 법 제73조의 규정에 따른 소송허가신청서의 기재사항에 흠결이 없을 것, ③ 소제기 단체가 사업자에게 소비자권익 침해행위를 금지·중지할 것을 서면으로 요청한 후 14일이 경과하였을 것 등의 요건을 모두 충족하여야 한다(법 제74조 제1항 각 호).

현 제도상의 소비자단체소송과 관련하여 주의할 부분은 소비자단체소송은 미국식 집단소송제도(class action)와는 달리 소비자가 입은 손해에 대한 배상을 직접 청구할 수는 없다는 점이고, 소비자권익침해행위가 현재 계속되는 경우에 한하여 해당 행위의 금지·중지 청구만을 할 수 있을 뿐이다.

구 분	미국의 class action	소비자기본법상 단체소송
청 구	금전적 손해배상	위법·침해행위의 중지(손해배상 청구 불가)
청구권자	일정규모의 피해자 (모든 피해자를 대표)	법정의 소비자단체, 한국소비자원 등 제한적 범위에서만 소송제기 가능(소송적격의 제한)
장단점	·소비자피해구제 효과가 큼 (배상액을 피해자에게 분배) ·거액의 피해배상으로 기업활동 위축. 사안에 따라 기업이 도산에 이를 수도 있음. ·남소의 우려가 상대적으로 큼	·소비자피해구제 효과가 상대적으로 적음 (개인적 피해배상 불가) ·소송수행단체가 제한되어 상대적으로 기업의 부담은 적지만 소비자보호에는 미흡

소비자단체소송의 효력에 대하여 소비자기본법 제75조는 원고의 청구를 기각하는 판결이 확정된 경우

---

282 단체소송의 소는 피고의 주된 사무소 또는 영업소가 있는 곳, 주된 사무소나 영업소가 없는 경우에는 주된 업무담당자의 주소가 있는 곳의 지방법원 본원 합의부의 관할에 전속한다(전속관할, 법 제71조).
283 경실련 등 4개 소비자단체가 개인정보침해를 이유로 SK브로드밴드(구 하나로텔레콤)를 상대로 단체소송을 제기하여 법원의 허가를 받은 바 있다(2009. 10.).

다른 단체 등은 일정한 경우[284]를 제외하고 이와 동일한 사안에 관하여 단체소송을 제기할 수 없도록 정하고 있다. 단체소송의 절차에 관하여 필요한 사항은 대법원규칙으로 정하고 있다(소비자단체소송규칙).

---

284 1. 판결이 확정된 후 그 사안과 관련하여 국가 또는 지방자치단체가 설립한 기관에 의하여 새로운 연구결과나 증거가 나타난 경우
   2. 기각판결이 원고의 고의로 인한 것임이 밝혀진 경우(실무상 고의를 입증한다는 것은 매우 어렵다. 이에 준하는 중과실까지 사유를 넓혀 보호범위를 적절한 범위로 확장하는 법 개정이 타당하다. 남소의 우려를 차단하기 위해 우리 법제는 이미 제소권자를 제한하고 있으므로, 소비자보호 필요성을 더욱 고려해야 한다)

약관규제법

약관규제법과 관련하여 변호사시험에서 출제될 수 있는 부분은 ① 약관의 의미, 설문에 나타난 계약 형태가 약관인지 여부의 판단, ② 편입통제와 관련하여 사업자의 명시 및 설명의무와 그에 대한 예외, 이를 위반할 경우의 효력, ③ 약관의 해석원칙(해석통제), ④ 설문에 나타난 약관 내용을 약관규제법상 어떤 근거조항에 따라 무효(불공정약관)로 판단할 수 있는지(불공정성통제), ⑤ 약관규제법상 무효의 의미와 사업자가 불공정약관을 사용한 경우의 시정조치 및 표준약관의 제정에 관한 사항 정도를 들 수 있다. 그동안의 변호사시험 출제경향을 살펴보면, 소비자법 영역에 있어서 약관규제법과 관련된 문제는 배점에서만 차이가 있었을 뿐, 설문에 나타난 약관의 내용에 대한 법적 판단을 묻는 문제로, 약관규제법상의 효력에 대한 평가(불공정약관)와 그 판단 근거를 묻는 문제가 항상 출제되었다. 약관규제법상의 불공정약관 무효조항의 경우 제6조[285] 일반조항과 제7조 내지 제14조의 개별적 무효조항의 내용을 잘 파악해 두어야 한다. 실제로 답안을 작성하다 보면 설문에 나타난 사실관계에서 출발하여 특정 법 조문상의 무효의 근거를 특정하여 찾아낸다는 것이 쉽지 않다는 것을 느낄 것이다. 그만큼 많은 연습과 불공정약관의 다양한 유형에 대한 이해와 준비가 필요하다는 것을 의미한다.

I. 약관의 개념과 기능

1. 약관의 의의[286]

약관이란 그 명칭이나 형태 또는 범위에 상관없이 계약의 한쪽 당사자가 다수의 상대방과 계약을 체

---

285 약관규제법상의 불공정약관의 무효의 근거를 제시함에 있어서 제6조 일반조항보다는 제7조 내지 제14조의 개별적 무효조항을 우선하여 적용해야 한다. 막연히 "신의성실의 원칙에 반하는 부당한 약관조항이므로 무효(제6조)"라고 설명한다면, 제7조 내지 제14조의 존재 의의가 완전히 사라진다. 이와 같은 '일반조항으로의 도피'는 답안 작성 시 주의해야 할 점이다. 약관규제법상 효력과 그 판단의 근거를 묻는 형태의 출제에 있어서 출제자는 정확한 조문의 명시와 구체적인 판단근거를 설문에 나타난 사실을 토대로 묻고자 하는 것이다. 기출문제를 보면, 처음부터 약관규제법 제6조는 논하지 말 것을 전제하고 묻는 문제가 대부분이다.

286 2012년 변시 제1회 기출. "수기(手記)로 작성한 관할법원 합의에 대하여 약관이라고 주장할 수 있는 근거와 반대로 약관이 아니라고 주장할 수 있는 근거(배점 20점)."
2013년 변시 제2회 기출. "무료 회원으로 가입한 후 1년이 지났음에도 가입자가 달리 해지통보를 하지 않으면 자동으로 유료로 전환됩니다."라는 이용규정 조항이 약관규제법상 약관에 해당하는지 여부를 설명하는 문제였다(배점 10점). 약관규제법상의 약관의 의의를 기초로 설문에 나타난 계약조항이 약관에 해당하는지를 판단하는 문제는 작은 배점으로 출제되는 경우가 많다. 설사 직접 묻는 문제가 출제되지 않더라도 약관규제법상의 논의를 전개하는 과정에서 서설의 일반론 또는 작은 쟁점으로 반드시 언급해야 할 경우가 많다.

결하기 위하여 일정한 형식으로 미리 마련한[287] 계약의 내용을 말한다(법 제2조 제1호). 이와 같은 취지에서 약관의 개념적 징표는 사업자가 사전에 마련한 계약의 내용이기 때문에 구체적인 거래에서 당사자들이 협의를 거쳐 합의한 개별약정과는 구별된다.[288]

약관의 개념을 자세히 분설하면,

가. 약관은 일방당사자(사업자)에 의하여 마련된 것이어야 하고(일방성), 다수의 상대방(고객)[289]과 계약을 체결하기 위한 것이어야 한다(일반성). "다수"는 약관의 집단적, 반복적 성격을 감안하여 거래의 종류별로 개별적으로 판단할 사항이고, 특정 다수, 불특정 다수를 불문한다.

나. 약관은 일정한 형식에 의하여(형식성) 미리 마련된 것이어야 한다(사전성). 다수의 고객을 상대로 개별적인 교섭(흥정) 없이 일률적으로 사용하기 위하여 손으로 쓴 것도 약관(手記約款)에 해당하나, 구술로만 계약한 것은 약관이 아니다.

다. 약관은 계약의 내용을 이루는 것이어야 한다. 사업자와 고객 사이에 이미 체결되었거나 장래 체결될 계약의 내용이 되는 것이어야 한다.

라. 약관은 그 명칭이나 형태 또는 범위를 불문한다. ○○약관, 계약서, 약정서, 규정, 규약, 규칙, 회칙, 특별약관, 특약조항, 부가약관, 안내, 주의사항, 용어풀이[290] 등 명칭을 불문하고, 계약서 가운데 포함되어 있거나 별지로 되어 있거나 영업소나 출입구에 게시되거나 상관이 없으며, 약관이 소위 유일조항[291]인지 다수의 조항으로 이루어졌는지를 묻지 아니한다.[292]

마. 약관은 개별적인 교섭을 거치지 않은 것이어야 한다. 계약당사자 사이에 개별적인 교섭을 거쳐 고객이 자신의 이익을 반영할 수 있는 이익 조정의 기회를 가졌다면 그 조항은 개별약정으로 약관에 해당되지 아니한다. 그러나 약관조항 중 일부의 조항이 교섭을 거쳤다 하더라도 교섭을 거치지 않은 나머지 조항들은 여전히 약관으로 남게 된다.

---

287 사업자측에 의해 미리 마련되면 충분하다. 반드시 사업자가 직접 작성해야 할 필요까지는 없다. 즉, 동종 내지 유사한 업종에서 이미 작성된 약관을 가져다가 자기의 거래에 이용하거나, 그가 속한 사업자단체가 작성한 표준약관을 가져다가 자기의 거래에 이용하는 경우에도 약관으로 인정된다.

288 약관규제법 제4조는 "약관에서 정하고 있는 사항에 관하여 사업자와 고객이 약관의 내용과 다르게 합의한 사항이 있을 때에는 그 합의 사항은 약관보다 우선한다."고 하여 개별약정우선의 원칙을 정하고 있다.

289 약관규제법상 고객은 소비자기본법상 소비자의 개념과 반드시 일치하는 것은 아니며, 사업자의 제안이 있었다면 계약을 체결하기 전이라도 고객에 해당된다.

290 "약관의 용어풀이란도 본문과 결합하여 전체로서 약관의 내용을 구성하는 것이므로, 그것은 본문에서 사용된 용어 중 그 의미가 불명확한 것을 명확하게 한다든지 그 풀이에 혼란이 없도록 하는 데 그쳐야 할 것이고, 본문의 의미를 임의로 제한하거나 본문과 모순되는 내용을 규정할 수 없는 것인바, … (중략) … 약관의 규정에 반하거나 모순되어 효력이 없다고 하지 않으면 안 된다. 위의 약관에 대하여 재무부장관의 인가가 있었다던가, 당사자가 약관의 내용을 계약내용의 일부로 하기로 합의하였다던가 하는 사정은 위의 결론에 영향을 줄 수 없다(대법원 1990. 5. 25. 선고 89다카8290 판결)."

291 예를 들면, "손님이 맡기지 않은 물건의 분실·도난에 대해 책임을 지지 않습니다." 또는 "파울볼에 맞아 다칠 경우 책임을 지지 않습니다."와 같이 한 문장으로 된 약관조항을 의미한다.

292 다만, 단순한 거래의 형식에 지나지 않는 '서식'과는 구별할 것.

2. 사례형 대비 약관 여부가 문제될 수 있는 경우

가. 약관으로 볼 수 있는 경우(예시)

- 지방자치단체의 택지공급계약서, 공공사업자의 전기·가스 공급규정,[293] 지방공단의 점포임대차 계약서
- 금융·보험약관, 운송약관, 병원이용약관, 아파트·상가·오피스텔 등의 분양·임대차계약서, 대리점계약서, 가맹점계약서, 용역경비계약서, 주차장이용약관, 요양원입원계약서, 체육시설이용 약관,[294] 학원이용약관, 휴대폰 등 통신서비스약관, 인터넷서비스약관, 게임약관
- 여관, 목욕탕 등에 게시되어 있는 "손님이 맡기지 않은 물건의 도난, 분실에 대하여 책임을 지지 않습니다."라는 유일조항

나. 약관이 아닌 경우(예시)

- 부동산 분양가격, 입회금, 임차보증금, 이용료, 수수료, 이익·로열티 배분 비율 등 각종 재화와 용역의 가격조항 그 자체
- 아파트·상가 등의 공동규약, 공제조합의 공제규정, 회사의 정관 등 단체의 내부 구성원 간의 규율조항
- 계약서에 공란으로 비워두었다가 계약당사자가 개별적인 교섭을 거쳐 기재한 위약금 등에 관한 조항

3. 약관의 순기능과 역기능

약관의 사용이 반드시 부정적인 면만 있는 것은 아니다. 즉, 약관의 사용을 통하여 무엇보다 사업자의 입장에서는 대량거래의 신속처리에 따른 거래비용(transaction cost)을 절감할 수 있고, 그에 따른 영업의 합리화를 기대할 수 있게 된다. 이는 궁극적으로 상품 또는 용역의 가격에 반영되어 소비자후생을 증대하는 데 기여할 수 있다. 또한 복잡한 법률관계를 해결함에 있어서 민법이나 상법에 포함된 추상적인 임의규정이 갖는 공백을 약관에 담긴 구체적인 합의가 메워줄 수 있다는 점에서 '법률의 상세화 기능'도 갖는다.[295]

---

[293] 대법원 2002. 4. 12. 선고 98다57099 판결. "전기사업법은 다수의 일반 수요자에게 생활에 필수적인 전기를 공급하는 공익사업인 전기사업의 합리적 운용과 사용자의 이익보호를 위하여 계약자유의 원칙을 일부 배제하여 일반 전기사업자와 일반 수요자 사이의 공급계약조건을 당사자가 개별적으로 협정하는 것을 금지하고 오로지 공급규정의 정함에 따를 것을 규정하고 있는바, 이러한 공급규정은 일반 전기사업자와 그 공급구역 내의 현재 및 장래의 불특정 다수의 수요자 사이에 이루어지는 모든 전기공급계약에 적용되는 보통계약약관으로서의 성질을 가진다."

[294] 대법원 2000. 3. 10. 선고 99다70884 판결. "회원 가입시에 일정 금액을 예탁하였다가 탈퇴 등의 경우에 그 예탁금을 반환받는 이른바 예탁금 회원제로 운영되는 골프클럽의 운영에 관한 법률관계는 회원과 클럽을 운영하는 골프장 경영 회사 사이의 계약상 권리·의무관계이고, 그 운영에 관한 회칙은 불특정 다수의 입회자에게 획일적으로 적용하기 위하여 골프장을 경영하는 회사가 제정한 것으로서 이를 승인하고 클럽에 가입하려는 회원과 회사와의 계약상 권리·의무의 내용을 구성하며, 그 중 회원권의 양도·양수 절차와 같은 당사자의 권리·의무에 관한 규정은 약관으로서의 성질을 가진다."

[295] 권오승, 『경제법』 제12판, 558쪽 참조.

하지만 실제에 있어는 위와 같은 긍정적인 면보다는 그 부작용이 더욱 심각한 결과를 초래하고 있다. 즉, 사업자는 자신이 미리 마련한 약관을 '계약'이라는 미명하에 거래에서 발생할 수 있는 위험을 소비자에게 전가하였고, 정작 계약당사자인 소비자는 약관의 구체적인 내용조차 파악하지 못한 상태에서 '계약의 구속력'에 따른 자기구속의 피해를 고스란히 볼 수밖에 없었던 것이다. 이에 따라 약관규제법은 약관이 계약에 편입되는 단계(명시 및 설명의무의 이행)는 물론 약관의 내용을 해석하는 단계(해석통제), 나아가 불공정한 약관조항에 대하여 최종적으로 사법상 효력을 부인하는 방법(불공정성통제)을 통하여 궁극적으로 소비자를 보호하고자 한 것이다(약관규제법은 소비자보호를 위한 후견적 법률, 강행법규이다).

4. 약관규제법의 성격 및 적용범위, 약관에 대한 통제

가. 약관규제에 관한 일반법

약관규제법은 원칙적으로 약관을 사용하고 있는 모든 거래에 대하여 일률적으로 적용되는 일반법이다. 따라서 약관규제법은 상품거래는 물론이고 금융 및 보험계약, 프랜차이즈계약 등의 약관거래 일반에 대해 적용되는 것이 원칙이다. 다만, 약관규제법 제30조는 "약관이 「상법」 제3편, 「근로기준법」 또는 그 밖에 대통령령으로 정하는 비영리사업의 분야에 속하는 계약에 관한 것일 경우에는 이 법을 적용하지 아니한다(법 제30조 제1항)." "특정한 거래 분야의 약관에 대하여 다른 법률에 특별한 규정이 있는 경우[296]를 제외하고는 이 법에 따른다(법 제30조 제2항)."고 정하고 있다.

나. 강행규정

약관규제법은 강행규정이기 때문에 당사자들의 합의로 약관규제법의 적용을 배제할 수 없다. 다만, 당사자들이 구체적인 경우 개별약정을 한 경우에는 약관규제법 적용 자체를 받지 않게 되는데, 이는 다른 차원의 문제이다. 즉, 이 경우는 '약관'이 아니기 때문에 약관규제법 자체가 배제되는 것을 의미할 뿐, 약관규제법의 강행규정성 문제와는 차원이 다른 것이다. 참고로 개별약정 부분은 민법상 무효사유(반사회질서 법률행위 등)에 따라 개별 사안별로 판단하게 될 것이다.[297]

다. 약관에 대한 통제 – "편해불"

약관규제법상 약관에 대한 통제는 다음과 같은 순차적인 단계로 구분할 수 있다. ① 편입통제 – 약관이 계약의 내용에 편입되었는지 여부를 판단한다. 명시 및 설명의무가 대표적인 편입통제에 해당한다. ② 해석통제 – 약관이 계약에 편입된 경우 그 다음 단계로 약관의 내용 중 불분명하거나 고객에게 불리한 내용에 대해 약관규제법상의 해석원칙을 적용하여 약관의 내용을 확정한다. ③ 불공정성통제 – 약관

---

296 단순히 해당 거래분야를 규율하는 특별법이 존재한다는 사실을 의미하는 것이 아니라 당해 특별법이 약관규제법과 상호 모순되거나 저촉되는 경우를 말한다. 이 경우 상호 모순 또는 저촉되는지의 여부는 법률의 입법목적과 적용범위 및 규정사항 등을 종합적으로 검토하여 판단한다(대법원 1998. 11. 27. 선고 98다32564 판결).
297 대법원은 "약관조항이 당사자 사이에서 개별약정되었다는 사실은 사업자측에서 입증하여야 한다."고 판시하고 있다(대법원 2010. 9. 9. 선고 2009다105383 판결).

의 계약내용 편입 이후 해석을 통하여 그 내용을 확정한 뒤에, 확정된 내용에 대한 불공정성 여부를 살펴 최종적으로 해당 약관 내용의 효력을 결정한다. 불공정성 통제의 기준은 약관규제법 제7조 내지 제14조의 개별적 무효조항과 제6조의 일반조항이 있다.

Ⅱ. 편입통제 – 약관의 작성, 명시 및 설명의무

약관은 계약의 초안에 불과하기 때문에 그 자체가 바로 계약의 내용이 되는 것이 아니다. 약관의 본질[298]은 계약이므로(계약설), 결국 약관은 당사자의 합의에 의하여 계약에 편입되었을 때에 비로소 계약의 내용이 된다. 약관규제법은 약관의 편입통제 차원에서 사업자가 고객에게 약관의 내용을 명시 또는 교부하고, 약관의 중요한 내용에 대해 설명의무를 이행하도록 정하고 있다.

1. 약관작성의 명확화 – 약관의 작성단계의 의무

약관규제법상 사업자는 고객이 약관의 내용을 쉽게 알 수 있도록 한글로 작성하고, 표준화·체계화된 용어를 사용하며, 약관의 중요한 내용을 부호, 색체, 굵고 큰 문자 등으로 명확하게 표시하여 알아보기 쉽게 약관을 작성할 의무를 진다(법 제3조 제1항).

2. 명시 및 교부의무

사업자는 계약을 체결함에 있어서 고객에게 약관의 내용을 계약의 종류에 따라 일반적으로 예상되는 방법으로 분명하게 밝히고, 고객이 요구할 경우 약관의 사본을 고객에게 내주어 이를 알 수 있게 하여야 한다(법 제3조 제2항 본문).[299] 다만, 여객운송업과 전기·가스 및 수도사업, 우편업, 공중전화 서비스 제공 통신업의 약관에 대해서는 명시 및 교부의무가 면제된다(법 제3조 제2항 단서 각 호). 그러나 이러한 업종의 약관이라 하더라도 사업자는 영업소에 약관을 비치하여 고객이 볼 수 있도록 하여야 한다(법 시행령 제2조).

3. 설명의무

사업자는 약관에 정하여져 있는 중요한 내용을 고객이 이해할 수 있도록 설명하여야 한다(법 제3조

---

298 약관에 대한 법학적 논의는 크게 ① 약관의 구속력의 근거를 설명하는 '약관본질론'과 ② 불공정한 약관으로부터 소비자를 보호하기 위한 규제 법리를 마련하는 '약관규제론'으로 나눌 수 있다. 그런데 현행 약관규제법 제3조를 계약설에 입각한 규정으로 해석하는 것이 통설, 판례이므로(대법원 2004. 11. 11. 선고 2003다30807 판결 : "보통보험약관을 포함한 이른바 일반거래약관이 계약의 내용으로 되어 계약당사자에게 구속력을 갖게 되는 근거는 그 자체가 법규범 또는 법규범적 성질을 갖기 때문은 아니며 계약당사자가 이를 계약의 내용으로 하기로 하는 명시적 또는 묵시적 합의를 하였기 때문이다."), 우리의 경우는 약관본질론은 학설사적 의미 정도에 불과하고(자치법설, 상관습설 등), 그 논의의 중심은 약관규제론에 있다. 즉, 약관규제법의 주된 논의는 불공정한 약관을 무효화하고 규제하는 법리적 근거를 찾는 부분에 있다.

299 따라서 약관조항의 글자를 지나치게 작게 함으로써 고객이 약관내용을 인지하는 데 현저하게 어려움을 준 경우에는 사업자가 고객에게 약관의 내용을 일반적으로 예상되는 방법으로 명시한 것으로 볼 수 없다.

제3항 본문). 다만, 약관의 성질상 설명이 현저하게 곤란한 경우에는 설명의무가 면제된다(법 제3조 제3항 단서). 설명의무는 법률상의 의무이므로, 당사자 사이의 약정으로 면제하더라도 이는 강행법규 위반에 해당한다. 또한 약관을 통하여 설명의무이행을 간주하는 내용도 불공정약관에 해당하여 무효라는 것이 공정위의 판단이다.[300] 약관규제법 제3조 제3항 본문에서 말하는 '중요한 내용'이란 "사회통념에 비추어 고객이 계약체결의 여부나 대가를 결정하는 데에 직접적인 영향을 미칠 수 있는 사항으로서, 고객이 설명을 받았더라면 계약체결 여부에 영향을 미칠 수 있는 사항"을 말한다(대법원 1995. 12. 12. 선고 95다11344 판결).[301] 설명의 방법은 직접 구두로 함이 원칙이다. 다만, 부득이한 경우 약관 이외의 별도 설명문에 의해서도 가능하다고 해석한다(인터넷상 회원가입 약관 등). 다만, 이는 개별 거래의 특성을 고려하여 판단해야 한다. 판례 중에는 "보험약관의 내용이 추상적·개괄적으로 소개되어 있는 안내문의 송부만으로는 사업자가 약관에 대한 설명의무를 다한 것으로 볼 수 없다."고 판단한 바 있다(대법원 1999. 3. 9. 선고 98다43342 판결 등 참조).

약관규제법상 설명의무는 고객의 예측가능성을 보장해 주기 위한 것이므로, 거래상 일반적이고 공통된 것이어서 보험계약자가 별도의 설명 없이도 충분히 예상할 수 있었던 사항이거나, 이미 법령에 의하여 정하여진 것을 되풀이하거나 부연하는 정도에 불과한 사항이라면 그러한 사항에 대하여까지 설명의무가 인정된다고 볼 수 없다(대법원 2000. 5. 30. 선고 99다66236 판결; 대법원 1998. 11. 27. 선고 98다32564 판결 등).[302]

---

[300] 공정위의결 제2004-046호 ~ 071호(26개 여행사의 여행약관상 불공정약관조항에 대한 건). "본 계약이 체결됨과 동시에 약관설명의무를 다한 것으로 본다."는 내용을 계약서 하단에 기재한 부분에 대하여 공정위는 약관법 제7조 제1호 및 제6조 제2항 제1호에 해당한다는 판단을 내렸다.

[301] 판례상 중요한 내용으로 인정된 사항(사회통념에 비추어 고객이 계약체결 여부나 대가를 결정함에 있어 직접적인 영향을 미칠 수 있는 사항)
① 보험상품의 내용·보험료율의 체계·보험청약서상 기재사항의 변동사항·보험계약자 또는 그 대리인의 고지의무(대법원 1995. 8. 11. 선고 94다52492 판결)
② 안전설계보험약관에서 자동차 소유자에는 자동차의 등록명의자만이 포함된다는 사실(대법원 1996. 6. 25. 선고 96다12009 판결)
③ 가족운전자 한정운전특약 등 보험자의 면책사유(대법원 1999. 3. 9. 선고 98다43342 판결)
④ 보험계약의 승계절차에 관한 사항(대법원 1994. 10. 14. 선고 94다17970 판결)
⑤ '다른 자동차 운전담보 특별약관' 중 보상하지 아니하는 손해인 '피보험자가 자동차정비업, 주차장업, 급유업, 세차업, 자동차판매업 등 자동차 취급업무상 수탁받은 자동차를 운전 중 생긴 사고로 인한 손해' 조항(대법원 2001. 9. 18. 선고 2001다14917 판결)

[302] 판례상 사업자에게 명시 및 설명의무가 인정되지 않은 사례.
① 보험계약자나 그 대리인이 약관의 내용을 충분히 잘 알고 있는 경우(대법원 1999. 2. 21. 선고 98다51374 판결)
② 별도의 설명이 없이도 보험계약에 있어서 일반적이고 공통된 것이어서 보험계약자가 충분히 예상할 수 있는 조항(대법원 1999. 2. 21. 선고 98다51374, 51381 판결)
③ 그 약관내용이 당해 보험계약에 있어서 일반적이고 공통된 것이어서 보험계약자가 충분히 예상할 수 있는 조항(대법원 1999. 3. 9. 선고 98다43352, 43359 판결)
④ 거래상 일반적이고 공통된 것이어서 보험계약자가 별도의 설명이 없이도 충분히 예상할 수 있었던 사항(대법원 1998. 11. 27. 선고 98다32564 판결)
⑤ 이미 법령에 의하여 정하여진 것을 되풀이하거나 부연하는 정도에 불과한 사항(대법원 1999. 3. 9. 선고 98다43352, 43359 판결)
⑥ 당사자 사이의 약정의 취지를 명백히 하기 위한 확인적 규정에 불과한 조항(대법원 1998. 2. 27. 선고 96다8277

4. 명시 및 교부, 설명의무 위반의 효과[303·304]

사업자가 약관의 명시·교부의무 및 설명의무를 위반하여 계약을 체결한 때에는, 해당 약관을 계약의 내용으로 주장할 수 없다(법 제3조 제4항).[305]

그리고 만일 약관과 다른 내용으로 설명하고 이에 따라 계약이 체결되었다면 설명된 내용이 계약의 내용이 되고 그와 배치되는 약관의 적용은 배제된다(대법원 1989. 3. 28. 선고 88다4645 판결).

한편 사업자가 약관의 명시 및 설명의무를 위반한 경우 위와 같은 사법상 효력과 별도로 공정위는 500만 원 이하의 과태료를 부과할 수 있다(법 제34조 제2항).

판결사례

신한카드 주식회사가 신용카드 회원가입 계약체결시 회원에게 신용카드사용액에 비례하여 아시아나 항공마일리지를 제공하기로 하였다가 후에 그 제공비율을 회원에게 불리하게 변경한 사안에서, 카드사측은 항공마일리지 제공 서비스의 변경에 관하여 미리 설명하였다는 주장과 함께 이는 신용카드서비스의 부가적인 내용에 불과하여 계약상 중요내용으로 볼 수 없다는 주장, 설사 중요한 사항이라 할지라도 제휴서비스의 변경은 거래상 일반적이고 공통된 것이어서 계약자가 별도의 설명 없이도 이를 충분히 예상할 수 있는 사항이라는 취지로 다투었다. 그러나 서울고등법원은 "항공마일리지 제공기준을 변경·적용하기에 앞서 원고에 대하여 위와 같이 변경된 이 사건 신용카드 개인회원규약을 제시·설명하고 원고가 그 적용에 동의하였다는 점을 인정할 아무런 증거가 없는 이상, 이 사건 신용카드 개인회원규약 제24조 제3항이 이 사건 신용카드 회원가입계약의 내용으로 되었다고 볼 수 없어, 이 사건 신용카드 회원가입계약에 의하여 피고에게

판결)

303 명시 및 교부의무와 설명의무는 서로 별개의 의무이다. 이 의미는 명시 및 교부의무가 면제된다고 설명의무까지 면제되는 것은 아니며, 설명의무가 면제된다고 명시 및 교부의무가 면제되는 것은 아니라는 것이다.

304 2012년 변시 제1회 기출. 할부수수료율의 변경 약관에 대해 계약체결 당시 설명을 하지 않은 경우 약관규제법상 사업자가 해당 약관의 내용을 계약의 내용이라고 주장할 수 있는지를 설명(배점 15점)하는 문제.

2013년 변시 제2회 기출. 설문에 나타난 사실관계를 토대로 고객이 약관조항의 계약내용 편입을 부정할 수 있는 주장근거와 사업자의 입장에서 계약내용의 편입을 주장할 수 있는 근거를 묻는 문제(배점 40점). 이와 같은 문제유형은 서로 상대방의 소송대리인이 되어 전개 가능한 주장 및 논리를 펼쳐보라는 취지이다. 따라서 이와 같은 문제유형의 경우는 주장 가능한 모든 부분을 언급해주는 것이 좋다. 창의적인 내용을 결론부분에 함께 언급해준다면 가점 요인이 될 수 있다.

2014년 변시 제3회 기출. 설문에 나타난 사실관계에 비추어 약관의 명시 및 설명의무위반에 해당한다고 주장할 수 있는지 여부와 그 근거를 묻는 문제(배점 20점).

2019년 변시 제8회 기출. "계약서 제30조 제2항이 약관규제법상 계약의 내용이 될 수 있는지를 설명하시오." – 계약서 30조 제2항은 "회사가 고객에게 제공하는 사은품은 해당 품목의 수급사정 등에 따라 임의로 동일 가격대의 다른 품목으로 변경될 수 있습니다."라는 약관규정이 계약의 내용으로 편입되기 위해서는 고객에 대한 명시 및 설명의무가 필요한데, 과연 해당 내용이 명시 및 설명의무가 인정되는 범위인지를 고객이 계약을 체결할지 여부를 결정함에 있어 사업자가 유인책으로 사은품을 강조하는 거래관행, 광고의 내용 등에 비추어 중요한 내용으로 취급할 수 있다는 점도 언급되어야 한다. 설문의 경우는 계약체결 이전에 乙부로터 약관 제30조 제2항에 관하여 아무런 설명을 듣지 못하였음이 명시되어 있다. 이와 같은 경우 설명의무 위반에 따라 약관규제법 제3조 제4항을 근거로 계약내용으로 주장할 수 없다는 점을 언급해야 한다.

305 권오승 교수님은 이 의미를 "사업자는 해당 약관을 계약의 내용으로 주장할 수 없지만, 고객은 반대로 그 약관의 내용을 계약내용으로 주장할 수 있다."라고 해석하고 계신다(권오승, 『경제법』 제12판, 567쪽 참조).

이러한 마일리지 제공기준 변경에 관한 권한이 미리 유보되었다고 볼 수 없으므로, 피고는 원고에 대하여 이 사건 신용카드 개인회원규약 제24조 제3항에 기하여 이 사건 항공마일리지 제공기준이 변경되었음을 주장할 수 없다 할 것이다."라고 판단하였다(명시 및 설명의무 미이행에 따른 계약내용 미편입. 서울고등법원 2008. 2. 26. 선고 2007나1748 판결).

5. 개별약정의 우선

약관은 그 자체로 계약의 내용이 되는 것이 아니라, 사업자가 고객에게 그 약관을 명시·교부 및 설명의무를 이행한 경우에만 계약의 내용이 될 수 있다(계약으로의 편입). 이와 같은 취지에 따라 만일 약관에서 정한 사항에 관하여 사업자와 고객이 약관의 내용과 다르게 합의한 개별사항이 있을 때에는 그 합의사항은 약관에 우선하게 된다(법 제4조). 이와 같은 개별약정은 약관의 본질에 비추어, 규제해야 할 약관이 아니기 때문에 약관규제법이 적용되지 않는 것이고, 이 경우 개별약정에 대하여는 결국 민법이나 상법이 적용된다.[306]

판결사례

- 계약의 일방 당사자가 일정한 형식에 의하여 미리 계약서를 마련하여 두었다가 이를 상대방에게 제시하여 그 내용대로 계약을 체결하는 경우에도 특정 조항에 관하여 상대방과 개별적인 교섭을 거침으로써 상대방이 자신의 이익을 조정할 기회를 가졌다면, 그 조항은 「약관의 규제에 관한 법률」의 규율대상이 아닌 개별약정이 된다고 보아야 한다. 이때 개별적인 교섭이 있었다고 하기 위하여는 그 교섭의 결과가 반드시 특정 조항의 내용을 변경하는 형태로 나타나야 하는 것은 아니고, 계약 상대방이 그 특정 조항을 미리 마련한 당사자와 대등한 지위에서 당해 조항에 대하여 충분한 검토와 고려를 한 뒤 그 내용을 변경할 가능성이 있었다고 인정되면 된다(KIKO판결, 대법원 2013. 9. 26. 선고 2011다53683 전원합의체 판결).

- 사업자와 고객 사이에 교섭이 이루어진 약관 조항은 약관 작성상의 일방성이 없으므로 약관의규제에관한법률 소정의 약관에 해당하지 않는다고 할 것이나, 이 경우 원칙적으로 개개의 조항별로 교섭의 존재 여부를 살펴야 하며, 약관 조항 중 일부의 조항이 교섭되었음을 이유로 그 조항에 대하여는 같은 법의 적용이 배제되더라도 교섭되지 아니한 나머지 조항들에 대하여는 여전히 같은 법이 적용되어야 한다(약관 조항 중 일부의 조항에 대하여 사업자와 고객 사이에 교섭이 이루어진 경우일지라도, 나머지 조항들에 대한 약관의규제에관한법률의 적용이 가능하다. 대법원 2000. 12. 22. 선고 99다4634 판결).

- 무효인 약관조항에 의거하여 계약이 체결되었다면 그 후 상대방이 계약의 이행을 지체하는 과정에서 약관작성자로부터 채무의 이행을 독촉받고 종전 약관에 따른 계약내용의 이행 및 약정내용을 재차 확인하는 취지의 각서를 작성하여 교부하였다 하여 무효인 약관의 조항이 유효한 것으로 된다거나, 위 각서의 내용을 새로운 개별약정으로 보아 약관의 유·무효와는 상관없이 위 각서에 따라 채무의 이행 및 원상회복의 범위 등이 정하여진다고 할 수 없다(위 각서의 내용을 새로운 개별약정으로 볼 수 없다. 대법원 2000. 1. 18. 선고 98다18506 판결).

---

306 개별약정은 서면에 의한 경우뿐 아니라 구두에 의하는 것도 가능하다고 해석된다(다만, 판례는 개별약정의 존재에 대하여는 사업자에게 입증책임이 있다고 본다).

Ⅲ. 약관의 해석통제 – 약관의 특성을 반영한 특수한 해석원칙

1. 신의성실의 원칙

약관은 신의성실의 원칙에 따라 공정하게 해석되어야 한다(법 제5조 제1항). 약관은 사업자가 미리 일방적으로 작성한 것이기 때문에, 이를 해석함에 있어서는 계약상대방인 고객의 정당한 이익과 합리적인 기대도 함께 고려해야 한다는 취지이다.[307]

2. 객관적 해석의 원칙(통일적 해석의 원칙)

약관은 다수의 계약을 위하여 사전에 작성된 것이기 때문에, 모든 고객에게 동일하게 통일적으로 해석되어야 하며, 고객에 따라 다르게 해석되어서는 안 된다(법 제5조 제1항). 즉, 약관은 이를 작성한 사업자의 의도와 같은 주관적 기준이 아니라 그 문언에 따라 객관적·통일적으로 해석하여야 한다.[308]

3. 작성자불이익의 원칙

약관규제법은 "약관의 뜻이 명백하지 않은 경우에는 고객에게 유리하게 해석되어야 한다."고 규정하고 있다(법 제5조 제2항). 약관은 고객에 대하여 우월적 지위에 있는 사업자가 일방적으로 미리 마련한 것이기 때문에, 그 약관의 내용에 의심스러운 부분이 있는 경우에는 이를 해석함에 있어서 그 위험을 사업자가 부담하도록 하는 것이 타당하기 때문이다(소비자보호를 위한 특칙). 이를 통해 불분명한 약관조항의 확대를 예방할 수 있다("의심스러울 때는 작성자에게 불리하게").[309]

판결사례

법률행위는 당사자의 내심적 의사에 관계없이 당사자가 그 표시행위에 부여한 객관적 의미를 합리적으로 해석하여야 하며, 특히 당사자 일방이 작성한 약관이 계약의 일부로서 상대방의 법률상 지위에 중대한 영향을 미치게 되는 경우에는 약관의 규제에 관한 법률 제6조 제1항, 제7조 제2호의 규정 취지에 비추어 더

---

[307] 약관의 해석에 대한 일반원칙을 정한 것이다. 그러나 사실 계약의 문구가 불분명할 경우 신의성실의 원칙에 따라 해당 계약의 내용을 해석해야 한다는 원칙은 비단 약관의 해석에만 특유한 것은 아니다.

[308] 보통거래약관 및 보험제도의 특성에 비추어 볼 때 약관의 해석은 일반 법률행위와는 달리 개개 계약 당사자가 기도한 목적이나 의사를 기준으로 하지 않고 평균적 고객의 이해가능성을 기준으로 하되 보험단체 전체의 이해관계를 고려하여 객관적·획일적으로 해석하여야 한다(대법원 1995. 5. 26. 선고 94다36704 판결).

[309] 약관조항을 문자 그대로 엄격하게 해석하여 조금이라도 약관에 위배하기만 하면 보험자가 면책되는 것으로 보는 것은 본래 피해자 다중을 보호하고자 하는 보험의 사회적 효용과 경제적 기능에 배치될 뿐만 아니라 고객에 대하여 부당하게 불리한 조항이 된다는 점에서 이를 합리적으로 제한하여 해석할 필요가 있으므로, 이 사건 약관조항에 의한 보험금청구권의 상실 여부는 이 사건 약관조항을 둔 취지를 감안하여 보험금청구권자의 청구와 관련한 부당행위의 정도 등과 보험의 사회적 효용 내지 경제적 기능을 종합적으로 비교·교량하여 결정하여야 할 것이다. 따라서 피보험자가 보험금을 청구하면서 실손해액에 관한 증빙서류 구비의 어려움 때문에 구체적인 내용이 일부 사실과 다른 서류를 제출하거나 보험목적물의 가치에 대한 견해 차이 등으로 보험목적물의 가치를 다소 높게 신고한 경우 등까지 이 사건 약관조항에 의하여 보험금청구권이 상실되는 것은 아니라고 해석함이 상당하다 할 것이다(대법원 2007. 6. 14. 선고 2007다10290 판결).

욱 엄격하게 해석하여야 한다. 신용보증기관의 대출보증약관 중 신용보증사고의 통지를 지연함으로써 채권보전에 장애를 초래한 경우에 보증채무가 면책된다는 조항은, 채권자가 신용보증사고의 통지기한 내에 통지를 하지 아니함으로 인하여 신용보증기관의 채권보전조치에 실질적인 장애를 초래한 경우에 한하여 면책된다는 취지로 해석하여야 한다(대법원 2006. 9. 8. 선고 2006다24131 판결).

Ⅳ. 약관의 불공정성통제(내용통제)

1. 서설 – 일반조항과 개별적 무효조항

약관규제법 제6조(일반원칙)는 일반원칙으로서 신의성실의 원칙에 반하는 조항을 무효로 선언하는 일반규정이고, 제7조(면책조항의 금지) 내지 제14조(소송제기의 금지 등)는 불공정약관조항의 유형을 구체적으로 열거하는 개별금지규정이다. 설문에 나타난 약관의 불공정성 여부와 그 근거를 묻는 문제가 출제될 경우 우선 개별적 무효조항으로 접근해야 한다.[310] 답안 작성 시 설문의 내용에 비추어 문제가 되는 약관이 '상당한 이유'가 있는지의 여부 등은 해당 약관을 설정한 의도 및 목적, 해당 업종에서의 통상적인 거래관행, 관계법령, 거래대상 상품 또는 용역의 특성, 고객과의 협의가능성, 일방적인 변경가능성, 사업자의 영업상의 필요 및 고객이 입을 불이익의 내용과 정도 등을 종합적으로 고려하여 판단하되,[311] 출제자가 설문을 통해 묻고자 하는 바를 고려하여 구체적인 사실을 최대한 포섭하면서 이에 근거하여 평가하고 답안을 작성하는 것이 좋다.

2. 일반적 무효조항(일반원칙)

가. 신의성실의 원칙

신의성실의 원칙을 위반하여 공정성을 잃은 약관조항은 무효이다(법 제6조 제1항). "공정성을 잃은"이라 함은 사업자의 이익과 고객의 이익 사이에서 고객에게 부당하게 불리한 것을 말하며, 그 판단기준은 사업자의 이익과 고객의 이익을 비교형량하여 정한다.

그런데 '신의성실의 원칙'은 그 내용이 매우 추상적이고 포괄적이다. 결국 구체적 타당성을 기할 수 있다는 일반규정 자체의 장점은 있지만, 법적 안정성을 저해할 수 있으므로 신의칙의 적용은 보충적으로 이루어질 필요가 있다. 이러한 취지에서 약관규제법 제6조 제1항은 우선 신의성실의 원칙을 천명하면서, 제2항에서 신의성실의 원칙을 구체화하는 기준으로 일정한 내용을 정하고 있는 약관을 불공정한 것으로 추정한다는 규정을 두고 있다(법 제6조 제2항).

---

[310] "약관조항의 위법성을 심사할 때 1차적으로 제7조(면책조항의 금지) 내지 제14조(소제기의 금지 등)에 열거된 개별금지규정을 적용하고, 2차적으로 제6조(일반원칙)를 적용한다." – 공정위 약관심사지침(일반규정과 개별금지규정과의 관계). 그동안의 변시 기출문제를 보면 처음부터 약관규제법 제6조를 논하지 말라고 전제한 경우가 대부분이다.

[311] 구 약관의 규제에 관한 법률(2010. 3. 22. 법률 제10169호로 개정되기 전의 것) 제19조의2 제3항에서 규정한 불공정약관조항에 해당하는지 여부를 심사할 때에는 문제되는 조항만을 따로 떼어서 볼 것이 아니라 전체 약관내용을 종합적으로 고찰한 후에 판단하여야 하고, 그 약관이 사용되는 거래분야의 통상적인 거래관행, 거래대상인 상품이나 용역의 특성 등을 함께 고려하여 판단하여야 한다(대법원 2010. 10. 14. 선고 2008두23184 판결).

나. 불공정성의 추정(법 제6조 제2항)

약관의 내용 중 다음 각 호의 어느 하나에 해당되는 내용을 정하고 있는 조항은 공정성을 잃은 것으로 추정된다.

1. 고객에 대하여 부당하게 불리한 조항
2. 고객이 계약의 거래형태 등 관련된 모든 사정에 비추어 예상하기 어려운 조항
3. 계약의 목적을 달성할 수 없을 정도로 계약에 따르는 본질적 권리를 제한하는 조항

(1) 고객에게 부당하게 불리한 조항

- 사업자와 고객의 이익형량에 기초하여 사업자가 어떤 특정 조항으로 인하여 이익을 얻은 대가로 고객에게 어떠한 이익이 부여되고 있는가를 비교한다.
- 설사 일정한 사항에 대한 불이익이 있더라도 다른 사항에 이익이 있어 계약의 전체적인 내용이 정당하게 조정된 경우라면 고객에게 부당하게 불리한 조항이라고 할 수 없기 때문에 설문에 나타난 사정을 종합적으로 고려해야 한다.
- 고객의 이익은 계약당사자의 개별적인 사정을 고려하지 않고, 고객이 속한 집단의 평균적이고 전형적인 이익을 기준으로 한다(공정위 약관심사지침).
- '부당'한지의 여부는 해당 약관을 설정한 의도 및 목적, 해당 업종에서의 통상적인 거래관행, 관계법령, 거래대상 상품 또는 용역의 특성, 사업자의 영업상의 필요 및 고객이 입을 불이익의 내용과 정도 등을 종합적으로 고려하여 판단한다.

(2) 고객이 계약의 거래형태 등 관련된 모든 사정에 비추어 예상하기 어려운 조항

- 이 규정은 '의외조항' 또는 '기습조항'을 규제하기 위한 것이다. 약관에 의한 계약에 있어서 고객은 약관의 내용에 전혀 영향을 미칠 수 없고 또한 충분히 검토하지 못하는 것이 보통이다. 사업자는 이러한 상황을 이용하여 통상적인 약관의 테두리를 벗어나 의외조항을 삽입하는 수가 있다.
- 의외성은 특정고객의 입장에서 고찰하지 않고 평균적 고객의 입장에서 고찰한다. 약관조항의 무효의 효력이 모든 고객에게 발생하기 때문이다.
- 의외성은 약관의 명칭 등 외관상 형태와 그 실질적인 내용이 다른 유형인 경우(예: 대리점 계약서에 고용에 관한 조항이 들어 있는 경우)뿐만 아니라 단순히 거래관행에서 현저히 벗어난 경우에도 인정될 수 있다.

(3) 계약의 목적을 달성할 수 없을 정도로 계약에 따른 본질적 권리를 제한하는 조항

- 계약 목적의 달성 불능은 물리적 불능에 한하지 아니하며 사회통념상 계약 목적의 달성이 위태로운 경우를 포함한다.
- 어떠한 채무가 계약관계의 본질을 이루어 그것 없는 계약 체결이 아무런 의미도 갖지

않게 되거나 다른 계약유형으로 바뀌게 되는 경우에 사업자가 약관에 의하여 그러한 의무를 벗어나는 것은 고객의 본질적 권리를 제한하는 것이다.
- 본질적 권리는 유상계약의 주된 급부에 한정되지 않으며 경우에 따라서는 부수적 급부의무나 종된 급부의무도 그에 해당할 수 있다. 본질적 권리란 그 계약유형에 특징적인 것이며 계약의 목적 달성을 위해 중요한 것이면 된다.

판결사례

- 상가임대분양계약서에 "기부채납에 대한 부가가치세액은 별도"라고 기재되어 있는 경우, 위 상가임대분양계약서의 대량성이나 계약서의 작성 방식과 계약체결 경위 등에 비추어 보면 위 부가가치세 부담에 관한 약정은 약관의규제에관한법률 제2조 제1항 소정의 '약관'에 해당하는데, 분양자가 위 상가를 기부채납하고 그 대가로 무상사용권을 부여받은 행위가 부가가치세법상의 '재화의 공급'에 해당되어 부가가치세가 부과된다는 것은 일반인은 잘 알지 못하는 것이고, 부과가 된다고 하더라도 그 액수가 얼마인지 미리 알기도 어려우며, 특히 수분양자들이 임대분양계약서에서 정한 임대보증금을 납부할 당시 부가가치세가 포함된 금액을 공급가액과 구분하여 납부하였으므로, 위 약정 당시 기부채납에 따른 부가가치세를 위 부가가치세와 혼동할 우려가 있음에도 불구하고 분양자 측에서 이 점에 관한 명백한 고지나 설명이 없었고, 부동문자로 인쇄된 계약조항 제2조의 임대보증금 납부란에 수분양자에게 상당한 부담이 되고 중요한 위 부가가치세 부담조항을 기재해 넣은 점, 또한 수분양자가 이중으로 부가가치세를 부담하게 되는 것은 형평에 어긋나고 불측의 손해를 입게 된다는 점 등을 감안할 때 위 계약서 제2조 중 기부채납에 대한 부가가치세 부담에 관한 부분은 위 법률 제6조 제2항 제2호 소정의 "고객이 계약의 거래 형태 등 제반 사정에 비추어 예상하기 어려운 조항"에 해당하여 공정을 잃은 것으로 추정되므로, 위 법률 제6조 제1항에 의하여 무효라고 판단한 사례(의외조항의 무효, 대법원 1998. 12. 22. 선고 97다15715 판결)

- 은행이 상계를 하는 경우, 이자나 지연손해금 등의 계산의 종기를 임의로 정할 수 있도록 한 은행여신거래기본약관 조항은 고객인 채무자에게 부당하게 불리하고 신의성실의 원칙에 반하여 공정을 잃은 조항으로서 약관의규제에관한법률 제6조 제1항, 제2항 제1호에 의하여 무효이다(대법원 2003. 7. 8. 선고 2002다64551 판결).

- 사업자가 시장상황을 고려하여 필요한 경우 판매대리점의 판매지역 내에 사업자의 판매대리인을 추가로 선정할 수 있다고 한 약관 조항에 대하여, 비록 사업자에게 고객인 판매대리점들에 대한 판매지역권 보장의무가 당연히 인정되는 것은 아니라고 하더라도, 사업자가 소속 대리점에게 사실상 인정되는 판매지역권을 부당하게 침해하는 것은 허용되지 않는다고 할 것인바, 위 약관 조항은 상호 협의 없이 사업자가 일방적으로 판매대리점의 판매지역 내에 자기의 판매대리인을 추가로 선정할 수 있도록 하고 있으므로, 이는 결국 고객인 판매대리점의 판매지역을 사업자가 일방적으로 축소 조정할 수 있도록 허용함으로써 판매대리점의 판매지역권을 부당하게 침해하는 것으로, 구 약관의규제에관한법률(2001. 3. 28. 법률 제6459호로 개정되기 전의 것) 제6조 제2항 제1호 소정의 '고객에 대하여 부당하게 불리한 조항'으로서 불공정한 약관으로 추정된다(대법원 2003. 1. 10. 선고 2001두1604 판결).

3. 개별적 무효조항(법 제7조 내지 제14조)[312]

가. 면책조항의 금지(법 제7조)

계약당사자의 책임에 관하여 정하고 있는 약관의 내용 중 다음 각 호의 1에 해당하는 내용을 정하고 있는 조항은 이를 무효로 한다.

1. 사업자, 이행보조자 또는 피고용자의 고의 또는 중대한 과실로 인한 법률상의 책임을 배제하는 조항
2. 상당한 이유 없이 사업자의 손해배상범위를 제한하거나 사업자가 부담하여야 할 위험을 고객에게 떠넘기는 조항[313]
3. 상당한 이유 없이 사업자의 담보책임을 배제 또는 제한하거나 그 담보책임에 따르는 고객의 권리행사의 요건을 가중하는 조항
4. 상당한 이유 없이 계약목적물에 관하여 견본이 제시되거나 품질·성능 등에 관한 표시가 있는 경우 그 보장된 내용에 대한 책임을 배제 또는 제한하는 조항

(1) 사업자, 이행보조자 또는 피고용자의 고의 또는 중대한 과실로 인한 법률상의 책임을 배제하는 조항[314]

면책조항이란 현재 또는 장래에 손해배상책임을 부담할 자가 법률상 손해배상책임의 발생원인과 범위에 대하여 유리한 법적 취급을 받을 것을 정한 약관조항을 말한다. 법률상 책임이란 채무불이행책임(법정채권발생사유)뿐만 아니라 계약체결상의 의무위반 책임, 불법행위 책임도 모두 포함하는 의미이다.

사례형 대비 법 위반에 해당될 수 있는 조항

- 체육시설물 내에서의 도난 또는 안전사고가 사업자의 과실, 시설물의 설치·보존의 하자 등 사업자의 책임 있는 사유로 인한 경우에는 사업자가 배상책임을 부담하여야 함에도 체육시설의 이용 중 손실, 부상, 사고 및 재난에 대하여 책임을 지지 않는다는 조항

- 민법상 자신의 고의·과실로 인한 위법행위로 타인에게 손해를 가한 경우 그 손해를 배상할 책임이 있음에도 귀책사유 및 책임의 정도를 고려하지 아니하고 입점 후 화재, 도난 기타 사유로 인한 손해에 대하여 사업자가 책임을 지지 아니한다는 조항

---

312 불공정약관조항에 해당하는지 여부를 심사함에 있어서는 문제가 되는 조항만을 따로 떼어서 볼 것이 아니라 전체 약관내용을 종합적으로 고찰한 후에 판단해야 하고, 그 약관이 사용되는 거래분야의 통상적인 거래관행, 거래대상인 상품이나 용역의 특성 등을 함께 고려하여 판단해야 한다(대법원 2010. 10. 14. 선고 2008두23184 판결).

313 2020년 변시 제9회. 2022년 변시 제11회. 자동차의 하자로 인해 부상을 입게 되어 지출한 치료비는 대표적인 적극손해로 당연히 손해배상의 범위에 해당한다. 설문의 경우 사업자는 이에 대한 책임까지도 약관을 이유로 배상 범위를 제한(50%만 배상)하고자 주장하는데, 이는 약관규제법 제7조 제2호에 따라 불공정약관으로 무효이다. 설문은 자동차의 하자가 직접적인 원인이기는 하나, 그 물건 자체에 대한 하자담보책임 주장 문제가 아니라 이용자의 추가 부상으로 이어진 별도의 손해배상책임(불법행위책임)의 문제이므로 동조 제3호(담보책임)로 접근할 사안은 아니다.

314 2017년 변시 제6회 기출. 설문의 경우 갑의 직원인 설치기사 Y가 현저히 주의를 결여한 상태로 전기난방기를 설치한 중대한 과실이 있음에도 불구하고, 약관을 통하여 본인 또는 이행보조자의 고의에 의하여 발생한 경우에만 한정하여 손해배상책임을 지도록 정한 내용의 불공정성을 논하는 문제.

– 주차장 사업자가 차량이나 차량 내 물건에 대하여 고의·과실로 선량한 관리자의 주의의무를 다하지 아니하여 손해가 발생한 경우 이를 배상하여야 함에도 주차장 내에서 일어나는 도난, 파손, 분실, 화재 등의 모든 사고에 대한 책임을 지지 않는다는 조항(대법원 2006. 4. 14. 선고 2003다41746 판결)

– 사업자가 제공하는 부동산 경매 관련 정보가 허위 또는 부실 등 사업자의 책임 있는 사유로 고객에게 손해가 발생되었을 경우에는 이를 배상할 책임이 있음에도 회사가 제공하는 정보 등으로 인해 입은 손해에 대하여 일체 책임을 면한다는 조항

– 요양원 운영 사업자가 자신의 고의·과실로 요양자에게 불의의 사고가 생겼을 경우 사업자는 계약내용에 따른 의무를 다하지 못한데 대한 손해배상책임이 있음에도, 입원기간 중 부주의로 발생하는 사고에 대하여 책임을 지지 않는다는 조항

(2) 상당한 이유 없이 사업자의 손해배상범위를 제한하거나 사업자가 부담하여야 할 위험을 고객에게 떠넘기는 조항

– 일단 책임이 발생한 경우 사업자의 책임범위를 법률의 규정에 미치지 못하는 수준으로 축소시키는 약관조항은 무효이다(손해배상범위의 제한약관). '상당한 이유'가 있는지의 여부는 해당 약관을 설정한 의도 및 목적, 해당 업종에서의 통상적인 거래관행, 관계법령, 거래대상 상품 또는 용역의 특성, 사업자의 영업상의 필요 및 고객이 입을 불이익의 내용과 정도 등을 종합적으로 고려하여 판단한다. 예컨대, 운송약관에서 손해배상범위를 일정액으로 제한하는 대신 통상의 운임보다 특별히 싼 운임으로 운송해 주기로 하는 조항은 거래단계에서 이미 이해관계의 조정이 존재했다고 볼 수 있어 상당한 이유가 있다고 평가할 수 있다.

– 상당한 이유 없이 사업자가 부담하여야 할 위험을 고객에게 이전시키는 조항은 무효이다(위험이전). 위험의 분담은 채권의 목적이 양 당사자의 책임 없는 사유로 이행할 수 없게 된 경우(급부불능) 그로 인한 불이익을 누구에게 부담시키는 것이 계약의 취지에 비추어 '더 합리적인가'라는 고려에 따른다. 위험부담에 관한 일반원칙에 대하여는 민법 제537조(채무자위험부담주의), 제538조(채권자귀책사유로 인한 이행불능), 상법 제134조(운송물 멸실과 운임) 등에서 규정하고 있다. 민법에서는 채무자가 자기의 채무를 모두 이행할 때까지 위험을 부담한다. 매매 등 물건의 소유권을 이전하는 계약의 경우에는 매도인(채무자)이 동산의 인도 또는 부동산의 등기를 완료할 때까지 위험을 부담한다. 그러나 채권자지체가 있는 경우에는 그때부터 위험은 매수인(채권자)에게 이전한다.

사례형 대비 법 위반에 해당될 수 있는 조항

– 신용카드의 부정사용과 관련한 모든 손실을, 회원이 비밀번호 유출이나 카드 도난에 있어 아무런 고의 또는 과실이 없는 경우에까지 회원에게 부담하도록 하는 조항

– 점포 임대인이 임대목적물을 사용·수익할 수 있도록 제공할 채무를 불이행할 경우 임차인은 손해배상 등을 청구할 수 있음에도, 미리 예상하기 어려운 임대인의 건물수리, 개축으로 인한 임차인의 불편이나

영업상 지장에 대하여 임대인이 아무런 책임을 지지 않도록 한 조항

- 부동산 매매계약에서 당사자 일방의 채무가 당사자 쌍방의 책임 없는 사유로 인하여 이행할 수 없게 된 경우 채무자는 상대방에게 그 이행을 청구할 수 없음에도, 불가항력으로 인한 매매목적물의 손실에 대한 위험을 매수인이 부담하도록 하는 조항

- 차량 임대기간 중의 사고에 대하여 차량 자체의 결함으로 인한 경우에는 임대인이 운행관리자로서의 정비·점검 등의 관리의무를 다했다고 볼 수 없으므로 그 책임이 임대인에게 있고 쌍방 당사자의 과실이 없는 사고의 경우에는 자동차 대여업이 위험성을 내포하고 있는 사업으로서 그 사업을 영위함으로 인하여 생긴 위험은 사업자인 임대인의 부담으로 하는 것이 타당함에도, 차량 임대기간 중 발생한 사고로 인한 손해에 대하여 귀책사유를 불문하고 임차인의 책임으로 하는 조항

(3) 상당한 이유 없이 사업자의 담보책임을 배제 또는 제한하거나 그 담보책임에 따르는 고객의 권리행사의 요건을 가중하는 조항[315]

- 담보책임이란 계약의 당사자가 급부한 목적물에 하자가 있는 경우에 부담하여야 하는 책임으로 민법은 구체적인 내용으로 계약해제권, 손해배상청구권, 대금감액청구권, 완전물이행청구권 등을 규정하고 있다.

- 매매계약 기타 유상계약에서 사업자가 부담하여야 하는 하자담보책임을 배제 또는 제한하거나 그 청구요건을 가중하는 조항은 무효이다.

(4) 계약목적물에 관하여 견본이 제시되거나 품질·성능 등에 관한 표시가 있는 경우 그 보장된 내용에 대한 책임을 배제 또는 제한하는 조항[316]

하자담보책임의 특수한 사례로서 견본매매, 품질 및 성능보증부매매 또는 상품의 중량·성분

---

315 2021년 변시 제10회 기출. "불공정약관인지 설명하시오(배점 30점)." "구입 상품은 소비자 수령 후 3일 이내에 반송하지 않는 경우 구매확정으로 처리하고, 구매확정시 구입한 상품에 하자가 있더라도 교환요구를 할 수 없다"고 정하고 있는 약관에 대하여 상당한 이유 없이 담보책임(완전물이행청구권)을 배제 제한하는 불공정약관으로 판단해야 한다(설문은 소비자가 구매한 액세서리 큐빅 하나에 금이 가 있었고 제품 교환을 요청하였으나 약관 내용을 이유로 거절하였다).

316 2014년 변시 제3회 기출. "해당 제품은 재고처분을 위하여 특가에 제공되는 것으로서, 배송 후에 당사는 교환이나 환불 등 어떠한 책임도 지지 않습니다."라는 약관조항의 불공정성의 판단과 그 근거를 묻는 문제였다(배점 20점). 사안의 경우는 제품의 이음새 하자로 바퀴가 파손된 사실이 있음에도 불구하고 교환 및 환불을 배제하는 내용의 약관에 해당하므로, 약관규제법 제7조 제3호를 근거로 판단해야 하는 문제였다(배점 20점). 그런데 일부 변시 제3회 기출문제 풀이 중에서는 이에 대하여 약관규제법 제9조 제1호까지 함께 근거로 제시하고 있는데, 이와 같은 풀이는 부적절하다고 본다. 변시 제3회 문제에서는 이미 "이음새 하자"를 이유로 교환요청(하자담보책임의 일환으로서의 완전물급부청구권)에 대한 거부를 이미 특정하고 있었다. 사업자는 이에 대하여 매매목적물의 이음새 하자에 따른 하자담보책임 추궁의 요구에 대해 해당 약관을 근거로 책임을 부정하고 있으므로, 이는 결국 제품 하자에 따른 민법상 하자담보책임의 배제약관으로 볼 수 있어, 제9조 제1호보다는 더 직접적인 약관규제법 제7조 제3호를 언급하면 충분하다고 본다. 일반적으로 매매목적물하자의 경우 하자담보책임의 내용으로서 계약해제권, 손해배상청구권, 대금감액청구권, 완전물이행청구권 등을 규정하고 있는데, 그중 일부만 인정하거나 불허하는 내용의 약관조항은 약관규제법 제7조 제3호에 해당하는 것으로 본다(사법연수원, 약관규제법 교재 참조). 공정위 실무(심결례) 또한 물건의 하자에 대한 "환불 및 교환불가 약관"에 대해서는 약관규제법 제7조 제3호만으로 의율하고 있다(2009약관0675 쌍구애견의 분양계약서상 교환환불제한 내용 불공정약관조항에 대한 건 등). 공정위 약관심사지침 또한 제9조 제1호는 법정해제권, 법정해지권(채무불이행 등)에 대한 직접적 조항으로 운용하고 있다.

등에 관한 상품표시가 되어 있는 경우 상당한 이유 없이 그를 믿은 고객의 신뢰에 반하여 책임을 배제 또는 제한하는 경우에는 무효이다. 제공한 물품(급부)이 본래의 견본이나 보장된 내용과 상이한 경우에는 하자담보책임이 생기며, 상이한지 여부는 사회통념 내지 거래관행에 따라 판단한다.

> **사례형 대비 법 위반에 해당될 수 있는 조항**
>
> - 아파트 분양계약의 법적 성질은 매매계약이고 매매계약에 있어서 건축물 및 대지의 공급면적이 당초의 계약면적과 달리 증감이 발생한 경우에는 그 담보책임으로 민법상 대금감액청구권, 손해배상청구권, 계약해제권 등을 부여하고 있음에도 등기면적에 다소 증감이 있는 경우에 이에 따른 매매대금을 정산하지 아니한다는 조항
> - 매매목적물에 하자가 있는 때에는 매수인은 매도인에게 손해배상, 계약해제 등을 청구할 수 있음에도 매수인이 중고자동차를 인수한 후에는 자동차의 고장 또는 불량 등의 사유로 매도인에게 그 책임을 물을 수 없도록 하는 조항
> - 주택임대차계약의 존속기간 중 임대인은 목적물의 사용·수익에 필요한 상태를 유지할 의무를 부담하여야 함에도 임차인이 주택 및 그 내부 일체의 보수 및 관리의 책임을 지도록 하는 조항
> - 매도인의 매매물건에 하자가 있는 경우 계약당사자의 귀책사유에 따라 제품의 하자에 대한 책임을 부담하여야 함에도 사업자가 대리점에 공급한 제품의 반품 또는 교환을 원칙적으로 금지한 후 사업자가 자기의 책임을 인정하거나 필요한 경우에 한하여 반품 또는 교환을 인정하는 조항

나. 손해배상액의 예정(법 제8조)[317]

> 고객에게 부당하게 과중한 지연 손해금 등의 손해배상 의무를 부담시키는 약관조항은 무효로 한다.

손해배상액의 예정이란 채무불이행 시 발생할 손해배상의 액수에 관하여 당사자들이 미리 정해 놓은 것을 말한다. 지연손해의 배상·전보배상·위약벌 등 그 명칭을 불문하고 약관상 금전지급이 실질적으로 채무불이행에 따른 손해배상의 성질이 있는 경우에는 모두 손해배상액의 예정에 포함된다. 부당하게 과중한지의 여부는 거래유형에 따라 계약당사자의 경제적 지위, 계약의 목적과 내용, 손해배상액을 예정한 동기, 채무액에 대한 예정액의 비율, 예상 손해액의 크기, 그 당시의 거래관행과 경제상태 등 종합적으로 고려하여 판단한다.

> **사례형 대비 법 위반에 해당될 수 있는 조항**
>
> - 부동산 거래에 있어서의 위약금은 거래대금의 10% 수준이 통상의 거래관행임에도 총 분양대금의 20~30%를 위약금으로 정한 조항

---

317 2020년 변시 제9회.

- 임대차계약에서 임차물 사용의 대가는 계약기간 중 임대차보증금에 대한 정기예금 이자분과 월 임대료를 합한 금액, 즉 임대료 총액이라 할 것이고 위약금은 임대료 총액의 10% 수준이 적정하다고 할 것임에도 임대차보증금의 10%를 임차인의 위약금으로 정한 조항(대법원 2009. 8. 20. 선고 2009다20475 판결)

- 계약금을 위약금으로 하기로 하는 특약이 있는 경우에 계약금은 민법 제398조 제4항에 의하여 손해배상액의 예정으로서의 성질을 가진 것임에도 계약해제로 인하여 매도인 또는 임차인이 입은 손해에 대하여 매수인 또는 임대인에게 배상책임을 다시 물을 수 있도록 한 조항

- 손해배상액의 예정은 채권자의 실제 손해액이 예정배상액을 초과하더라도 그 초과액을 청구할 수 없음이 원칙임에도 계약금을 위약금으로 정하는 외에 별도로 연체료까지 청구하거나 기납부금에서 공제할 수 있도록 한 조항

- 상조서비스 계약에서 회원의 중도해지에 따른 회차별 납입금의 위약 공제율(공제금액÷상품금액×100)이 20%를 초과하여 회원모집 비용을 일부 감안한다 하더라도 통상의 거래관행(거래대금의 10%)을 훨씬 상회하는 조항

- 액화석유가스(LPG) 사용자가 가스공급기간을 지키지 않은 경우에 가스공급자가 부담한 시설비의 2배에 해당하는 금액을 가스공급자에게 배상하여야 한다고 정한 LPG 공급 및 사용계약서의 손해배상액 예정 조항은 약관의 규제에 관한 법률 제8조의 '고객에 대하여 부당하게 과중한 손해배상의무를 부담시키는 약관조항'에 해당하여 무효이다(대법원 2006. 11. 9. 선고 2006다27000 판결).

다. 계약의 해제·해지(법 제9조)[318]

계약의 해제·해지에 관하여 정하고 있는 약관의 내용 중 다음 각 호의 어느 하나에 해당되는 내용을 정하고 있는 조항은 무효로 한다.
  1. 법률의 규정에 의한 고객의 해제권 또는 해지권을 배제하거나 그 행사를 제한하는 조항
  2. 사업자에게 법률에서 규정하고 있지 아니하는 해제권·해지권을 부여하는 조항
  3. 법률의 규정에 의한 해제권·해지권의 행사요건을 완화하여 고객에 대하여 부당하게 불이익을 줄 우려가 있는 조항
  4. 계약의 해제 또는 해지로 인한 고객의 원상회복의무를 상당한 이유 없이 과중하게 부담시키거나 원상회복청구권을 부당하게 포기하도록 하는 조항
  5. 계약의 해제 또는 해지로 인한 사업자의 원상회복의무나 손해배상의무를 부당하게 경감하는 조항
  6. 계속적인 채권관계의 발생을 목적으로 하는 계약에서 그 존속기간을 부당하게 단기 또는 장기로 하거나 묵시적인 기간연장 또는 갱신이 가능하도록 정하여 고객에게 부당하게 불이익을 줄 우려가 있는 조항

318 2018년 변시 제7회.

(1) 법률의 규정에 의한 고객의 해제권 또는 해지권을 배제하거나 그 행사를 제한하는 조항(제1호)

- 민법이나 기타 법률이 고객에게 부여하고 있는 해제권·해지권을 배제하거나 그 행사요건 및 행사방법을 제한하는 조항은 무효이다.[319]
- 이 규정은 법정해제권 또는 법정해지권을 대상으로 하므로 약정해제권 또는 약정해지권에는 적용되지 않는다.

사례형 대비 법 위반에 해당될 수 있는 조항

- 계약당사자는 상대방의 채무불이행을 이유로 최고 등의 절차를 거쳐 해제·해지권을 행사할 수 있음에도 고객의 해제·해지 요구에 대하여 사업자가 정당한 사유가 있다고 인정하는 경우에만 해제·해지할 수 있다는 조항
- 민법상 채무불이행에 해당함에도 고객이 사업자에게 계약의 해제·해지를 청구할 수 없도록 하는 조항
- 아파트 새시설치계약에서 사업자가 이행에 착수하기 전에는 고객이 계약금을 포기하고 계약을 해제할 수 있음에도 사업자의 이행착수 여부를 불문하고 고객의 계약해제권 행사기간을 계약일로부터 7일 이내로 제한하는 조항

---

(2) 사업자에게 법률에서 규정하고 있지 아니하는 해제권·해지권을 부여하는 조항(제2호)

해제권·해지권이 발생하기 위해서는 원칙적으로 채무불이행이 있고 상당한 기간을 정하여 이행을 최고하고, 그 기간 내에 이행 또는 이행의 제공이 없을 것이라는 요건을 충족시켜야 한다. 이러한 요건을 충족한 후에 해제권자·해지권자가 해제·해지의 의사표시를 하여야 그 효과가 발생한다.

(3) 법률의 규정에 의한 해제권·해지권의 행사요건을 완화하여 고객에 대하여 부당하게 불이익을 줄 우려가 있는 조항(제3호)

약관상 해제권·해지권의 발생 사유로 규정된 조항이 민법 규정이나 계약의 취지에 비추어 채무불이행 사유에 해당하며, 다만 그것을 구체적으로 열거한 것인 때에는 유효한 조항이다.

---

319 용평리조트의 시즌권환불(해지사유제한) 불공정약관 건(2008. 3. 28. 공정위의결 제2008-008호), "용평시즌권은 질병(3주 진단 이상), 이민, 입대, 유학 등 사회통념상 인정할 만한 객관적인 사유로 이용이 불가할 경우에만 환불을 요청하실 수 있습니다."라는 약관조항에 대하여 공정위는 시즌권이용계약은 방문판매법상 계속거래에 해당하는 것으로 같은 법 제29조에 따라 시즌권을 구입한 소비자는 계약기간 중 언제든지 계약해지를 할 수 있고, 이때 사업자는 미이행채무에 대해 청산해야 할 의무가 있으나, 질병·이민·유학 등 일정 사유가 발생할 경우에만 해지환불을 할 수 있다고 규정하고 있는 것은 법률의 규정에 의한 고객의 해지권을 배제하거나 그 행사를 제한하는 조항이자 계약의 해지로 인한 고객의 원상회복청구권(부당이득반환청구권)을 부당하게 포기하도록 하는 조항으로 약관법 제9조 제1호 및 제4호에 해당한다고 판단하였다.

- 기간의 약정이 있는 토지, 건물 기타 공작물에 대한 임대차계약에서 기간 내에 해지할 권리를 보류한 때에 임대인이 해지를 통고할 경우에는 6개월, 임차인이 해지를 통고할 경우에는 1개월 경과 후에 해지의 효력이 발생(민법 제636조)함에도 임차인이 임대차계약을 해지하고자 할 때에는 해지하기 2개월 전에 통지하도록 하는 조항

- 아파트, 상가 등 부동산의 분양계약에서 고객이 중도금 또는 잔금지급을 1회 이상 연체할 경우 사업자가 최고 등의 절차 없이도 해제할 수 있도록 하는 조항

- 계약서에 정한 사항을 위반한 경우 이외에 기타 관리상 필요에 의한 사업자의 요구에 불응한 경우에도 최고 등의 절차 없이 사업자가 일방적으로 해제·해지할 수 있도록 하는 조항

- 고객의 경미한 의무위반에 대하여 사업자가 법률이 규정하고 있는 최고 등의 절차 없이도 일방적으로 해제·해지할 수 있도록 하는 조항

(4) 계약의 해제 또는 해지로 인한 고객의 원상회복의무를 상당한 이유 없이 과중하게 부담시키거나 원상회복청구권을 부당하게 포기하도록 하는 조항(제4호)

- 계약의 해제·해지로 인한 법률효과 중의 하나인 원상회복의무 또는 청산의무의 내용을 고객에게 불리하게 정하는 조항은 무효이다.
- 금전의 경우에는 받은 날부터 반환할 때까지의 이자를 가산하여 반환하여야 하고, 반환의무자가 반환하여야 할 물건에 관하여 필요비를 지출한 때에는 상대방에게 그 상환을 청구할 수 있고, 유익비를 지출한 때에는 가액의 증가가 현존한 경우에 한하여 상대방의 선택에 따라 임차인이 지출한 금액이나 그 증가액의 상환을 청구할 수 있다.

- 계약이 해제 또는 해지되었으나 계약물건의 반환이 불가능하여 물건의 가격으로 반환할 경우 그 가액산정을 사업자가 일방적으로 정하기로 하는 조항

- 상가분양계약에서 계약 해제 시 고객이 이미 지출한 필요비 및 유익비를 사업자에게 청구할 수 없도록 하는 조항

- 스포츠클럽 회원가입계약에서 납입된 입회비는 사유를 불문하고 일체 반환하지 않는다는 조항

- 계약의 해제·해지 시에 고객이 원상회복의무를 사업자보다 먼저 이행하도록 하는 조항

- 민사상 채무불이행 책임은 채무자의 귀책사유가 있음을 전제로 하는 것임에도 귀책사유의 유무와 관계 없이 계약금을 일체 반환하지 않는다는 조항

- 목적용지의 수량부족, 내용의 불일치가 있거나 또는 계약 후 천재지변 기타 불가항력인 사유로 인하여 목적용지의 전부가 유실된 경우에는 물론, 공용징수 등 부담이 부과된 경우에도 매수인이 모든 책임을 부담하고 매도인에게 계약의 해제 또는 기타 책임을 물을 수 없게 되어 있어, 그러한 경우에조차 위 계

약보증금은 당연히 매도인에게 귀속되는 것처럼 규정되어 있는 결과로, 귀책사유 유무를 불문하고 계약이 해제되는 모든 경우 및 그 밖의 사유로 계약 목적 달성이 불가능한 모든 경우에 매수인으로서는 적어도 계약보증금에 대한 원상회복청구권을 사실상 포기하도록 되어 있는 점, 또한 매수인은 채무불이행으로 인하여 계약보증금을 몰취당하는 외에 매도인이 입은 손해를 배상하여야 하는 반면, 매도인의 귀책으로 인하여 계약이 해제될 경우에는 손해배상액의 예정 또는 위약벌에 관한 규정이 전혀 없을 뿐만 아니라, 계약 해제시 매도인이 매수인에게 반환하는 금액에 대하여는 이자를 지급하지 아니한다고 되어 있는 점 등에 비추어 보면, 이 사건 위약금 조항은 고객인 원고에 대하여 일방적으로 부당하게 불리한 것으로서 공정을 잃은 것으로 추정되어 신의성실의 원칙에 반하거나, 또는 계약 해제 시 고객의 원상회복청구권을 부당하게 포기하도록 하는 약관으로서, 약관규제법 제6조 제1항, 제2항 제1호 또는 제9조 제4호에 위반되어 무효라고 봄이 상당하다(대법원 1998. 12. 23. 선고 97다40131 판결).

- 임의법규인 민법 제548조 제2항의 규정에 의하면 계약이 해제된 경우에 반환할 금전에는 이자를 가하여야 하도록 되어 있다는 점, 사업자가 시행하고 있는 전라북도 지방공업단지조성및분양에관한조례 제19조 제1항 및 제2항은 사업자가 계약 상대방의 귀책사유로 인하여 공업용지 분양계약을 해제하였을 때에는 납입한 계약보증금을 제외한 납입액에 대하여는 기간 중 법정이자를 가산하여 반환하도록 규정하고 있다는 점 등에 비추어 보면, 공장용지 분양계약서 제16조 제5항의 규정 내용 중 반환할 금전에 대한 이자의 지급을 배제하고 있는 부분은 사업자의 원상회복의무를 부당하게 경감하는 조항으로서 약관의규제에관한법률 제9조 제4호의 규정에 위반되어 무효이다(대법원 1996. 7. 30. 선고 95다16011 판결).

(5) 계약의 해제 또는 해지로 인한 사업자의 원상회복의무나 손해배상의무를 부당하게 경감하는 조항(제5호)

- 계약이 해제·해지되면 쌍방당사자는 계약의 존속을 전제로 하여 상대방으로부터 받은 급부를 원상회복함으로써 계약관계를 청산하여야 한다. 이러한 원칙에 반하여 사업자가 고객의 원상회복의무를 엄격하게 주장하면서도 자기의 원상회복의무나 손해배상의무를 경감하는 조항은 무효이다.

- 계약의 해제·해지로 인하여 계약상 채무의 소멸과 이에 따른 원상회복을 하고도 상대방에게 책임 있는 해제·해지사유로 인하여 손해가 발생한 경우에는 그 배상을 청구할 수 있다. 채무불이행으로 인한 손해배상은 통상의 손해를 그 한도로 하고, 특별한 사정으로 인한 손해는 채무자가 그 사정을 알았거나 알 수 있었을 때에 한하여 배상의 책임이 있다.

사례형 대비 법 위반에 해당될 수 있는 조항

- 사업자의 귀책사유로 계약이 해제·해지되었음에도 사업자가 고객으로부터 받은 금전의 일부만을 환불하도록 하는 조항

- 계약이 해제·해지된 경우에 이미 고객으로부터 받은 금원 중 이자 및 연체료를 제외하고 원금만을 반환하도록 하는 조항

- 계약이 해제·해지되어 사업자가 고객에게 대금을 반환함에 있어 부당하게 장기의 기한을 붙이는 조항
- 회원 자격 탈퇴의 통지를 1개월 이전에 하도록 요구하면서 탈퇴 즉시 보증금을 반환하지 아니하고 그 반환시기(원상회복의무의 이행기)를 늦추는 조항

(6) 계속적인 채권관계의 발생을 목적으로 하는 계약에서 그 존속기간을 부당하게 단기 또는 장기로 하거나 묵시적인 기간의 연장 또는 갱신이 가능하도록 고객에게 부당하게 불이익을 줄 우려가 있는 조항(제6호)

- 계속적인 채권·채무는 원칙적으로 약정된 존속기간 동안 계속하여 존재하며, 해지의 일방적 의사표시에 의하여 장래에 향해서 효력을 상실하게 할 수 있다.
- 계속적인 계약에 있어서는 존속기간을 부당하게 장기로 하는 것이 마치 고객의 계약해지권을 제한하는 것과 유사한 효과를 발생시키므로 그와 같은 조항은 무효이다.
- 법률상 존속기간의 정함이 있는 경우에 그보다 장기의 존속기간을 정하거나 법률상의 기간 연장 또는 갱신의 요건을 완화하는 경우에는 상당한 이유가 있어야 한다.

사례형 대비 법 위반에 해당될 수 있는 조항

- 계속적인 채권관계의 발생을 목적으로 하는 학습지공급계약에 있어서 계약기간이 만료되어도 구독자의 중지요청이 없으면 계속 구독하는 것으로 간주하는 조항
- 주채무의 연장에 따라 보증기간이 연장되는 경우 연대보증인에게도 새로이 연장된 주채무에 대한 보증책임을 지게 하기 위해서는 연대보증인의 명확한 의사에 의한 동의가 있어야 함에도 주채무의 이행기한의 연장에 따라 연대보증기간도 연대보증인의 동의 없이 자동적으로 연장하도록 하는 조항
- 콘도회원약관에서 콘도에 대한 대규모 투자, 장기간의 공사기간 및 투자비회수 위험을 감안하더라도 계약의 존속기간을 부당하게 장기(예: 20년)로 하여 보증금을 그 존속기간이 경과한 날부터 환불을 청구할 수 있도록 한 조항

판결사례

- 약관의규제에관한법률 제9조 제6호의 규정 취지에 비추어, 연대보증기간 자동연장 조항에 계약기간 종료시 이의 통지 등에 의해 보증인의 지위에서 벗어날 수 있다는 규정이 없고, 새로운 계약기간을 정하여 계약 갱신의 통지를 하거나, 그것이 없으면 자동적으로 1년 단위로 계약기간이 연장되도록 규정하고 있다면, 이는 계속적인 채권관계의 발생을 목적으로 하는 계약에서 묵시의 기간 연장 또는 갱신이 가능하도록 규정하여 고객인 연대보증인에게 부당하게 불이익을 줄 우려가 있다고 보여지므로 연대보증기간 자동연장 조항은 약관의규제에관한법률 제9조 제6호에 위반되어 무효라고 봄이 상당하다고 한 사례(대법원 1998. 1. 23. 선고 96다19413 판결).
- 구 액화석유가스의 안전관리 및 사업법 시행규칙(2001. 10. 31. 산업자원부령 제143호로 개정되기 전의 것) [별표 17] 제2호 (바)목 (2)에서 액화석유가스의 공급계약기간에 관하여 가스사용자가 모든 가스사

용시설의 설치비를 부담하는 경우에는 6월 이상, 가스공급자가 모든 가스사용시설(연소기를 제외한다)의 설치비를 부담하는 경우에는 4년 이상, 가스공급자가 용기집합설비의 설치비를 부담하는 경우에는 2년 이상으로 하여야 한다고 규정하고 있었던 점, 가스공급자로서는 가스배관 및 부대시설 설치비용 등을 회수하기 위하여 상당한 기간 동안 계속적으로 가스를 공급할 필요가 있으므로 가스사용자에게 일정 기간 이상의 계약기간 준수의무를 부과할 수 있다고 보아야 하는 점 등에 비추어 볼 때, 액화석유가스 (LPG) 공급자가 자신의 부담으로 가스시설 및 부대시설을 설치한 경우, 가스공급자의 가스공급기간을 계약체결일로부터 5년으로 정한 LPG공급 및 사용계약서의 계약기간 조항이 약관의 규제에 관한 법률 제9조 제6호의 '계속적인 채권관계의 발생을 목적으로 하는 계약에서 그 존속기간을 부당하게 장기로 하여 고객에게 부당하게 불이익을 줄 우려가 있는 조항'에 해당한다고 보기는 어렵다(대법원 2006. 11. 9. 선고 2006다27000 판결).

라. 채무의 이행(법 제10조)

채무의 이행에 관하여 정하고 있는 약관의 내용 중 다음 각 호의 어느 하나에 해당하는 내용을 정하고 있는 조항은 이를 무효로 한다.
1. 상당한 이유 없이 급부의 내용을 사업자가 일방적으로 결정하거나 변경할 수 있도록 권한을 부여하는 조항
2. 상당한 이유 없이 사업자가 이행하여야 할 급부를 일방적으로 중지할 수 있게 하거나 제3자에게 대행할 수 있게 하는 조항

(1) 상당한 이유 없이 급부의 내용을 사업자가 일방적으로 결정하거나 변경할 수 있도록 권한을 부여하는 조항(제1호)[320]

- 급부는 계약의 핵심적인 내용으로서 계약당사자 상호 간의 합의 및 판정을 통하여 결정되

---

320 2012년 변시 제1회 기출. "경제적 사정의 변동"이라는 범위가 매우 추상적이고 불명확할 뿐만 아니라 당사자의 주관적 의도에 따라 좌우될 여지가 매우 큰 사안에 대하여(고객의 지위 불안정), 설문에 나타난 사실관계에 따르면 사업자가 수수료율을 변경할 수 있는 범위 또한 무려 50%까지 가능한 사안이었고, 결국 사업자가 일방적으로 급부를 변경할 수 있는 범위가 지나치게 넓어 고객의 이익을 심각하게 침해할 우려가 있다는 정도로 논리를 전개해야 하는 사안이었다. 이에 따라 고객이 약관규제법 제10조 제1호를 근거로 설문의 할부수수료율의 변경 약관의 무효를 주장할 수 있다는 결론을 내려야 하는 문제였다(배점 20점). 2019년 변시 제8회 "乙의 입장에서 계약서 제30조 제2항이 약관규제법상 불공정한 약관에 해당하지 않는다는 주장과 그 근거를 제시하시오." - 설문의 계약서 30조 제2항은 "회사가 고객에게 제공하는 사은품은 해당 품목의 수급사정 등에 따라 임의로 동일 가격대의 다른 품목으로 변경될 수 있습니다."라는 약관규정인데, 이는 급부의 내용을 사업자(乙)가 일방적으로 아무런 이유도 없이 변경할 수 있다는 의미가 아니라, 해당 품목의 수급사정 등에 따라 공급이 어려울 경우에 한하여 고객에게 동일 가격대의 다른 품목으로 변경이 가능하다는 점을 규정한 것에 불과하다는 정도를 언급할 필요가 있다. 동일 가격대를 기준으로 보더라도 사업자가 이를 통하여 부당한 이익을 취하거나 고객을 기만하는 의도는 없다고 보아야 한다는 점과, 약관규제법은 급부의 일방적 변경을 무조건 불공정약관으로 의제하는 것이 아니라 "상당한 이유"의 유무를 중시하고 있으므로, 사안의 경우 실제로 수급사정 등의 불가피한 경우가 있었는지 여부를 종합적으로 고려하여 살펴야 한다는 점을 강조하면 된다(약관규제법 위반이 아니라는 시각에서 법리적 반박을 해보라는 취지의 문제 유형).

어야 할 것이며, 당사자 일방이 독단적으로 결정하거나 변경할 수는 없는 것이다.
- 급부는 사업자 자신이 제공하여야 할 급부와 고객이 제공하여야 할 급부를 모두 포함한다. 급부의 변경에는 약속한 급부의 수량, 성질, 이행시기나 이행장소의 변경, 급부제공의 방법 등이 모두 포함된다.

사례형 대비 법 위반에 해당될 수 있는 조항

- 고객의 입장은 전혀 고려하지 아니하고 사업자의 사정에 따라 언제든지 물품공급을 중지하거나 그 한도액을 축소시킬 수 있도록 하여 사업자의 임의대로 물품공급을 할 수 있도록 한 조항
- 임대물에 대한 공과금 부담의 증감, 기타 경제사정의 변동으로 인하여 약정한 차임이 상당하지 아니한 때 쌍방당사자는 장래에 대한 차임의 증감을 청구할 수 있음이 원칙(민법 제628조)임에도 임차인의 차임감액청구권은 규정하지 아니하고 임대인에게만 제반 사정을 감안하여 임대료를 임의로 조정할 수 있도록 한 조항[321]
- 거래의 특성에 비추어 객관적이고 타당한 제한사유를 정하지 아니하고 사업자에게 자유재량을 인정하여 일방적인 급부변경권을 부여하는 조항
- 지나치게 포괄적이거나 불분명한 표현을 사용함으로써 사업자가 자의적인 해석을 통하여 하자담보책임을 면탈할 우려가 있는 조항
- 상가의 용도, 구조, 위치 등 계약의 중요한 사항을 상대방의 동의 없이 사업자가 임의로 변경할 수 있도록 한 조항
- 카드사와 포인트 가맹점이 제공하는 각종 서비스를 사업자의 사정에 따라 사전예고 없이 변경 또는 취소할 수 있도록 한 조항
- 여행사는 자신의 귀책사유 없이 여행자의 안전과 여행의 원만한 실행이 곤란할 경우에 예외적으로 여행일정 등 여행조건을 변경할 수 있음에도 '항공사의 사정 및 현지사정'과 같이 포괄적이고 추상적인 사유로 여행일정을 변경할 수 있도록 한 조항(예: "상기 일정은 항공 및 현지사정에 따라 변경될 수 있습니다")
- 게임이용자의 동의 없이 사업자가 필요에 따라 수시로 게임서비스를 수정 또는 삭제할 수 있도록 한 조항

---

[321] 대법원은 대규모쇼핑몰인 밀리오레의 임대분양계약서(부산점, 대구점, 수원점, 광주점)의 임대료 인상 건에서 '상가활성화 정도에 따라 … 임대료를 인상할 수 있다'는 약관의 내용에 대하여, "이 사건 약관 및 위 약관조항의 형식과 내용, 원고가 위 약관조항을 둔 취지, 일반 거래관행 등을 종합해 보면, 위 약관조항의 '상가운영위원회와 협의를 거쳐'라는 것은 상가운영위원회와 임대료 인상에 관한 의견을 교환하는 것을 의미하는 것이지 그 인상내용에 관한 구체적인 합의가 이루어져야 할 것까지를 의미한다고 볼 수 없고, '상가활성화 정도에 따라 … 임대료를 인상할 수 있다.'는 것 또한 추상적이고 불명확하여 위 약관조항은 원고가 일방적으로 그의 주관적인 판단에 따라 객관적으로 상당한 차임의 범위를 초과하여 인상할 수도 있는 것으로 해석될 수 있으며, 또한 임대료라는 것은 상가건물 내 개별점포의 사용대가이므로 반드시 전체 상가의 활성화 정도에 따라 모든 점포에 대하여 일률적으로 임대료를 인상하여야 할 필요가 있다고 보기도 어려운데 위 약관조항은 상당한 이유 없이 상가활성화를 빌미로 사업자인 임대인이 고객인 모든 임차인의 임대료를 일률적으로 인상할 수 있는 권한을 부여하는 조항으로 해석될 수 있으므로 위 약관조항은 약관규제법 제10조 제1호에 위반된다."고 판단하였다(대법원 2005. 2. 18. 선고 2003두3734 판결).

택배회사의 위탁영업소계약에서 운송수수료율은 영업소가 운송행위에 대한 대가로 어떠한 이득을 취득할 것인가라는 주된 급부에 관한 사항이고, 이러한 급부내용을 변경할 사정변경이 있는 경우에는 당사자 간의 합의에 따라 조정하는 것이 기본 법리이므로, 위 계약에서 사정변경에 따라 운송수수료율을 택배회사측이 일방적으로 변경할 수 있도록 규정한 경우, 이는 상당한 이유 없이 급부의 내용을 사업자가 일방적으로 결정하거나 변경할 수 있도록 권한을 부여한 조항으로 약관의 규제에 관한 법률 제10조 제1호에 해당하거나, 고객에 대하여 부당하게 불리한 조항으로 공정을 잃은 것으로 추정되는 경우에 해당하여 같은 법 제6조 제2항 제1호에 의하여 무효이다(대법원 2008. 2. 14. 선고 2005다47106 판결).

(2) 상당한 이유 없이 사업자가 이행하여야 할 급부를 일방적으로 중지할 수 있게 하거나 제3자에게 대행할 수 있게 하는 조항(제2호)

- 사업자는 약정된 내용에 따라 급부를 이행할 의무가 있으므로 일방적으로 급부를 중지하거나 제3자에게 대행하게 할 수 없다. 이 경우 사업자에게는 채무불이행 책임이 발생한다.
- 급부의 중지는 일시적 중지와 영구적 중지를 모두 포함한다.
- 채무자는 이행과정에서 자신의 책임 하에 이행보조자를 사용할 수 있으므로, 이행보조자의 사용은 이행대행에 해당하지 않는다. 이해관계 있는 제3자는 채무자의 의사에 반하여서도 변제할 수 있는 것이므로 여기에서 금지되는 대행은 이해관계 없는 제3자에 대한 업무위탁에 한한다.

- 임차인이 임대료 및 관리비를 연체할 경우 정당한 계약해지 절차를 거치지 아니한 상태에서는 임대인은 자신의 급부를 중지하여서는 안 될 것임에도 일방적으로 전기 등의 공급을 중단하고 점포를 폐쇄할 수 있도록 한 조항
- 수강료를 받은 사업자는 약정된 교습과목을 정해진 기간 내에 충실하게 교습할 채무를 부담함에도 불구하고 수강자가 교습 중 자동차 운전면허를 취득하는 경우 실제로 받은 교습시간과는 관계없이 교습을 종료할 수 있도록 한 조항
- 운송인이 고객에게 사전 통고 없이 자신을 다른 운송인으로 대체할 수 있도록 한 조항

한국피씨통신 정보서비스이용약관이 1. 다른 이용자 또는 제3자를 비방하거나 중상모략으로 명예를 손상시키는 내용인 경우, 2. 공공질서 및 미풍양속에 위반되는 내용의 정보, 문장, 도형 등을 유포하는 내용인 경우, 3. 범죄적 행위와 결부된다고 판단되는 내용인 경우, 4. 다른 이용자 또는 제3자의 저작권 등 기타 권리를 침해하는 내용인 경우, 5. 게시 시간이 규정된 기간을 초과한 경우, 6. 기타 관계 법령에 위배된다고 판단되는 내용인 경우를 들고 있는바, 위 약관 조항은 그 내용과 취지로 보아 약관의규제에관한법률 제6조

제2항 제1호 소정의 '고객에 대하여 부당하게 불리한 조항'이나 위 법 제10조 제2호 소정의 '상당한 이유 없이 사업자가 이행하여야 할 급부를 일방적으로 중지할 수 있게 한 조항'에 해당한다고 볼 수는 없어 유효하다고 할 것이고, 컴퓨터통신에 게시된 게시물의 내용이 위 약관이 정한 삭제 사유에 해당하는지 여부를 판단함에 있어서는 게시물의 문구만으로 판단할 것은 아니고 그 게시물이 게재될 당시의 상황, 게재자의 지위, 게시물을 게재하게 된 동기와 목적, 게시물의 표현 방법과 내용 등 여러 가지 사정을 종합하여 이를 판단하여야 할 것이다(대법원 1998. 2. 13. 선고 97다37210 판결).

마. 고객의 권익보호(법 제11조)

고객의 권익에 관하여 정하고 있는 약관의 내용 중 다음 각 호의 어느 하나에 해당되는 내용을 정하고 있는 조항은 무효로 한다.

1. 법률에 따른 고객의 항변권, 상계권 등의 권리를 상당한 이유 없이 배제하거나 제한하는 조항
2. 고객에게 주어진 기한의 이익을 상당한 이유 없이 박탈하는 조항
3. 고객의 제3자와 계약을 체결하는 것을 부당하게 제한하는 조항
4. 사업자가 업무상 알게 된 고객의 비밀을 정당한 이유 없이 누설하는 것을 허용하는 조항

(1) 법률에 따른 고객의 항변권, 상계권 등의 권리를 상당한 이유 없이 배제 또는 제한하는 조항(제1호)[322]

— 고객이 직접 계약에 의하여 취득하거나 법률의 규정 등에 의하여 향유할 수 있는 권리 및 이익을 사업자가 약관으로 제한할 수는 없으므로 상당한 이유 없이 권리 및 이익을 배제 또는 제한하는 조항은 무효이다.
— 기타의 권리는 항변권, 상계권 등에 준하여 공평의 원리에 기하여 부여되는 권리로서 유치권, 필요비·유익비의 상환청구권, 채무충당지정권 등을 말한다.

사례형 대비 법 위반에 해당될 수 있는 조항

— 임차인의 목적물 명도의무와 임대인이 임대보증금을 반환할 의무는 동시이행관계에 있음에도 상당기간이 지난 후 보증금을 반환하도록 한 조항

— 부동산 분양계약에서 개발비는 분양받은 자의 이익을 위해 집행되어야 하므로 다른 목적으로 유용되는 경우 수분양자가 부당이득반환청구권을 행사할 수 있어야 함에도 어떠한 경우에도 개발비 사용에 대하여 민·형사상 이의를 제기하지 못하도록 하는 조항

---

322 2016년 변시 제5회 기출. "고객이 제품에 대한 대금을 입금한 이후에는 청약을 철회할 수 없다."는 계약내용이 약관규제법상 불공정한 약관에 해당하는지 여부(배점 15점). 2018년 변시 제7회 기출. "고객은 배송된 제품을 실제 사용한 이후에는 청약을 철회할 수 없습니다."(설문의 경우 광고했던 효과가 없었던 마스크팩 제품으로 제품의 특성상 실제 사용하지 않고는 광고된 내용의 효과를 실증할 수 없음. 또한 설문상의 마스크팩 제품은 낱개포장 제품으로, 100개의 포장제품 중 단 3개만을 사용했음)

- 고객의 채무불이행 시 사업자는 계약을 해지하거나 손해배상을 청구할 수 있으나, 이 경우에도 사업자의 귀책사유나 손해배상액의 과다 등을 이유로 이의를 제기하거나 법적조치를 취하는 것은 고객의 당연한 권리임에도 사업자의 민·형사상 조치에 대하여 아무런 이의를 제기할 수 없도록 하는 조항

- 동산, 건물, 대지에 대한 차임은 매월 말 지급하는 것이 원칙임에도 임대보증금과 함께 임대료를 선납하도록 하는 조항

- 부동산 임차인은 임대인에게 임대차등기절차에 협력할 것을 청구할 수 있음에도 임대인에게 임차권등기의 설정을 요구할 수 없도록 한 조항

- 변제의 제공이 채무의 전부를 소멸하게 하지 못하는 때에는 민법 규정은 변제자에게 우선적으로 충당지정권을 부여하고 있음에도 사업자만이 변제충당지정권을 갖고 변제자인 고객의 변제충당지정권은 원천적으로 배제하는 조항

(2) 고객에게 주어진 기한의 이익을 상당한 이유 없이 박탈하는 조항(제2호)

- 기한의 이익 상실조항은 계약의 해지와 같이 중도에 법률관계를 종료시키는 중대한 법률요건이므로 기한의 이익을 상당한 이유 없이 박탈할 수는 없다.
- 기한의 이익은 기한이 도래하지 않음으로써 당사자가 받은 이익, 즉 채무자가 채무 이행기까지 채무를 이행하지 않더라도 채무불이행 책임을 지지 않는 효과를 말한다.

사례형 대비 법 위반에 해당될 수 있는 조항

- 기한의 이익은 채무자를 위한 것으로 추정되고 이행지체의 경우에도 상당한 기간을 정하여 그 이행을 최고하고 그 기간 내에 이행하지 아니한 때 기한의 이익을 박탈함이 타당함에도 채무의 일부라도 기한 내에 변제하지 아니하면 당연히 기한의 이익을 박탈하는 조항

- 기한의 이익을 박탈하기 위해서는 상당한 이유가 있어야 하고 그 이유는 구체적이고 명시적이어야 함에도 여신거래기본약관에서 '은행과의 모든 거래약정 중 일부라도 위반한 때', '채권보전이 필요하다고 인정되는 상당한 사유가 발생한 때' 등과 같이 포괄적이고 자의적으로 규정하여 기한의 이익을 상실하게 하는 조항

- 부동산매매계약에서 매수인이 계약의 존속에 경미한 영향을 미치는 조항을 위반한 경우에도 대금 분할납부의 기한이익을 상실하게 하는 조항

(3) 고객이 제3자와 계약을 체결하는 것을 부당하게 제한하는 조항(제3호)

이 조항은 고객 측의 계약체결의 자유를 보장하려는 취지에서 둔 규정으로, 사업자가 고객과의 거래관계에서 적당한 범위 내에서 기간, 구역, 업종 등을 한정하고 있는 경우에는 유효하나 그 범위가 지나치게 광범위하여 상대방의 영업의 자유나 기타의 거래활동을 현저히 제한하는 것은 무효이다.

- 아파트·상가 분양계약에서 화재보험 가입이 강제되는 경우에도 어느 보험사와 계약을 체결할지 여부는 비용을 부담하는 고객이 결정할 사항임에도 사업자가 지정하는 보험사와 계약을 체결하도록 하는 조항

- 소유권이전등기는 고객이 직접 하거나 자신이 선택한 제3자를 통해 할 수 있는 사항임에도 사업자가 지정하는 수임자를 통해서만 이전등기를 하도록 하는 조항

- 임차인은 보증금반환청구권을 양도하거나 질권설정의 방법으로 담보를 제공하여 자금융통을 할 수 있음에도 보증금반환청구권을 타인에게 양도하거나 질권 기타 담보로 제공하는 것을 금지하는 조항

- 골프장 등 체육시설 회원가입계약에서 회원의 자격제한기준에 해당하는 경우를 제외하고는 회원권을 다른 사람에게 양도하는 것을 제한할 수 없음에도 회원권을 양도·양수할 수 없도록 한 조항[323]

(4) 사업자가 업무상 알게 된 고객의 비밀을 정당한 이유 없이 누설하는 것을 허용하는 조항(제4호)

- 사업자는 고객과의 거래관계에서 고객의 여러 정보를 알게 되는데 이를 업무 이외의 목적으로 사용하거나 특히 외부에 누설하는 것을 허용하는 조항은 고객의 사생활의 비밀과 자유의 보호라는 헌법상 기본권을 침해하는 것으로 무효이다.

- 고객의 정보를 제공할 정당한 이유가 있는 경우에는 고객의 신용정보제공을 허용하고 있으나 그러한 경우에도 허용요건은 채무불이행·최고·고객의 동의 등으로 구체화되어야 하며 제공 가능한 정보의 범위도 최소화되어야 한다.

- 카드사업자가 신용카드 회원이 규약을 위반하여 채무를 불이행하는 경우 개인 신용정보를 본인의 동의나 최고 없이 관련업체에 임의로 제공하는 조항

- 신용정보의 이용 및 보호에 관한 법률(제24조, 제27조)에 의하면 개인정보유출로 인한 사생활의 비밀침해의 위험으로부터 고객을 보호하기 위하여 사업자가 개인신용정보 활용시 그 사용목적, 제공범위 등을 제한하면서 개인의 동의가 있는 등 법률이 정한 특별한 사유가 있는 경우에 예외적으로 활용할 수

---

[323] 용평리조트의 시즌권 양도불가 약관조항 건(2008. 3. 28. 공정위의결 제2008-008호), "1) 용평시즌권은 기명식 이용권이므로 이용자로 등록된 본인 이외의 제3자의 이용은 (주)용평리조트에서는 인정치 아니하며, 이용에 대해 불가하고 있습니다. 따라서 고객은 시즌권을 발급받는 즉시 카드 서명란에 직접 서명하여야 하며, 용평시즌권 구입 고객께서는 관리와 사용에 각별한 주의를 기울이셔야 합니다. 2) 대여, 양도/양수, 매매 등은 일체의 불법행위로 인정되며 이로 인해 유발되는 불이익에 대하여 (주)용평리조트에 대응하실 수 없습니다."라는 약관조항에 대하여 공정위는 스키장시즌권은 시즌권에 기재된 자가 스키장 시설을 이용할 수 있도록 하는 권리의 증서로서 지명(기명식)채권의 일종이고, 따라서 양도제한의 특별한 사정이 없는 한 양도양수가 허용됨이 타당할 것이라는 점, 일반 거래관행상으로도 스포츠 회원권·이용권 등의 채권은 특별한 사정이 없는 한 양도양수가 인정되고 있어서 가입자격에 특별한 제한이 없이 누구나 이용할 수 있는 스키장이용계약의 경우에도 대부분 명의변경에 따른 양도양수를 허용하고 있고 방문판매법상 계속계약의 해지사유에 제한을 둘 수 없는 점을 비추어 용평리조트가 스키장시즌권의 양도양수를 금지해야 할 상당한 이유가 없다고 보고, 이에 따라 시즌권의 양도양수 등을 일체 허용하고 있지 않는 약관조항 부분은 고객이 제3자와의 계약을 체결하는 것을 부당하게 제한하는 것으로 약관법 제11조 제3호에 위반된다고 판단하였다.

있도록 규정하고 있음에도 신용카드사나 은행이 개인신용정보 활용에 대한 고객의 동의를 구함에 있어 회원가입신청서에 일률적으로 규정하여 고객이 개인신용정보 활용에 대한 동의 여부를 선택할 수 있는 기회를 배제하는 조항(개인정보활용에 동의하지 않으면 카드회원가입 자체가 거절됨)

바. 의사표시의 의제(법 제12조)[324]

의사표시에 관하여 정하고 있는 약관의 내용 중 다음 각 호의 1에 해당되는 내용을 정하고 있는 조항은 이를 무효로 한다.

1. 일정한 작위 또는 부작위가 있을 경우 고객의 의사표시가 표명되거나 표명되지 아니한 것으로 보는 조항. 다만, 고객에게 상당한 기한 내에 의사표시를 하지 아니하면 의사표시가 표명되거나 표명되지 아니한 것으로 본다는 뜻을 명확하게 따로 고지한 경우이거나 부득이한 사유로 그러한 고지를 할 수 없는 경우에는 그러하지 아니하다.
2. 고객의 의사표시의 형식이나 요건에 대하여 부당하게 엄격한 제한을 두는 조항
3. 고객의 이익에 중대한 영향을 미치는 사업자의 의사표시가 상당한 이유 없이 고객에게 도달된 것으로 보는 조항
4. 고객의 이익에 중대한 영향을 미치는 사업자의 의사표시 기한을 부당하게 길게 정하거나 불확정하게 정하는 조항

(1) 일정한 작위 또는 부작위가 있을 경우 고객의 의사표시가 표명되거나 표명되지 아니한 것으로 보는 조항(제1호)

- 계약당사자가 상호 합의하여 결정할 사항에 대하여 사업자의 일방적 의사만을 앞세우고 고객에게 의사표시를 할 수 있는 실질적 기회를 주지 않는 것을 방지하기 위한 조항이다.
- 고객의 어떠한 작위나 부작위의 행태가 고객의 진정한 의사와는 관계없이 일정한 의사표시의 가치를 가진 것으로 간주하는 경우에는 고객이 알지 못하는 사이에 자기의 행위로 인하여 자신이 불리해지거나 원하지 않는 효과가 발생될 수 있다는 위험을 부담하게 되는 것은 고객에게 부당하게 불리하다.
- 어떠한 작위나 부작위가 사회통념상 특정한 의사를 표시하는 것으로 인식되고 있는 경우에는 당연히 그에 따른 법률효과가 인정되지만 도저히 특정한 의사를 표시하는 것으로 볼 수 없는 경우에도 약관상 그 의사를 표시한 것으로 간주하는 것은 무효이다.
- 고객에게 상당한 기간 내에 의사표시를 하지 않으면 의사표시가 표명되거나 표명되지 아니한 것으로 본다는 뜻을 명확히 따로 고지한 경우이거나 부득이한 사유로 고지를 할 수 없는 경우에는 예외적으로 의사표시 의제조항이 허용될 수 있다. 이때 '고지'는 의사표시를

---

324 2013년 변시 제2회 기출. 무료회원이 유료회원으로 자동 전환되는 이용규정의 내용 중 해지통보를 하지 않은 행위를 무조건 유료전환의사표시로 의제하는 조항을 약관규제법 제12조 제1호에 해당되는 불공정약관조항으로 포섭해야 하는 문제였다(배점20점).

의제할 필요가 있는 때에 별도로 하는 개별적 고지를 말하고, 계약 체결 시 교부된 약관에 의한 고지는 해당되지 않는다.

(2) 고객의 의사표시의 형식이나 요건에 대하여 부당하게 엄격한 제한을 가하는 조항(제2호)

- 고객의 의사표시에 부당하게 엄격한 형식이나 요건을 요구함으로써 고객의 의사표시 기회를 사실상 박탈하는 것을 막기 위한 조항이다. 법률·관습·계약에 의하여 특별한 방식이 요구되거나 또는 방식을 요구할 특별한 필요가 있는 경우 외에 의사표시의 형식이나 요건을 엄격히 제한하는 조항은 무효이다.
- 고객에게는 원칙적으로 자신이 원하는 방식에 따라 의사표시를 할 자유가 인정되므로, 당사자에게 신중하게 행위를 하게 하거나 또는 법률관계를 명확하게 하기 위하여 일정한 방식이 필요한 특별한 경우를 제외하고는 의사표시의 방식에 엄격한 제한을 가하여 의사표시 자체를 사실상 곤란하게 하여서는 아니 된다.
- '의사표시'에는 본래적 의미의 의사표시 외에 민법상 의사의 통지나 관념의 통지도 포함된다. 또한 '요건'이란 의사표시의 효력을 발생시키기 위한 실체법상의 요건을 가리키는 것이 아니라 의사표시의 형식과 관련된 요건을 말한다.
- '부당'한지의 여부는 해당 약관을 설정한 의도 및 목적, 해당 업종에서의 통상적인 거래관행, 관계법령, 거래대상 상품 또는 용역의 특성, 의사표시의 성격, 사업자의 영업상의 필요 및 고객이 입을 불이익의 내용과 정도 등을 종합적으로 고려하여 판단한다.

고객이 진료예약을 취소·변경하고자 할 경우 병원을 직접 방문하지 않고 다른 방법을 이용하거나 예약 당일에 취소·변경하더라도 병원에 특별한 불이익이 발생한다고 보기 어려움에도 예약 전일 특정시간까지 내원하여 취소·변경 절차를 밟도록 하는 조항

(3) 고객의 이익에 중대한 영향을 미치는 사업자의 의사표시가 상당한 이유 없이 고객에게 도달된 것으로 보는 조항(제3호)

- 상대방 있는 의사표시는 상대방에게 도달한 때에 그 효력이 생긴다(민법 제111조 제1항). 이때 '도달'이란 의사표시가 상대방의 사회적 지배 범위 내에 들어가 상대방이 일반적·객관적으로 의사표시의 내용을 알 수 있는 상태에 놓이는 것을 말한다(요지할 수 있는 상태).
- 실제로 통지가 전달된 바 없음에도 전달된 것으로 의제하여 의사표시의 효력을 발생시킨다면 고객이 알지도 못하는 사이에 고객에게 불리한 효과가 발생할 위험을 지게 되므로 무효이다.
- 계약의 취소나 해제, 급부변경의 청약, 이행지체를 발생시키거나 시효중단사유가 되는 이행의 청구 등은 고객의 계약상 지위와 급부내용에 중대한 영향을 미치는 의사표시로 볼 수 있다. 반면 거래상황 등 각종 정보의 고지, 상계의 통지, 고객의 요청사항에 대한 승인 등은 고객의 이익에 중대한 영향을 미치는 것은 아니다.
- '상당한 이유'가 있는지의 여부는 해당 약관을 설정한 의도 및 목적, 해당 업종에서의 통상적인 거래관행, 관계법령, 거래대상 상품 또는 용역의 특성, 사업자의 영업상의 필요 및 고객이 입을 불이익의 내용과 정도 등을 종합적으로 고려하여 판단한다.

- 사업자의 의사표시에 관하여 발신만으로 효력을 발생하게 하거나 연착이나 도착하지 않은 경우에도 통상 도착하여야 하는 때에 고객에게 도착한 것으로 간주하는 조항
- 보험회사가 보험계약자 등의 변경된 주소 등 소재를 알았거나 보통 일반인의 주의만 기울였더라면 알 수 있었음에도 이를 게을리 하여 알지 못한 경우에도 보험증권에 기재된 종전 주소지를 의사표시의 수령장소로 의제하는 조항[325]

---

325 약관의규제에관한법률 제12조 제3호는 의사표시에 관하여 정하고 있는 약관의 내용 중 고객의 이익에 중대한 영향을 미치는 사업자의 의사표시가 상당한 이유 없이 고객에게 도달된 것으로 보는 조항은 무효로 한다고 규정하고 있는데, 보험계약자 또는 피보험자가 개인용자동차보험 보통약관에 따라 주소변경을 통보하지 않는 한 보험증권에 기재된 보험계약자 또는 기명피보험자의 주소를 보험회사의 의사표시를 수령할 지정장소로 한다고 규정하고 있는 개인용자동차보험 특별약관의 보험료 분할납입 특별약관 제3조 제3항 후단을 문언 그대로 보아 보험회사가 보험계약자 또는 피보험자의 변경된 주소 등 소재를 알았거나 혹은 보통일반인의 주의만 하였더라면 그 변경된 주소 등 소재를 알 수 있었음에도 불구하고 이를 게을리 한 과실이 있어 알지 못한 경우에도 보험계약자 또는 피보험자가 주소변경을 통보하지 않는 한 보험증권에 기재된 종전 주소를 보험회사의 의사표시를 수령할 지정장소로 하여 보험계약의 해지나 보험료의 납입최고를 할 수 있다고 해석하게 되는 경우에는 위 특별약관 조항은 고객의 이익에 중대한 영향을 미치는 사

(4) 고객의 이익에 중대한 영향을 미치는 사업자의 의사표시의 기한을 부당하게 길게 정하거나 불확정하게 정하는 조항(제4호)

고객이 사업자의 의사표시를 지나치게 오래 기다리게 하는 등 고객의 계약상 지위를 불안정하게 만드는 것을 방지하기 위하여 사업자가 어떤 의사표시를 할 수 있는 기한을 부당하게 장기 또는 불확정적으로 정하는 조항은 무효이다.

사. 대리인의 책임가중(법 제13조)

고객의 대리인에 의하여 계약이 체결된 경우 고객이 그 의무를 이행하지 아니하는 경우에는 대리인에게 그 의무의 전부 또는 일부를 이행할 책임을 지우는 내용의 약관조항은 이를 무효로 한다.

- 원래 대리인은 본인과 상대방과의 법률관계만을 매개할 뿐 스스로 아무런 책임을 지지 않는 것이 원칙이다.
- 단순히 계약체결의 대리인이 아니라 계약이행자로서의 지위도 겸하고 있는 경우에는 법 제13조의 대리인에 해당되지 않는다.[326]
- 대리권 없이 행한 무권대리의 경우에도 그 무권대리인의 사업자에 대한 책임을 법률이 정한 책임범위(민법 제135조)보다 가중할 수 없다.

사례형 대비 법 위반에 해당될 수 있는 조항

- 고객의 대리인에 의하여 체결된 계약이 무효·취소로 되는 경우 대리인이 그에 대한 무과실의 손해배상

업자의 의사표시가 상당한 이유 없이 고객에게 도달된 것으로 보는 조항에 해당하는 것으로서 위 약관의규제에관한법률의 규정에 따라 무효라 할 것이다(대법원 2000. 10. 10. 선고 99다35379 판결).

[326] 약관의규제에관한법률(이하 약관법이라 한다) 제13조 소정의 '대리인'이라 함은 약관법 제1조 및 제6조 제1항의 취지를 종합하여 살펴볼 때 단순히 '본인을 위하여 계약체결을 대리하는 민법상 및 상법상의 대리인'을 뜻한다고 할 것인데, 원고의 입찰안내서상 입찰자(대리점)는 한국 내에 소재하는 공급자의 계약상의 전권 대표부 또는 대리점으로서 자기의 이름으로 원고의 입찰에 참가하고, 원고와 공급자간의 모든 연락업무를 수행하며, 공급자로부터 선적서류를 송부받아 원고에게 제출하고, 최종 도착지에서 상품의 검정·검수에 참여하는 등으로 계약의 이행과정에 관여하게 되어 있는바, 이러한 점에 비추어 볼 때, 위 입찰안내서의 수입조건 제12조 에프(f)항 소정의 국내대리점은 위 약관법 제13조 소정의 단순한 '계약 체결의 대리인'의 지위를 넘어 '이행보조자'의 지위도 겸하고 있다고 보여지므로, 위 조항은 약관법 제13조에 위반되지 않는다(대법원 1999. 3. 9. 선고 98두17494 판결).

책임을 지도록 하는 조항

– 고객이 약관을 이행하지 않을 경우에 대리인이 그 이행 책임을 진다는 조항

아. 소송 제기의 금지 등(법 제14조)

소송 제기 등과 관련된 약관의 내용 중 다음 각 호의 어느 하나에 해당하는 조항은 무효로 한다.
  1. 고객에게 부당하게 불리한 소송 제기 금지 조항 또는 재판관할의 합의 조항
  2. 상당한 이유 없이 고객에게 입증책임을 부담시키는 약관 조항

(1) 부제소 합의[327]

– 부제소의 합의란 당사자가 소를 제기하지 않겠다고 합의하는 것을 말한다.
– 소제기라 함은 본안소송과 보전소송 등 강제집행절차에 있어서의 신청까지를 포함한 소송 절차상의 일체의 행위를 의미한다.

사례형 대비 법 위반에 해당될 수 있는 조항

– 계약당사자 간의 귀책사유를 따지지 아니하고 어떠한 사유로도 일체의 민·형사상의 책임을 묻지 못하도록 하는 조항

– 아파트 공급계약에서 아파트의 구조 및 위치에 따라 조망권, 일조권 등이 침해되거나 소음이 발생할 수 있음을 사전 인지하고 계약을 체결하는 경우, 통상의 일반인이 수인할 수 있는 한도를 초과하여 정상적인 주거생활을 심각하게 저해하는 상황이 발생하는 때에는 이의를 제기할 수 있어야 함에도, 이에 대한 이의제기를 금지하는 조항

판결사례

독립적 은행보증에 있어서 보증의뢰인과 보증은행 사이에 체결된 보증의뢰계약에서 보증의뢰인이 보증은행

---

327 2015년 변시 제4회 기출. 乙이 할부금 지급 연체로 인해 나머지 할부금의 일시 납부를 거부한 경우 A사가 계약 해제 시 고객이 자신을 상대로 소제기를 금지한 약관조항에 대해 이를 고객에 대하여 부당하게 불리한 소제기 금지조항의 약관으로 포섭하여 불공정한 약관에 해당하는지 여부와 그 근거를 설명하는 문제였다(배점 15점).

2022년 변시 제11회 기출. "(분쟁해결방법) 상품 하자로 인한 손해배상 분쟁은 중재로 해결해야 하며 법원에 소를 제기할 수 없습니다."라는 약관이 불공정한 약관조항에 해당하는지 여부를 묻는 문제였다. 일반적으로 약관을 통한 중재합의를 무조건 불공정하다고 단정할 수는 없겠지만, 중재합의가 존재할 경우 법원을 통한 소 제기가 제한된다는 점과 단심제로 운영되는 측면에서는 소권(상소권)이 제한되는 내용의 합의에 해당한다(중재법 제8조에서 중재합의의 존재 사실은 소 각하 사유로 규정함). 즉, 당사자의 소권을 제한할 수 있다는 점에서 약관을 통한 중재합의와 부제소합의가 고객과의 충분한 협의에 따라 이루어지지 않는다면 고객에게 부당하게 불리한 결과를 초래할 수 있는데, 설문의 약관은 중재절차로만 분쟁을 해결한다는 내용과 함께 법원에 소를 제기할 수 없다는 내용의 부제소합의를 함께 두고 있다. 참고로 중재법 제36조는 중재판정에 대한 불복방법으로 '중재판정 취소의 소'를 규정하고 있다. 설문의 약관은 이러한 소송까지 금지하는 의미도 포함된다고 볼 수 있으며, 마찬가지로 소 제기를 금지하는 내용은 약관규제법 제14조 위반이다.

의 보증금 지급을 저지시키기 위하여 행사할 수 있는 가처분신청권을 포함한 일체 소송절차에 있어서의 신청을 배제시키는 의미의 부제소특약조항을 두고 있는 것은, 보증의뢰인이 수익자의 권리남용임이 명백한 보증금 청구에 대하여자신의 권리를 신속하게 보전할 수 있는 길을 원천적으로 봉쇄하는 것에 다름 아니고, 물론 보증은행의 입장에서 볼 때 비교적 간이한 소명방법이 허용되는 가처분절차에 의하여 보증금의 지급을 금지하는 가처분을 받게 되면 나중에 그 가처분이 부당한 것으로 판명됨에 따라 보증은행이 대외적인 신용에 있어 손상을 입게 되는 경우도 생길 수 있을 것이나, 이는 수익자의 보증금 청구가 명백히 권리남용에 해당하여 무효라는 충분한 소명이 있는 경우에 한하여 법원이 그러한 가처분을 인용함으로써 해결할 일이지, 가처분 신청권 자체를 부정하여 그 직접적인 이해당사자인 보증의뢰인으로 하여금 사법상의 권리구제조치를 취할 수 없도록 하여서는 그에게 일방적인 희생을 강요하는 결과가 되어 매우 부당하다고 하지 않을 수 없으므로, 그 부제소특약의 약관조항은 같은 법 제14조의 규정에 따라 무효이다(대법원 1994. 12. 9. 선고 93다43873 판결).

(2) 재판관할 합의

- 관할이란 재판권을 행사하는 여러 법원 사이에서 재판권의 분장관계를 정해놓은 것을 말한다. 이러한 관할제도는 법원 간에 재판사무의 공평한 분배를 참작하는 외에 주로 당사자의 편의를 고려하여 정하여진 것이다.
- 당사자 간의 개별적이고 명백한 합의에 의하여 법정 관할법원과 다른 법원을 관할법원으로 정할 수 있으나(합의관할), 약관으로 고객에게 불리한 관할합의조항을 정하는 것은 사업자에게만 유리하고 고객에게는 소제기 또는 응소에 큰 불편을 초래하여 소송을 포기하게 하는 결과를 초래할 수도 있으므로 무효이다.

사례형 대비 법 위반에 해당될 수 있는 조항

- 계약과 관련된 소송의 관할법원을 사업자의 소재지 법원 또는 사업자가 지정한 법원(예: ○○지방법원)으로 정하는 조항
- 외국사업자가 국내에서 영업행위를 하면서 계약과 관련된 모든 분쟁의 관할법원을 외국사업자의 본사 소재지 법원으로 정하는 조항

(3) 입증책임의 부담

- 입증책임이라 함은 소송상 어느 사실의 존부가 확인되지 않은 때에 해당 사실이 존재하지 않는 것으로 취급하고 법률판단을 받게 되는 당사자 일방의 위험 또는 불이익을 말한다.
- 입증이 곤란한 사실에 대해서는 누가 입증책임을 부담하는가에 따라 소송의 승패가 결정적으로 좌우되므로 약관에 의하여 사업자의 영역 내에 속하는 사항을 고객에게 입증하도록 책임을 전가하는 것은 무효이다.

- 게임이용약관에서 사업자가 인지할 수 없는 사유로 인하여 발생한 인터넷 접속지연 등의 손해에 대해서는 책임을 지지 않도록 하는 조항

- 화물 및 여객운송에서 운송업자가 자기에게 명백한 고의·과실이 있는 때에만 손해배상책임을 진다고 하는 조항

V. 불공정한 약관의 효력

불공정한 약관조항은 약관규제법에 따라 실체법상 당연 무효이며, 처음부터 그 약관조항은 없었던 것이 된다. 따라서 무효인 약관조항에 근거하여 주고받은 이익은 법리상 부당이득반환청구가 가능하다.

약관규제법상의 무효는 어떠한 특별한 절차를 거쳐 비로소 무효로 되는 것이 아니다. 따라서 설사 법원이 개별사건에서 해당 약관조항이 무효라고 판결을 선고할 경우나 공정위가 약관법위반 사건에서 무효를 의결하는 경우 모두 그 무효를 '확인'하는 의미에 불과하다.

약관조항이 무효가 될 경우 원칙적으로 해당 조항만을 무효로 할 뿐이고, 약관은 나머지 부분만으로 그대로 존속함을 원칙으로 한다(일부무효의 특칙).[328]

VI. 불공정약관에 대한 공정위의 규제

1. 불공정약관조항의 사용금지

약관규제법은 불공정약관에 대한 규제제의 실효성을 제고하기 위하여, 사업자에 대하여 불공정한 약관조항을 계약의 내용으로 사용하지 못하도록 금지하고(법 제17조), 이에 위반한 사업자에 대하여는 공정위가 시정권고나 시정명령 등을 내릴 수 있도록 하고 있다(법 제17조의2).

이 경우 공정위는 원칙적으로 시정에 필요한 조치를 권고할 수 있다.[329] 다만, 그 위반 사업자가 아래의 어느 요건에 해당하는 경우에는 예외적으로 시정조치를 명할 수 있다(법 제17조의2 제2항).

① 사업자가 공정거래법상 시지사업자인 경우

② 사업자가 자기의 거래상의 지위를 부당하게 이용하여 계약을 체결하는 경우

③ 사업자가 일반 공중에게 물품·용역들을 공급하는 계약으로서 계약체결의 긴급성·신속성으로 인하여 고객이 계약을 체결할 때에 약관조항의 내용을 변경하기 곤란한 경우

---

[328] 약관규제법상의 문제에 대한 결론을 언급할 경우, 어떤 조항에 따라 무효에 해당한다고만 설명하는 것보다는 일부무효의 특칙을 언급하면서 조금 더 넓은 내용으로 결론을 내려준다면 좋은 인상을 줄 수 있다.
"약관규제법 제16조(일부 무효의 특칙) 약관의 전부 또는 일부의 조항이 제3조 제4항에 따라 계약의 내용이 되지 못하는 경우나(명시 및 설명의무 불이행을 의미) 제6조부터 제14조까지의 규정에 따라 무효인 경우(불공정한 약관의 무효를 의미) 계약은 나머지 부분만으로 유효하게 존속한다. 다만, 유효한 부분만으로는 계약의 목적 달성이 불가능하거나 그 유효한 부분이 한쪽 당사자에게 부당하게 불리한 경우에는 그 계약은 무효로 한다."

[329] 실무상 약관규제법 위반사건의 경우 대부분 시정권고로 처리된다. 대부분 약관규제법 위반 조사단계에서 공정위가 자진수정을 유도하고(의견청취과정의 공문발송), 사업자가 약관을 자진 수정하여 종결되는 경우가 많다.

④ 사업자의 계약당사자로서의 지위가 현저하게 우월하거나 고객이 다른 사업자를 선택할 범위가 제한되어 있어 약관을 계약의 내용으로 하는 것이 사실상 강제되는 경우

⑤ 계약의 성질상 또는 목적상 계약의 취소·해제 또는 해지가 불가능하거나 계약을 취소·해제 또는 해지하면 고객에게 현저한 재산상의 손해가 발생하는 경우

⑥ 사업자가 시정권고를 정당한 사유 없이 따르지 아니하여 여러 고객의 피해가 발생하거나 발생할 우려가 현저한 경우

공정위는 위와 같은 시정권고 또는 시정명령을 할 때 필요하면 해당 사업자와 같은 종류의 사업을 영위하는 다른 사업자에게 같은 내용의 불공정한 약관조항을 사용하지 말 것을 권고할 수 있다(법 제17조의2 제3항).

2. 표준약관제도[330]

표준약관제도는 사업자(단체)가 일정한 거래분야에서 표준이 되는 약관으로 작성한 것을 공정위가 심사하고 최종 승인함으로써 불공정약관의 작성·통용을 사전에 예방하기 위한 약관규제법상의 법집행 수단이다(법 제19조의3 표준약관).

약관규제법상 표준약관심사청구 및 제정의 내용은 다음과 같다.

① 심사청구 등 : 사업자 및 사업자단체가 스스로 일정한 거래분야에서 표준이 될 약관을 마련하여 그 내용이 약관규제법에 위반되는지 여부에 관하여 공정위에 심사를 청구할 수 있으며(법 제19조의3 제1항 약관심사청구), 등록된 소비자단체 또는 한국소비자원은 소비자피해가 자주 발생하는 거래분야의 표준이 될 약관의 제정을 공정위에 요청할 수 있다(법 제19조의3 제2항).

② 심사청구 권고 : 공정위는 제2항에 따른 소비자단체 등의 요청이 있는 경우 또는 일정한 거래분야에서 다수의 고객에게 피해가 발생하는 경우에는 이를 조사하여 약관이 없거나 불공정약관조항이 있는 경우 사업자 및 사업자단체에 대하여 표준이 될 약관을 마련하여 심사청구할 것을 권고할 수 있다(법 제19조의3 제2항, 제3항 제1호).

③ 표준약관 제정 : 공정위는 사업자 및 사업자단체가 제3항의 권고를 받은 날로부터 4개월 이내에 필요한 조치를 하지 아니하면 관련 분야의 거래 당사자 및 소비자단체등의 의견을 듣고 관계 부처의 협의를 거쳐 표준이 될 약관을 제정 또는 개정할 수 있다.

이와 같이 마련된 표준약관이 실제 계약관계의 공정화에 기여하기 위해서는 사업자가 이를 적극적으로 채택할 필요가 있다. 따라서 약관규제법은 공정위로 하여금 표준약관을 공시하고, 사업자 및 사업자단체에 대하여 그 사용을 권장할 수 있도록 하고 있다(법 제19조의3 제5항 공시 및 사용권장). 공정위의 표준약관 사용권장행위는 사업자의 권리·의무에 직접 영향을 미치는 행정처분으로 항고소송의 대상이 된다(대법원 2010. 10. 14. 선고 2008두23184 판결). 공정위로부터 표준약관의 사용을 권장받은 사업자 및 사업자단체가 그 권고에 따르지 않고, 표준약관과 다른 약관을 사용하는 경우에는 표준약관과 다르게 정

---

330 2020년 변시 제9회 기출. "공정거래위원회가 직접 표준약관을 제정하게 되는 요건에 관하여 설명"하는 문제.

한 주요 내용을 고객이 알기 쉽게 표시하여야 한다(동조 제6항). 한편, 사업자 및 사업자단체가 표준약관을 사용하는 경우 공정위가 고시하는 바에 따라 표준약관표지를 사용할 수 있으나(동조 제7항), 표준약관과 다른 내용을 약관으로 사용하는 경우에는 표준약관표지를 사용하여서는 안 된다(동조 제8항). 사업자 등이 이에 위반하여 표준약관표지를 사용하는 경우에 그 약관의 내용이 표준약관의 내용보다 고객에게 불리한 경우에 그 약관의 내용은 무효이다(동조 제9항).

할부거래법

할부거래의 형태와 같은 마케팅이 본격화된 것은 산업혁명 이후의 자본주의의 고도화와 함께 대량생산에 따른 소비 진작의 필요성에 의해서이다. 판매촉진수단이라는 미명하에는 고가의 상품을 충동적으로 구매한다거나 심지어는 원하지도 않는 상품을 구매한 뒤에 후회하게 되는 어처구니없는 상황도 나타나게 되었다. 심각한 경우에는 소비자파산 또는 신용불량의 원인이 되어 사회적 불안 요소로도 부각되기도 하였다. 이와 같은 맥락에서 소비자의 충동구매 등에 따른 피해를 예방하는 차원의 소비자보호 입법으로 이해하고 그 구체적인 수단을 정리해나가면 될 것이다.

할부거래법의 내용 중 출제될 가능성이 있는 부분은 ① 할부거래법상 할부거래 및 선불식 할부거래의 기본개념을 정확히 숙지하고 있는지를 묻는 문제(법 제2조), ② 서면계약 체결의무(법 제6조), ③ 청약의 철회(법 제8조 및 제24조) 및 청약철회 시의 효과(법 제10조), ④ 소비자의 기한이익상실(법 제13조) ⑤ 할부거래법상 소비자의 항변권(법 제16조) 등을 들 수 있다. 나아가 설문에 나타난 할부거래가 인터넷을 통하여 이루어진 경우와 같이 할부거래법상 할부거래에 해당하는 것에 그치지 않고 별도로 전상법(전자상거래법)상의 통신판매에도 해당하는 경우(그 외 방판법상 방문판매나 전화권유판매에도 해당될 수 있는 경우도 있을 수 있다)와 같이 적용 법률이 경합할 경우 그 적용순서 등의 문제도 소논점으로 출제될 수 있다. 그동안의 변시 기출문제의 유형을 살펴보면, 먼저 약관을 통한 거래방식을 기본으로, 할부거래나 전상법상 통신판매 등 특수거래 부분을 혼합하여 소비자법 영역에서 출제할 수 있는 범위의 문제를 종합적으로 묻고 있다. 그동안 출제된 문제의 유형을 살펴보면 수험생들은 할부거래법 및 법 시행령의 주요 내용과 위치를 미리 파악해 둔다면 대부분 어렵지 않게 문제를 해결할 수 있는 수준이었다. 개념과 각 소비자보호수단 등을 정리하는 과정에서 법률의 규정 등을 함께 정리할 필요가 있다고 본다. 객관식 시험을 준비하는 방법과 주관식 서술형 시험의 대비 방법은 서로 다르다. 매우 지엽적인 부분까지 머릿속에 외워야 할 필요는 없다. 서술형 시험에서 보다 중요한 것은 중요 쟁점에 대한 서설에서 언급할 수 있는 기본 개념이나 제도적 취지를 이해하고 있는지, 법령에 규정된 요건을 사례에 적용할 수 있는지, 그 적용의 근거를 설명할 수 있는지와 관련된 논리적 판단이다. 시험장에서 법률 및 시행령을 참고할 수 있기 때문에, 법 규정을 통해 해결할 수 있는 부분은 효율적으로 구분하여 공부하기 바란다.

Ⅰ. 할부거래 및 선불식 할부거래[331]의 개념

1. 할부거래법상 할부거래의 의의 및 적용제외[332]

할부거래법상 "할부계약"[333]이란 계약의 명칭·형식이 어떠하든 재화나 용역에 관한 계약 중, ① 소비자가 사업자에게 재화의 대금(代金)이나 용역의 대가를 2개월 이상의 기간에 걸쳐 3회 이상 나누어 지급하고(현행법상 할부거래의 개념적 특징은 "2기 3나"), 재화등의 대금을 완납하기 전에 재화의 공급이나 용역의 제공을 받기로 하는 계약(직접할부계약[334]), 또는 ② 소비자가 신용제공자[335]에게 재화등의 대금을 2개월 이상의 기간에 걸쳐 3회 이상 나누어 지급하고, 재화등의 대금을 완납하기 전에 사업자로부터 재화등의 공급을 받기로 하는 계약(간접할부계약)을 말한다(할부거래법 제2조 제1호).

나아가 할부거래법 제3조는 ① 영리목적 할부거래 : 사업자가 상행위를 위하여 재화등의 공급을 받는 거래(다만, 사업자가 사실상 소비자와 같은 지위에서 다른 소비자와 같은 거래조건으로 거래하는 경우는 제외)와 ② 성질상의 적용제외 : 성질상 이 법을 적용하는 것이 적합하지 아니한 것으로서 대통령령으로 정하는 재화등의 거래(농수축산물 등 시행령 제4조가 정하는 거래)의 경우 법의 적용 자체를 제외하고 있다.[336]

---

331 할부거래는 재정능력이 부족한 소비자도 쉽게 재화등을 구입할 수 있도록 해준다. 그러나 그 이면에는 대금을 지급하지 않거나 일부만 지급하더라도 재화등을 손쉽게 구입할 수 있도록 해주면서 충동구매와 불필요한 과소비, 분할지급에 따른 착시효과(분할된 할부금을 보고 마치 푼돈처럼 느껴지게 만드는 'Pennies-A-Day' 마케팅수법)로 구매의사를 정확하게 판단하기 어려운 문제가 있다. 이러한 취지의 소비자피해를 예방하기 위한 방법으로 할부거래법이 제정, 시행된 것이다. 그리고 1980년대 이후 또 다른 형태의 할부거래(대금을 분할 지급한다는 방식은 동일)가 등장하게 되는데, 이는 후불식 할부거래와는 달리 소비자가 먼저 대금을 지급하고 추후 재화등을 공급받는 형태(후불식에 대비하여 선불식 할부거래)를 특징으로 하는 거래였다. 대표적으로 혼례와 상례의 경우인데, 발생시기가 불분명하고 막대한 비용과 인력이 필요하고, 이에 필요한 재원을 단시간 내에 마련하기도 어려운 일이어서 소비자가 미리 분할하여 이에 소요되는 비용을 선지불하고 추후 필요한 재화등을 공급받는 선불식 할부거래가 등장하게 된 것이다. 이 경우 선지급한 대금을 안전하게 확보하는 것이 중요한 문제로 대두되었다. 법인과 대표자의 책임과 법인격이 원칙적으로 분리된 상황에서 상조업체가 도산하거나 대표자의 횡령 등으로 인해 발생하게 될 소비자의 피해를 예방하기 위한 고민에서 선불식 할부거래에 대한 제재가 강화되어야 한다는 공감대가 형성된 것이다. 2019년 변시 제8회 기출. "할부거래법을 근거로 갑과 을이 체결한 계약의 성질을 설명하라(선불식 할부거래)."

332 2012년 변시 제1회 기출. "설문에 나타난 계약이 할부거래법상 할부거래에 해당하는지 여부(배점 10점)."
2022년 변시 제11회 기출. "설문에 나타난 계약이 할부거래법상 어떤 유형의 계약에 해당하는지를 설명(배점 20점)."

333 2017년 변시 제6회 기출. 전기난방기를 10개월 무이자 할부로 300만 원에 구입하기로 하고 계약체결과 동시에 1회차 할부금 30만 원을 납부하고 2회차부터 매달 12일에 계좌이체하기로 한 계약 - 이에 대하여 할부거래법이 적용되는지를 설명하라는 문제였다(직접 할부거래계약에 해당).

334 2017년도 변시 제6회 기출. 할부거래법상 직접할부거래에 해당하는지 여부를 판단하여 최종적으로 할부거래법의 적용대상이 된다는 점을 설명하는 문제였다(배점 15점).

335 "신용제공자"란 소비자·할부거래업자와의 약정에 따라 재화등의 대금에 충당하기 위하여 신용을 제공하는 자를 말한다(법 제2조 제6호). 신용카드사나 할부금융사 등이 이에 해당한다.

336 제4조(법 적용에서 제외되는 거래) 법 제3조 제2호에서 "대통령령으로 정하는 재화등의 거래"란 다음 각 호의 어느 하나에 해당하는 재화등의 거래를 말한다.
   1. 농산물·수산물·축산물·임산물·광산물로서 「통계법」 제22조에 따라 작성한 한국표준산업분류표상의 제조업에 의하여 생산되지 아니한 것
   2. 「약사법」 제2조 제4호에 따른 의약품
   3. 「보험업법」에 따른 보험

- 납골탑, 부도탑 등은 구조상 비석, 상석, 석물 등을 토지에 정착하여 용이하게 이동할 수 없는 시설물로서 부동산에 해당하므로 할부거래법이 적용되지 않는다. 다만, 명칭은 납골탑, 부도탑이라 하더라도 이동이 가능하며 상조상품의 일부분으로서 거래하는 경우에는 당연히 할부거래법이 적용된다(부동산인지의 여부는 민법상 원칙에 따라 판단하면 충분).

- 상조보험은 「보험업법」에 따른 보험이므로 할부거래법이 적용되지 않는다.

2. 선불식 할부거래의 의의 및 적용제외

선불식 할부거래(선불식 할부계약에 의한 거래)[337]란 계약의 명칭·형식이 어떠하든 소비자가 선불식 할부거래업자("상조회사"가 대표적)로부터 ① 장례 또는 혼례를 위한 용역(용역시기가 확정된 경우는 제외한다) 및 이에 부수한 재화, 또는 ② 이에 준하는 소비자피해가 발생하는 재화등으로서 소비자의 피해를 방지하기 위하여 대통령령으로 정하는 재화등의 대금을 2개월 이상의 기간에 걸쳐 2회 이상 나누어 지급함과 동시에 또는 지급한 후에 재화등의 공급을 받기로 하는 계약을 말한다(법 제2조 제2호 및 제4호). 다만, 재화등의 제공시기가 확정된 경우는 제외한다.

또한 위와 같은 선불식 할부거래에 해당하더라도, ① 사업자가 상행위를 위하여 재화등의 공급을 받는 거래(다만, 사업자가 사실상 소비자와 같은 지위에서 다른 소비자와 같은 거래조건으로 거래하는 경우는 제외)와 ② 성질상 이 법을 적용하는 것이 적합하지 아니한 것으로서 대통령령으로 정하는 재화등의 거래(농수축산물 등 시행령 제4조가 정하는 거래)의 경우 법의 적용 자체를 제외하고 있다(할부거래의 적용제외와 동일).

○ 상조사업자가 계약금을 받은 후 잔금은 상조서비스 제공 후 일시불로 받는 계약을 체결한 경우

⇒ 총 2회(계약금, 잔금)에 걸쳐 나누어 지급되고, 그중 1회는 재화등의 공급이 이루어지기 전에 지급되기 때문에 선불식 할부거래에 해당한다.

○ 소비자로부터 멤버십카드 발급비용으로 일정한 금액을 받고 상조서비스 제공 시 대금을 수령하는 상품을 판매한 경우

⇒ 상조서비스 제공 이전에 어떠한 명목(가입비, 정보제공비, 카드발급비, 할인쿠폰대금 등)으로든 대금(금액의 상·하한 제한은 없음)을 먼저 받고 잔금을 서비스 제공시점에 받기로 하였다면 선불식 할부거래에 해당한다.

---

4. 「자본시장과 금융투자업에 관한 법률」 제4조에 따른 증권 및 같은 법 제336조 제1항 제1호에 따른 어음
5. 부동산
337 대금을 분할 납부한다는 점에서 할부거래와 유사하지만, 용역의 제공시기가 불확정한 장래인 점(예: 경조사서비스)은 소비자신용을 기초로 한 일반 할부거래와는 다른 특질을 갖는다. 영세한 사업자들의 난립과 방만한 운영에 따른 소비자피해를 예방하기 위한 규제로 다단계판매와 더불어 강한 규제를 받고 있는 업종이다. 선불식 할부거래에 있어서는 고객이 미리 맡긴 할부금(선수금의 성격)의 적절한 보전이 가장 중요한 문제가 된다.

○ 2개월 이상의 기간에 걸쳐 2회 이상 나누어 대금을 선납받은 후 소비자가 원하는 때에 여행 또는 유학 관련 서비스를 제공하는 계약을 체결한 경우

⇒ 장례 또는 혼례를 위한 용역 및 이에 부수한 재화등을 공급하는 경우가 아니므로 상조계약에 해당되지 않는다. 다만, 특별약관 등을 통하여 여행 또는 유학관련 서비스 대신 상조서비스를 받을 수 있도록 한다면 선불식 할부거래에 해당된다.

○ 이미 날짜가 정해진 혼례에 대한 서비스 제공계약을 체결하고 계약금을 받은 후 잔금은 상조서비스 제공시 일시불로 받은 경우

⇒ 제공시기가 확정되어 있으므로 선불식 할부거래에 해당되지 않는다.

○ 개정 할부거래법(2010. 3. 17. 법률 제10141호로 개정된 것) 시행 이전에는 선불식 할부거래에 해당하는 상품을 판매하였으나, 시행 이후부터는 상조서비스 제공시까지 대금을 전혀 받지 않는 후불식으로 영업을 하고 있는 경우

⇒ 개정 할부거래법 시행 이전에 체결한 상조계약에 의해 받은 대금이 있다면, 상조사업자로서 할부거래법의 적용 대상이 된다.

3. 소비자

할부거래법상 "소비자"란 재화등을 소비생활을 위하여 또는 최종적으로 이용·사용하는 자, 사업자이나 사실상 소비자와 같은 지위에서 같은 거래조건으로 거래하는 자 등을 말한다. 따라서 재화등을 원재료, 중간재, 자본재 등으로 사용하는 자는 제외한다(할부거래법은 "소비자보호법"이므로).[338]

소비자 해당 여부

○ 상조사업자가 상조계약을 체결한 소비자에게 공급할 목적으로 다량의 수의를 할부로 구매하고 할부거래법에 따라 청약철회를 신청한 경우

⇒ 수의를 '소비생활'을 위하여 이용·사용한다고 볼 수 없으므로 상조사업자를 할부거래법상 소비자로 볼 수 없다. 따라서 할부거래법이 적용되지 않는다.

---

338 할부거래법 시행령 제2조(소비자의 범위) 「할부거래에 관한 법률」(이하 "법"이라 한다) 제2조 제5호 나목에서 "사실상 가목의 자와 동일한 지위 및 거래조건으로 거래하는 자 등 대통령령으로 정하는 자"란 다음 각 호의 어느 하나에 해당하는 자를 말한다.
  1. 재화 또는 용역(이하 "재화등"이라 한다)을 최종적으로 사용하거나 이용하는 자. 다만, 재화등을 원재료[중간재(中間財)를 포함한다] 및 자본재로 사용하는 자는 제외한다.
  2. 법 제3조 제1호 단서에 해당하는 사업자로서 재화등을 구매하는 자(해당 재화등에 대한 거래관계에 한정한다)
  3. 재화등을 농업(축산업을 포함한다) 및 어업활동을 위하여 구입한 자로서 「원양산업발전법」 제6조 제1항에 따라 해양수산부장관의 허가를 받은 원양어업자 외의 자
  2017년 변시 제6회 기출. <1문> 사안에서 A는 농업에 종사하는 자로서 자신의 비닐하우스에서 채소를 재배하면서 비닐하우스의 온도를 유지하기 위해 전기난방기를 할부로 구입하였다. 이 경우 농업활동을 위해 재화를 구입하는 소비자에 해당하여 할부거래법상 소비자로 보호 가능하다는 점을 논점으로 언급하는 문제였다(할부거래법의 적용대상인지 여부).

Ⅱ. 할부거래의 법률관계

1. 할부거래업자의 권리와 의무

가. 할부거래업자의 의무

(1) 계약체결 전 정보제공의무(법 제5조, 계약체결 전의 정보제공)

할부거래업자는 할부계약을 체결하기 전에 소비자가 할부계약의 내용을 이해할 수 있도록 법 제5조 각 호에서 정한 사항(재화등의 종류 및 내용, 현금가격 및 할부가격, 각 할부금의 금액 및 지급횟수, 지급시기, 할부수수료의 실제연간요율, 계약금,[339] 지연손해금산정기준)을 표시하여야 한다.

(2) 서면계약 체결 및 할부계약서 교부의무(법 제6조, 할부계약의 서면주의)

할부거래업자는 할부계약을 체결함에 있어서 ① 할부거래업자·소비자 및 신용제공자의 성명 및 주소, ② 재화등의 종류·내용 및 재화등의 공급시기, ③ 현금가격, ④ 할부가격, ⑤ 각 할부금의 금액·지급횟수·지급기간 및 지급시기, ⑥ 할부수수료의 실제연간요율, ⑦ 계약금, ⑧ 재화의 소유권유보에 관한 사항, ⑨ 법 제8조에 따른 청약철회의 기한·행사방법·효과에 관한 사항, ⑩ 법 제11조 제1항에 따른 할부거래업자의 할부계약의 해제에 관한 사항, ⑪ 법 제12조 제1항에 따른 지연손해금 산정 시 적용하는 비율, ⑫ 법 제13조에 따른 소비자의 기한의 이익 상실에 관한 사항, ⑬ 법 제16조에 따른 소비자의 항변권과 행사방법에 관한 사항 등이 기재되고, 소비자의 철회권 및 항변권 행사를 위한 서식이 포함된 계약서(「전자문서 및 전자거래 기본법」상 전자문서 포함)를 작성하여 소비자에게 교부(법문상 '발급')하여야 한다(법 제6조 제1항 및 제2항).

다만, 여신전문금융업법에 따른 신용카드회원과 신용카드가맹점 간의 간접할부계약의 계약서에는 할부가격, 할부금의 지급시기 및 지연손해금의 산정 시 적용하는 비율 등을 기재하지 아니할 수 있고(법 제6조 제1항 단서), 소비자의 동의를 받아 해당 계약의 내용을 팩스나 전자거래기본법에 따른 전자문서로 보내는 것으로 대신할 수 있는데, 팩스나 전자문서로 보낸 계약서의 내용이나 도달에 다툼이 있으면 할부거래업자가 이를 증명하여야 한다(법 제6조 제2항 단서).

또한 간접할부계약의 경우에는 할부거래업자 이외에 신용제공자 역시 위 사항 중 할부가격, 각 할부금에 관한 사항, 할부수수료의 실제연간요율, 청약철회에 관한 사항, 지연손해금 산정시 적용하는 비율, 소비자의 기한의 이익 상실에 관한 사항 및 소비자의 항변권과 행사방법에 관한 사항 등을 기재한 서면을 소비자에게 교부하여야 한다(법 제6조 제3항).

할부계약이 법 제6조 제1항 각 호의 요건을 갖추지 못하거나 그 내용이 불확실한 경우에는 소비자와 할부거래업자 간의 특약이 없으면 그 계약내용은 어떠한 경우에도 소비자에게 불리하게 해석되어서는 아니 된다(법 제6조 제4항).

(3) 계약해제 시 원상회복의무(법 제11조 제2항)

할부거래업자는 소비자가 할부금 지급의무를 이행하지 아니하면 할부계약을 해제할 수 있다

---

[339] 최초지급금·선수금 등 명칭이 무엇이든 할부계약을 체결할 때에 소비자가 할부거래업자에게 지급하는 금액을 말한다.

(이 경우 할부거래업자는 그 계약을 해제하기 전에 14일 이상의 기간을 정하여 소비자에게 이행할 것을 서면으로 최고하여야 한다). 할부거래업자는 할부계약이 해제된 경우에는 상대방에게 원상회복하여 줄 의무를 진다. 이 경우 할부거래업자는 소비자의 목적물반환이 있을 때까지 할부금의 반환을 거절할 수 있다.

나. 할부거래업자의 권리

(1) 소유권유보

할부거래업자는 목적물에 대한 소유권을 즉시 이전하지 않고 자신에게 유보해 두었다가 대금이 전액 지불된 경우에 비로소 소유권을 이전하는 내용의 특약을 체결할 수 있다(소유권유보부 매매[340]). 다만, 이와 같은 할부거래업자의 권리는 소비자에게 미치는 영향이 중대하므로 할부거래법은 할부계약시 목적물의 소유권유보에 관한 사항을 서면(전자문서 및 전자거래 기본법 제2조 제1호에 따른 전자문서를 포함)으로 체결할 것을 요구하고 있다(법 제6조 제1항 제8호).

(2) 계약해제권[341]

할부거래업자는 소비자가 할부금 지급의무를 이행하지 아니하면 할부계약을 해제할 수 있다. 이 경우 할부거래업자는 그 계약을 해제하기 전에 14일 이상의 기간을 정하여 소비자에게 이행할 것을 서면으로 최고하여야 한다(법 제11조 제1항). 이러한 내용보다 소비자에게 불리한 특약은 무효이다(법 제43조 편면적 강행규정). 할부계약이 해제된 경우에는 상대방에게 원상회복의무를 지며, 이 경우 상대방이 원상회복할 때까지 자기의 의무이행을 거절할 수 있다(법 제11조 제2항).

한편 할부거래의 목적물인 재화등의 소유권이 할부거래업자에게 유보된 경우 할부거래업자는 할부계약을 해제하지 아니하고는 그 반환을 청구할 수 없다(법 제11조 제3항). 소비자의 사소한 계약위반이 있는 경우에도 할부거래업자가 바로 계약을 파기하고 목적물을 회수하여 소비자 피해가 발생하는 것을 방지하기 위한 규정이다.

(3) 각종 손해배상청구권(법 제12조)

할부거래업자(또는 신용제공자)는 계약에 따라 손해배상액의 예정, 위약금 기타 채무불이행에 따른 손해배상청구권 등을 행사할 수 있다. 다만, 할부거래법은 소비자보호를 위해 할부거래업자 등의 손해배상청구 가능 범위를 제한하고 있다.

① 지연손해금의 청구 제한(제1항)

할부거래업자 또는 신용제공자가 할부금 지급의무를 이행하지 아니한 것을 이유로 소비자에게

---

340 판례는 소유권유보부 매매를 대금의 완납을 정지조건으로 하는 물권적 합의로 해석한다(대법원 2010. 2. 11. 선고 2009다93671 판결).

341 2017년 변시 제6회 기출. 설문의 내용은 약관 제10조에서 매수인이 할부금 지급의무를 이행하지 않는 경우 즉시 계약을 해제할 수 있다고 규정하고 있었다. 이는 할부거래법 제11조에서 요구하는 14일 이상의 기간을 정하여 서면에 의한 최고를 하도록 정한 내용에 반하는 것이어서 할부거래법의 내용에 비추어 소비자에게 불리한 특약으로 무효라고 판단해야 한다.

청구하는 손해배상액은 지연된 할부금에 「이자제한법」에서 정한 이자의 최고한도의 범위(연 25%)에서 대통령령으로 정하는 이율[342]을 곱하여 산정한 금액에 상당하는 지연손해금을 초과하지 못한다.

② 계약해제 시의 손해배상청구액의 제한(제2항)

할부거래업자가 소비자의 할부금지급의무의 불이행을 이유로 할부계약을 해제한 경우에 소비자에게 청구하는 손해배상액은 다음의 어느 하나에 해당하는 금액과 위에서 설명한 지연손해금의 합계액을 초과하지 못한다.

첫째, 재화등의 반환 등 원상회복이 된 경우에는 통상적인 사용료와 계약 체결 및 그 이행을 위하여 통상 필요한 비용의 합계액. 다만, 할부가격에서 재화등이 반환된 당시의 가액을 공제한 금액이 그 사용료와 비용의 합계액을 초과하는 경우에는 그 공제한 금액

둘째, 재화등의 반환 등 원상회복이 되지 아니한 경우에는 할부가격에 상당한 금액. 다만, 용역이 제공된 경우에는 이미 제공된 용역의 대가 또는 그 용역에 의하여 얻어진 이익에 상당하는 금액

셋째, 재화등의 공급이 되기 전인 경우에는 계약체결 및 그 이행을 위하여 통상 필요한 금액

할부거래업자 또는 신용제공자는 손해배상액의 예정, 위약금, 그 밖에 명칭·형식이 어떠하든 할부거래법이 정하는 지연손해금의 제한(제1항) 또는 계약해제 시의 손해배상청구액의 제한(제2항)에 따른 금액을 초과하여 손해배상을 청구할 수 없으며(법 제12조 제3항), 손해배상을 청구하는 경우 소비자의 손해가 최소화되도록 신의에 따라 성실히 하여야 한다(법 제12조 제4항).

2. 소비자의 권리와 의무

가. 소비자의 권리

(1) 할부계약의 청약철회[343] 및 그 효과(법 제8조)[344]

할부거래의 경우 그 특성에 비추어 소비자가 충동구매를 할 우려가 매우 크다. 이와 같은 취

---

342 법 시행령 제9조(지연손해금의 산정) 법 제12조 제1항에서 "대통령령으로 정하는 이율"이란 할부거래업자 또는 신용제공자가 소비자와 약정한 이율을 말한다(이자제한법 한도 내).

343 2012년 변시 제1회 기출. "인도받은 승용차의 디자인이 마음에 들지 않는다는 이유로 소비자가 승용차를 인도받은 날로부터 6일 째 되는 날 할부거래법에 따라 청약을 철회할 수 있는지" 여부(배점 15점). "대통령령이 정하는 재화등" 청약철회가 제한되는 경우에 있어서(자동차관리법상 자동차), 제한의 예외(소비자가 청약을 철회하는 것이 방해받지 않도록 조치하지 아니한 경우에는 다시 청약을 철회할 수 있다) 등을 중심으로 논리를 구성하는 문제였다.

2022년 변시 제11회 기출. 할부거래법 제8조 제2항에서 정하는 "사용 또는 소비에 의하여 그 가치가 현저히 낮아질 우려가 있는 것으로서 대통령령이 정하는 재화등"에 자동차관리법에 따른 자동차가 포함된다는 점을 확인해야 하고 (시행령 제6조 제1항 제5호), 이 경우 주의할 것은 청약철회 제한에 관한 사실을 소비자가 쉽게 알 수 있는 곳에 분명하게 표시해야 한다는 추가 요건이 필요한데, 설문의 경우 안내 표시판이 적절히 설치되었다는 점과 실제로 소비자가 이를 인지하고 확인하였다는 사실을 언급할 필요가 있다.

344 청약철회와 관련된 법 제8조의 내용은 반드시 숙지해둘 필요가 있다. 법조문의 위치와 시행령의 내용도 미리 확인해 두어야 한다.

지에 따라 할부거래법은 소비자보호를 위해 숙고기간 또는 냉각기간(cooling-off period)을 두어 청약철회권을 인정하고 있는 것이다. 이와 같은 청약철회권은 "계약은 지켜져야 한다(pacta sunt servanda)"는 사법상의 대원칙(계약의 구속력)에 대한 예외로서 소비자보호를 위한 특칙에 해당한다.[345]

할부계약을 체결한 소비자는 원칙적으로 법 제6조 제1항에 따른 계약서를 교부받은 날부터 7일 이내, 다만 그 계약서를 받은 날보다 재화등의 공급이 늦게 이루어진 경우에는 재화등을 공급받은 날부터 7일(다만 거래당사자가 그보다 긴 기간을 약정한 경우에는 소비자에게 이익이므로 약정기간을 기준으로 한다) 이내에 할부계약에 관한 청약을 철회할 수 있다(법 제8조 제1항 제1호).

그리고 만일 소비자가 ① 법 제6조 제1항에 따른 계약서를 받지 아니한 경우, ② 할부거래업자의 주소 등이 적혀 있지 아니한 계약서를 받은 경우, ③ 할부거래업자의 주소 변경 등의 사유로 제1호의 기간 이내에 청약을 철회할 수 없는 경우에는 그 주소를 안 날 또는 알 수 있었던 날 등 청약을 철회할 수 있는 날부터 7일 이내에 청약을 철회할 수 있다(법 제8조 제1항 제2호).[346]

그 외에도 법 제6조 제1항에 따른 계약서에 청약의 철회에 관한 사항이 적혀 있지 아니한 경우에는 청약을 철회할 수 있음을 안 날 또는 알 수 있었던 날부터 7일 이내에, 그리고 할부거래업자가 청약의 철회를 방해한 경우에는 그 방해행위가 종료한 날부터 7일 이내에 할부계약에 관한 청약을 철회할 수 있다(법 제8조 제1항 제3호 및 제4호).

청약을 철회하고자 하는 소비자는 반드시 위 기간 이내에 할부거래업자에게 청약을 철회하는 의사표시가 적힌 서면을 발송하여야 하고(법 제8조 제3항 서면주의), 그 서면을 발송한 날에 철회의 효력이 발생한다(법 제8조 제4항 발신주의).

간접할부계약의 경우는 거래관계의 특수성을 고려하여 법 제9조가 별도로 규정하고 있다. 간접할부계약을 체결한 소비자가 청약을 철회할 경우에는 위 철회기간 이내에 신용제공자에게 청약을 철회하는 의사표시가 적힌 서면을 발송하여야 한다(법 제9조 제1항). 만약 소비자가 신용제공자에게 위와 같은 서면을 발송하지 아니하면 그 소비자는 신용제공자의 할부금지급청구를 거절할 수 없음이 원칙이다. 다만, ① 신용제공자가 법 제8조 제1항의 소비자가 청약을 철회할 수 있는 기간 이내에 할부거래업자에게 재화등의 대금을 지급한 경우, 또는 ② 청약철회의 서면을 수령한 할부거래업자가 신용제공자에 대하여 법 제10조 제4항[347]에 따른 할부금청구의 중지 또는 취소를

---

[345] 청약철회권은 의사표시의 하자를 이유로 한 법률행위의 취소나 채무불이행 또는 사정변경을 이유로 한 계약의 해지, 해제와는 전혀 성격이 다른 제도이다. 계약의 체결과정에서 소비자에게 과실이 있는 경우뿐만 아니라 숙고기간 내에는 의사표시에 전혀 하자가 없더라도 사유를 불문 청약철회가 가능하며, 이에 따른 손해배상의무 또한 부담하지 않는다. 청약철회권과 관련된 논점을 서술할 때, 무조건적인 철회를 인정하는 제도의 취지나 의의 정도를 간단하게 한 줄 정도 서설에 언급하면서 시작하면 더 좋은 인상을 줄 수 있다(중요 논점이 아니라면 장황하게 서술하지 말 것).

[346] 계약서의 교부사실 및 그 시기, 목적물의 인도 등의 사실 및 그 시기에 관하여 다툼이 있는 경우에는 할부거래업자가 이를 증명하여야 한다(법 제8조 제5항).

[347] 법 제10조(청약의 철회 효과) ④ 할부거래업자는 간접할부계약의 경우 제8조 제3항에 따른 청약을 철회하는 서면을 수령한 때(소비자의 청약철회 서면을 수령한 때)에는 지체 없이 해당 신용제공자에게 재화등에 대한 할부금의 청구를 중지 또는 취소하도록 요청하여야 한다. 이 경우 할부거래업자가 신용제공자로부터 해당 재화등의 대금을 이미 지급받은 때에는 지체 없이 이를 신용제공자에게 환급하여야 한다.

요청한 경우에는 소비자가 그 서면을 발송하지 아니한 경우라도 신용제공자의 할부금지급청구를 거절할 수 있다(동조 제2항).

청약철회의 효과는 다음과 같다(법 제10조).

청약철회의 의사표시가 서면을 발송되면 철회의 효과가 발생하여 법률관계는 계약체결 이전의 상태로 복귀하는 것이 원칙이다.

① 소비자는 청약을 철회한 경우 이미 공급받은 재화등을 반환하여야 한다(제1항).

② 소비자가 청약을 철회한 경우 할부거래업자(소비자로부터 재화등의 계약금 또는 할부금을 지급받은 자 또는 소비자와 할부계약을 체결한 자를 포함한다)는 ⓐ 재화를 공급한 경우에는 재화를 반환받은 날부터 3영업일, ⓑ 용역을 제공한 경우에는 청약을 철회하는 서면을 수령한 날부터 3영업일 이내에 이미 지급받은 계약금 및 할부금을 환급하여야 한다(제2항 환급기한). 이 경우 할부거래업자가 소비자에게 계약금 및 할부금의 환급을 지연한 때에는 그 지연기간에 따른 지연이자, 즉 지연배상금을 함께 지급하여야 한다.

③ 할부거래업자는 소비자가 재화등을 반환하는 경우 이미 용역(일정한 시설을 이용하거나 용역을 제공받을 권리는 제외한다)이 제공된 때에는 이미 제공된 용역과 동일한 용역의 반환을 청구할 수 없다.

④ 할부거래업자는 간접할부계약의 경우 법 제8조 제3항에 따른 청약을 철회하는 서면을 수령한 때에는 지체 없이 해당 신용제공자에게 재화등에 대한 할부금의 청구를 중지 또는 취소하도록 요청하여야 한다. 이 경우 할부거래업자가 신용제공자로부터 해당 재화등의 대금을 이미 지급받은 때에는 지체 없이 이를 신용제공자에게 환급하여야 한다.

⑤ 신용제공자는 위와 같이 할부거래업자로부터 할부금의 청구를 중지 또는 취소하도록 요청받은 경우 지체 없이 이에 필요한 조치를 취하여야 한다. 이 경우 소비자가 이미 지불한 할부금이 있는 때에는 지체 없이 이를 환급하여야 한다.

⑥ 할부거래업자가 법 제8조 제4항에 따른 요청을 지연하여 소비자로 하여금 신용제공자에게 할부금을 지불하게 한 경우 소비자가 지불한 금액에 대하여 소비자가 환급받는 날까지의 기간에 대한 지연배상금을 소비자에게 지급하여야 한다.

⑦ 신용제공자가 환급을 지연한 경우 그 지연기간에 따른 지연배상금을 소비자에게 지급하여야 한다. 다만, 할부거래업자가 요청을 지연하여 신용제공자로 하여금 소비자에 대한 할부금의 환급을 지연하게 한 경우에는 그 할부거래업자가 지연배상금을 지급하여야 한다.

⑧ 할부거래업자 또는 신용제공자는 소비자가 청약을 철회함에 따라 소비자와 분쟁이 발생한 경우 분쟁이 해결될 때까지 할부금 지급거절을 이유로 해당 소비자를 약정한 기일 이내에 채무를 변제하지 아니한 자로 처리하는 등 소비자에게 불이익을 주는 행위를 하여서는 아니 된다.

⑨ 할부거래업자는 소비자가 법 제8조에 따라 청약을 철회한 경우 이미 재화등이 사용되었거

나 일부 소비된 경우에는 그 재화등을 사용하거나 일부 소비하여 소비자가 얻은 이익 또는 그 재화등의 공급에 든 비용에 상당하는 금액으로서 대통령령으로 정하는 범위의 금액[348]을 초과하여 소비자에게 청구할 수 없다.

⑩ 할부거래업자는 소비자가 청약을 철회한 경우 공급받은 재화등의 반환에 필요한 비용을 부담하며, 소비자에게 청약의 철회를 이유로 위약금 또는 손해배상을 청구할 수 없다.

(2) 철회권행사제한(법 제8조 제2항)[349]

소비자는 다음과 같은 사유가 존재하는 경우 원칙적으로 할부계약의 청약을 철회할 수 없다.

① 소비자에게 책임 있는 사유로 재화등이 멸실되거나 훼손된 경우(다만, 재화등의 내용을 확인하기 위하여 포장 등을 훼손한 경우는 제외), ② 사용 또는 소비에 의하여 그 가치가 현저히 낮아질 우려가 있는 것으로서 대통령령으로 정하는 재화등[350]을 사용 또는 소비한 경우, ③ 시간이 지남으로써 다시 판매하기 어려울 정도로 재화등의 가치가 현저히 낮아진 경우, ④ 복제할 수 있는 재화등의 포장을 훼손한 경우, ⑤ 기타 거래의 안전을 위하여 대통령령으로 정하는 경우[351]에는 청약을 철회할 수 없다.

다만, 할부거래업자가 청약의 철회를 승낙하거나 위의 사유 중 ②부터 ④까지의 사항에 대하여 청약철회제한에 관한 사실을 재화등의 포장에 표시하지 않은 때에는 여전히 청약을 철회할 수 있다(소비자의 책임으로 멸실·훼손된 경우와 그 밖에 대통령령으로 정하는 경우를 제외). 즉, 할부거래법상 청약철회의 배제사유 중 사용 또는 소비에 의하여 그 가치가 현저히 낮아질 우려가

---

348 법 시행령 제8조(재화등이 일부 사용된 경우 등의 비용청구 범위)
   1. 재화등의 사용으로 소모성 부품을 재판매하기 곤란하거나 재판매가격이 현저히 하락하는 경우에는 해당 소모성 부품을 공급하는 데에 든 금액
   2. 여러 개의 가분물(可分物)로 구성된 재화등의 경우에는 소비자의 일부소비로 소비된 부분을 공급하는 데에 든 금액
349 철회권행사의 가능 여부와 행사제한 요건은 사례형에 자주 출제되는 중요 소논점이다. 법령에 명확한 내용과 기준이 존재하므로, 자칫 판단을 잘못하면 감점을 피할 수 없다. 이 부분 내용은 미리 정확하게 정리해두어야 한다. 2017년 변시 제6회 기출.
350 제6조(소비자가 청약의 철회를 할 수 없는 경우) ① 법 제8조 제2항 제2호에서 "대통령령으로 정하는 재화등"이란 다음 각 호의 어느 하나에 해당하는 재화등을 말한다.
   1. 「선박법」에 따른 선박
   2. 「항공법」에 따른 항공기
   3. 「철도사업법」 및 「도시철도법」에 따른 궤도를 운행하는 차량
   4. 「건설기계관리법」에 따른 건설기계
   5. 「자동차관리법」에 따른 자동차(2022년 변시 11회 기출)
   6. 설치에 전문인력 및 부속자재 등이 요구되는 것으로서 다음 각 목에 해당하는 재화를 설치한 경우(2017년 변시 제6회 기출)
      가. 「고압가스 안전관리법」 제3조 제4호에 따른 냉동기
      나. 전기 냉방기(난방 겸용인 것을 포함한다)
      다. 보일러
351 ② 법 제8조 제2항 제5호에서 "대통령령으로 정하는 경우"란 다음 각 호의 어느 하나에 해당하는 경우를 말한다.
   1. 할부가격이 10만 원 미만인 할부계약. 다만, 「여신전문금융업법」에 따른 신용카드를 사용하여 할부거래를 하는 경우에는 할부가격이 20만 원 미만인 할부계약을 말한다.
   2. 소비자의 주문에 따라 개별적으로 제조되는 재화등의 공급을 목적으로 하는 할부계약

있는 재화, 시간이 지남으로써 다시 판매하기 어려울 정도로 가치가 현저히 낮아지는 재화, 복제할 수 있는 재화등의 경우 할부거래업자는 그 사실을 재화등의 포장이나 그 밖에 소비자가 쉽게 알 수 있는 곳에 분명하게 표시하거나 또는 시용상품(테스트상품)을 제공하는 등의 방법으로 소비자가 청약을 철회함에 있어서 방해받지 아니하도록 조치하여야 한다(법 제8조 제6항).[352] 만일 할부거래업자가 그와 같은 조치를 취하지 않는 경우에는 소비자의 철회권 배제사유가 발생하더라도 다시 원칙으로 돌아가 청약을 철회할 수 있도록 조치한 것이다(법 제8조 제2항).[353]

(3) 항변권(법 제16조 제1항) - 할부금 지급 거절항변

소비자는 다음의 어느 하나에 해당하는 사유가 있는 경우에는 할부거래업자에게 그 할부금의 지급을 거절할 수 있다.

① 할부계약이 불성립·무효인 경우
② 할부계약이 취소·해제 또는 해지된 경우
③ 재화등의 전부 또는 일부가 할부계약서에 기재된 재화등의 공급 시기까지 소비자에게 공급되지 아니한 경우
④ 할부거래업자가 하자담보책임을 이행하지 아니한 경우
⑤ 그 밖에 할부거래업자의 채무불이행으로 인하여 할부계약의 목적을 달성할 수 없는 경우
⑥ 다른 법률에 따라 정당하게 청약을 철회한 경우

신용제공자가 존재하는 간접할부계약인 경우에는 할부가격이 10만 원 이상(신용카드의 경우 20만 원 이상)인 경우에 한하여[354] 신용제공자에게 할부금의 지급을 거절하는 의사를 통지한 후 할부금의 지급을 거절할 수 있다(지급거절 가능 사유는 동일함).[355] 소비자가 신용제공자에게 지급을 거절할 수 있는 금액은 할부금의 지급을 거절한 당시에 소비자가 신용제공자에게 지급하지 아니한 나머지 할부금으로 한다.

---

352 2017년 변시 제6회 기출. 설문의 경우 전기난방기의 포장에 '사용 후 반품불가'라고 분명하게 표시되어 있었고, 설치기사 X도 그 점을 명확하게 설명하였음.

353 법 제8조 제2항 "소비자는 다음 각 호의 어느 하나에 해당하는 경우에는 제1항에 따른 청약의 철회를 할 수 없다. 다만, 할부거래업자가 청약의 철회를 승낙하거나 제6항에 따른 조치를 하지 아니한 경우에는 제2호부터 제4호까지에 해당하는 경우에도 청약을 철회할 수 있다."

354 법 제16조 제4항 "소비자는 간접할부계약인 경우 제1항 각 호의 어느 하나에 해당하는 사유가 있으면 할부가격이 대통령령으로 정한 금액 이상인 경우에만 신용제공자에게 할부금의 지급을 거절하는 의사를 통지한 후 할부금의 지급을 거절할 수 있다."

355 대법원 2006. 7. 28. 선고 2004다54633 판결 : "할부거래에 관한 법률에서 매수인의 신용제공자에 대한 할부금의 지급거절권을 인정한 취지는, 할부거래에서 할부금융약정이 물품매매계약의 자금조달에 기여하고 두 계약이 경제적으로 일체를 이루는 경우에 그 물품매매계약이 해제되어 더 이상 매매대금채무가 존재하지 아니하는데도 할부거래의 일방 당사자인 매수인에게 그 할부금의 지급을 강제하는 것이 형평의 이념에 반하므로, 매수인으로 하여금 매도인에 대한 항변사유를 들어 신용제공자에 대하여 할부금의 지급을 거절할 수 있는 권능을 부여한 것이라고 볼 것이다. 그러므로 이른바 간접할부계약에서 신용제공자가 물품매매계약상의 해제의 원인이 된 약정 내용을 알지 못하였다고 하더라도, 매수인은 매도인과 체결한 물품매매계약을 해제하면서 신용제공자에게도 할부거래에 관한 법률에 따라 지급거절의사를 통지한 후 그 할부금의 지급을 거절할 수 있다."

소비자가 항변권의 행사를 서면으로 하는 경우 그 효력은 서면을 발송한 날에 발생한다. 할부거래업자 또는 신용제공자는 소비자의 항변을 서면으로 수령한 경우 지체 없이 그 항변권의 행사가 법 제16조 제1항이 정하는 할부금지급 거절사유에 해당하는지를 확인하여야 한다. 이에 해당하지 아니하는 경우 소비자의 항변을 수령한 날부터 다음의 어느 하나에 해당하는 영업일 이내에 서면으로 소비자의 항변을 수용할 수 없다는 의사와 항변권의 행사가 법 제16조 제1항 각 호의 어느 하나에 해당하지 아니한다는 사실을 소비자에게 서면으로 통지하여야 한다.[356]

① 할부거래업자는 5영업일

② 신용제공자는 7영업일

(4) 기한 전에 지급할 권리(법 제14조)

소비자는 기한이 되기 전이라도 나머지 할부금을 한꺼번에 지급할 수 있다(제1항). 소비자가 이 경우 할부거래업자 또는 신용제공자에게 지급하는 금액은 기한의 이익을 상실한 경우와 마찬가지로 지급해야 할 나머지 할부금에서 나머지 기간에 대한 할부수수료를 공제한 금액으로 하되, 그 할부수수료는 일단위로 계산한다(제2항).

(5) 소비자의 기한의 이익의 상실사유의 제한(법 제13조)[357]

할부계약을 체결한 소비자가 ① 할부금을 다음 지급기일까지 연속하여 2회 이상 지급하지 아니하고 그 지급하지 아니한 금액이 할부가격의 10%를 초과하는 경우(두 요건을 모두 충족해야 함), 또는 ② 국내에서 할부금 채무이행 보증이 어려운 경우로서 대통령령으로 정하는 경우[358]에는 기한의 이익을 상실한다(법 제13조 제1항). 할부거래업자는 그 외의 사유로는 소비자의 기한이익 상실을 주장할 수 없다(민법상 기한이익상실 사유와 구별). 소비자에게 부여된 기한의 이익을 정당한 이유 없이 박탈하는 약관조항은 별도로 약관규제법 제11조 제2호에 의하여 무효가 될 수 있다.

소비자가 기한이익을 상실할 경우 할부거래업자 또는 신용제공자가 소비자로부터 한꺼번에 지급받을 수 있는 금액은 지급해야 할 나머지 할부금에서 나머지 기간에 대한 할부수수료를 공제한 금액으로 한다. 이 경우 할부수수료는 일단위로 계산한다(법 제13조 제2항).

---

356 할부거래업자 또는 신용제공자가 제5항에 따른 통지를 하지 아니한 경우에는 소비자의 할부금 지급 거절의사를 수용한 것으로 본다.

357 2015년 변시 제4회 소논점 : A사가 乙이 할부금을 1회 연체시 일시에 납부하도록 한 조치는 강행규정인 할부거래법상의 기한이익상실에 관한 내용에 위반되어 효력이 없다는 논점. 2017년 변시 제6회 소논점 : 사안의 경우 B는 2회차 할부금부터 계속하여 6개월간 할부금지급의무를 지체하고 있었으므로, 연속하여 2회 이상 연체하는 행위로 B의 연체액(180만 원)이 할부가격(300만 원)의 10%를 초과하므로 갑이 기한이익의 상실을 주장하여 나무지 할부금 전체를 청구할 수 있다는 결론을 도출하는 문제.

358 법 시행령 제10조(소비자의 기한의 이익 상실) 법 제13조 제1항 제2호에서 "대통령령으로 정하는 경우"란 다음 각 호의 어느 하나에 해당하는 경우를 말한다.

1. 생업에 종사하기 위하여 외국에 이주하는 경우

2. 외국인과의 혼인 및 연고관계(緣故關係)로 인하여 외국에 이주하는 경우

나. 소비자의 의무

(1) 할부금지급의무

소비자는 사업자에게 재화의 대금이나 용역의 대가("재화등의 대금")를 할부거래약정에 따라 분할하여 지급해야 할 의무를 진다.

(2) 철회통보 및 목적물반환의무

소비자는 청약을 철회할 경우 법이 정한 기간 이내에 할부거래업자에게 청약을 철회하는 의사 표시가 적힌 서면을 발송하여야 한다(법 제8조 제3항). 이 경우 소비자는 이미 공급받은 재화등을 반환하여야 한다(법 제10조 제1항).

(3) 원상회복의무(법 제11조 제2항)

소비자의 할부금 지급의무 미이행으로 인하여 계약이 해제된 경우 소비자는 할부거래업자에 대하여 원상회복의무를 진다. 이 경우 상대방이 원상회복할 때까지 자기의 의무이행을 거절할 수 있다.

3. 간접할부거래의 경우 신용제공자의 권리와 의무

간접할부계약이란 할부거래업자와 소비자 외에 신용제공자가 존재하는 할부거래를 말한다. 간접할부거래에서 소비자, 할부거래업자, 신용제공자 사이의 법률관계는 기본적으로 당사자 사이의 계약 또는 약관이 정한 바에 따르게 됨은 당연하다. 다만, 이와 별도로 할부거래법은 ① 간접할부계약의 경우 소비자는 할부거래업자에 대한 청약철회의사 발송과 별도로 신용제공자에게도 철회기간 내에 철회의사를 표시한 서면을 발송한 경우에 한하여 신용제공자의 할부금지급청구를 거절할 수 있도록 정하고 있다. ② 한편 할부거래업자로부터 소비자에 대한 할부금청구를 중지하도록 요청받은 경우 신용제공자는 이에 따라야 하고, 소비자로부터 수령한 할부금을 지체 없이 반환하여야 한다. ③ 신용제공자가 할부금채무의 체납과 관련하여 소비자에 대해 갖는 손해배상청구권의 행사에 대해서는 할부거래업자와 동일한 제한을 받는다(법 제12조 제3항 및 제4항).

Ⅲ. 선불식 할부거래의 법률관계

선불식 할부거래에 관하여는 할부거래법에서 다르게 정하거나 상충되지 않는 한 전형적 할부거래에 관한 규정(할부거래업자의 손해배상청구금액의 제한, 소비자의 기한이익상실, 소비자의 기한 전 지급, 할부대금의 소멸시효, 소비자의 항변권 등에 관한 법 제12조부터 제16조까지)이 준용된다(법 제42조의2). 따라서 선불식 할부거래에 특수한 내용 위주로 정리하면 충분할 것이다(법적 형태, 최저자본금 규제, 영업등록 등의 진입규제와 같은 절차적 내용은 수험서의 특성을 고려하여 설명을 생략한다).

1. 지위의 승계와 이전의 특칙

가. 지위의 승계(법 제22조)

선불식 할부거래업자가 사업의 전부를 양도하거나 선불식 할부거래업자에 대하여 합병 또는 분할이 있는 경우 해당 사업의 전부를 양수한 회사, 합병 후 존속하는 회사, 합병에 의하여 설립된 회사 또는 분할에 의하여 해당 사업의 전부를 승계한 회사는 그 선불식 할부거래업자의 지위를 승계한다. 다만, 지위를 승계하는 자가 법 제20조의 결격사유에 해당하는 경우에는 승계할 수 없다.

합병, 분할 또는 사업의 전부를 양도하는 선불식 할부거래업자는 대통령령으로 정하는 날[359]부터 14일 이내에 총리령으로 정하는 방법에 따라 일정한 사항을 공고하여야 하고, 지위를 승계한 회사는 대통령령으로 정하는 바에 따라 그 사항을 증명하는 서류를 첨부하여 시·도지사에 신고하여야 한다.

나. 선불식 할부계약의 이전

명칭·형식이 어떠하든 선불식 할부거래업자가 합병·분할 또는 사업의 전부 양도 이외의 방식으로 소비자와 체결한 선불식 할부계약에 대한 권리·의무를 다른 선불식 할부거래업자에게 이전하는 것을 말한다(법 제2조 제8호). 선불식 할부계약을 이전하는 사업자는 선불식 할부계약의 이전계약을 체결한 날부터 14일 이내에 총리령으로 정하는 방법[360]에 따라 일정한 사항을 공고하여야 한다. 이 경우 이전하는

---

[359] 제22조 제2항 각 호 외의 부분에서 "대통령령으로 정하는 날"이란 합병·분할 및 사업의 전부 양도별로 다음 각 호의 구분에 따른 날을 말한다.
  1. 흡수합병(분할합병을 포함한다)의 경우: 합병되는 회사의 주주총회나 사원총회에서 합병을 결의한 날 또는 총사원이 합병에 동의한 날. 다만, 다음 각 목의 어느 하나에 해당하는 경우에는 각 목의 구분에 따른 날로 한다.
    가. 「상법」 제527조의2 제1항에 따라 주주총회의 승인을 이사회의 승인으로 갈음하는 경우: 합병에 대하여 이사회에서 승인결의를 한 날
    나. 「상법」 제600조 제1항에 따라 합병 후 존속하는 회사가 주식회사인 경우: 법원의 인가를 받은 날
  2. 신설합병(분할합병을 포함한다)의 경우: 합병하는 각 회사의 주주총회나 사원총회에서 합병을 결의한 날 또는 총사원이 합병에 동의한 날. 다만, 「상법」 제600조 제1항에 따라 합병으로 설립되는 회사가 주식회사인 경우에는 법원의 인가를 받은 날로 한다.
  3. 분할(「상법」 제530조의12에 따른 물적 분할을 포함한다)의 경우: 분할하는 회사의 주주총회에서 분할을 결의한 날
  4. 사업의 전부를 양도하는 경우: 양도하는 회사의 주주총회 또는 사원총회에서 영업양도를 결의한 날. 다만, 「상법」 제374조의3 제1항에 따라 주주총회의 승인을 이사회의 승인으로 갈음하는 경우에는 영업양도에 대하여 이사회에서 승인결의를 한 날로 한다.
[360] 법 시행규칙 제8조의2(선불식 할부계약의 이전에 대한 설명·동의 방법 등) ① 법 제22조의2 제1항 각 호 외의 부분에 따른 선불식 할부계약의 이전계약(이하 "이전계약"이라 한다) 공고는 다음 각 호의 모두에 해당하는 방법으로 한다.
  1. 「신문 등의 진흥에 관한 법률」 제2조 제1호 가목에 따른 일반일간신문 중 전국을 대상으로 발행되는 신문에 1회 이상 공정거래위원회가 정하여 고시하는 방법으로 게재할 것
  2. 선불식 할부거래업자의 인터넷 홈페이지에 2주일 이상 공정거래위원회가 정하여 고시하는 방법으로 게시할 것
  ② 법 제22조의2 제2항 각 호 외의 부분 본문에서 "총리령으로 정하는 방법"이란 다음 각 호의 어느 하나에 해당하는 방법으로 소비자에게 알리는 것을 말한다.
  1. 전화
  2. 휴대전화
  3. 소비자를 직접 방문하여 알리는 방법
  ③ 법 제22조의2 제3항 단서에 따라 선불식 할부계약을 이전하는 선불식 할부거래업자는 다음 각 호의 사항을 모두

선불식 할부거래업자는 이전계약을 체결한 날부터 30일 이내에 선불식 할부계약을 체결한 소비자가 이전계약의 내용을 이해할 수 있도록 총리령으로 정하는 방법에 따라 중요사항을 설명하고, 설명한 날부터 7일 이내에 소비자로부터 이전계약에 대한 동의를 받아야 한다. 이전하는 선불식 할부거래업자가 가진 선불식 할부계약에 관한 권리와 의무는 그 계약을 이전받은 선불식 할부거래업자가 승계한다. 이전계약을 체결하는 경우 대통령령으로 정하는 선불식 할부계약과 관련된 자산은 이전하는 선불식 할부거래업자와 이전받은 선불식 할부거래업자에게 일정한 기준361에 따라 배분하여 귀속한다.

이전받은 선불식 할부거래업자는 동의기간 경과일부터 2개월 이내에 대통령령으로 정하는 방법에 따라 이전계약을 증명하는 서류를 첨부하여 시·도지사에게 신고하여야 한다.

2. 외부감사와 보고

상조업은 금융업에 준하는 위험이 있으므로, 소비자보호를 위하여 법 제18조의2에서 정하는 내용에 따라 외부감사에 따른 회계감사를 의무적으로 받도록 정하고 있다. 즉, 선불식 할부거래업자는 매 회계연도가 종료한 후 3개월 이내에 대통령령으로 정하는 절차 및 방법에 따라 「주식회사의 외부감사에 관한 법률」에 따른 감사인이 작성한 회계감사 보고서를 공정거래위원회에 제출하여야 한다. 공정거래위원회와 선불식 할부거래업자는 위와 같은 회계감사 보고서를 대통령령으로 정하는 절차 및 방법에 따라 공시하여야 한다.

3. 선불식 할부거래에서의 소비자 권익의 보호

가. 계약체결 전 정보제공 및 계약서 발급의무 등(할부거래법 제23조)

선불식 할부거래업자 또는 모집인은 선불식 할부계약을 체결하기 전에 소비자가 계약의 내용을 이해할 수 있도록 다음의 사항을 설명하여야 한다.

① 사업자 및 모집인의 상호(모집인이 자연인인 경우 성명)·주소·전화번호·전자우편 주소·대표자의 이름
② 재화등의 종류 및 내용362

기재한 서류를 보관하여야 한다.
 1. 소비자에게 알리기 위하여 사용한 제2항 각 호의 어느 하나에 해당하는 방법
 2. 제2항 각 호의 어느 하나에 해당하는 방법으로 알린 날짜 및 시간
 3. 제2항 각 호의 어느 하나에 해당하는 방법으로 알린 횟수. 이 경우 2일 이상의 기간 동안 2회 이상 알려야 한다.
 4. 소비자를 직접 방문하여 알린 경우 그 방문 장소
 5. 법 제22조의2 제2항에 따라 설명한 내용
 ④ 법 제22조의2 제7항 및 영 제14조의2 제2항에 따라 이전계약 신고를 하려는 선불식 할부거래업자는 별지 제6호서식에 따른 선불식 할부계약 이전계약신고서를 시·도지사에게 제출하여야 한다.
361 1. 이전하는 선불식 할부거래업자 : 선불식 할부계약을 체결한 소비자가 납입한 총선수금에서 선불식 할부계약의 이전에 동의하지 아니하는 소비자가 납입한 선수금이 차지하는 비율로 배분한 금액
 2. 이전받은 선불식 할부거래업자 : 선불식 할부계약을 체결한 소비자가 납입한 총선수금에서 선불식 할부계약 이전에 동의하는 소비자가 납입한 선수금이 차지하는 비율로 배분한 금액
362 예를 들면, ① 수의 원단 제조에 사용되는 원사의 종류·구성비율·원산지, 원단의 제조방법·제조지역 ② 관의 재질·

③ 재화등의 가격과 대금의 지급방법 및 시기

상조상품의 가격, 1회 납입금 및 납입주기·횟수, 대금을 모두 납부하기 전에 장례서비스를 받은 경우 잔금의 지급방법 및 시기, 상조상품을 구성하는 세부재화의 가격 등을 명시하여야 한다.

> **예시**
>
> ○ 상조상품가격 : 360만 원
>
>   납부방식 : 매달 1회 3만 원씩 120회 납부
>
>   미납금 : 장례절차 종료 시 일시불로 납부
>
>   상세내역 : 제단－○○원, 수의－○○원, 관－○○원, 장례지도사－○○원 등

④ 재화등을 공급하는 방법 및 시기

> **예시**
>
> ○ 선불식 할부거래업자가 수의 등 제공하기로 약속된 재화등을 직접 지급하지 않고 교환권을 주거나, 장례식장의 장례용품점 등 다른 업체가 소비자에게 지급하도록 하는 경우
>
> ⇒ 선불식 할부거래업자가 재화등을 직접 공급하지 않는 경우에는 재화의 공급주체, 공급방법 등에 대하여 소비자에게 충분히 설명하여야 한다.

⑤ 계약금

⑥ 청약의 철회 및 계약 해제의 기한·행사방법·효과에 관한 사항 및 청약의 철회 및 계약 해제의 권리 행사에 필요한 서식

⑦ 재화등에 대한 불만 및 소비자와 사업자 사이의 분쟁 처리에 관한 사항

⑧ 소비자피해보상에 관한 사항으로 할부거래법 제27조 제1항에 따른 소비자피해보상보험계약등의 계약기간, 소비자피해보상금, 지급의무자 등

⑨ 상조계약을 체결한 날이 속하는 달의 전월 말일까지 선불식 할부거래업자가 받은 총선수금 중 할부거래법 시행령 제16조 제3항에 따른 계산식에 의해 산출된 비율

⑩ 선불식 할부거래에 관한 약관

⑪ 그 밖에 소비자의 구매 여부 판단에 영향을 주는 거래조건 또는 소비자의 피해구제에 필요한 사항

선불식 할부거래업자는 계약을 체결할 경우에는 계약체결전 정보제공의무에서 제시된 사항을 적은 계약서를 소비자에게 발급하고, 주소, 전화번호, 지급의무자, 선불식 할부거래에 관한 약관이 변경된 경우 그 변경된 내용을 소비자에게 서면 또는 전화, 팩스, 전자우편, 휴대전화에 의한 문자메시지 또는 이와

두께 및 원산지 ③ 차량의 종류 및 무료로 제공되는 차량 거리 － 일부지역 또는 일정거리만 무료로 제공되고 다른 지역이나 추가적인 거리에 대해서는 별도의 비용을 부담하여야 하는 경우에는 "○○지역만 무료제공되며, 그 지역을 벗어날 경우 추가적인 비용부담", "100㎞ 이내 무료제공, 10㎞ 추가 시마다 ○○원 추가 비용부담" 등으로 명시.

비슷한 방법으로 알려야 한다(계약서발급 및 통지의무).

○ 선불식 할부거래업자가 소비자와 계약을 체결하면서 법정사항(대표자성명, 청약철회 서식, 재화등에 대한 불만 및 소비자와 사업자 사이의 분쟁처리에 관한 사항 등)이 기재되지 아니한 계약서를 소비자에게 교부한 경우

⇒ 불완전한 계약서를 발급한 것으로 할부거래법에 위반된다.

○ 무료사은품 제공, 재화등의 원산지, 해제 시 환급률 등에 대하여 영업사원이 구두약속을 하였으나 특약사항으로서 계약서에 명시하지 않은 경우

⇒ 무료사은품 제공, 재화등의 원산지, 해제 시 환급률 등은 계약의 중요사항이므로 반드시 계약서에 명시하여야 한다.

○ 선불식 할부거래업자가 선수금 예치은행을 변경하였음에도 소비자에게 알리지 않은 경우

⇒ 선불식 할부거래업자는 소비자에게 '지급의무자'를 알리지 않은 것이므로 할부거래법에 위반된다.

나. 청약철회 및 계약해제(할부거래법 제24조~제26조)

(1) 선불식할부거래 소비자의 청약철회(법 제24조)

선불식 할부계약을 체결한 소비자 역시 ① 법 제23조 제3항에 따른 계약서를 받은 날부터 14일 이내, ② 선불식 할부거래업자의 주소 등이 적혀 있지 아니한 계약서를 받거나 선불식 할부거래업자의 주소 변경 등의 사유로 계약서를 받은 날부터 14일 이내에 청약을 철회할 수 없는 경우에는 그 주소를 안 날 또는 알 수 있었던 날 등 청약을 철회할 수 있는 날부터 14일 이내, ③ 법 제23조 제3항에 따른 계약서에 청약의 철회에 관한 사항이 적혀 있지 아니한 경우에는 청약을 철회할 수 있음을 안 날 또는 알 수 있었던 날부터 14일, ④ 선불식 할부거래업자가 청약의 철회를 방해한 경우에는 그 방해행위가 종료한 날부터 14일, ⑤ 법 제23조 제3항에 따른 계약서를 받지 아니한 경우에는 계약일로부터 3개월 이내에 선불식 할부계약에 관한 청약을 철회할 수 있다(법 제24조 제1항). 그 외 철회권의 행사방법 및 효과 등은 할부거래의 경우와 동일하다.

○ 소비자가 2011. 3. 1. 인터넷·전화 등을 통하여 상조상품에 가입하기로 하고, 동년 3. 6. 선불식 할부거래업자로부터 받은 가입신청서를 작성하여 팩스로 송부한 후, 동년 3. 25. 우편으로 계약서를 수령한 경우

⇒ 계약서를 수령한 날(2011. 3. 25.)로부터 14일 이내에 청약철회를 할 수 있다.

○ 선불식 할부거래업자가 청약철회 기간을 7일 이내로 명기하여 계약한 경우

⇒ 계약서상의 청약철회 기간이 법정 청약철회기간(14일)보다 소비자에게 불리하여 효력이 없으므로 14일 이내에 청약을 철회할 수 있다.

○ 소비자가 사업자의 주소, 연락처, 전자우편주소 등이 적혀 있지 않은 불완전 계약서를 2011. 2. 8.에 받았으나, 모집인을 통하여 주소 등을 안 날이 동년 3. 8.인 경우

⇒ 주소 등을 안 날(2011. 3. 8.)로부터 14일 이내에 청약을 철회할 수 있다.

○ 상조업체가 다른 업체에 인수·합병된 사실 및 변경된 주소 등을 소비자에게 고지하지 않아 계약서를 받은 날로부터 14일 이내에 청약을 철회할 수 없었던 경우

⇒ 변경된 주소 등을 알게 된 날로부터 14일 이내에 청약을 철회할 수 있다.

○ 소비자가 계약서에 청약철회에 관한 사항이 전혀 적혀있지 않아 불가능한 것으로 알고 있다가 언론, 타인 등을 통하여 청약철회가 가능하다는 이야기를 듣고 선불식 할부거래업자에게 전화하여 확인한 경우

⇒ 확인전화를 통하여 청약을 철회할 수 있음을 안 날로부터 14일 이내에 청약을 철회할 수 있다.

○ 선불식 할부거래업자가 청약철회 전화를 의도적으로 전화를 받지 않는 등 청약철회를 방해하여 소비자가 계약서를 받은 날로부터 14일 이내에 청약을 철회할 수 없었던 경우

⇒ 방해행위가 종료한 날로부터 14일 이내에 청약을 철회할 수 있다.

(2) 선불식 할부계약의 해제

① 소비자의 임의해제(법 제25조)

소비자가 선불식 할부계약에 의한 재화등의 공급을 받지 아니한 경우에는 그 사유를 묻지 않고 자유롭게 계약을 해제할 수 있다. 선불식 할부거래업자는 계약이 해제된 경우 소비자에게 해제로 인한 손실을 초과하는 위약금을 청구하여서는 아니 된다. 또한 선불식 할부거래업자는 소비자가 휴업, 폐업, 영업정지 처분, 등록취소, 등록말소, 당좌거래 정지, 파산 또는 회생절차 개시 신청, 상조계약 이전 부동의를 사유로 계약을 해제하는 경우에는 위약금을 청구하여서는 아니 된다. 선불식 할부거래업자는 계약이 해제된 날로부터 3영업일 이내에 이미 지급받은 대금에서 위약금을 뺀 금액을 소비자에게 환급하여야 한다. 사업자가 환급을 지연한 때에는 그 지연기간에 따라 지연배상금을 함께 환급하여야 한다.

② 선불식 할부거래업자의 해제(법 제26조)

소비자의 해제가 임의의 즉시해제인 반면, 사업자의 해제는 대금지급의무의 불이행과 같은 법정해제사유가 존재해야 하고, 계약을 해제하기 전에 14일 이상의 기간을 정하여 소비자에게 이행할 것을 서면으로 최고하여야 한다(해제사유 및 절차의 제한). 선불식 할부거래업자가 계약을 해제한 경우 소비자가 계약을 해제한 경우와 마찬가지로 3영업일 이내에 이미 지급받은 대금에서 위약금을 공제한 금액을 소비자에게 환급하여야 하며 환급을 지연한 때에는 지연배상금을 지급하여야 한다.

다. 선불식 할부거래업자의 선수금 보전의무(할부거래법 제27조)

사업자는 소비자로부터 미리 수령한 선수금의 보전을 위해 보험계약, 금융기관의 채무지급보증계약, 예치기관의 예치계약, 공제조합과의 공제계약 중 어느 하나를 체결하여야 한다.

① 개정 할부거래법(2010. 3. 17. 법률 제10141호로 개정된 것) 시행 이전에 체결된 상조계약에 따라 수령한 선수금에 대해서도 개정법이 적용되므로 소비자피해보상보험계약등을 통하여 해당 선수금을 보전하여야 한다.

② 선불식 할부거래업자가 소비자피해보상보험계약등에 따라 보전하여야 할 금액은 다음과 같다.

> 보전하여야 할 금액 = (선불식 할부거래업자가 소비자로부터 선불식 할부계약과 관련되는 재화등의 대금으로서 미리 수령한 금액 − 선불식 할부거래업자가 소비자에게 공급한 재화등의 가액) × 50/100

③ 선불식 할부거래업자가 재화등을 실제로 인도하지 아니한 경우에는 재화등이 공급된 것으로 보지 아니한다.

라. 사업자의 금지행위(할부거래법 제34조)

선불식 할부거래업자등은 다음의 어느 하나에 해당하는 행위를 하여서는 아니 된다.

① 계약의 체결을 강요하거나 청약의 철회 또는 계약의 해제를 방해할 목적으로 상대방을 위협하는 행위

법 위반행위 예시

선불식 할부거래업자가 상조업체에 취업하기 위해 지원한 사람들에게 취업요건으로 상조계약 체결을 요구하고, 거부하는 경우 직원채용에서 제외시키겠다고 공지한 경우

② 거짓·과장된 사실을 알리거나 기만적 방법을 사용하여 상대방과의 거래를 유도하거나 청약의 철회 또는 계약의 해제를 방해하는 행위

법 위반행위 예시

- 상조상품을 은행적금보다 금리가 높은 저축성 상품으로 홍보하는 경우

- '전원 장례지도사 1급', '원하는 장례식장에서 다 된다', '대기업과 계약이 되어 있다', 상조이행보증회사를 통하여 무조건 상조서비스를 제공한다' 등 사실과 다른 설명으로 가입을 유도한 경우

- 무료초대권을 배포하는 방법으로 소비자들을 특정 영업장소로 끌어들이면서, 무료초대권 지면에 '해외여행 설명회를 겸한 무료 공연'이라고만 표기하고, 대표적인 서비스인 '상조상품' 또는 '상조서비스'라는 문구를 표기하지 아니하는 방법으로 소비자에게 무료공연 중간에 상조상품 판매활동을 진행하는 경우

- 소비자에게 다른 상조업자의 재무부실을 과장(부도, 폐업 가능성 등)하거나 잘못된 사실(대표이사의 배임·횡령 등)을 알려 소비자와 다른 상조업자 간 선불식 할부계약을 해제시키고 자신과 새로운 선불식 할부계약을 체결을 유도하거나 체결하는 경우

③ 청약의 철회 또는 계약의 해제를 방해할 목적으로 주소·전화번호 등을 변경하는 행위

법 위반행위 예시

- 사무실을 이전하지 않았음에도 주기적으로 상호와 전화번호를 변경하는 경우
- 소비자와 계약체결 후 사무실을 이전하였거나 합병·인수가 되었는데도 그러한 사실과 주소·전화번호 등을 고의적으로 알려주지 않는 경우

④ 분쟁이나 불만처리에 필요한 인력 또는 설비가 부족한 상태를 상당 기간 방치하여 상대방에게 피해를 주는 행위

법 위반행위 예시

- 소비자가 불만사항에 대한 사업자의 이메일 또는 팩스 답변이 불충분하여 직접 전화통화를 하고자 함에도 불구하고, 사업자가 이메일 또는 팩스를 통해서만 불만처리를 할 수 있도록 하고 전화통화를 거부하는 경우
- 소비자가 전화를 하였으나 전화상담원이 부족하여 통상적인 방법으로는 통화를 하기가 곤란하거나 ARS 등을 통하여 여러 단계를 거치게 한 후 결국에는 상담원과 연결이 되지 않게 해둔 경우
- 소비자가 상품의 질에 불만이 있어 계약을 해제하고 환급을 요구하였으나, 업무 담당자가 퇴사하였다는 말을 들었고 한 달이 넘도록 충원되지 않는 경우
- 소비자가 선불식 할부거래업자 또는 그 직원과 전화통화가 이루어지지 않아 자동안내에 따라 수차례 자신의 전화번호를 남겼음에도 불구하고, 사업자가 특별한 사정없이 전화를 하지 않는 경우(다만, 소비자가 전화번호를 잘못 남겼거나 소비자의 부재 등으로 인하여 부득이하게 연락이 지연된 경우는 제외)
- 소비자가 서면으로 청약철회를 요구하기 위하여 선불식 할부거래업자에게 팩스를 보내려고 하였으나, 선불식 할부거래업자가 팩스가 없다고 하면서 직접 사무실로 찾아올 것을 요구하는 경우

⑤ 상대방의 청약이 없음에도 재화등의 대금을 청구하는 행위

법 위반행위 예시

- 선불식 할부거래업자가 특정 사업자단체의 임원들과 협의하여 사업자단체의 회원을 본인의 동의 없이 상조상품에 가입시키고 회원에게 매월 대금고지서를 발급한 경우(다만, 사업자단체의 회원들이 임원들에게 계약체결 권한을 위임한 경우는 제외)

- 선불식 할부거래업자 간 체결한 회원인수계약에 대하여 해당 소비자의 동의를 받지 않았음에도 불구하고, 인수업체가 해당 소비자에게 대금을 청구하는 경우

⑥ 소비자가 계약을 체결할 의사가 없음을 밝혔음에도 전화, 팩스, 컴퓨터통신 등을 통하여 계약체결을 강요하는 행위

법 위반행위 예시

- 계약을 체결하지 않겠다고 밝혔음에도 선불식 할부거래업자가 하루에 2번 이상 혹은 일주일에 2~3번씩 3달간 반복해서 전화로 계약체결을 요구한 경우
- 소비자가 전화, 이메일 등을 통하여 가입거부의사를 밝혔음에도 메신저 쪽지, 홈페이지 게시판, 방명록, 소셜 네트워크를 통해서 계약체결을 독촉하는 글을 반복적으로 남기는 경우

⑦ 소비자피해보상보험계약등을 체결하지 아니하고 영업하는 행위

법 위반행위 예시

소비자가 계약할 당시 소비자피해보상보험계약등이 체결되어 있었으나, 소비자의 대금납부가 계속되는 동안에 선불식 할부거래업자의 공제료 미납입, 법정 예치비율 위반 등의 이유로 소비자피해보상보험계약등이 해지된 경우

⑧ 소비자피해보상보험계약등을 체결하지 아니하였음에도 소비자피해보상보험계약등을 체결한 사실을 나타내는 표지나 이와 유사한 표지를 제작 또는 사용하는 행위

법 위반행위 예시

- 선불식 할부거래업자가 소비자피해보상보험계약등이 해지되었음에도 소비자피해보상보험계약등을 체결한 사실을 나타내는 표지를 사용하는 경우
- 선불식 할부거래업자가 홈페이지에 "○○보증과 □□보험에 가입하여 어떠한 경우에도 고객님의 불입금을 안전하게 보장한다"는 내용으로 소비자피해보상보험계약을 체결한 것처럼 광고하였으나, 실제로는 소비자의 계좌에서 월불입금이 과다하게 인출될 경우에 대한 손해배상금의 지급을 보장하는 것이었던 경우

⑨ 소비자피해보상보험계약등에 따라 보전하여야 할 금액을 보전하지 아니하고 영업하는 행위

법 위반행위 예시

선불식 할부거래업자가 소비자로부터 받은 상조상품 납입금 중 40%에 해당하는 금액만 은행에 예치하는 경우

⑩ 본인의 허락을 받지 아니하거나 허락받은 범위를 넘어 소비자에 관한 정보를 이용(제3자에게 제공하는 경우를 포함한다)하는 행위

⑪ 소비자가 계약을 해제하였음에도 불구하고 정당한 사유 없이 이에 따른 조치를 지연하거나 거부하는 행위[363]

⑫ 청약의 철회 또는 계약의 해제와 관련하여 분쟁이 발생한 경우 대금을 지급받기 위하여 소비자에게 위계를 사용하거나 위력을 가하는 행위

⑬ 자신이 공급하는 재화등을 소비자가 양도·양수하는 것을 상당한 이유 없이 제한하거나 양도·양수함에 있어 과다한 비용을 부과하는 행위[364]

⑭ 다른 사람에게 자기의 명의 또는 상호를 사용하여 선불식 할부거래업을 하게 하거나 선불식 할부거래업 등록증을 대여하는 행위[365]

---

363 정당한 사유에 대한 입증은 선불식 할부거래업자가 하여야 한다.
364 상조서비스 표준약관은 양도시 실비수준의 수수료(예: 5,000원)만을 받을 수 있도록 하고 있다.
365 선불식 할부거래업자가 위탁·제휴 등을 통하여 타회사가 회원모집만을 수행토록 하는 것은 선불식 할부거래업을 하게 하는 행위에 해당하지 않는다. 선불식 할부거래업자는 위탁·제휴업체가 모집한 소비자에 대해서도 정보제공 등 모든 할부거래법상 의무를 이행하여야 한다. 위탁·제휴업체는 자신의 고유업무상의 거래관계를 이용하여 상조상품 가입을

⑮ 「방문판매 등에 관한 법률」 제2조 제5호에 따른 다단계판매 방식으로 상조계약을 체결하거나 상조계약의 체결을 대리 또는 중개하는 행위

법 위반행위 예시

- 선불식 할부거래업자가 방문판매 등에 관한 법률(이하 '방문판매법')상 다단계판매 방식으로 소비자와 상조계약을 체결하는 경우 할부거래법에 위반될 뿐 아니라, 방문판매법 적용(다단계 판매업자 등록, 160만 원 초과 상품 판매금지 등)도 배제되지 않는다.
- 선불식 할부거래업자 판매조직의 직급이 A-B-C 3단계로 구성되어 있고 A는 B의 권유로, B는 C의 권유로 판매원이 되었으며, A의 상조상품 판매실적이 B와 C의 실적에 영향을 미쳐 B, C의 수당으로 이어지거나 A의 실적이 비록 B의 수당에는 영향을 미치지 않을지라도 C의 실적에 영향을 미쳐 C의 수당으로 이어지는 경우

⑯ 금전대차 관계를 이용하여 상조계약의 체결을 요구하는 행위

법 위반행위 예시

- 모집인 甲이 3천만 원의 금전대차 관계에 있던 채무자 乙에게 120회 만기, 월회비 3만 원의 상조상품 가입을 요구하는 경우
- 모집인 甲이 금전대차 관계에 있던 채무자 乙에게 이자를 상조상품의 월회비로 설정하는 방법으로 상조 상품 가입을 요구하는 경우
- 모집인 甲이 소비자 乙에게 금전대차의 조건으로 상조상품 가입을 요구하는 경우

⑰ 소비자와 체결한 상조계약 중 일부에 대하여 이전계약을 체결하는 행위

법 위반행위 예시

인도업체가 인수업체에게 자신이 보유중인 상조계약 총 건수 100건 중 70건만 인도하고 나머지 30건은 유지하는 경우(다만, 소비자의 명시적 부동의를 이유로 인도업체가 상조계약을 유지하는 경우는 예외)

⑱ 이전계약을 체결한 선불식 할부거래업자가 해당 이전계약에 대한 소비자의 동의를 받지 아니하고 소비자의 예금 등에서 금원을 인출하는 행위

법 위반행위 예시

甲이 선불식 할부거래업자 A의 상조상품에 가입하여 매월 3만 원씩 자동이체 방식으로 납부하고 있던 중 어느 날 통장을 확인해 보니 선불식 할부거래업자 B 명의로 회비가 인출되고 있었고 甲은 B에게 상조계약 이관 및 상조회비의 자동이체에 동의해준 사실이 없는 경우

강요하여서는 아니 된다.

Ⅳ. 다른 법률과의 관계 및 편면적 강행규정

1. 다른 법률과의 관계[366]

할부거래 또는 선불식 할부거래에서의 소비자보호와 관련하여 할부거래법과 다른 법률이 경합하여 적용되는 경우에는 할부거래법을 우선하여 적용하되, 다만, 다른 법률을 적용하는 것이 소비자에게 유리한 경우에는 그 법률을 적용한다(법 제4조).

2. 편면적 강행규정

법 제6조부터 제13조까지(서면주의, 할부수수료의 연간요율제한, 청약철회와 그 효과, 간접할부계약의 청약철회통보, 할부거래업자의 계약해제, 손해배상청구권제한, 기한이익상실), 제15조(할부대금채권의 시효), 제16조(소비자의 항변권), 제22조의2(선불식할부계약의 이전), 제23조부터 제26조까지의 규정(선불식 할부거래업자의 정보제공 및 계약서교부, 소비자의 청약철회와 해제, 선불식할부거래업자의 계약해제)을 위반한 약정으로서 소비자에게 불리한 것은 효력이 없다.

---

[366] 2015년 변시 제4회 기출. 할부거래법과 방문판매법의 적용관계를 묻는 문제가 출제되었다(배점 10점). 청약철회기간의 경우 방문판매법상의 기간이 14일로, 할부거래법이 정하는 7일보다 장기간이라는 점을 언급하여 방문판매법을 할부거래법에 우선 적용(소비자에게 더 유리한 부분)하는 정도의 결론을 내리는 문제였다.

방문판매법

　　방문판매법은 방문판매 및 전화권유판매, 다단계판매, 후원방문판매, 계속거래 및 사업권유거래 등과 관련된 규제와 소비자보호조치를 규정하고 있다.[367] 이와 같은 판매방식은 사업자의 영업활동을 효율적으로 촉진할 수 있고, 영업관련 비용 등의 절감에 따라 소비자들에게 합리적 가격을 제시할 수 있는 장점도 있지만, 방문 시의 허위설명 또는 소비자에 대한 심리적 강압, 혈연·학연과 같은 연고관계를 이용하여 소비자의 선택권을 제한할 수 있다는 문제, 특히 다단계판매의 경우는 경제활동 경험이 많지 않은 판매원들의 활동에 따른 비정상적 영업활동의 확대와 결국에는 시장 고갈에 이를 수밖에 없다는 태생적 한계를 고려할 때 '폭탄돌리기'와 같은 다수의 소비자피해가 발생할 수 있다는 우려를 함께 내포하고 있다.

　　방문판매법의 내용 중 변호사시험의 사례형 문제로 출제될 가능성이 있는 부분은 ① 방문판매법상 거래유형들의 개념을 구별하고 사례에서 주어진 사실관계를 토대로 정확한 거래형태를 판단할 수 있는지(법 제2조),[368] ② 방문판매법상 특수거래형태에 관한 청약의 철회 또는 해지(법 제8조, 제17조 및 제31조) 및 그 효과(법 제9조, 제18조 및 제32조), ③ 방문판매자 등의 금지행위(법 제11조), ④ 다단계판매에 관한 후원수당의 개념 및 규제(법 제2조, 제20조 및 제21조), 금지행위(법 제23조), ⑤ 다단계판매원의 등록 및 탈퇴(법 제22조), ⑥ 계속거래자 등의 의무(법 제30조, 법 제32조), ⑦ 계속거래 등의 계약의 해지(법 제31조) 및 효과, 위약금 등(법 제32조) 등이다. 방판법의 경우 다른 조문의 내용을 준용하는 규정들이 많기 때문에 법률 규정을 보고 쉽게 내용을 파악하기 어려운 경우가 많다. 개별 조문의 내용과 위치를 미리 숙지할 필요가 있다. 시험에 직접 출제되기 어려운 지엽적인 절차 규제(등록 및 신고 등) 내용은 본문 설명을 생략하였으므로, 변호사시험 준비를 대비하는 분들이 아닌 일반 독자들은 이 점을 참고하시기 바란다.

---

[367] 방문판매법 제1조(목적) "이 법은 방문판매, 전화권유판매, 다단계판매, 후원방문판매, 계속거래 및 사업권유거래 등에 의한 재화 또는 용역의 공정한 거래에 관한 사항을 규정함으로써 소비자의 권익을 보호하고 시장의 신뢰도를 높여 국민경제의 건전한 발전에 이바지함을 목적으로 한다." 과거에는 통신판매의 경우도 방판법의 적용대상이었지만, 법 개정으로 전상법으로 이관하였다.

[368] 이 경우 설문에서 문제가 된 거래가 방문판매법상 방문판매나 전화권유판매에 해당될 뿐만 아니라 할부거래법상 할부거래에도 해당하는 등 다른 법률과의 경합에 따라 어느 법률을 우선하여 적용해야 하는지의 문제 역시 같이 출제될 수 있다.

Ⅰ. 방문판매 및 전화권유판매

1. 방문판매의 의의[369]

방문판매법상 방문판매는 판매자의 재화 또는 용역(이하 "재화등"이라 한다)에 관한 정보 제공(청약의 유인) 및 소비자의 청약이 사업장[370] 외의 장소에서 소비자와 대면하여 이루어진 것을 의미한다(방문의 방법으로 판매업자의 사업장 외의 장소에서 소비자에게 권유하여 청약을 받거나 계약을 체결하는 것을 특징으로 함). 방판법상 소비자의 개념은 법 제2조 제12호 및 법 시행령 제4조에 규정이 있다. 사업장이 아닌 장소에서 소비자와 직접 대면하여 재화등에 관한 정보를 제공하고 구매를 유도한 경우라면 설령 실제로 계약의 청약을 받거나 계약을 체결한 장소가 사업장이라고 할지라도 방문판매에 해당된다(법 제2조 제1호).[371] 방문판매로 인정되기 위해서는 ① 방문판매자의 권유가 소비자에 대한 방문의 방법으로 이루어져야 하고(따라서 소비자가 자발적으로 방문판매자를 찾아간 경우는 방판법이 정하는 방문판매에는 해당하지 않는다), ② 사업장 이외의 장소에서 소비자에게 권유하여 계약의 청약 또는 체결이 이루어져야 한다.

사례형 대비 예시

○ 소비자가 광고지를 보고 판매자에게 전화를 하여 재화등의 정보를 문의하자 판매자가 자세한 정보를 제공하겠다고 하며 소비자의 가정을 방문하여 상품구매를 권유하여 계약을 체결하는 경우

⇒ 소비자가 전화를 하여 재화등의 정보를 문의하였지만, <u>재화등에 대한 정보제공 및 소비자의 청약이 판매자의 사업장 외의 장소에서 이루어진 것</u>이므로 방문판매에 해당함.

○ 판매자가 판촉활동을 위해 시내 주요 지점에 간이 판매장소를 설치하고 2개월 동안 영업활동을 하였는데 소비자가 이러한 간이 판매장소에 방문하여 계약을 체결하는 경우

⇒ 판매장소가 "사업장"에 해당하기 위해서는 소유 또는 임차하거나 점용허가를 받은 고정된 장소에서 3개월 이상 계속적으로 영업할 것, 판매에 필요한 시설을 갖출 것, 영업 중에는 소비자가 자유의사에 따라

---

[369] 2015년 변시 제4회 기출. 설문에 나타난 특정 사업자의의 판매행위가 방문판매법상 방문판매에 해당하는지를 묻는 문제가 출제되었다(배점 15점). 이와 같은 유형의 출제를 대비하여 방판법, 할부거래법, 전상법 등에서 규정하는 거래형태의 개념과 구별기준 등을 미리 잘 정리해둘 필요가 있다.

[370] 방판법 시행규칙 제2조(사업장) 「방문판매 등에 관한 법률」(이하 "법"이라 한다) 제2조 제1호에서 "총리령으로 정하는 영업장소"란 영업소, 대리점, 지점, 출장소 등 명칭에 관계없이 다음 각 호의 요건을 모두 갖춘 장소(이하 "사업장"이라 한다)를 말한다.
   1. 소유 또는 임차(賃借)하거나 점용허가를 받은 고정된 장소에서 3개월 이상 계속적으로 영업할 것. 다만, 천재지변 등 불가피한 사유로 영업을 계속할 수 없는 기간은 산입하지 아니한다.
   2. 판매에 필요한 시설을 갖출 것
   3. 영업 중에는 소비자가 자유의사에 따라 출입할 수 있을 것
   4. 영업장소 내에서 소비자가 자유의사에 따라 재화 또는 용역(이하 "재화등"이라 한다)을 선택할 수 있는 상태를 유지할 것

[371] 재화등의 특성상 사업장 외의 장소에서 당사자 간에 거래를 할 수 밖에 없는 경우라 할지라도 청약의 유인이나 계약 체결이 이루어지는 방법이 '방문'인지 여부가 방문판매 개념에 포함되는지의 원칙적인 기준이 된다.

출입할 수 있을 것, 영업장소 내에서 소비자가 자유의사에 따라 재화등을 선택할 수 있는 상태를 유지할 것이라는 요건을 모두 갖추어야 하는데, 3월 미만의 기간 동안 영업한 간이 판매장소는 "사업장 외의 장소"에 해당하므로 방문판매에 해당함.

⇒ 다만, 계속적으로 영업하는 고정된 사업장 앞의 인도에 간이판매장소를 설치하여 그 사업장 소속의 직원이 소비자와 구매 계약을 체결하는 경우는 재화등의 정보를 고정된 사업장에서 얻을 수 있고 간이판매장소가 고정된 "사업장"에 포함된다고 볼 수 있으므로 방문판매에 해당되지 않음.

○ 판매자가 3개월 이상 임차한 장소에서 재화등을 판매하나, 이 장소에 노인·주부 등 특정 대상만 출입시키는 경우

⇒ 판매장소가 "사업장"에 해당하기 위해서는 소비자가 자유로운 의사에 따라 출입할 수 있어야 하는데, 판매자가 특정 대상만 출입시킨다면 "사업장 외의 장소"에 해당하므로 방문판매에 해당함.

○ 소비자가 사업장을 방문하여 에어컨(설치형 재화)에 대하여 청약을 하고 구두로 계약을 체결한 후, 설치 기사가 가정을 방문하여 에어컨을 설치한 후에 계약서, 품질보증서 및 설치 확인서 등의 제 서류에 소비자가 서명하고 계약을 체결하는 경우

⇒ 소비자가 사업장을 방문하여 청약을 하였으므로 방문판매에 해당되지 않음.

○ 소비자가 전화로 A 케이블 TV에 대한 기간, 가격, 설치비 및 채널 등에 대하여 문의하여 특정 상품판매 조건으로 구매 의사를 표시하고 이에 전문 기사가 가정을 방문하여 장비를 설치한 후 계약서 및 개통 확인서 등의 제 서류에 서명하고 계약을 체결하는 경우

⇒ 판매자가 자신의 사업장에서 소비자의 청약을 받고 구두로 계약을 체결하였으므로 방문판매에는 해당되지 않음.

○ 소비자가 전화로 가정학습지에 대한 구매 여부를 결정하기 위하여 자녀의 학습 습관 및 학습 과목 등을 판매자와 상담하던 중 소비자가 자세한 상담을 위하여 판매원(교사 포함)의 방문을 요청하거나, 판매업자가 판매원으로 하여금 소비자의 가정으로 방문하게 하여 해당 가정학습지의 구매 계약이 체결된 경우

⇒ 재화의 특성상 방문을 통하여 정보를 제공하는 것이 일반적인 경우로서 전화를 통하여 구체적인 청약 의사 표시가 되지 않은 한 사업장 외의 장소에서 구매 계약이 체결된 경우이므로 방문판매에 해당함.

○ 사업자가 3월 이상의 임차를 통하여 운영하는 사업장에서 건강기능식품, 의료기기 등을 인근 지역의 소비자에게 판매하는 경우

⇒ 영업장소가 방문판매법상 "사업장"에 해당한다 하더라도, 방문판매자(방문판매업자 및 방문판매원)가 사업장 외의 장소에서 권유 등의 방법으로 소비자를 유인하여 함께 사업장으로 이동(캐치세일즈)하거나, 주된 재화등의 판매 목적을 숨기고 다른 재화등의 무료·염가 공급(예: 무료관광, 무료마사지쿠폰 등) 또는 소득 기회 제공 등의 방법으로 소비자가 사업장에 방문하게 하거나, 다른 소비자에 비하여 현저하게 유리한 조건으로 재화등을 판매·공급한다고 권유하여 소비자를 사업장에 방문하도록 하는 방식으로 구매를 유도하면 방문판매에 해당함.

2. 전화권유판매의 의의

방문판매법상 전화권유판매는 사업자가 전화를 이용하여 소비자에게 권유를 하거나 전화회신을 유도하는 방법으로 재화등을 판매하는 것을 말한다(법 제2조 제3호).[372] 반드시 청약을 받거나 계약을 체결하는 행위까지 전화를 통하여 이루어질 필요는 없다. 전화권유판매와 구별해야 할 것은 전자상거래법상의 통신판매이다. 전상법상의 통신판매는 소비자가 적극적으로 전화를 걸어와서 구매하는 인바운드 형태의 텔레마케팅을 규율한다(전상법 제2조 제2호).[373] 통신판매와의 중요한 구별 기준은 소비자의 구매의사가 당초에 존재하였는지, 아니면 판매자의 '권유'에 의하여 구매가 유도된 것인지 그 여부이다. 통신판매에 있어 전화는 단지 상품 정보를 제공하는 수단에 지나지 않으나 전화권유판매에 있어서 전화는 정보제공은 물론이고 소비자에게 접근하여 계약 체결을 하는 데 적극적으로 사용되는 매체이다(공정위 「특수판매에서의 소비자보호지침」 2015. 10. 23. 공정위 예규 제235호).

사례형 대비 예시

○ 판매자가 소비자에게 전화를 먼저 걸어 상품에 대한 정보를 제공하고 소비자와 대화를 하는 행위에 의하여 소비자의 청약을 받는 행위

⇒ 이 경우 전화권유판매에 해당함. 다만, ARS 또는 문자메시지 등 전화를 이용하여 상품 정보만을 제공하는 것은 「전자상거래 등에서의 소비자보호에 관한 법률」의 "통신판매"에 해당함.

○ 휴대폰에 광고 메시지를 전송하여 소비자로 하여금 광고메시지에 안내된 전화번호를 통하여 전화를 걸도록 유도한 후 계약의 청약을 받거나 계약을 체결하는 행위[374]

⇒ 이 경우 판매자가 소비자로부터 걸려오는 전화에 대한 응답을 함에 있어서 추가적인 구매 권유 없이 고객의 주문만 접수하는 형태는 전화권유판매에는 해당되지 않음. 다만 「전자상거래 등에서의 소비자보호에 관한 법률」의 "통신판매"에 해당함.

⇒ 다만, 판매자가 소비자의 주문만 받는 것이 아니라 소비자에게 구매를 권유하여 계약의 청약을 받거나 계약을 체결하는 경우는 전화권유판매에 해당됨.[375]

○ "경품에 당첨되었습니다. 000-0000으로 확인하여 주세요" 등의 문자 메시지를 보고 해당 업체에 그 사실을 확인하고자 소비자가 먼저 전화를 걸고, 정수기·비데 등 상품을 구입할 것을 권유받아 이를 구매하게 된 경우

---

372 "전화권유판매자"란 전화권유판매를 업으로 하기 위하여 전화권유판매조직을 개설하거나 관리·운영하는 자(전화권유판매업자)와 전화권유판매업자를 대신하여 전화권유판매업무를 수행하는 자(전화권유판매원)를 말한다(법 제2조 제4호).

373 전상법상 통신판매에는 텔레마케팅은 물론 우편, 팩스 기타 전기통신수단이 포함된다는 점도 구별되는 점이다(전상법은 법 제2조 제2호에서 통신판매를 정의하면서 "방판법에서 정하는 전화권유판매는 통신판매의 범위에서 제외한다"고 명시하고 있다).

374 2020년 변시 제9회 기출. "전화권유판매(설문의 거래행위가 방판법상 어떠한 행위 유형에 해당하는지 설명)."

375 전상법 제2조 제2호 규정에 의하면 "통신판매"라 함은 "전화권유판매"를 제외한다고 규정하고 있다(통상적인 청약철회기간이 전화권유판매의 경우는 14일이며, 통신판매의 경우는 7일). "전화권유판매"와 "통신판매" 간 중요한 구별 기준은 소비자의 구매의사가 당초에 존재하였는지, 아니면 판매자의 권유에 의하여 구매가 유도된 것인지 여부이다.

⇒ 이 경우 소비자는 상품을 구매할 의사가 없이 경품 당첨 등 사실을 확인하고자 전화를 한 것이고 <u>판매자의 권유에 의하여 상품을 구매한 것이므로 전화권유판매에 해당함</u>(통신판매에 있어 전화는 단지 상품 정보를 제공하는 통로 또는 수단에 지나지 않으나 전화권유판매에 있어서 전화는 정보제공은 물론이고 소비자에게 접근하여 계약 체결을 하는 데 적극적으로 사용되는 매체임).

3. 방문판매 또는 전화권유판매의 경우 소비자의 청약철회[376]

가. 청약의 철회(법 제8조 제1항)

방문판매 또는 전화권유판매의 경우 소비자가 판매자의 설명이나 권유에 현혹되어 충동구매를 할 우려가 높다. 그렇기 때문에 방판법은 소비자보호를 위해 숙고기간 또는 냉각기간(cooling-off period)을 두어 청약철회권을 인정하고 있는 것이다. 이와 같은 청약철회권은 "계약은 지켜져야 한다(pacta sunt servanda)"는 사법상의 대원칙(계약의 구속력)에 대한 예외로서 소비자보호를 위한 특칙에 해당한다.

방문판매 또는 전화권유판매의 방법으로 재화등의 구매에 관한 계약을 체결한 소비자는 다음과 같은 기간(거래당사자가 이 기간보다 긴 기간으로 약정한 경우에는 그 기간) 이내에 그 계약에 관한 청약의 철회 등을 할 수 있다.

① 계약서를 교부받은 날로부터 14일(다만, 그 계약서를 교부받은 때보다 재화등의 공급이 늦게 이루어진 경우에는 재화등을 공급받거나 공급이 개시된 날로부터 14일)
② 계약서를 교부받지 않았거나, 방문판매자 등의 주소 등이 기재되지 아니한 계약서를 교부받은 경우 또는 방문판매자 등의 주소 변경 등의 사유로 위 기간 이내에 청약철회 등을 할 수 없는 경우에는 그 주소를 안 날 또는 알 수 있었던 날로부터 14일
③ 계약서에 청약철회 등에 관한 사항이 적혀 있지 아니한 경우에는 청약철회 등을 할 수 있음을 안 날 또는 알 수 있었던 날로부터 14일[377]
④ 방문판매업자 등이 청약철회 등을 방해한 경우에는 그 방해행위가 종료한 날로부터 14일

다만, 방문판매자 등이 제공한 재화등의 내용이 표시·광고의 내용과 다르거나 계약내용과 다르게 이행된 경우에는 소비자는 해당 재화등을 공급받은 날부터 3개월 이내, 그 사실을 안 날 또는 알 수 있었던 날부터 30일 이내에 청약철회를 할 수 있다(법 제8조 제3항).

방문판매 등의 경우에 소비자의 청약철회는 할부거래의 경우와는 달리 반드시 서면으로 할 필요는 없지만(비서면주의), 만일 이를 서면으로 하는 경우에는 할부거래법이 규정한 바와 마찬가지로 그 의사표시가 기재된 서면을 발송한 날(발신주의)에 효력이 발생하게 된다(법 제8조 제4항).[378]

---

376 2015년 변시 제4회 기출. 청약철회의 사유와 제한, 제한의 예외에 대한 문제가 출제되었다(배점 20점). 청약철회와 관련된 내용은 자주 출제된다. 기본내용은 물론, 철회권 행사 제한사유와 제한의 예외 등 세부적인 내용까지 모두 잘 정리해두어야 한다. 법률 및 법 시행령 조문의 위치와 내용도 미리 알아두면 좋다.
377 2020년 변시 제9회 기출.
378 할부거래법상 청약철회의 경우 소비자는 반드시 위 기간 이내에 할부거래업자에게 청약을 철회하는 의사표시가 적힌 서면을 발송하여야 하고(할부거래법 제8조 제3항), 그 서면을 발송한 날에 철회의 효력이 발생한다(할부거래법 제8조 제4항).

나. 청약철회의 제한(법 제8조 제2항)[379]

그러나 소비자는 다음과 같은 경우 방문판매자 등의 의사와 다르게 청약철회 등을 할 수 없다.

① 소비자에게 책임이 있는 사유로 재화등이 멸실되거나 훼손된 경우. 다만, 재화등의 내용을 확인하기 위하여 포장 등을 훼손한 경우는 제외한다.

② 소비자가 재화등을 사용하거나 일부 소비하여 그 가치가 현저히 낮아진 경우

③ 시간이 지남으로써 다시 판매하기 어려울 정도로 재화등의 가치가 현저히 낮아진 경우

④ 복제할 수 있는 재화등의 포장을 훼손한 경우

⑤ 그 밖에 거래의 안전을 위하여 대통령령으로 정하는 경우[380]

한편 방문판매자등은 위 ②, ③, ④의 경우로 청약철회를 할 수 없는 재화등에 해당할 경우에는 그 사실을 재화등의 포장 기타 소비자가 쉽게 알 수 있는 곳에 분명하게 표시하거나 시용상품을 제공하는 등의 방법으로 소비자의 청약철회 등의 권리 행사가 방해받지 않도록 조치하여야 하고(법 제8조 제5항), 만일 그와 같은 조치를 하지 않은 경우에는 위와 같은 청약철회제한사유에 해당하는 경우에도 소비자는 다시 원칙으로 돌아가 청약철회 등을 할 수 있다(법 제8조 제2항 단서).

다. 청약철회등의 효과

(1) 원상회복의무

방문판매 또는 전화권유거래의 계약을 체결한 소비자가 청약철회등을 행한 경우에 양 당사자는 원상회복의무를 지게 되는데, 소비자는 이미 공급받은 재화등을 반환하여야 하고(법 제9조 제1항),[381] 방문판매자등(소비자로부터 재화등의 대금을 지급받은 자 및 소비자와 방문판매 등에 관한 계약을 체결한 자를 포함한다)은 재화등을 반환받은 날부터 3영업일 이내에 이미 지급받은 재화등의 대금을 환급하여야 한다(법 제9조 제2항).[382]

방문판매자등이 재화등의 대금을 환급함에 있어서, 소비자가 신용카드 등의 결제수단으로 대

---

379 2015년 변시 제4회 기출. <설문2> (2) 논점. 설문의 경우 ① 乙의 귀책사유로 화장품이 멸실되거나 훼손된 경우가 아니고, ② 乙이 화장품을 개봉하였으나 사용하지 않은 점, ③ 화장품은 시간이 지남에 따라 다시 판매하기 어려울 정도로 재화등의 가치가 현저히 낮아진 경우로 볼 수 없다는 점, ④ 책과 같이 복제할 수 있는 재화가 아니고 乙의 주문에 의해 개별적으로 생산된 것도 아니라는 이유를 들어 철회권 행사가 가능한 근거를 제시하는 문제였다. 2020년 변시 제9회 기출.

380 법 시행령 제12조(청약철회등의 제한) 법 제8조 제2항 제5호에서 "대통령령으로 정하는 경우"란 소비자의 주문에 의하여 개별적으로 생산되는 재화등에 대한 것으로서 청약의 철회 및 계약의 해제(이하 "청약철회등"이라 한다)를 인정하면 방문판매자 또는 전화권유판매자(이하 "방문판매자등"이라 한다)에게 회복할 수 없는 중대한 피해가 예상되는 경우로서 사전에 해당 거래에 대하여 별도로 그 사실을 고지하고 소비자의 서면(전자문서를 포함한다) 동의를 받은 경우를 말한다.

381 공급받은 재화등의 반환에 필요한 비용은 방문판매자등이 부담하며, 방문판매자등은 소비자에게 청약철회등을 이유로 위약금 또는 손해배상을 청구할 수 없다(법 제9조 제9항).

382 이 경우 환급을 지연하면, 그 지연기간에 따라 연 40% 이내의 범위에서 지연배상금을 별도로 지급해야 한다(현재 시행령 제13조에서 규정하는 이율은 연 15%).

금을 지급한 때에는 지체 없이 해당 신용카드 등 대금결제수단을 제공한 결제업자로 하여금 재화 등의 대금의 청구를 정지 또는 취소하도록 요청하여야 하고, 다만 방문판매자등이 결제업자로부터 해당 재화등의 대금을 이미 지급받은 때에는 지체 없이 이를 결제업자에게 환급하고, 그 사실을 소비자에게 알려야 한다(법 제9조 제3항).

그리고 방문판매자등은 이미 재화등의 일부가 사용 또는 일부 소비된 경우에는 그 재화등의 사용 또는 일부 소비에 의하여 소비자가 얻은 이익 또는 그 재화등의 공급에 소요된 비용에 상당 하는 금액으로서 ① 재화등의 사용으로 인하여 소모성 부품의 재판매가 곤란하거나 재판매가격이 현저히 하락하는 경우에는 그 소모성부품의 공급에 소요된 비용, ② 여러 개의 동일한 가분물로 구성된 재화등의 경우에는 소비자의 일부 소비로 인하여 소비된 부분의 공급에 든 비용의 지급을 청구할 수 있다(법 제9조 제8항 및 법 시행령 제16조).[383]

(2) 위약금 또는 손해배상청구의 금지

청약철회등의 경우 공급받은 재화등의 반환에 필요한 비용은 방문판매자등이 부담하며, 방문 판매자등은 소비자에게 청약철회등을 이유로 위약금 또는 손해배상을 청구할 수 없다(이와 달리 전상법상 전자상거래나 통신판매의 경우는 소비자가 주도적으로 행한 거래임을 감안하여 청약철 회시 물품반환에 소요되는 비용은 소비자가 부담하도록 되어 있다. 전상법 제18조 제9항).

(3) 방문판매자등의 연대책임

방문판매자등, 재화등의 대금을 지급받은 자 또는 소비자와 방문판매등에 관한 계약을 체결한 자가 동일인이 아닌 경우 각자는 법 제8조 제1항 및 제3항에서의 청약철회등에 따른 제1항부터 제9항까지의 규정에 따른 재화등의 대금 환급과 관련한 의무의 이행에 있어 연대하여 책임을 진 다(법 제9조 제10항).

4. 소비자에 대한 손해배상청구금액의 제한 등

소비자의 철회권 행사의 문제와 별도로 방문판매나 전화권유판매의 경우에도 '소비자에게 책임 있는 사유'로 인하여 재화등의 판매에 관한 계약이 해제된 경우가 있을 수 있고, 이 경우는 원칙적으로 민법상 일반원칙에 따라 손해배상을 청구해야 할 것이다. 그러나 방문판매자등의 지위가 소비자에 대한 관계에 서 우월하다는 점에 비추어 소비자에게 지나치게 많은 배상액을 청구할 우려가 있기 때문에 방문판매법 은 다음과 같은 금액에 대금미납에 따른 지연배상금을 더한 금액을 초과하여 배상청구를 해서는 안 된다 는 점을 규정하고 있다(법 제10조 제1항).
① 공급한 재화등이 반환된 경우에는 그 반환된 재화등의 통상 사용료액 또는 그 사용에 의하여 통 상 얻어지는 이익에 상당하는 금액과 반환된 재화등의 판매가액에서 그 재화등이 반환된 당시의 가액을 뺀 금액 중 큰 금액

---

[383] 이하에서 설명하는 "소비자에게 책임 있는 사유로 계약이 해제된 경우"의 손해배상청구금액 제한의 문제와는 성격이 다른 것이다.

② 공급한 재화등이 반환되지 아니한 경우에는 그 재화등의 판매가격에 상당하는 금액

5. 방문판매자 등의 금지행위(법 제11조 제1항)

방문판매자등은 다음의 어느 하나에 해당하는 행위를 하여서는 아니 된다.

① 재화등의 판매에 관한 계약의 체결을 강요하거나 청약철회 등 또는 계약 해지를 방해할 목적으로 소비자를 위협하는 행위

② 거짓 또는 과장된 사실을 알리거나 기만적 방법을 사용하여 소비자를 유인 또는 거래하거나 청약철회 등 또는 계약 해지를 방해하는 행위

③ 방문판매원등이 되기 위한 조건 또는 방문판매원등의 자격을 유지하기 위한 조건으로서 방문판매원등 또는 방문판매원등이 되려는 자에게 가입비, 판매 보조 물품, 개인 할당 판매액, 교육비 등 그 명칭이나 형태와 상관없이 대통령령으로 정하는 수준[384]을 초과한 비용 또는 그 밖의 금품을 징수하거나 재화등을 구매하게 하는 등 의무를 지게 하는 행위

④ 방문판매원등에게 다른 방문판매원등을 모집할 의무를 지게 하는 행위

⑤ 청약철회등이나 계약 해지를 방해할 목적으로 주소·전화번호 등을 변경하는 행위

⑥ 분쟁이나 불만 처리에 필요한 인력 또는 설비가 부족한 상태를 상당 기간 방치하여 소비자에게 피해를 주는 행위

⑦ 소비자의 청약 없이 일방적으로 재화등을 공급하고 재화등의 대금을 청구하는 행위

⑧ 소비자가 재화를 구매하거나 용역을 제공받을 의사가 없음을 밝혔음에도 불구하고 전화, 팩스, 컴퓨터통신 등을 통하여 재화를 구매하거나 용역을 제공받도록 강요하는 행위

⑨ 본인의 허락을 받지 아니하거나 허락받은 범위를 넘어 소비자에 관한 정보를 이용(제3자에게 제공하는 경우를 포함한다. 이하 같다)하는 행위[385]

II. 다단계판매

1. 다단계판매 규제의 필요성

다단계판매란 제조업자 → 도매업자 → 소매업자 → 소비자와 같은 일반적인 유통경로가 아니라 다단계 판매업자의 상품을 판매하는 판매원이 특정인을 하위판매원으로 모집하는 과정이 3단계(다른 판매원의 권유를 통하지 않고 가입한 판매원을 1단계 판매원으로 함) 이상 단계적으로 이루어지는 판매조직을 통

---

384 법 시행령 제17조(방문판매원등에 대한 의무 부과 수준) 법 제11조 제1항 제3호에서 "대통령령으로 정하는 수준"이란 방문판매원등이 되려는 자 또는 방문판매원등 1인당 연간 2만 원을 말한다.

385 다만, 다음과 같은 경우에는 제외.
  ① 재화등의 배송 등 소비자와의 계약을 이행하기 위하여 불가피한 경우로서 대통령령으로 정하는 경우
  ② 재화등의 거래에 따른 대금을 정산하기 위하여 필요한 경우
  ③ 도용을 방지하기 위하여 본인임을 확인할 때 필요한 경우로서 대통령령으로 정하는 경우
  ④ 법률의 규정 또는 법률에 따라 필요한 불가피한 사유가 있는 경우

해 상품을 판매하는 특수한 방식이다.

　다단계판매방식은 점포유지비나 광고비를 줄여 거래비용을 절감할 수 있어 소비자들에게 저렴한 가격에 상품을 공급할 수 있다는 장점을 지니지만, 반면 ① 신규가입자의 확보나 새로운 판매경로를 찾지 못할 한계시점에서는 거래단계의 하위에 있는 자부터 피해가 촉발된다는 태생적 위험이 있고(반품거절 및 가입비 반환거부 등), ② 사실상 친지나 지인과 연결된 연고판매의 형태가 일반적이어서 분쟁이 발생할 경우 피해의 규모에 비추어 분쟁이 표면화되기 어렵다는 단점, ③ 재화를 판매함에 있어서 유리한 정보만이 제공될 위험, ④ 재화의 가치와는 무관한 높은 후원수당 등 경제적 이익의 약속을 통한 부당한 고객유인을 통해 소비자의 합리적인 선택을 저해할 우려 등의 문제가 발생하므로, 방문판매법은 다단계판매방식에 대한 여러 규제를 가하고 있는 것이다.[386]

2. 다단계판매 및 후원수당의 개념(법 제2조 제5호, 제9호)

　방문판매법의 개정을 통해 2012년 유사다단계업체에 대한 규제를 확대하기 위해 다단계판매의 개념이 대폭 수정된 바 있다.[387]

　현행 방문판매법 제2조 제5호에 의하면 다단계판매란 다음의 요건을 모두 갖추어야 한다.

① 판매원이 판매원을 모집 : 판매업자에 속한 판매원이 특정인을 하위판매원으로 가입하도록 권유하는 모집방식이 있을 것

② 3단계 이상의 조직 : ①의 방식에 따른 판매원의 가입이 3단계(다른 판매원의 권유를 통하지 않고 가입한 판매원을 1단계 판매원으로 한다) 이상 단계적으로 이루어질 것. 다만, 판매원의 단계가 2단계 이하라고 하더라도 사실상 3단계 이상으로 관리·운영되는 경우로서 대통령령[388]으로 정하는

---

[386] 사회적 물의를 빚었던 여러 불법적 피라미드판매는 상품가격을 품질에 비해 고가로 책정하고 판매원이 되고자 하는 자에게 부당하게 금품을 요구하며, 판매원에게 상품구매나 하위판매원 모집을 강요하는 등 판매원의 수입이 주로 하위판매원 모집 자체에서 발생토록 함으로써 사행성을 갖는 폐해가 많았다.

[387] 과거 다단계판매의 개념과 관련하여 대법원은 "방문판매법상 다단계판매에 해당하기 위해서는 반드시 당해 판매업자가 공급하는 재화등을 구매한 소비자의 전부 또는 일부가 판매원으로 가입할 것을 필요로 하므로, 소비자의 전부 또는 일부가 판매원으로 가입한 경우가 아니라면 다단계판매에 해당하지 않는다."고 판시하였다(대법원 2009. 4. 9. 선고 2008두17424 판결). 또한 판매원이 지급받는 후원수당이 반드시 직근 하위판매원뿐만 아니라 그 이하의 하위판매원의 판매실적에 따라 영향을 받아야 하는지에 관하여 대법원은 "상품의 판매 및 판매원 가입유치 활동을 하면 소매이익과 후원수당을 얻을 수 있다고 권유하여 판매원 가입이 이루어지고, 그와 동일한 과정이 3단계 이상 단계적·누적적으로 반복된 이상, 그 판매조직의 후원수당 지급방식이 직근 하위판매원이 아닌 하위판매원의 판매실적에 영향을 받지 않는 것으로 정해져 있다고 하더라도, 그러한 판매조직형태는 방문판매법상 다단계판매조직에 해당한다."고 판시하였다(대법원 2005. 11. 25. 선고 2005도977 판결). 이처럼 소비자 및 소매이익이라는 제한적인 요건으로 인하여 '유사다단계판매'의 규제에 대한 사각지대가 문제가 되었고 이에 따른 소비자피해가 빈발하자, 방문판매법의 개정을 통해 다단계판매의 개념을 확대정비하게 된 것이다. 수험생의 입장에서는 다단계판매에 대한 법 규정을 중심으로 정리하되, 다양한 형태의 개념 사례를 숙지해서 구별하기 바란다.

[388] 법 시행령 제2조(다단계판매조직의 범위) ① 「방문판매 등에 관한 법률」(이하 "법"이라 한다) 제2조 제5호 나목 단서에서 "대통령령으로 정하는 경우"란 다음 각 호의 어느 하나에 해당하는 경우를 말한다.
　1. 판매원에 대한 후원수당의 지급방법이 사실상 판매원의 단계가 3단계 이상인 경우와 같거나 유사한 경우
　2. 다른 자로부터 판매 또는 조직관리를 위탁받은 자(법 제13조 및 제29조 제3항에 따라 다단계판매업자 또는 후원방문판매업자로 등록한 자는 제외한다)가 자신의 하위판매원을 모집하여 관리·운영하는 경우로서 위탁한 자와 위탁

경우를 포함한다.

③ 본인이 아닌 다른 판매원의 실적에 따라 수당을 받는 영업형태 : 판매업자가 판매원에게 다른 판매원들의 거래실적이나 조직관리·교육훈련 실적에 따른 후원수당을 지급하는 방식을 가지고 있는 다단계판매조직을 통하여 재화등을 판매할 것[389]

방문판매법이 정하는 '후원수당'이란 판매수당·알선 수수료·장려금·후원금 등 그 명칭 및 지급형태를 불문하고, 다단계판매업자가 ① 판매원 자신의 재화등의 거래실적, ② 판매원의 수당에 영향을 미치는 다른 판매원들의 재화등의 거래실적, ③ 판매원의 수당에 영향을 미치는 다른 판매원들의 조직관리 및 교육훈련 실적, ④ 기타 판매원들의 판매활동을 장려하거나 보상하기 위하여 지급되는 일체의 경제적 이익을 말한다(법 제2조 제9호).

한편, 2012년 방판법의 개정을 통하여 "후원방문판매"가 추가되었는데, 이는 방문판매와 다단계판매의 요건에 해당하되, 특정판매원의 실적이 그 직근 상위판매원 1인의 후원수당에만 영향을 미치는 후원수당 지급방식을 가진 경우를 말한다(법 제2조 제7호). 변칙적인 영업형태에 대하여도 법의 실효성을 유지하기 위해 동일한 차원의 규제가 필요하다는 취지에서 포함된 것이다. 후원방문판매의 경우 등록의무 등에 관하여 다단계판매에 준하는 규제를 하고 있다.

3. 소비자에 대한 정보제공과 청약철회 등

가. 계약체결 전 정보제공 및 체결 시 계약서 교부의무(법 제16조)

다단계판매자는 계약체결 시에 법 제7조에 따른 계약내용에 대한 설명의무를 부담하고, 일정한 사항을 기재한 계약서를 교부해야 한다(방문판매자등에 관한 법 제7조를 준용하고 있다).

나. 청약철회등[390]

방문판매법은 다단계판매의 경우에 인정되는 청약의 철회를 ① 소비자의 경우(소비자의 철회)와 ② 다단계판매원의 경우(다단계판매원의 철회)로 나누어 규정하고 있다.

먼저, 소비자의 경우 다단계판매의 방법으로 재화등의 구매에 관한 계약을 체결한 소비자는 방문판매나 전화권유판매의 경우에 준하여 청약철회를 할 수 있다(법 제17조).[391] 다만, 다단계판매원과 재화등의

받은 자의 하위판매조직을 하나의 판매조직으로 볼 때 사실상 3단계 이상인 판매조직이거나 이와 유사하게 관리·운영되는 경우

[389] 대법원 2007. 1. 25. 선고 2006도7470 판결 : "방문판매 등에 관한 법률 소정의 다단계판매원이 되기 위하여서는 소매이익과 후원수당을 모두 권유받아야 할 것인데, 만일 방문판매 등에 관한 법률 제2조 제7호 소정의 후원수당 중에서 '자신의 재화 등의 판매실적에 따른 후원수당'만을 지급받을 수 있고 하위판매원을 모집하여 후원활동을 하는 데 대한 후원수당이나 하위판매원들의 재화 등의 판매실적에 따른 후원수당을 지급받지 못한다면, 이러한 사람은 하위판매원을 가입시키더라도 그 판매에 의하여 이익을 얻는 것이 허용되지 않게 되는바 그러한 방식으로는 순차적·단계적으로 조직을 확장해가는 다단계판매가 성립할 수 없다 할 것이므로, 이러한 사람은 위 법 소정의 다단계판매원이라고 할 수 없다."

[390] 철회기간, 철회권 행사의 제한, 철회기간의 특례 및 효력발생시기 등은 방문판매 및 전화권유판매에 있어서와 동일하다.

[391] 과거에는 다단계판매자로부터 재화등을 구매한 소비자의 철회권 행사의 경우 기간이 계약서를 교부받은 날로부터 20

구매에 관한 계약을 체결한 소비자는 다단계판매원에게 우선적으로 청약철회 등을 하고, ① 다단계판매원의 주소·전화번호 또는 전자우편주소 등 연락처의 변경이나 소재불명 등의 사유로 청약철회등을 할 수 없는 경우, ② 해당 다단계판매원에게 청약철회등을 하더라도 대금환급 등의 효과를 기대하기 어려운 경우 등 다단계판매원에 대하여 청약철회등을 하는 것이 어려운 경우에만 그 재화등을 공급한 다단계판매업자에게 청약철회등을 할 수 있다(법 제17조 제1항 단서 및 법 시행령 제24조). 소비자는 서면은 물론 구두·전화로도 철회할 수 있다.

다단계판매원의 경우 다단계판매의 방법으로 재화등의 구매에 관한 계약을 체결한 다단계판매원은 ① 다단계판매업자에게 재고의 보유를 허위로 알리는 등의 방법으로 재화등의 재고를 과다하게 보유한 경우, ② 재판매가 곤란한 정도로 재화등을 훼손한 경우, ③ 그 밖에 대통령령이 정하는 경우[392]를 제외하고는 원칙적으로 계약을 체결한 날부터 3월 이내에 서면으로 그 계약에 관한 청약철회등을 할 수 있다(법 제17조 제2항).

다. 청약철회등의 효과

방문판매법의 규정에 따라 소비자나 다단계판매원이 다단계판매의 계약에 관한 청약을 철회한 경우 그 효과는 원칙적으로 방문판매의 경우와 동일하다(원상회복의무). 다만, 방판법은 다단계판매의 특성을 고려하여 몇 가지 규정을 두고 있다. 즉, ① 청약철회등을 한 소비자나 다단계판매원은 이미 공급받은 재화등을 반환하여야 하고(법 제18조 제1항), ② 상대방인 다단계판매자는 재화등을 반환받은 날부터 3 영업일 이내에 이미 지급받은 재화등의 대금을 환급하되, ③ 다단계판매업자가 다단계판매원에게 재화등의 대금을 환급함에 있어서는 대통령령이 정하는 범위 이내의 비용[393]을 공제할 수 있다(법 제18조 제2항).

일 이내로 방문판매의 경우보다 길었으나, 2002년 법 개정으로 모두 동일하게 14일로 통일되었다.

[392] 법 시행령 제25조(다단계판매원 및 후원방문판매원이 청약철회등을 할 수 없는 경우) 법 제17조 제2항 제3호(법 제29조 제3항에 따라 준용되는 경우를 포함한다)에서 "대통령령으로 정하는 경우"란 다음 각 호의 어느 하나에 해당하는 경우를 말한다.

   1. 다단계판매원 또는 후원방문판매원에게 책임이 있는 사유로 재화등이 멸실되거나 훼손된 경우. 다만, 재화등의 내용을 확인하기 위하여 포장 등을 훼손한 경우는 제외한다.

   2. 재화등을 일부 사용하거나 소비하여 그 가치가 현저히 낮아진 경우. 다만, 청약철회등이 불가능하다는 사실을 재화등의 포장이나 그 밖에 쉽게 알 수 있는 곳에 분명하게 표시하거나 시용 상품을 제공하는 등의 방법으로 재화등의 일부 사용 등에 의하여 청약철회등의 권리행사가 방해받지 아니하도록 조치한 경우로 한정한다.

   3. 복제할 수 있는 재화등의 포장을 훼손한 경우

   4. 소비자 또는 다단계판매원·후원방문판매원의 주문에 의하여 개별적으로 생산되는 재화등에 대한 것으로서 청약철회등을 인정하면 다단계판매업자 또는 후원방문판매업자에게 회복할 수 없는 중대한 피해가 예상되는 경우로서 사전에 해당 거래에 대하여 별도로 그 사실을 고지하고 소비자 또는 다단계판매원·후원방문판매원의 서면(전자문서를 포함한다) 동의를 받은 경우

[393] 법 시행령 제26조(재화등의 대금 환급 시 비용 공제) 법 제18조 제2항 단서 및 제29조 제3항에 따라 다단계판매업자 또는 후원방문판매업자가 재화등의 대금을 환급할 때 비용을 공제할 수 있는 경우는 다단계판매원 또는 후원방문판매원이 재화등을 공급받은 날부터 1개월이 지난 후에 공급받은 재화등을 반환한 경우로 한정하되, 공제할 수 있는 비용의 한도는 다음 각 호의 구분에 따른다. 다만, 다단계판매업자 또는 후원방문판매업자의 등록이 취소되어 반환하는 경우에는 다음 각 호의 구분에 따른 금액의 2분의 1에 해당하는 금액을 한도로 한다.

   1. 공급일부터 1개월이 지난 후 2개월 이내에 반환하는 경우 : 그 재화등의 대금의 5퍼센트 이내로서 당사자 간에 약

그 밖에 다단계판매계약에 관한 청약철회의 효과는 방문판매 및 전화권유판매의 경우와 동일하다.

다단계판매의 상대방(다단계판매원 또는 소비자)이 청약을 철회하여 재화등을 반환하는 경우 다단계판매자는 재화등의 일부가 이미 사용되거나 소비된 경우에는 그 재화등을 사용하거나 일부 소비하여 상대방이 얻은 이익 또는 그 재화등의 공급에 든 비용에 상당하는 금액의 지급을 그 상대방에게 청구할 수 있다(법 제18조 제7항).

다단계판매원이 아닌 소비자가 다단계판매의 청약을 철회한 경우에 공급받은 재화등의 반환에 필요한 비용은 다단계판매자가 부담하고, 다단계판매자는 상대방에게 위약금 또는 손해배상을 청구할 수 없으며(법 제18조 제8항), 다단계판매자, 상대방으로부터 재화등의 대금을 지급 받은 자 또는 상대방과 다단계판매에 관한 계약을 체결한 자가 동일인이 아닌 경우에는 이들 각자는 청약철회 등에 따른 대금의 환급과 관련한 의무의 이행에 있어서 연대하여 책임을 진다(법 제18조 제9항).

라. 손해배상청구금액의 제한

소비자에게 책임 있는 사유로 인하여 재화등의 판매에 대한 계약이 해제된 경우 다단계판매자는 소비자에게 손해배상을 청구할 수 있지만, 청구할 수 있는 배상액은 방문판매의 경우와 동일하게 일정한 한도로 제한된다.[394]

4. 후원수당의 지급 등(법 제20조) - 영업 관련 규제

가. 후원수당 규제

다단계판매업자는 다단계판매원에게 후원수당을 지급함에 있어 다음과 같은 사항을 준수해야 한다.

① 다단계판매업자는 다단계판매원에게 고지한 후원수당의 산정 및 지급 기준과 다르게 후원수당을 산정·지급하거나 그 밖의 부당한 방법으로 다단계판매원을 차별하여 대우하여서는 아니 된다.

② 다단계판매업자는 후원수당의 산정 및 지급 기준을 객관적이고 명확하게 정하여야 하며, 후원수당의 산정 및 지급 기준을 변경하려는 경우에는 대통령령[395]으로 정한 절차에 따라야 한다.

정한 금액

2. 공급일부터 2개월이 지난 후 3개월 이내에 반환하는 경우 : 그 재화등의 대금의 7퍼센트 이내로서 당사자 간에 약정한 금액

394 제19조(손해배상청구금액의 제한 등) 소비자에게 책임이 있는 사유로 다단계판매자와의 재화등의 판매계약이 해제된 경우에는 제10조를 준용한다. 이 경우 "방문판매자등"은 "다단계판매자"로, "소비자"는 "상대방"으로 본다.

395 법 시행령 제28조(후원수당 산정 및 지급 기준의 변경) ① 법 제20조 제2항 및 제29조 제3항에 따른 후원수당의 산정 및 지급 기준을 변경하려는 경우에는 변경할 기준, 변경 사유 및 적용일을 명시하여 현행 후원수당의 산정 및 지급 기준과 함께 그 적용일 3개월 이전에 다단계판매원 또는 후원방문판매원에게 통지(전자우편 또는 휴대전화 문자메시지를 이용한 통지를 포함한다)하여야 한다. 다만, 후원수당의 산정 및 지급 기준의 변경이 다단계판매원 또는 후원방문판매원 모두에게 이익이 되거나 다단계판매원 또는 후원방문판매원 전원의 동의를 받은 경우에는 즉시 변경할 수 있다. <개정 2015. 1. 6.>

② 전자우편 또는 휴대전화 문자메시지를 이용한 제1항의 통지는 사전에 전자우편 또는 휴대전화 문자메시지를 통하여 통지받을 것을 명시적으로 동의한 다단계판매원 또는 후원방문판매원에 대해서만 한다. <개정 2015.1.6.>

③ 제1항에 따른 통지를 할 경우 주소 불명 등의 사유로 개별 통지가 불가능한 다단계판매원 또는 후원방문판매원에

③ 다단계판매업자가 다단계판매원에게 후원수당으로 지급할 수 있는 총액은 다단계판매업자가 다단계판매원에게 공급한 재화등의 가격(부가가치세를 포함한다) 합계액("가격합계액"이라 한다)의 100분의 35에 해당하는 금액을 초과하여서는 아니 되며, 가격합계액 및 후원수당 등의 구체적인 산정 방법은 다음과 같다.
  – 가격합계액은 출고 또는 제공 시점을 기준으로 할 것
  – 후원수당 지급액은 그 후원수당의 지급 사유가 발생한 시점을 기준으로 할 것
  – 가격합계액 및 후원수당은 1년을 단위로 산정할 것. 다만, 다단계판매 영업기간이 1년 미만인 경우에는 다단계판매업자의 실제 영업기간을 기준으로 한다.
④ 가격합계액을 산정할 때 위탁의 방법으로 재화등을 공급하는 경우에는 위탁을 받은 다단계판매업자가 다단계판매원에게 판매한 가격을 기준으로 하고, 중개의 방법으로 재화등을 공급하는 경우에는 다단계판매자가 중개를 의뢰한 사업자로부터 받은 수수료를 기준으로 한다.

그 외에도 다단계판매업자는 일정 수의 하위판매원을 모집하거나 후원하는 것을 조건으로 하위판매원 또는 그 하위판매원의 판매 실적에 관계없이 후원수당을 차등하여 지급하여서는 아니 된다.

후원방문판매[396]의 경우는 후원방문판매원에게 판매원 자신의 직근 하위판매원이 아닌 다른 후원방문판매원의 구매·판매 등의 실적과 관련하여 후원수당을 지급하거나 이러한 지급을 약속하여 후원방문판매원을 모집하는 행위를 하여서는 아니 된다(법 제29조 제1항).

나. 다단계판매원의 등록 및 탈퇴(법 제22조)

다단계판매업자는 다단계판매원이 되려는 사람 또는 다단계판매원에게 등록, 자격 유지 또는 유리한 후원수당 지급기준의 적용을 조건으로 과다한 재화등의 구입 등 대통령령으로 정하는 수준을 초과한 부담을 지게 하여서는 아니 된다(제1항). 그리고 다단계판매자는 다단계판매원에게 일정 수의 하위판매원을 모집하도록 의무를 지게 하거나 특정인을 그의 동의 없이 자신의 하위판매원으로 등록하여서는 아니 된다(제2항). 또한 다단계판매업자는 다단계판매원이 법 제15조 제2항 각 호의 어느 하나에 해당하는 경우(다단계판매원등록결격사유)에는 그 다단계판매원을 탈퇴시켜야 하고(제3항), 이와 별도로 다단계판매원은 언제든지 다단계판매업자에게 탈퇴 의사를 표시하고 탈퇴할 수 있으며, 다단계판매업자는 다단계판매원의 탈퇴에 조건을 붙여서는 아니 된다(제4항). 탈퇴과정에서 다단계판매업자는 탈퇴한 다단계판매원의 판매행위 등으로 소비자피해가 발생하지 아니하도록 다단계판매원 수첩을 회수하는 등 필요한 조치를 하여야 한다(제5항).

대해서는 제1항에 따른 통지사항을 사보(社報)에 게재하거나 1개월 이상의 기간 동안 홈페이지에 게시함으로써 제1항에 따른 통지를 갈음할 수 있다.
396 후원방문판매는 2011년 법 개정으로 추가된 내용이다. 당시 화장품업계 등에서 방문판매업으로 신고한 후 실제로는 다단계판매방식으로 영업을 수행하는 형태가 나타났는데, 판매원에게 직하위 판매원의 판매실적에 따라 후원수당을 지급하는 '다단계형 방문판매'로 볼 수 있었다. 이를 전통적인 방문판매와 구분하여 후원방문판매로 새롭게 규정하고, 이에 대해 다단계판매에 준하는 규제를 도입한 것이다.

5. 다단계판매자[397]의 금지행위(법 제23조)

다단계판매자는 다음의 어느 하나에 해당하는 행위를 하여서는 아니 되고, 다단계판매업자의 경우 다단계판매원으로 하여금 이하의 금지행위를 하도록 교사하거나 방조하여서는 아니 된다.

① 재화등의 판매에 관한 계약의 체결을 강요하거나 청약철회등 또는 계약 해지를 방해할 목적으로 상대방을 위협하는 행위

② 거짓 또는 과장된 사실을 알리거나 기만적 방법을 사용하여 상대방과의 거래를 유도하거나 청약철회등 또는 계약 해지를 방해하는 행위 또는 재화등의 가격·품질 등에 대하여 거짓 사실을 알리거나 실제보다도 현저히 우량하거나 유리한 것으로 오인시킬 수 있는 행위

③ 청약철회등이나 계약 해지를 방해할 목적으로 주소·전화번호 등을 변경하는 행위

④ 분쟁이나 불만 처리에 필요한 인력 또는 설비가 부족한 상태를 상당 기간 방치하여 상대방에게 피해를 주는 행위

⑤ 상대방의 청약이 없는데도 일방적으로 재화등을 공급하고 재화등의 대금을 청구하는 등 상대방에게 재화등을 강제로 판매하거나 하위판매원에게 재화등을 판매하는 행위

⑥ 소비자가 재화를 구매하거나 용역을 제공받을 의사가 없음을 밝혔는데도 전화, 팩스, 컴퓨터통신 등을 통하여 재화를 구매하거나 용역을 제공받도록 강요하는 행위

⑦ 다단계판매업자에게 고용되지 아니한 다단계판매원을 다단계판매업자에게 고용된 사람으로 오인하게 하거나 다단계판매원으로 등록하지 아니한 사람을 다단계판매원으로 활동하게 하는 행위

⑧ 법 제37조에 따른 소비자피해보상보험계약등을 체결하지 아니하고 영업하는 행위

⑨ 상대방에게 판매하는 개별 재화등의 가격을 대통령령으로 정하는 금액을 초과하도록 정하여 판매하는 행위

⑩ 본인의 허락을 받지 아니하거나 허락받은 범위를 넘어 소비자에 관한 정보를 이용하는 행위[398]

⑪ 다단계판매조직 및 다단계판매원의 지위를 양도·양수하는 행위. 다만, 다단계판매원의 지위를 상속하는 경우 또는 사업의 양도·양수·합병의 경우에는 그러하지 아니하다.

6. 사행적 판매원 확장행위 등의 금지(법 제24조)

2011년 법 개정을 통하여 불법적 피라미드를 하나로 묶어 이를 별도의 금지행위로 신설한 것이다(법적 근거 명시). 누구든지 다단계판매조직 또는 이와 비슷하게 단계적으로 가입한 자로 구성된 조직을 이

---

397 "다단계판매자"란 다단계판매를 업으로 하기 위하여 다단계판매조직을 개설하거나 관리·운영하는 자(다단계판매업자)와 다단계판매조직에 판매원으로 가입한 자(다단계판매원)를 말한다.

398 다만, 다음의 어느 하나에 해당하는 경우는 제외한다.
　① 재화등의 배송 등 소비자와의 계약을 이행하기 위하여 불가피한 경우로서 대통령령으로 정하는 경우
　② 재화등의 거래에 따른 대금을 정산하기 위하여 필요한 경우
　③ 도용을 방지하기 위하여 본인임을 확인할 때 필요한 경우로서 대통령령으로 정하는 경우
　④ 법률의 규정 또는 법률에 따라 필요한 불가피한 사유가 있는 경우

용하여 다음 각 호의 어느 하나에 해당하는 행위를 하여서는 아니 된다.

① 재화등의 거래 없이 금전거래를 하거나 재화등의 거래를 가장하여 사실상 금전거래만을 하는 행위로서 다음 각 목의 어느 하나에 해당하는 행위

- 판매원에게 재화등을 그 취득가격이나 시장가격보다 10배 이상과 같이 현저히 높은 가격으로 판매하면서 후원수당을 지급하는 행위

- 판매원과 재화등의 판매계약을 체결한 후 그에 상당하는 재화등을 정당한 사유 없이 공급하지 아니하면서 후원수당을 지급하는 행위

- 그 밖에 판매업자의 재화등의 공급능력, 소비자에 대한 재화등의 공급실적, 판매업자와 소비자 사이의 재화등의 공급계약이나 판매계약, 후원수당의 지급조건 등에 비추어 그 거래의 실질이 사실상 금전거래인 행위

② 판매원 또는 판매원이 되려는 자에게 하위판매원 모집 자체에 대하여 경제적 이익을 지급하거나 정당한 사유 없이 후원수당 외의 경제적 이익을 지급하는 행위

③ 제20조 제3항(제29조 제3항에 따라 준용되는 경우를 포함한다)에 위반되는 후원수당의 지급을 약속하여 판매원을 모집하거나 가입을 권유하는 행위

④ 판매원 또는 판매원이 되려는 자에게 가입비, 판매 보조 물품, 개인 할당 판매액, 교육비 등 그 명칭이나 형태와 상관없이 10만 원 이하로서 대통령령으로 정하는 수준을 초과한 비용 또는 그 밖의 금품을 징수하는 등 의무를 부과하는 행위

⑤ 판매원에 대하여 상품권[그 명칭이나 형태와 상관없이 발행자가 일정한 금액이나 재화등의 수량이 기재된 무기명증표를 발행하고 그 소지자가 발행자 또는 발행자가 지정하는 자("발행자등")에게 이를 제시 또는 교부하거나 그 밖의 방법으로 사용함으로써 그 증표에 기재된 내용에 따라 발행자등으로부터 재화등을 제공받을 수 있는 유가증권을 말한다. 이하 이 조에서 같다]을 판매하는 행위로서 다음 어느 하나에 해당하는 행위

- 판매업자가 소비자에게 판매한 상품권을 다시 매입하거나 다른 자로 하여금 매입하도록 하는 행위

- 발행자등의 재화등의 공급능력, 소비자에 대한 재화등의 공급실적, 상품권의 발행규모 등에 비추어 그 실질이 재화등의 거래를 위한 것으로 볼 수 없는 수준의 후원수당을 지급하는 행위

⑥ 사회적인 관계 등을 이용하여 다른 사람에게 판매원으로 등록하도록 강요하거나 재화등을 구매하도록 강요하는 행위

⑦ 판매원 또는 판매원이 되려는 사람에게 본인의 의사에 반하여 교육·합숙 등을 강요하는 행위

⑧ 판매원을 모집하기 위한 것이라는 목적을 명확하게 밝히지 아니하고 취업·부업 알선, 설명회, 교육회 등을 거짓 명목으로 내세워 유인하는 행위

7. 소비자등의 침해정지 요청(법 제25조)

금지행위 및 사행적 판매원 확장행위 금지에 관한 규정을 위반한 다단계판매자의 행위로 이익을 침해받거나 침해받을 우려가 있는 자 또는 대통령령으로 정하는 소비자단체 등[399]은 그 행위가 현저한 손해

를 주거나 줄 우려가 있는 경우에는 그 행위에 대하여 대통령령으로 정하는 바에 따라 공정거래위원회에 침해의 정지에 필요한 조치를 요청할 수 있다.

8. 휴업기간 중 업무처리 등(법 제26조)

다단계판매업자는 그 휴업기간 또는 영업정지기간 중에도 청약철회등의 업무와 청약철회등에 따른 업무를 계속하여야 한다. 다단계판매원은 다단계판매업자가 폐업하거나 그 등록이 취소된 경우 그 폐업 또는 등록취소 당시 판매하지 못한 재화등을 다른 사람에게 판매한 때에는 그 다단계판매원이 청약철회등에 따라 반환되는 재화등을 반환받고, 재화등을 반환받은 날부터 3영업일 이내에 재화등의 대금을 환급하여야 한다.

공정위에 등록하거나 시·도지사에게 등록한 다단계판매업자가 파산선고를 받거나 관할 세무서에 폐업신고를 한 경우 또는 6개월을 초과하여 영업을 하지 아니하는 등 실질적으로 영업을 할 수 없다고 판단되는 경우에는 등록을 받은 행정기관의 장은 그 등록을 직권으로 말소할 수 있다.

Ⅲ. 계속거래 및 사업권유거래

1. 계속거래 및 사업권유거래의 의의

방문판매법상 계속거래는 1개월 이상에 걸쳐 계속적으로 또는 부정기적으로 재화등을 공급하는 계약으로서 중도에 해지할 경우 대금 환급의 제한 또는 위약금에 관한 약정이 있는 거래를 말한다(법 제2조 제10호).[400] 학습지구독이나 스포츠시설 이용권 등 대부분의 회원권거래가 계속거래의 형태를 취하고 있는 대표적인 경우이다.

'사업권유거래'는 사업자가 소득기회를 알선·제공하는 방법으로 거래상대방을 유인하여 금품을 수수하거나 재화등을 구입하게 하는 거래를 의미한다(법 제2조 제11호).[401] 사업권유거래는 계약이 계속될 가능성이 크기 때문에 방문판매법은 사업권유거래와 계속거래를 함께 규율하고 있다.

2. 법 적용의 순서

법을 적용함에 있어서 그 사항이 경합되는 경우 소비자에게 유리한 조항을 우선 적용한다. 다만, 계

---

399 소비자기본법 제29조에 따라 등록한 소비자단체, 한국소비자원, 민법 제32조에 따라 다단계판매 또는 후원방문판매와 관련한 소비자보호를 목적으로 설립한 비영리법인을 말한다.

400 학습지, 결혼정보, 스포츠센터 등을 1월 이상의 기간 동안 수회 제공받거나 또는 이용하는 거래로서 중도해지할 경우 대금환급의 제한 또는 위약금에 관한 약정이 있는 경우 계속 거래에 해당된다(사례형 대비 기본 개념 숙지할 것).

401 예) 속기록 번역 등의 아르바이트 일감을 주면서, 보다 유리한 조건으로 아르바이트를 하기 위해서는 자격증 등을 취득해야 한다며 교재 구입 및 인터넷 학원 수강을 하도록 하는 경우가 전형적인 '사업권유거래'에 해당된다(단, 아르바이트 일감을 주지 않고 단순히 자격증 취득을 위한 교재구매를 권유하는 경우는 사업권유거래에는 해당되지 않는다). 이는 아르바이트 개념의 부업희망자 등을 새로운 소득기회로 유인하는 기만적인 사업자로부터 소비자를 보호하자는 취지로 도입된 내용이다. 새로 도입된 민간자격증을 들어 자격증취득 후 일정 소득이 가능한 것처럼 설명하면서 교재, 연수프로그램을 지나치게 고가로 판매하거나 부실한 서비스를 제공하는 행위 등으로 소비자의 피해가 양산되기도 하였다.

속거래에 관하여 이 법에서 규정하고 있는 사항을 다른 법률에서 따로 정하고 있는 경우 소비자의 유·불리와 관계없이 다른 법률을 적용한다.

3. 계속거래 등의 계약의 해지 및 해제[402]

방문판매법은 방문판매, 전화권유판매 또는 다단계판매의 계약을 체결한 소비자 등에 대하여 청약철회권을 부여하고 있는 데 반하여, 계속거래업자 및 사업권유거래업자와 계약을 체결한 소비자에 대해서는 청약철회권이 아닌 계약해지권을 부여하고 있다는 점이 특징이다(계속거래의 특성을 반영한 것).

즉, 계속거래 등의 계약을 체결한 소비자는 원칙적으로 언제든지 계약기간 중 계약을 해지할 수 있다. 방판법이 규정하고 있는 소비자의 계약해지권은 원칙적으로 언제든지 해지가 가능하도록 정하고 있어 계약법 일반원칙의 중요한 예외이다(소비자보호를 위한 특별 규정). 다만, 이러한 해지권을 무한정으로 인정할 수는 없기 때문에, 다른 법률에 별도의 규정이 있거나 거래의 안전 등을 위하여 대통령령이 정하는 경우[403]에는 계약의 해지를 제한하고 있다(법 제31조 및 법 시행령 제40조).

계속거래업자등은 자신의 책임이 없는 사유로 계속거래 등의 계약이 해지 또는 해제된 경우 소비자에게 해지 또는 해제로 발생하는 손실을 현저하게 초과하는 위약금을 청구하여서는 아니 되고, 가입비나 그 밖에 명칭에 상관없이 실제 공급된 재화등의 대가를 초과하여 수령한 대금의 환급을 부당하게 거부하여서는 아니 된다(부당한 위약금 청구 등 금지). 계속거래 등의 계약이 해지 또는 해제된 경우 소비자는 반환할 수 있는 재화등을 계속거래업자등에게 반환할 수 있으며, 계속거래업자등은 대통령령으로 정하는 바에 따라 대금 환급 또는 위약금 경감 등의 조치를 하여야 한다. 계속거래업자등은 자신의 책임이 없는 사유로 계약이 해지 또는 해제된 경우 소비자로부터 받은 재화등의 대금(재화등이 반환된 경우 환급하여야 할 금액을 포함한다)이 이미 공급한 재화등의 대금에 위약금을 더한 금액보다 많으면 그 차액을 소비

---

402 2013년 변시 제2회 기출. 문제에서 설문에 나타난 '사진동아리' 사이트 회원가입계약을 계속거래에 해당한다고 가정한 상태에서 고객이 계약해지를 할 수 있는지 여부를 묻는 문제였다(배점 10점).
403 법 시행령 제40조(계속거래 또는 사업권유거래의 계약 해지 제한 사유) 법 제31조 단서에서 "대통령령으로 정하는 경우"란 소비자(사업권유거래의 상대방을 포함한다. 이하 같다)의 주문에 의하여 개별적으로 생산되는 재화등에 대한 것으로서 계약 해지를 인정하면 계속거래업자 또는 사업권유거래업자(이하 "계속거래업자등"이라 한다)에게 회복할 수 없는 중대한 피해가 예상되는 경우로서 사전에 해당 거래에 대하여 별도로 그 사실을 고지하고 소비자의 서면(전자문서를 포함한다) 동의를 받은 경우를 말한다.

자에게 환급하여야 한다. 이 경우 환급이 지연되는 경우에는 총리령으로 정하는 지연기간에 대한 지연배상금을 함께 환급하여야 한다.

4. 금지행위 등(법 제34조)

계속거래업자등(계속거래 또는 사업권유거래를 업으로 하는 자)은 다음의 어느 하나에 해당하는 행위를 하여서는 아니 된다.

① 계속거래등의 계약을 체결하게 하거나 계약의 해지 또는 해제를 방해하기 위하여 소비자를 위협하는 행위

② 거짓 또는 과장된 사실을 알리거나 기만적 방법을 사용하여 소비자를 유인 또는 거래하거나 계약의 해지 또는 해제를 방해하는 행위

③ 계속거래 등에 필요한 재화등을 통상적인 거래가격보다 현저히 비싼 가격으로 구입하게 하는 행위

④ 소비자가 계속거래 등의 계약을 해지 또는 해제하였는데도 정당한 사유 없이 이에 따른 조치를 지연하거나 거부하는 행위

⑤ 계약의 해지 또는 해제를 방해할 목적으로 주소·전화번호 등을 변경하는 행위

⑥ 분쟁이나 불만 처리에 필요한 인력 또는 설비가 부족한 상태를 상당 기간 방치하여 소비자에게 피해를 주는 행위

⑦ 소비자의 청약이 없는데도 일방적으로 재화등을 공급하고 재화등의 대금을 청구하는 행위

⑧ 소비자가 재화를 구매하거나 용역을 제공받을 의사가 없음을 밝혔는데도 전화, 팩스, 전자우편 등을 통하여 재화를 구매하거나 용역을 제공받도록 강요하는 행위

전자상거래소비자보호법

전자상거래 등에서의 소비자보호에 관한 법률(전상법)은 온라인쇼핑몰이나 TV홈쇼핑 등 통신판매 및 전자상거래에 따른 소비자피해를 예방하고 효과적으로 구제하기 위하여 제정된 법률이다. 전상법의 적용 대상은 '전자상거래'와 '통신판매'이고, 양자는 거래의 수단으로 전기통신을 이용하며, 비대면거래라는 특징을 가지는 점에서 같은 특징을 갖는다(다만, 전자상거래와 통신판매는 개념상으로는 구분됨). 소셜커머스, 인터넷쇼핑몰 등의 전자상거래의 거래규모는 스마트폰 등 관련 매체의 발달과 함께 비약적으로 증대하고 있는데, 그만큼 소비자들의 피해도 함께 증가하고 있다. 최근에는 관세장벽이 낮아지고 해외직구와 역직구 등 국경을 초월한 전자상거래도 급증하면서 국제적 요소를 포함한 법적 문제도 야기되고 있다. 특히 전자상거래와 통신판매의 경우에는 다른 판매방식과 달리 소비자가 판매업자와 직접 대면하여 재화 등의 품질이나 성능 등을 확인하는 것이 아니라 판매업자가 일방적으로 제공하는 광고나 선전에 전적으로 의존하여 구매 여부를 결정하기 때문에(비대면거래), 무엇보다 소비자가 판매업자의 과대광고나 부당표시, 교묘한 편집(포토샵) 등에 의하여 피해를 입을 우려가 있다. 또한 대체로 신용카드 선결제를 통해 거래가 이루어지는 방식이어서 소비자가 가지는 동시이행의 항변권을 행사하기 어려운 점이 많다. 그 결과 상품이나 서비스가 적기에 공급되지 않거나 공급된 상품이나 서비스에 하자가 있거나 허위 과장광고에 따른 피해 등 거래과정의 불만이 있더라도 이를 해결하기가 곤란한 경우가 많다. 이를 시정하기 위한 법률이 바로 전상법이다.[404]

설문의 내용이 출제 당시의 시의적절한 내용을 기초로 사례형 문제가 출제되는 경우가 많기 때문에 온라인쇼핑몰 등의 사업자의 행위에 대해 약관규제법상의 쟁점과 혼합되어 전상법상의 내용을 함께 묻는 문제가 출제될 가능성이 있다. 수험생의 입장에서는 ① 전상법상 전자상거래, 통신판매, 통신판매업자, 통신판매중개자의 개념을 잘 숙지해두어야 할 것이고,[405] ② 거래과정에서 준수해야 할 사업자의 의무, ③ 전상법 위반 시 소비자가 행사할 수 있는 권리, ④ 통신판매의 특성과 철회권 행사와 관련된 내용, ⑤ 회원가입약관 등 약관규제법과의 관계를 종합적으로 판단하는 문제, 다른 법률과의 관계, 전상법 위반의 효과(편면적 강행규정[406]) 등에 대비해야 한다.

---

[404] 이와 별도로 「온라인 플랫폼 중개거래의 공정화에 관한 법률」(온라인플랫폼 공정화법) 제정을 위한 법안이 제출되어 논의가 진행 중에 있다. 이는 온라인플랫폼을 매개로 한 거래의 공정성을 확보하기 위한 공정거래법 영역(거래상지위 남용 등)의 입법이다(반면 전상법은 소비자법의 일환).

[405] 2016년 변시 제5회 기출. 소비자 A가 B사의 X쇼핑몰 사이트를 통하여 '파워정'을 구입한 행위는 전자상거래법상 전자상거래에 해당한다는 내용을 논점으로 언급해야 하는 문제(법 제2조 정의 규정을 적절히 활용).

[406] 전상법 제35조(소비자에게 불리한 계약의 금지) "제17조부터 제19조까지의 규정을 위반한 약정으로서 소비자에게 불리한 것은 효력이 없다." 2016년 변시 제5회 기출.

Ⅰ. 전상법상 개념 및 특성[407]

전자상거래법의 적용대상은 전자상거래와 통신판매이다. 양자는 거래의 수단으로 전기통신을 이용하며, 소비자와 직접 대면하지 않는 비대면거래의 특징을 갖는다.

1. 전자상거래

전자상거래란 전자거래의 방법으로 상행위를 하는 것을 말한다(법 제2조 제1호). 전자거래란 재화나 용역을 거래할 때 그 전부 또는 일부가 전자문서에 의하여 처리되는 거래를 말한다(전자문서법 제2조 제5호). 따라서 청약, 결제, 이행 단계 중 어느 하나에서라도 전자문서가 사용되면 전자상거래에 해당한다.

그 외 전상법에서 정하는 통신판매, 통신판매업자, 통신판매중개자의 개념정의 및 책임의 범위는 다음과 같다.

2. 통신판매

법 제2조 제2호의 규정에 의한 "통신판매"는 사업자의 '판매에 관한 정보제공' 및 '소비자의 청약'이 직접 대면하지 아니하고 이루어진 것을 의미한다.[408]

사례형 대비 예시

○ A는 인터넷상의 쇼핑몰에서 B의 제품광고를 본 후, B의 상점을 직접 방문하여 제품을 구입하였다.

⇒ 이는 판매에 관한 정보의 제공이 비대면으로 이루어진 것일 뿐, 청약이 비대면으로 이루어진 것이 아니므로 통신판매에 해당하지 않는다.

○ 사업자 C는 음식점 D의 음식을 저렴한 가격에 제공받을 수 있도록 금액이나 수량이 기재된 증표(쿠폰)를 자신이 운영하는 쇼핑몰에서 판매하였다.

⇒ 사업자 C는 비대면으로 이용권에 관한 정보를 제공하고 청약을 받아 재화등의 이용권을 판매하고 있으므로 통신판매에 해당한다.

○ 사업자 E는 자신의 쇼핑몰에 해외 쇼핑몰에서 판매하는 재화등에 관한 정보를 제공하고 소비자의 청약

---

407 2018년 변시 제7회 기출. "설문에 나타난 구매행위가 전상법상 전자상거래와 통신판매에 해당하는지에 대해 설명하시오 (20점)."

408 전상법 제2조 제2호 "통신판매"란 우편·전기통신, 그 밖에 총리령으로 정하는 방법으로 재화 또는 용역(일정한 시설을 이용하거나 용역을 제공받을 수 있는 권리를 포함한다. 이하 같다)의 판매에 관한 정보를 제공하고 소비자의 청약을 받아 재화 또는 용역(이하 "재화등"이라 한다)을 판매하는 것을 말한다. 다만, 「방문판매 등에 관한 법률」 제2조 제3호에 따른 전화권유판매는 통신판매의 범위에서 제외한다(전상법 제2조 제2호 단서의 의미는 전화권유판매는 개념상으로는 통신판매에 해당할 수 있지만 방판법의 규율대상으로 정리하고, 전상법상의 통신판매의 범위에서는 제외한다는 것이다. 이처럼 전화권유판매를 전자상거래가 아닌 방문판매와 동일하게 규제하는 이유는 입법정책적인 판단의 결과이다. 전화권유가 방문의 방식과 유사한 점을 가지고 있다는 점, 또한 전화권유판매가 대화를 매개로 한 영업방식을 취하고 있지만 사실상 소비자의 선택을 제한할 뿐만 아니라 공급자에 대한 정보가 적절하게 제공되지 못하고 있다는 이유 때문이다).

을 통하여 대금을 미리 지급받은 후 해외 쇼핑몰에서 해당 재화등을 구매하여 소비자에게 배송하였다.

⇒ 사업자 E는 비대면으로 해외 쇼핑몰의 재화등에 관한 정보를 제공하고 청약을 받아 해당 재화등을 판매하고 있으므로 통신판매에 해당한다.

○ 사업자 F는 자신의 쇼핑몰에 해외 쇼핑몰에서 판매하는 재화등의 배송 용역에 관한 정보를 제공하고 소비자의 청약을 받아 소비자가 해외 쇼핑몰에서 구매한 재화등의 배송 용역을 제공하였다.

⇒ 사업자 F는 비대면으로 해외 쇼핑몰의 재화등의 배송 용역에 관한 정보를 제공하고 청약을 받아 해당 용역을 판매하고 있으므로 통신판매에 해당한다.

3. 통신판매업자

전상법이 정하고 있는 "통신판매업자"란 통신판매를 업으로 하는 자 또는 그와의 약정에 따라 통신판매업무를 수행하는 자를 말한다(법 제2조 제3호). 통신판매를 업으로 하는 자와의 약정에 따라 통신판매업무를 수행하는 자를 예시하면 다음과 같다.

사례형 대비 예시

○ A신용카드사는 통신판매업자인 B여행사를 위하여 A신용카드사 자신의 명의로 발행되는 카탈로그를 이용하여 B여행사의 여행상품에 대한 판매의 정보를 제공하고 고객으로부터 동 여행상품에 대한 청약을 비대면으로 접수하여 여행상품 판매업무를 수행하였다.

⇒ 이 경우 A신용카드사는 통신판매업자(B여행사)와의 약정에 따라 통신판매업무를 수행하는 자로서 통신판매업자에 해당한다.

○ 반면에 A신용카드사가 자신의 명의로 발행되는 우편물에 B여행사를 위하여 여행상품에 대한 판매의 정보를 제공하고 청약의 접수 및 판매는 B여행사에서 이루어졌다.

⇒ A카드사는 통신판매업자에 해당하지 아니한다(이 경우는 전상법이 정하는 통신판매중개자에는 해당한다).

4. 통신판매중개

"통신판매중개"란 사이버몰(컴퓨터 등과 정보통신설비를 이용하여 재화등을 거래할 수 있도록 설정된 가상의 영업장을 말한다)의 이용을 허락하거나 그 밖에 총리령으로 정하는 방법[409]으로 거래 당사자 간의 통신판매를 알선하는 행위를 말한다(법 제2조 제4호). 인터넷쇼핑몰을 개설하여 자신이 직접 상품을 판매하는 것이 아니라 다수의 상품판매업자들에게 이를 이용하도록 허락하고 일정한 수수료를 지급받는 경우가 이에 해당한다(통신판매업자는 거래의 당사자가 되는 자이고, 통신판매중개자는 거래를 알선, 중개를 할 뿐 거래의 직접적인 당사자는 아니다. 다만, 전상법은 소비자의 보호를 위해 통신판매중개자에게

---

[409] 자신의 명의로 통신판매를 위한 광고수단을 제공하거나 그 광고수단에 자신의 이름을 표시하여 통신판매에 관한 정보의 제공이나 청약의 접수 등 통신판매의 일부를 수행하는 것을 말한다(법 시행규칙 제3조).

도 일정한 의무와 책임을 부과하고 있는 것이다).

통신판매중개를 하는 자는 자신이 통신판매의 당사자가 아니라는 사실을 소비자가 쉽게 알 수 있도록 총리령으로 정하는 방법[410]으로 미리 고지하여야 한다(법 제20조 제1항). 법 제20조 제1항과 관련하여, 통신판매중개자가 재화등을 판매함에 있어서 통신판매업자로서의 책임이 없다는 사실을 약정하는 경우에 단순히 약관의 일부조항에 그 내용을 포함하여 소비자의 동의서명을 받는 것만으로는 불충분하며, 소비자가 해당 사실에 대해서 충분히 인식할 수 있도록 개별적으로 설명 등 필요한 조치를 하여야 한다.

또한 통신판매업자로서의 책임이 없다는 사실을 고지하는 경우에는 단순히 사이트의 하단 등에 표시하는 것만으로는 불충분하며, 이동 중 팝업화면에 고지하거나 결제 등 중요한 거래절차에 있어 소비자가 충분히 인식할 수 있도록 조치하여야 한다.

포털사이트 등에서 단순히 '배너'를 게시하고 동 배너광고를 클릭하는 경우 다른 사이트로 이동하여 거래가 이루어지는 경우에는 배너광고를 게시한 사이트에서 통신판매에 필요한 절차의 중요한 일부가 수행된 것이 아니므로, 배너가 게시된 사이트를 운영하는 사업자를 통신판매중개자라고 할 수 없다. 그러나 포털사이트 등에서 배너를 통하여 이동한 사이트가 해당 포털사이트 등과 전혀 다른 사이트임을 소비자가 명백히 인식할 수 있도록 충분히 조치하지 아니하여 소비자들이 해당 배너와 연결된 사이트가 해당 포털사이트 등에 의하여 운영되는 것이라고 신뢰할 수 있었던 경우에는, 해당 포털사이트 등을 운영하는 사업자는 통신판매중개자 또는 통신판매업자로서의 책임을 진다.

5. 전자게시판서비스제공자(법 제9조의2)

포털사이트의 카페·블로그 등 전자상거래가 이루어질 수 있는 모든 전자게시판의 개념이 포함되는 「정보통신망 이용촉진 및 정보보호 등에 관한 법률」상 게시판의 개념을 사용하여 게시판을 운영하는 정보통신서비스 제공자를 말한다. 해당 게시판을 이용하여 통신판매 또는 통신판매중개가 이루어지는 경우 이로 인한 소비자피해가 발생하지 않도록 일정한 사항을 이행해야 한다(법 제9조의2 제1항 각 호).

Ⅱ. 전자상거래에 관한 규제

1. 전자문서의 활용 및 거래기록의 보존 등

법 제5조 제4항과 관련하여 전자상거래를 하는 사업자는 소비자가 전자문서로 회원가입 신청, 재화등

---

410 법 시행규칙 제11조의2(통신판매 당사자가 아니라는 사실의 고지방법) ① 법 제20조 제1항에서 "총리령으로 정하는 방법"이란 통신판매중개자가 운영하는 사이버몰의 초기 화면에 알리는 한편, 다음 각 호의 구분에 따라 추가적으로 알리는 방법을 말한다.
   1. 통신판매중개자가 자신의 명의로 표시·광고를 하는 경우 : 그 표시·광고를 하는 매체의 첫 번째 면에 알릴 것
   2. 통신판매중개자가 법 제13조 제2항에 따른 계약내용에 관한 서면을 교부하는 경우 : 그 서면에 알릴 것
   3. 통신판매중개자가 청약의 방법을 제공하는 경우 : 법 제14조에 따른 청약내용의 확인·정정·취소에 대한 절차에서 알릴 것
   ② 통신판매중개자가 제1항 제2호 및 제3호의 사항을 알릴 때 그 글씨의 크기는 계약 당사자를 고지하는 글씨와 같거나 그보다 더 크게 하여야 한다.

의 구입에 관한 청약, 소비자관련 정보 제공 및 이용 동의 등을 할 수 있도록 하는 경우, 회원탈퇴, 청약의 철회 또는 변경, 계약의 변경 또는 해지·해제, 정보 제공 및 이용 동의의 철회 또는 변경 등도 동일한 방법으로 할 수 있도록 하여야 한다. 여기서 전자문서란 회원가입·탈퇴 신청 양식, 전자우편, 사이버몰의 상담게시판 등을 포함한 정보처리시스템에 의해 전자적 형태로 작성·송신·수신·저장될 수 있는 정보 일체를 말한다. 전자상거래를 하는 사업자는 세금계산서, 현금영수증, 구매계약서 등 소비자가 재화등의 거래와 관련한 각종 확인·증명을 전자문서로 제공해 줄 것을 요청하는 경우 이를 제공하여야 한다.

전자상거래 및 통신판매의 특성상 사업자가 제공하는 표시·광고 등의 정보제공은 소비자의 구매선택 및 분쟁발생 시 피해구제를 위하여 매우 중요한 의미를 갖는다. 따라서 전상법은 사업자로 하여금 표시·광고, 계약내용 및 그 이행 등 거래에 관한 기록을 상당한 기간 보존해야 하는 의무를 부과하는 한편, 소비자가 그 거래기록을 쉽게 열람·보존할 수 있도록 해야 한다는 점과(법 제6조 제1항), 사업자가 보존하는 거래기록의 대상·범위·기간을 시행령[411]에서 정하고 있다(법 제6조 제3항 및 법 시행령 제6조 제1항).

2. 조작실수 등의 방지(법 제7조)

사업자는 전자상거래에서 소비자의 조작실수 등으로 인한 의사표시의 착오 등에 의하여 발생하는 피해를 예방할 수 있도록 거래대금이 부과되는 시점 또는 청약에 앞서 그 내용을 확인하거나 바로잡는 데에 필요한 절차를 마련하여야 한다.[412]

3. 전자적 대금지급의 신뢰확보 등

가. 보안유지

사업자가 전자문서의 형태로 이루어지는 대금결제의 방법을 이용하는 경우 사업자와 전자결제수단의 발행자, 전자결제서비스의 제공자 및 해당 결제수단을 통한 전자결제서비스의 이행을 보조하거나 중개하는 자 등 전자적 대금지급 관련자("전자결제업자등")는 관련 정보의 보안유지에 필요한 조치를 취하여야 한다(법 제8조 제1항 및 법 시행령 제8조).

---

411 법 시행령 제6조(사업자가 보존하는 거래기록의 대상 등) ① 법 제6조 제3항에 따라 사업자가 보존하여야 할 거래기록의 대상·범위 및 기간은 다음 각 호와 같다. 다만, 통신판매중개자는 자신의 정보처리시스템을 통하여 처리한 기록의 범위에서 다음 각 호의 거래기록을 보존하여야 한다.
  1. 표시·광고에 관한 기록 : 6개월
  2. 계약 또는 청약철회 등에 관한 기록 : 5년
  3. 대금결제 및 재화등의 공급에 관한 기록 : 5년
  4. 소비자의 불만 또는 분쟁처리에 관한 기록 : 3년
412 예를 들면, ① 사이버몰에서 거래가 이루어지는 경우에는 결제화면으로 연결되기 전의 화면이나 팝업화면을 통하여 청약의 내용을 다시 확인할 수 있도록 하고 소비자에게 청약내용에 따라 청약절차를 계속 진행할 것인지를 확인하는 방법, ② TV홈쇼핑과 카탈로그 쇼핑의 경우에는 전화주문 시 청약의 중요내용을 설명하고 소비자에게 그 내용대로 청약절차를 계속할 것인지를 묻는 방법이다.

나. 소비자 의사표시의 진정성 확인

사업자와 전자결제업자등은 전자적 대금지급이 이루어지는 경우 소비자의 청약의사가 진정한 의사 표시에 의한 것인지를 확인하기 위하여 ① 재화등의 내용 및 종류, ② 재화등의 가격, ③ 용역의 제공기간에 대하여 따로 명확히 고지하고, 고지한 사항에 대한 소비자의 확인절차를 대통령령[413]으로 정하는 바에 따라 마련하여야 한다(법 제8조 제2항 각 호). 만일 무료 이벤트 사용기간이 경과하면 유료 월정액자동결제로 전환되는 재화등을 공급하는 경우, 소비자가 재화등의 내용 및 종류, 재화등의 가격, 용역의 제공기간 등을 확인하고 동의여부를 선택할 수 있도록 유료로 전환되어 전자적 대금지급이 이루어지는 시점에서 전자결제업자등이 마련한 전자적 대금 결제창을 소비자에게 제공해야 한다. 소비자가 알지 못하는 사이에 대금이 자동으로 결제되는 일을 막기 위한 것이다.

다. 사실통지 및 자료열람 허용의무

사업자와 전자결제업자등은 전자적 대금지급이 이루어진 경우에는 전자문서의 송신 등 총리령으로 정하는 방법[414]으로 소비자에게 그 사실을 알리고, 언제든지 소비자가 전자적 대금지급과 관련한 자료를 열람할 수 있게 하여야 한다(법 제8조 제3항).

라. 결제수단 발행자의 표시·고지의무

사이버몰에서 사용되는 전자적 대금지급 방법으로서 재화등을 구입·이용하기 위하여 미리 대가를 지불하는 방식의 결제수단의 발행자는 총리령으로 정하는 바[415]에 따라 그 결제수단의 신뢰도 확인과 관련된 사항, 사용상의 제한이나 그 밖의 주의 사항 등을 표시하거나 고지하여야 한다.

---

413 법 시행령 제9조(전자적 대금지급 고지 확인절차) 사업자와 전자결제업자등은 법 제8조 제2항 각 호의 사항에 대하여 소비자가 확인하고 동의 여부를 선택할 수 있도록 전자결제업자등이 마련한 전자적 대금 결제창을 소비자에게 제공하여야 한다. 이 경우 사업자와 전자결제업자등은 소비자가 직접 동의 여부를 선택하기 전에 미리 동의한다는 표시를 하여 제공하는 방식으로 확인절차를 진행해서는 아니 된다.

414 법 시행규칙 제5조(소비자에 대한 전자적 대금지급 사실의 통지) 법 제8조 제3항에서 "전자문서의 송신 등 총리령으로 정하는 방법"이란 전화·팩스·휴대전화 등을 이용하여 소비자에게 신속하게 전자적 대금지급 사실을 알리고, 매월 정해진 날짜에 이용요금을 고지할 때 재화등을 공급한 사업자별로 거래내용과 이용요금, 연락처(전화번호·전자우편주소 등)를 표시하는 것을 말한다. 다만, 소비자의 동의를 받은 경우에는 통지 또는 표시를 생략할 수 있다.

415 법 시행규칙 제6조(결제수단 발행자의 고지) 법 제8조 제4항에 따른 결제수단의 발행자는 다음 각 호의 사항을 소비자에게 고지하여야 한다.
  1. 대표자의 성명, 주된 사무소의 주소, 전화번호, 전자우편주소, 자본금의 규모 및 자기자본 현황 등
  2. 법 제24조 제1항에 따른 소비자피해보상보험계약등(이하 "소비자피해보상보험계약등"이라 한다)의 체결사실 및 계약내용(채무지급보증 범위를 포함한다)과 그 확인에 필요한 사항
  3. 남은 금액의 현금 반환과 관련된 사항
  4. 반품 시 처리기준 및 현금화와 관련된 사항
  5. 해당 결제수단을 사용할 수 있는 사이버몰 현황
  6. 해당 결제수단의 사용상 제한 및 주의사항
  7. 그 밖에 소비자에게 표시 또는 고지를 하지 아니하는 경우 해당 결제수단을 사용하는 소비자에게 피해를 줄 우려가 있다고 인정되는 사항

마. 분쟁해결 협조의무

사업자와 소비자 사이에 전자적 대금지급과 관련하여 다툼이 있는 경우 전자결제업자등은 대금지급 관련 정보의 열람을 허용하는 등 대통령령으로 정하는 바[416]에 따라 그 분쟁의 해결에 협조하여야 한다.

4. 전자게시판서비스제공자의 책임 등(법 제9조의2)

「정보통신망 이용촉진 및 정보보호 등에 관한 법률」 제2조 제1항 제9호의 게시판을 운영하는 정보통신서비스 제공자("전자게시판서비스 제공자")는 해당 게시판을 이용하여 통신판매 또는 통신판매중개가 이루어지는 경우 이로 인한 소비자피해가 발생하지 아니하도록 다음의 사항을 이행하여야 한다.

① 게시판을 이용하여 통신판매 또는 통신판매중개를 업으로 하는 자("게시판 이용 통신판매업자등")가 전상법에 따른 의무를 준수하도록 안내하고 권고할 것
② 게시판 이용 통신판매업자등과 소비자 사이에 이 법과 관련하여 분쟁이 발생한 경우 소비자의 요청에 따라 제33조에 따른 소비자피해 분쟁조정기구에 소비자의 피해구제신청을 대행하는 장치를 마련하고 대통령령으로 정하는 바[417]에 따라 운영할 것
③ 그 밖에 소비자피해를 방지하기 위하여 필요한 사항으로서 대통령령으로 정하는 사항

그 외 전자게시판서비스 제공자는 게시판 이용 통신판매업자등에 대하여 제13조 제1항 제1호 및 제2호의 신원정보를 확인하기 위한 조치를 취하여야 하고, 게시판 이용 통신판매업자등과 소비자 사이에 분쟁이 발생하는 경우 신원 확인 조치를 통하여 얻은 게시판 이용 통신판매업자등의 신원정보를 제공하여 그 분쟁의 해결에 협조하여야 한다.

5. 사이버몰 운영자의 의무(법 제10조)

가. 표시의무(제1항)

전자상거래를 하는 사이버몰의 운영자는 소비자가 사업자의 신원 등을 쉽게 알 수 있도록 다음의 사

---

416 법 시행령 제10조(전자적 대금지급 관련 분쟁의 해결) 법 제8조 제5항에 따라 전자결제업자등은 분쟁해결을 위하여 사업자나 소비자가 분쟁발생 사실을 소명하여 요청하는 경우 분쟁해결에 필요한 범위에서 다음 각 호의 사항에 대하여 지체 없이 협조하여야 한다.
  1. 분쟁의 원인이 된 대금지급과 관련된 정보(고객인증 관련 정보를 포함한다)의 열람·복사 허용
  2. 분쟁의 원인이 된 대금지급에 대한 전자결제업자등의 보안유지 조치 관련 정보의 열람·복사 허용. 다만, 공개할 경우 보안유지에 장애가 발생할 우려가 있는 정보에 대해서는 공개를 거부할 수 있다.
417 법 시행령 제11조의3(소비자 피해구제신청 대행 장치의 운영 방법) ① 「정보통신망 이용촉진 및 정보보호 등에 관한 법률」 제2조 제1항 제9호의 게시판을 운영하는 같은 항 제3호의 정보통신서비스 제공자(이하 "전자게시판서비스 제공자"라 한다)는 법 제9조의2 제1항 제2호에 따라 소비자의 피해구제신청을 대행하기 위한 장치를 다음 각 호의 방법에 따라 운영하여야 한다.
  1. 소비자가 법 제33조 제1항에 따른 소비자피해 분쟁조정기구(이하 "소비자피해 분쟁조정기구"라 한다)를 선택할 수 있도록 해당 게시판에 소비자피해 분쟁조정기구의 업무와 피해구제절차를 표시할 것
  2. 소비자가 피해구제신청의 대행을 요청하는 경우 전자게시판서비스 제공자가 피해구제신청을 대행해 준다는 사실과 그 대행 절차를 표시할 것

항을 총리령으로 정하는 바418에 따라 표시하여야 한다.

1. 상호 및 대표자 성명
2. 영업소가 있는 곳의 주소(소비자의 불만을 처리할 수 있는 곳의 주소를 포함한다)
3. 전화번호·전자우편주소
4. 사업자등록번호
5. 사이버몰의 이용약관
6. 그 밖에 소비자보호를 위하여 필요한 사항으로서 대통령령으로 정하는 사항

나. 위반행위의 시정조치에 대한 협력의무(제2항)

사이버몰의 운영자는 그 사이버몰에서 이 법을 위반한 행위가 이루어지는 경우 운영자가 조치하여야 할 부분이 있으면 시정에 필요한 조치에 협력하여야 한다.

6. 소비자정보의 공정한 수집·이용(법 제11조)

사업자는 전자상거래 또는 통신판매를 위하여 소비자에 관한 정보를 수집하거나 이용(제3자에게 제공하는 경우를 포함한다)할 때는 「정보통신망 이용촉진 및 정보보호 등에 관한 법률」 등 관계 규정에 따라 이를 공정하게 수집하거나 이용하여야 한다. 사업자는 재화등을 거래함에 있어서 소비자에 관한 정보가 도용되어 해당 소비자에게 재산상의 손해가 발생하였거나 발생할 우려가 있는 특별한 사유가 있는 경우에는 본인 확인이나 피해의 회복 등 대통령령으로 정하는 필요한 조치419를 취하여야 한다.

Ⅲ. 통신판매에 대한 규제

1. 통신판매업자의 신고(법 제12조)

전상법은 통신판매로 인한 소비자의 피해를 예방하기 위하여, 통신판매업자에게 일정한 사항420을 사

---

418 법 시행규칙 제7조(사이버몰 운영자의 표시방법) ① 전자상거래를 하는 사이버몰의 운영자는 법 제10조 제1항 제1호부터 제6호까지의 사항을 소비자가 알아보기 쉽도록 사이버몰의 초기 화면에 표시하여야 한다. 다만, 법 제10조 제1항 제5호의 사항은 소비자가 연결 화면을 통하여 볼 수 있도록 할 수 있다.
② 전자상거래를 하는 사이버몰의 운영자는 제1항에 따라 표시한 사항의 진위 여부를 소비자가 쉽게 확인할 수 있도록 공정거래위원회가 법 제12조 제4항 및 「전자상거래 등에서의 소비자보호에 관한 법률 시행령」(이하 "영"이라 한다) 제19조에 따라 정보를 공개하는 사업자정보 공개페이지를 사이버몰의 초기 화면에 연결하여야 한다.
③ 전자상거래를 하는 사이버몰의 운영자로서 출력에 제한이 있는 휴대전화 등과 같은 기기를 이용하여 거래하는 사업자는 법 제10조 제1항 제1호부터 제6호까지의 사항이 사이버몰의 화면에 순차적으로 나타나도록 할 수 있다. 이 경우 대표자 성명, 사업자등록번호 및 사이버몰의 이용약관은 그 내용을 확인할 수 있는 방법을 화면에 나타나게 하는 것으로 대신할 수 있다.
419 법 시행령 제12조(소비자에 관한 정보의 확인 등) 법 제11조 제2항에서 "본인 확인이나 피해의 회복 등 대통령령으로 정하는 필요한 조치"란 다음 각 호의 어느 하나를 말한다.
1. 소비자 본인이 요청하는 경우 도용 여부의 확인 및 해당 소비자에 대한 관련 거래 기록의 제공
2. 도용에 의하여 변조된 소비자에 관한 정보의 원상회복
3. 도용에 의한 피해의 회복

전에 신고하도록 정하고 있다. 또한 신고의무 부과의 실효성 유지를 위하여 변경신고 및 휴폐업, 영업재개시의 경우에도 별도의 신고의무를 규정하고 있다.

2. 신원 및 거래조건에 대한 정보의 제공 및 계약내용 서면교부의무(법 제13조)

가. 표시광고의 신원정보 제공(제1항)

통신판매업자가 재화등의 거래에 관한 청약을 받을 목적으로 표시·광고를 할 때에는 그 표시·광고에 상호 및 대표자 성명, 주소·전화번호·전자우편주소와 같은 신원정보를 제공하도록 하고 있다.

나. 계약직전의 표시광고 및 고지사항, 계약내용의 서면교부의무

통신판매업자는 소비자가 계약체결 전에 재화등에 대한 거래조건을 정확하게 이해하고 실수나 착오 없이 거래할 수 있도록 다음의 사항을 적절한 방법으로 표시·광고하거나 고지하여야 하며, 계약이 체결되면 계약자에게 다음의 사항이 기재된 계약내용에 관한 서면을 재화등을 공급할 때까지 교부하여야 한다. 다만, 계약자의 권리를 침해하지 아니하는 범위에서 대통령령으로 정하는 사유가 있는 경우에는 계약자를 갈음하여 재화등을 공급받는 자에게 계약내용에 관한 서면을 교부할 수 있다.

- 재화등의 공급자 및 판매자의 상호, 대표자의 성명·주소 및 전화번호 등
- 재화등의 명칭·종류 및 내용
- 재화등의 정보에 관한 사항. 이 경우 제품에 표시된 기재로 계약내용에 관한 서면에의 기재를 갈음할 수 있다.
- 재화등의 가격(가격이 결정되어 있지 아니한 경우에는 가격을 결정하는 구체적인 방법)과 그 지급방법 및 지급시기
- 재화등의 공급방법 및 공급시기
- 청약의 철회 및 계약의 해제(이하 "청약철회등"이라 한다)의 기한·행사방법 및 효과에 관한 사항 (청약철회등의 권리를 행사하는 데에 필요한 서식을 포함한다)
- 재화등의 교환·반품·보증과 그 대금 환불 및 환불의 지연에 따른 배상금 지급의 조건·절차
- 전자매체로 공급할 수 있는 재화등의 전송·설치 등을 할 때 필요한 기술적 사항
- 소비자피해보상의 처리, 재화등에 대한 불만 처리 및 소비자와 사업자 사이의 분쟁 처리에 관한 사항
- 거래에 관한 약관(그 약관의 내용을 확인할 수 있는 방법을 포함한다)
- 소비자가 구매의 안전을 위하여 원하는 경우에는 재화등을 공급받을 때까지 대통령령으로 정하는 제3자에게 그 재화등의 결제대금을 예치하는 것(이하 "결제대금예치"라 한다)의 이용을 선택할 수

---

420 1. 상호(법인인 경우에는 대표자의 성명 및 주민등록번호를 포함한다), 주소, 전화번호
   2. 전자우편주소, 인터넷도메인 이름, 호스트서버의 소재지
   3. 사업자의 성명 및 주민등록번호(개인인 경우만 해당한다)

있다는 사항 또는 통신판매업자의 제24조 제1항에 따른 소비자피해보상보험계약등의 체결을 선택할 수 있다는 사항(제15조 제1항에 따른 선지급식 통신판매의 경우에만 해당하며, 제24조 제3항에 각 호의 어느 하나에 해당하는 거래를 하는 경우는 제외한다)

- 그 밖에 소비자의 구매 여부 판단에 영향을 주는 거래조건 또는 소비자피해의 구제에 필요한 사항으로서 대통령령으로 정하는 사항

3. 통지의무, 청약확인(법 제14조)

통신판매업자는 소비자로부터 재화등의 거래에 관한 청약을 받은 경우 청약의 의사표시의 수신 확인 및 판매 가능 여부에 관한 정보를 소비자에게 신속하게 알려야 하며(법 제14조 제1항), 계약체결 전에 소비자가 청약의 내용을 확인하고, 정정 또는 취소할 수 있도록 적절한 절차를 갖추어야 한다(법 제14조 제2항).

4. 재화등의 공급 등(법 제15조)[421]

가. 공급에 필요한 조치를 취해야 할 의무

통신판매업자는 소비자가 청약을 한 날부터 7일 이내에 재화등의 공급에 필요한 조치[422]를 취하여야 한다. 그러나 통신판매업자가 이미 재화등의 대금의 전부 또는 일부를 받은 경우에는("선지급식 통신판매") 대금의 전부 또는 일부를 받은 날부터 3영업일 이내에 재화등의 공급을 위하여 필요한 조치를 하여야 한다.[423]

나. 공급 곤란의 경우

통신판매업자는 청약을 받은 재화등을 공급하기 곤란하다는 것을 알았을 때에는 지체 없이 그 사유를 소비자에게 알려야 하고, 선지급식 통신판매의 경우에는 소비자가 그 대금의 전부 또는 일부를 지급한 날부터 3영업일 이내에 환급하거나 환급에 필요한 조치를 하여야 한다. 이와 관련하여, 비록 통신판매업자가 청약을 받은 재화를 공급하기 곤란하여 대금을 환급하거나 환급에 필요한 조치를 취하였다 하더라도, 만일 허위·과장 등의 방법을 사용하였던 것이 그 원인이라면 소비자를 유인한 행위에 대한 책임은 면할 수 없다.[424]

---

421 비대면거래의 특성에 따라 재화등의 공급과 계약이행 과정에서 소비자의 지위가 불안정해질 수 있다는 점을 고려하여 재화공급의무 등을 규정한 것이다.
422 예를 들면 ① 주문제작의 경우에 주문제작을 의뢰하는 행위, ② 물품배송을 위해 배송업자에게 최소한의 소비자정보를 제공하고 배송을 지시하는 행위 등을 말한다.
423 다만 소비자와 통신판매업자 간에 재화등의 공급시기에 관하여 별도의 약정이 있는 경우에는 그러하지 않다(법 제15조 제1항).
424 자신의 사이트나 홈쇼핑, 카탈로그 등에 청약유인 목적으로 일부 제품의 가격을 허위로 기재한 뒤(낚시광고), 해당 제품의 공급이 곤란하다는 이유를 들어 대금을 환급하는 경우는 대금 환급의 문제로 끝날 일이 아니다.

다. 공급절차 및 진행상황의 확인

통신판매업자는 소비자가 재화등의 공급절차 및 진행상황을 확인할 수 있도록 적절한 조치를 하여야 한다. 이 경우 공정거래위원회는 그 조치에 필요한 사항을 정하여 고시할 수 있다.

라. 청약철회 효과의 준용

선지급식 통신판매에서 재화등의 대금을 환급하거나 환급에 필요한 조치를 하여야 하는 경우에는 제 18조 제1항부터 제5항까지의 규정(청약철회등의 효과)을 준용한다.

5. 청약철회등[425]

가. 숙려기간

통신판매업자와 재화등의 구매에 관한 계약을 체결한 소비자는 다음의 기간 이내에 해당 계약에 관한 청약철회등을 할 수 있다(법 제17조 제1항). 이 경우 공급받은 재화등의 반환에 필요한 비용은 소비자가 이를 부담하며 통신판매업자는 소비자에게 청약철회등을 이유로 위약금 또는 손해배상을 청구할 수 없다(법 제18조 제9항).[426]

① 계약내용에 관한 서면을 교부받은 날부터 7일(다만 그 서면을 교부받은 때보다 재화등의 공급이 늦게 이루어진 경우에는 재화등의 공급을 받거나 공급이 개시된 날부터 7일)

② 계약내용에 관한 서면을 교부받지 아니한 경우, 통신판매업자의 주소 등이 기재되지 않은 서면을 교부받은 경우 또는 통신판매업자의 주소변경 등의 사유로 위의 기간 이내에 청약철회등을 할 수 없는 경우에는 그 주소를 안 날 또는 알 수 있었던 날부터 7일

나. 철회권 행사의 제한 및 철회의 특례

소비자는 다음의 어느 하나에 해당하는 경우에는 통신판매업자의 의사에 반하여 청약철회등을 할 수 없다(법 제17조 제2항).

---

[425] 2014년 변시 제3회, 2018년 변시 제7회 기출 – 인터넷쇼핑몰을 이용하여 유모차를 구입한 경우를 제시하고 소비자가 전상법상 청약철회권을 행사할 수 있는지를 묻는 문제가 출제되었다(배점 20점). 2016년 변시 제5회 기출 – 전상법상 청약철회가능성(배점 25점). 청약권 행사의 의의, 요건, 청약철회권 행사의 제한사유 등을 묻는 전형적인 소비자법 영역의 출제유형이다. 2021년 변시 10회 기출 – "인터넷 쇼핑몰 소비자 A가 환불을 받을 수 있는지, 있다면 그 근거를 제시하여 설명하시오(배점 20점)."

[426] 소비자의 청약철회등이 있는 경우 통신판매업자는 반환에 필요한 배송 비용만을 요구해야 하며, 사이버몰 등의 운영상 수반되는 인건비, 운송비, 포장비, 보관비 등의 비용 또는 취소수수료, 반품위약(공제)금 등 추가적인 금액을 요구해서는 안 된다. 재화등의 반환에 필요한 비용 외에 부당하게 추가적인 금액을 요구한 경우를 예시하면 다음과 같다. ① 사이버몰을 운영하는 사업자로부터 구입한 의류를 반품하는데 반품배송비 외에 창고보관비, 상품 주문에 소요된 인건비 등을 추가적으로 요구하는 경우, ② 사이버몰을 운영하는 사업자에게 어학시험을 신청한 후 신청일부터 7일 이내에 취소를 하였고, 시험일까지 충분한 기간이 남아 해당 시험의 응시좌석을 다시 판매할 수 있음에도 시험 신청 기간이 도과하였다는 등의 이유로 응시료의 40%를 취소수수료로 부과하고 차액을 돌려주는 경우

① 소비자에게 책임 있는 사유로 재화등이 멸실 또는 훼손된 경우(다만, 재화등의 내용을 확인하기 위하여 포장 등을 훼손한 경우를 제외한다)

② 소비자의 사용 또는 일부 소비에 의하여 재화등의 가치가 현저히 감소한 경우

③ 시간이 지나 다시 판매하기 곤란할 정도로 재화등의 가치가 현저히 감소한 경우

④ 복제가 가능한 재화등의 포장을 훼손한 경우

⑤ 용역 또는 「문화산업진흥 기본법」 제2조 제5호의 디지털콘텐츠의 제공이 개시된 경우(다만, 가분적 용역 또는 가분적 디지털콘텐츠로 구성된 계약의 경우에는 제공이 개시되지 아니한 부분에 대하여는 그러하지 아니하다)

⑥ 그 밖에 거래의 안전을 위하여 대통령령으로 정하는 경우[427]

다만, 이 경우 통신판매업자가 청약철회 등이 불가능한 재화에 대해 소비자가 그 사실을 쉽게 알 수 있도록 필요한 조치를 하지 않은 경우에는 위 ②부터 ⑤에 해당하는 경우일지라도 다시 소비자는 청약철회 등을 할 수 있다(법 제17조 제2항 단서).

한편, 위와 같은 내용에도 불구하고 재화등의 내용이 표시·광고의 내용과 다르거나 계약의 내용과 다르게 이행된 경우에는 그 재화등을 공급받은 날부터 3월 이내, 그 사실을 안 날 또는 알 수 있었던 날로부터 30일 이내에 청약철회등을 할 수 있다(법 제17조 제3항 철회의 특례).[428]

다. 청약철회의 효력발생시기와 입증책임 등

청약철회등의 의사표시를 서면으로 하는 경우에는 그 의사표시가 기재된 서면을 발송한 날에 그 효력이 발생한다(법 제17조 제4항). 재화등의 훼손에 대하여 소비자의 책임이 있는지 여부, 재화등의 구매에 관한 계약이 체결된 사실 및 그 시기, 재화등의 공급사실 및 그 시기 등에 관하여 다툼이 있는 경우에는 통신판매업자가 이를 증명하여야 한다(법 제17조 제5항).

또한 통신판매업자는 법 제17조 제2항 제2호부터 제5호까지의 규정에 따라 청약철회등이 불가능한 재화등의 경우에는 그 사실을 재화등의 포장이나 그 밖에 소비자가 쉽게 알 수 있는 곳에 명확하게 표시

---

427 법 시행령 제21조(청약철회등의 제한) 법 제17조 제2항 제5호에서 "대통령령으로 정하는 경우"란 소비자의 주문에 따라 개별적으로 생산되는 재화등 또는 이와 유사한 재화등에 대하여 법 제13조 제2항 제5호에 따른 청약철회등(이하 "청약철회등"이라 한다)을 인정하는 경우 통신판매업자에게 회복할 수 없는 중대한 피해가 예상되는 경우로서 사전에 해당 거래에 대하여 별도로 그 사실을 고지하고 소비자의 서면(전자문서를 포함한다)에 의한 동의를 받은 경우를 말한다.

428 2019년 변시 제8회 기출. 제4문 약관규제법상 유효라고 전제하고, 할부거래법과 전상법의 관점에서 청약철회가 가능한지 여부를 논하는 문제였다. 주의할 점은 질문 자체가 철회권에 한정된 경우이므로, 선불식 할부거래의 임의해제 등의 잘못된 논점으로 빠지지 않았어야 할 것이다. 설문의 경우 계약서를 수령한 시점은 2018. 12. 5.이고, 갑의 개인적 사정으로 2018. 12. 20.에서야 사은품으로 제공되기로 광고했던 족욕기가 아닌 가습기가 제공된 사실을 알게 되었다. 공정위는 전자상거래 등에서의 소비자보호지침을 통해 무료사은품의 제공일지라도 이는 계약의 중요사항에 해당할 수 있다는 입장을 취하고 있다. 이 경우 전상법 제17조 제3항에 따라 재화등의 내용이 표시광고의 내용과 다르다는 점을 들어 그 사실을 안 날로부터 30일 이내 청약철회가 가능하다는 점을 들어 설문의 경우 갑은 청약철회가 가능하다는 논리를 전개해야 한다. 전상법은 사업자가 비대면거래를 악용하여 스스로 광고한 내용과 다른 재화를 공급할 경우 소비자에게 철회권 행사의 범위를 확장해주는 방법으로 사업자의 책임을 가중하고 있는데, 이 경우 사은품의 제공의 경우를 제외한다거나 달리 취급한다는 규정은 없다.

하거나 시험 사용 상품을 제공하는 등의 방법으로 청약철회등의 권리 행사가 방해받지 아니하도록 조치하여야 한다. 다만, 법 제17조 제2항 제5호 중 디지털콘텐츠에 대하여 소비자가 청약철회등을 할 수 없는 경우에는 청약철회등이 불가능하다는 사실의 표시와 함께 대통령령으로 정하는 바[429]에 따라 시험 사용 상품을 제공하는 등의 방법으로 청약철회등의 권리 행사가 방해받지 아니하도록 하여야 한다.

6. 철회권 행사의 효과(법 제18조)

가. 물품반환 및 대금환급의무(제1항, 제2항)

청약철회등을 한 경우에는 소비자는 이미 공급받은 재화등(이미 공급받은 재화등이 용역 또는 디지털콘텐츠인 경우를 제외한다)을 반환하여야 한다(물품반환의무).

통신판매업자(소비자로부터 재화등의 대금을 받은 자 또는 소비자와 통신판매에 관한 계약을 체결한 자를 포함한다)는 아래의 어느 하나에 해당하는 날부터 3영업일 이내에 이미 지급받은 재화등의 대금을 환급하여야 한다. 이 경우 통신판매업자가 소비자에게 재화등의 대금 환급을 지연한 때에는 그 지연기간에 대하여 연 100분의 40 이내의 범위에서 「은행법」에 따른 은행이 적용하는 연체금리 등 경제사정을 고려하여 대통령령으로 정하는 이율[430]을 곱하여 산정한 지연이자("지연배상금")를 지급하여야 한다.

① 통신판매업자가 재화를 공급한 경우에는 재화를 반환받은 날
② 통신판매업자가 용역 또는 디지털콘텐츠를 공급한 경우에는 법 제17조 제1항 또는 제3항에 따라 청약철회등을 한 날
③ 통신판매업자가 재화등을 공급하지 아니한 경우에는 법 제17조 제1항 또는 제3항에 따라 청약철회등을 한 날

나. 청구정지 또는 취소요청의무(제3항)

통신판매업자는 재화등의 대금을 환급할 때 소비자가 「여신전문금융업법」 제2조 제3호에 따른 신용카드나 그 밖에 대통령령으로 정하는 결제수단으로 재화등의 대금을 지급한 경우에는 지체 없이 해당 결제수단을 제공한 사업자("결제업자")에게 재화등의 대금 청구를 정지하거나 취소하도록 요청하여야 한다. 다만, 통신판매업자가 결제업자로부터 해당 재화등의 대금을 이미 받은 때에는 지체 없이 그 대금을 결제업자에게 환급하고, 그 사실을 소비자에게 알려야 한다.

---

429 법 시행령 제21조의2(시험 사용 상품 등의 제공 방법) 통신판매업자는 법 제17조 제6항 단서에 따라 다음 각 호의 구분에 따른 방법 중 하나 이상의 방법으로 소비자에게 시험 사용 상품 등을 제공하여야 한다.
  1. 일부 이용의 허용 : 디지털콘텐츠의 일부를 미리보기, 미리듣기 등으로 제공
  2. 한시적 이용의 허용 : 일정 사용기간을 설정하여 디지털콘텐츠 제공
  3. 체험용 디지털콘텐츠 제공 : 일부 제한된 기능만을 사용할 수 있는 디지털콘텐츠 제공
  4. 제1호부터 제3호까지의 방법으로 시험 사용 상품 등을 제공하기 곤란한 경우 : 디지털콘텐츠에 관한 정보 제공
430 법 시행령 제21조의3(지연배상금의 이율) 법 제18조 제2항 각 호 외의 부분 후단에서 "대통령령으로 정하는 이율"이란 연 100분의 15를 말한다. <개정 2016. 9. 29.>

다. 결제업자의 환급의무 및 지연배상의무(제4항, 제5항)

통신판매업자로부터 재화등의 대금을 환급받은 결제업자는 그 환급받은 금액을 지체 없이 소비자에게 환급하거나 환급에 필요한 조치를 하여야 한다. 환급을 지연하여 소비자가 대금을 결제하게 한 통신판매업자는 그 지연기간에 대한 지연배상금을 소비자에게 지급하여야 한다.

라. 상계요청권(제6항)

소비자는 통신판매업자가 정당한 사유 없이 결제업자에게 대금을 환급하지 아니하는 경우에는 결제업자에게 그 통신판매업자에 대한 다른 채무와 통신판매업자로부터 환급받을 금액을 상계(相計)할 것을 요청할 수 있다. 이 경우 결제업자는 대통령령으로 정하는 바[431]에 따라 그 통신판매업자에 대한 다른 채무와 상계할 수 있다.

마. 대금결제거부권(제7항)

소비자는 결제업자가 위에 따른 상계를 정당한 사유 없이 게을리 하는 경우에는 결제업자에 대하여 대금의 결제를 거부할 수 있다. 이 경우 통신판매업자와 결제업자는 그 결제 거부를 이유로 그 소비자를 약정한 기일까지 채무를 변제하지 아니한 자로 처리하는 등 소비자에게 불이익을 주는 행위를 하여서는 아니 된다.

바. 비용 등 상환청구권(제8항)

통신판매업자는 이미 재화등이 일부 사용되거나 일부 소비된 경우에는 그 재화등의 일부 사용 또는 일부 소비에 의하여 소비자가 얻은 이익 또는 그 재화등의 공급에 든 비용에 상당하는 금액으로서 대통령령으로 정하는 범위의 금액[432]을 소비자에게 청구할 수 있다.

---

[431] 법 시행령 제23조(채무의 상계) ① 결제업자는 소비자가 다음 각 호의 방법으로 상계(相計)를 요청할 경우 법 제18조 제6항 후단에 따라 즉시 상계할 수 있다.
  1. 환급금액 등을 적은 서면(전자문서를 포함한다)에 의할 것
  2. 법 제17조 제1항 각 호 또는 같은 조 제3항의 기간 내에 청약철회등을 한 사실 및 법 제18조 제1항에 따라 재화등을 반환하였음을 증명하는 자료(소비자가 재화등을 계약서에 적힌 통신판매업자의 주소로 반환하였으나 수취 거절된 경우에는 그 증명자료)를 첨부할 것
  ② 결제업자는 제1항에 따라 상계한 경우 그 사실 및 금액명세 등을 적은 서면(전자문서를 포함한다)을 해당 통신판매업자 및 소비자에게 지체 없이 보내야 한다.
  ③ 제1항 및 제2항에서 규정한 사항 외에 결제업자의 상계에 필요한 사항은 총리령으로 정한다.
[432] 법 시행령 제24조(재화등이 일부 소비된 경우의 비용청구 범위) 법 제18조 제8항에서 "대통령령으로 정하는 범위의 금액"이란 다음 각 호의 비용을 말한다.
  1. 재화등의 사용으로 소모성 부품의 재판매가 곤란하거나 재판매가격이 현저히 하락하는 경우에는 해당 소모성 부품의 공급에 든 비용
  2. 다수의 동일한 가분물로 구성된 재화등의 경우에는 소비자의 일부 소비로 인하여 소비된 부분의 공급에 든 비용

사. 반환비용부담자 및 위약금·손해배상청구금지, 연대책임(제9항 내지 제11항)

청약철회등의 경우 공급받은 재화등의 반환에 필요한 비용은 소비자가 부담하며, 통신판매업자는 소비자에게 청약철회등을 이유로 위약금이나 손해배상을 청구할 수 없다(제9항). 다만, 재화등의 내용이 표시·광고의 내용과 다르거나 계약내용과 다르게 이행된 경우에는 재화등의 반환에 필요한 비용은 통신판매업자가 부담한다(제10항). 통신판매업자, 재화등의 대금을 받은 자 또는 소비자와 통신판매에 관한 계약을 체결한 자가 동일인이 아닌 경우에 이들은 청약철회등에 따른 재화등의 대금 환급과 관련한 의무의 이행에 대하여 연대하여 책임을 진다(제11항).

7. 손해배상청구금액의 제한 등(법 제19조)

전자상거래의 경우도 소비자에게 책임 있는 사유로 인하여 재화등의 판매에 관한 계약이 해제될 수 있는데, 이 경우 전상법은 소비자보호를 위해 통신판매업자가 소비자에게 손해배상을 청구할 수 있는 금액을 제한하고 있다. 전상법 제19조는 통신판매업자가 소비자에게 청구하는 손해배상액은 다음과 같은 금액에 대금미납에 따른 지연배상금을 더한 금액을 초과할 수 없도록 하고 있다(제1항).

① 공급받은 재화등이 반환된 경우에는 ⓐ 그 재화등의 통상 사용료 또는 그 사용으로 통상 얻을 수 있는 이익에 상당하는 금액과 ⓑ 그 재화등의 판매가격에서 그 재화등이 반환된 당시의 가액을 공제한 금액 중에서 큰 금액

② 공급받은 재화등이 반환되지 않은 경우에는 그 재화등의 판매가격에 해당하는 금액

8. 통신판매중개자의 고지 및 정보제공의무와 중개의뢰자의 연대책임(법 제20조 및 제20조의2)[433]

통신판매중개자는 자신이 통신판매의 당사자가 아니라는 사실을 소비자가 쉽게 알 수 있도록 미리 고지하여야 한다(고지의무, 법 제20조 제1항). 그리고 통신판매업자인 통신판매중개자는 통신판매중개를 의뢰한 자("통신판매중개의뢰자")가 사업자인 경우에는 그 성명(사업자가 법인인 경우에는 그 명칭과 대표자의 성명)·주소·전화번호 등 대통령령으로 정하는 사항을 확인하여 청약이 이루어지기 전까지 소비자에게 제공하여야 하고, 통신판매중개의뢰자가 사업자가 아닌 경우에는 그 성명·전화번호 등 대통령령으로 정하는 사항을 확인하여 거래의 당사자들에게 상대방에 관한 정보를 열람할 수 있는 방법을 제공하여야 한다. 또한 통신판매중개자는 쇼핑몰 등을 이용함으로써 발생하는 불만이나 분쟁의 해결을 위하여 그 원인 및 피해의 파악 등 필요한 조치를 신속히 시행하여야 하고, 이 경우 필요한 조치의 구체적인 내용과 방법 등은 대통령령[434]으로 정한다(법 제20조 제3항).

---

433 2016년 변시 제5회 기출. "전상법상 소비자가 인터넷쇼핑몰을 운영하는 통신판매중개자에게도 손해배상책임을 물을 수 있는지 여부(배점 20점)."

434 법 시행령 제25조의2(소비자 불만이나 분쟁해결을 위한 필요한 조치의 내용과 방법 등) 통신판매중개자는 법 제20조 제3항에 따라 다음 각 호의 조치를 시행하여야 한다.
　　1. 통신판매중개의뢰자와 소비자 사이에 발생하는 분쟁이나 불만을 접수·처리하는 인력 및 설비를 갖출 것
　　2. 통신판매중개자 또는 통신판매중개의뢰자에 의하여 발생한 불만이나 분쟁을 해결하기 위한 기준을 사전에 마련하여 사이버몰에 고지할 것

위와 같이 통신판매중개자는 자신이 통신판매의 당사자가 아니라는 사실을 소비자가 쉽게 알 수 있도록 미리 고지해야 하는데, 이러한 고지를 하지 아니한 경우 통신판매중개의뢰자의 고의 또는 과실로 소비자에게 발생한 재산상 손해에 대하여 통신판매중개의뢰자와 연대하여 배상할 책임을 진다(법 제20조의2 제1항). 그리고 통신판매중개자는 법 제20조 제2항에 따라 소비자에게 정보 또는 정보를 열람할 수 있는 방법을 제공하지 아니하거나 제공한 정보가 사실과 달라 소비자에게 발생한 재산상 손해에 대하여 통신판매중개의뢰자와 연대하여 배상할 책임을 진다(법 제20조의2 제2항). 다만, 소비자에게 피해가 가지 아니하도록 상당한 주의를 기울인 경우에는 그러하지 아니하다.

한편 통신판매업자인 통신판매중개자는 자신이 통신판매의 당사자가 아니라는 사실을 고지했더라도, 법 제12조부터 제15조까지, 제17조 및 제18조에 따른 통신판매업자의 책임을 면하지 못한다. 다만, 통신판매업자의 의뢰를 받아 통신판매를 중개하는 경우 통신판매중개의뢰자가 책임을 지는 것으로 약정하여 소비자에게 고지한 부분에 대하여는 통신판매중개의뢰자가 책임을 진다. 그리고 통신판매중개의뢰자(사업자의 경우에 한정한다)는 통신판매중개자의 고의 또는 과실로 소비자에게 발생한 재산상 손해에 대하여 통신판매중개자의 행위라는 이유로 면책되지 아니한다. 다만, 소비자에게 피해가 가지 아니하도록 상당한 주의를 기울인 경우에는 그러하지 아니하다.

9. 통신판매업무의 일부를 수행한 통신판매중개업자의 책임(법 제20조의3)

통신판매에 관한 거래과정에서 다음과 같은 중요한 업무를 수행하는 통신판매중개업자는 통신판매업자가 다음과 같은 해당 관련 의무를 이행하지 아니하는 경우에는 이를 대신하여 이행하여야 한다.

① 통신판매중개업자가 청약의 접수를 받는 경우 : 정보제공, 청약확인 의무
② 통신판매중개업자가 재화등의 대금을 지급받는 경우 : 조작실수방지, 전자적 대금지급의 신뢰확보 의무

10. 금지행위 등(법 제21조)

전자상거래를 하는 사업자 또는 통신판매업자는 다음의 어느 하나에 해당하는 행위를 하여서는 아니 된다.

① 거짓 또는 과장된 사실을 알리거나 기만적 방법을 사용하여 소비자를 유인[435] 또는 소비자와 거래

---

3. 소비자 불만이나 분쟁의 원인 등을 조사하여 3영업일 이내에 진행 경과를 소비자에게 알리고 10영업일 이내에 조사 결과 또는 처리방안을 소비자에게 알릴 것

[435] 오픈마켓사업자가 '인기도순', '베스트셀러', '프리미엄 상품' 등으로 구분하여 상품을 정렬하면서 전시영역의 구분과 정렬의 기준을 소비자에게 제대로 알리지 않은 행위는 전상법 제21조 제1항 제1호에서 정한 기만적 방법을 사용하여 소비자를 유인하는 행위에 해당한다(SK텔레콤의 전상법 위반행위 건, 대법원 2014. 6. 26. 선고 2012두1815 판결). 인기도순으로 상품목록을 정렬하면서 부가서비스를 구매한 상품에 가산점을 부여하여 먼저 전시되게 한 행위 및 '베스트셀러' 코너를 운영하면서 상품판매량에 가격대별 가중치를 적용하여 가격이 높은 상품이 먼저 전시되도록 한 행위는 기만적 방법을 사용하여 소비자를 유인하는 행위에 해당(이베이코리아의 전상법 위반행위 건, 대법원 2014. 6. 26. 선고 2012두3675 판결). '한정캐릭터', '이벤트 한정 상품'은 해당 이벤트 기간에만 구매 가능한 것으로 오인할 가

하거나[436] 청약철회등 또는 계약의 해지를 방해하는 행위[437]

② 청약철회등을 방해할 목적으로 주소, 전화번호, 인터넷도메인 이름 등을 변경하거나 폐지하는 행위

③ 분쟁이나 불만처리에 필요한 인력 또는 설비의 부족을 상당기간 방치하여 소비자에게 피해를 주는 행위[438]

④ 소비자의 청약이 없음에도 불구하고 일방적으로 재화등을 공급하고 그 대금을 청구하거나 재화등의 공급 없이 대금을 청구하는 행위[439]

능성이 높은데도 불구하고, 한정 캐릭터 획득 이벤트를 반복적으로 실시하면서 마치 특정 이벤트 기간 동안에만 캐릭터를 획득할 수 있는 것처럼 한 행위는 기만적 방법을 사용하여 소비자를 유인하는 행위에 해당(넷마블게임즈의 전상법 위반행위 건, 서울고등법원 2018. 12. 13. 선고 2018누55243 판결).

[436] '거짓 또는 과장된 사실을 알리거나 기만적 방법을 사용하여 소비자를 유인 또는 거래'하는 행위의 예 ① 휴대폰으로 광고문자메시지를 전송하면서 유료에 대한 표시를 하지 않거나, "연락했는데 연락이 없네요" 등의 유인표현을 쓰거나, 당첨상술을 쓰는 방법 등에 의하여 소비자로 하여금 전화를 걸게 하는 경우, ② 휴대폰에 광고문자메시지를 전송하거나 사이버몰에 광고를 하면서 해당 메시지를 삭제하거나 취소, 거부하는 버튼을 누르는 경우 자신의 번호 또는 사이트로 연결되게 하는 등의 기만적인 방법으로 자신의 번호나 사이트로 연결되도록 하는 경우, ③ 인터넷상의 배너광고를 하루에 일정횟수 보면 그만큼의 할부금을 소비자의 계좌로 입금해 주는 조건으로 고가의 PC를 매우 저렴한 가격에 마련할 수 있는 기회라고 광고하여 구입하였으나, 실제로는 1~2개월 후에는 입금이 중단되는 경우, ④ 실제로는 판매수량에 제한이 있음에도 불구하고 이를 표시하지 않고 시중가의 50%에 판매한다는 광고를 하여 소비자로 하여금 주문만 하면 구매할 수 있는 것으로 오인하게 한 경우, ⑤ 사이버몰에서 판매하는 재화등의 품질 및 배송 등과 관련하여 사업자에게 불리한 이용후기를 삭제하거나 사업자에게 고용된 자 또는 사이버몰이 후원하고 있는 소비자로 하여금 거짓으로 사업자에게 유리한 이용후기를 작성하도록 한 경우, ⑥ 사업자가 광고비를 받았다는 사실을 소비자에게 알리지 않고 '베스트, 추천, 기대, 화제' 등의 명칭을 붙여 재화등을 소개함으로써 소비자로 하여금 재화등에 대한 합리적인 평가가 토대가 되어 추천된 재화등으로 오인하게 한 경우, ⑦ 사업자가 숙박, 식사, 레저활동 등을 결합한 여행 상품을 판매하면서 여행 관련 상품들의 주요 정보를 보여주는 자신의 사이버몰 내 화면에 결합상품 중 일부만 포함된 가격을 해당 결합상품의 가격인 것처럼 표시함으로써 해당 결합상품을 실제 가격보다 저렴한 상품인 것으로 오인하게 한 경우, ⑧ 사업자에게 고용된 자가 대량으로 재화등을 구매한 후 취소하는 방법으로 재화등의 구매자 수를 과장하여 표시함으로써 소비자에게 인기있는 재화등으로 오인하게 한 경우

[437] '거짓 또는 과장된 사실을 알리거나 기만적 방법을 사용하여 청약철회등 또는 계약의 해지를 방해'하는 행위의 예 ① '화이트색상 구두와 세일상품은 반품이 불가합니다'라는 문구를 사이버몰에 게시하는 등 사업자가 특정색상·소재의 상품, 세일·특가상품 등에 대해 반품 또는 환불이 불가능하다고 사이버몰에 표시하고 소비자에게 안내하는 경우, ② '불량으로 인한 환불은 물건 수령 후 5일 내에 고객센터로 신청한 경우에 한해서 가능'이라는 문구를 사이버몰에 게시하는 등 사업자가 법에서 정한 청약철회 가능 기간을 임의적으로 축소하여 사이버몰에 표시하고 소비자에게 안내하는 경우. 2021년 변시 제10회 - 외국에서 수입한 기성품이었음에도 고객의 환불요청에 대하여 "당해 액세서리는 주문제작 상품이므로 환불이 불가합니다"라는 답변을 하였다. 이는 허위의 사실을 알려 소비자의 청약철회 또는 계약해지를 방해하는 행위로 평가할 수 있다.

[438] '분쟁이나 불만처리에 필요한 인력 또는 설비의 부족을 상당기간 방치하여 소비자에게 피해를 주는 행위'의 예 ① 소비자가 불만사항에 대한 사업자의 이메일 또는 팩스 답변이 불충분하여 직접 전화통화를 하고자 함에도 불구하고, 사업자가 이메일 또는 팩스를 통해서만 불만처리를 할 수 있도록 하고 전화통화를 거부하는 경우, ② 상담원이 부족하여 소비자가 통상의 경우 상담원과 통화할 수 없거나 ARS 등을 통해 여러 단계를 거치게 하면서 결국 상담원과는 통화가 되지 않도록 기술적 장치를 해 놓은 경우, ③ 소비자가 사업자와의 전화통화가 이루어지지 않아 자동 안내된 콜백 안내에 따라 자신의 전화번호를 남겼음에도 불구하고 사업자가 3영업일 이내에 전화를 하지 않는 경우. 다만, 소비자가 전화번호를 잘못 남겼거나 소비자의 부재 등으로 부득이하게 연락이 지연된 경우를 제외, ④ 사업자가 이메일 주소를 허위로 기재하거나 메일수신서버를 차단하여 소비자가 이메일을 보낼 수 없는 경우.

[439] 예를 들면, 소비자가 사업자와의 전화통화를 통해 상품안내를 받고 고객의 신용도를 조사한다는 명목하에 신용카드번호를 알려주었으나 재화등의 구입 의사를 표시하지는 않았음에도 불구하고, 사업자가 임의로 재화를 공급하고 소비자의 신용카드로 결제를 하는 경우

⑤ 소비자가 재화를 구매하거나 용역을 제공받을 의사가 없음을 밝혔음에도 불구하고 전화, 팩스, 컴퓨터통신 또는 전자우편 등을 통하여 재화를 구매하거나 용역을 제공받도록 강요하는 행위

⑥ 본인의 허락을 받지 아니하거나 허락받은 범위를 넘어 소비자에 관한 정보를 이용하는 행위[440]

⑦ 소비자의 동의를 받지 아니하거나 총리령으로 정하는 방법에 따라 쉽고 명확하게 소비자에게 설명·고지하지 아니하고 컴퓨터프로그램 등이 설치되게 하는 행위

Ⅳ. 편면적 강행규정 및 다른 법률과의 관계

법 제17조(청약철회등), 제18조(청약철회의 효과), 제19조(손해배상청구금액의 제한)의 규정을 위반한 약정으로서 소비자에게 불리한 것은 효력이 없다(편면적 강행규정, 법 제35조 소비자에게 불리한 계약의 금지).[441] 통신판매업자와의 거래에 관련된 소는 소 제기 당시 소비자의 주소를 관할하는 지방법원의 전속관할로 하고, 주소가 없는 경우에는 거소(居所)를 관할하는 지방법원의 전속관할로 한다. 다만, 소 제기 당시 소비자의 주소 또는 거소가 분명하지 아니한 경우에는 그러하지 아니하다(전속관할). 전자상거래 또는 통신판매에서의 소비자보호에 관하여 전상법과 다른 법률이 경합하는 경우에는 전상법을 우선 적용한다. 다만, 다른 법률을 적용하는 것이 소비자에게 유리한 경우에는 그 법을 적용한다(법 제4조).

Ⅴ. 시정조치와 과징금 부과 등

공정위, 시·도지사 또는 시장·군수·구청장은 사업자가 이 법을 위반하는 행위를 하거나 이 법에 따른 의무를 이행하지 아니한 경우에는 제32조의 시정조치를 명하기 전에 그 사업자가 그 위반행위를 중지하거나 이 법에 규정된 의무 또는 제32조에 따른 시정을 위하여 필요한 조치를 이행하도록 시정방안을 정하여 해당 사업자에게 이에 따를 것을 권고할 수 있다(법 제31조 시정권고).

공정거래위원회는 사업자가 전자상거래법을 위반하거나 법에 따른 의무를 이행하지 아니하는 경우에는 해당 사업자에게 그 시정조치를 명할 수 있다(법 제32조 제1항 시정조치). 시정조치명령에도 불구하고 위반행위가 대통령령으로 정하는 기준 이상으로 반복되는 경우, 시정조치명령에 따른 이행을 하지 아니한 경우 또는 시정조치만으로는 소비자피해의 방지가 어렵거나 소비자에 대한 피해보상이 불가능하다고 판단되는 경우 공정위는 대통령령으로 정하는 바에 따라 1년 이내의 기간을 정하여 그 영업의 전부 또는 일부의 정지를 명할 수 있다(법 제32조 제4항 영업정지).

---

440 다만, 다음의 어느 하나에 해당하는 경우는 제외한다.
　가. 재화등의 배송 등 소비자와의 계약을 이행하기 위하여 불가피한 경우로서 대통령령으로 정하는 경우
　나. 재화등의 거래에 따른 대금정산을 위하여 필요한 경우
　다. 도용방지를 위하여 본인 확인에 필요한 경우로서 대통령령으로 정하는 경우
　라. 법률의 규정 또는 법률에 따라 필요한 불가피한 사유가 있는 경우
441 2016년 변시 제5회 기출. 설문의 약관조항 제10조는 '고객이 대금을 입금한 이후에는 청약을 철회할 수 없다.'고 규정하여 전자상거래법 제17조를 위반하는 내용을 담고 있는바, 이는 고객 A에게 불리한 것으로 전자상거래법 제35조에 따라 무효로 판단할 수 있음을 언급할 것.

전자상거래 또는 통신판매가 기만적 혹은 오인유발적이거나 청약철회 기타 해제권행사를 방해하는 사실이 명백하고 또한 다수 소비자에게 회복하기 어려운 손해가 확산될 우려가 있어 예방조치의 긴급한 필요성이 있을 경우 공정위는 전자상거래를 하는 사업자 또는 통신판매업자에 대하여 전자상거래 또는 통신판매의 전부 또는 일부를 대통령령으로 정하는 바에 따라 일시 중지할 것을 명할 수 있다(법 제32조의2 임시중지명령).

마지막으로 공정위, 시·도지사 또는 시장·군수·구청장은 전자상거래 또는 통신판매에서의 이 법 위반행위와 관련하여 소비자의 피해구제신청이 있는 경우에는 제31조에 따른 시정권고 또는 제32조에 따른 시정조치 등을 하기 전에 전자상거래 또는 통신판매에서의 소비자보호 관련 업무를 수행하는 기관이나 단체 등 대통령령으로 정하는 소비자피해 분쟁조정기구에 조정을 의뢰할 수 있다(법 제33조 소비자피해 분쟁조정 의뢰).

판례색인

사항색인

저자약력

안병한 변호사/법학박사(Ph.D.)

단국대학교 법과대학, 동 대학원 졸업(법학석사)
성균관대학교 법학전문대학원 졸업(법학박사)
제44회 사법시험 합격(사법연수원 34기)
전) 공정거래위원회 규제개혁심의위원(2010. 5.~2014. 5.)
    공정거래위원회 송무담당변호사
    한국공정거래조정원 공정거래법 분야 전문상담 변호사
    건국대학교 법학전문대학원 강사(경제법)
    단국대학교 법과대학 BK21+ 지식재산과 공정거래법 강사
    성균관대학교 법학전문대학원 겸임교수(공정거래법, 소비자법)
현) 단국대학교 법과대학 겸임교수(경제법, 지식재산과 공정거래법)
    법무법인(유한) 한별 파트너 변호사
    메가로이어스 경제법 전임교수
    인사혁신처, 국민대학교 총무처, 코레일네트웍스, 한국도로공사, 한국기술교육대학교 직업능력심사평가원 고문변호사, IBK서비스(IBK금융그룹), 정보통신산업진흥원(NIPA), 한국장학재단, 국립암센터 고문변호사, 디지털콘텐츠공정거래 법률자문(DC상생협력지원센터) 전담변호사
    중소벤처기업부 법률전문위원(불공정거래행위), 한국메타버스산업협회(K-META) 자문변호사
    한국지식재산연구원 법률자문위원회 심의위원
    한국스포츠엔터테인먼트법학회 법정이사, 대한볼링협회 스포츠공정위원회 부위원장

제5판
로이어스 경제법

초판발행	2016년 3월 20일
제3판발행	2020년 3월 20일
제4판발행	2021년 8월 30일
제5판발행	2022년 9월 30일

지은이	안병한
펴낸이	안종만·안상준
편 집	박가온
기획/마케팅	조성호
표지디자인	Benstory
제 작	고철민·조영환
펴낸곳	㈜ **박영사**
	서울특별시 금천구 가산디지털2로 53, 210호(가산동, 한라시그마밸리)
	등록 1959. 3. 11. 제300-1959-1호(倫)
전 화	02)733-6771
f a x	02)736-4818
e-mail	pys@pybook.co.kr
homepage	www.pybook.co.kr
ISBN	979-11-303-4307-5 93360

copyright©안병한, 2022, Printed in Korea

정 가   22,000원